# 工业企业科技活动统计资料

# STATISTICS ON SCIENCE AND TECHNOLOGY ACTIVITIES OF INDUSTRIAL ENTERPRISES

## 2011

国　家　统　计　局
国家发展和改革委员会　编

*Compiled By*
**National Bureau of Statistics**
**National Development and Reform Commission**

（京）新登字 041 号

图书在版编目（CIP）数据

工业企业科技活动统计资料. 2011 / 国家统计局，
国家发展与改革委员会编. -- 北京 ：中国统计出版社，
2011.8
ISBN 978-7-5037-6330-4

Ⅰ. ①工… Ⅱ. ①国… ②国… Ⅲ. ①工业企业－科
技统计－统计资料－中国－2011 Ⅳ. ①F425.3-66

中国版本图书馆 CIP 数据核字(2010)第 167692 号

工业企业科技活动统计资料—2011

作　　者/国家统计局，国家发展和改革委员会编
责任编辑/徐涛　李胤
装帧设计/李雪燕
出版发行/中国统计出版社
通信地址/北京市西城区月坛南街 57 号邮政编码/100826
办公地址/北京市丰台区西三环南路甲 6 号
电　　话/邮购（010）63376907 书店（010）68783172
印　　刷/河北天普润印刷厂
经　　销/新华书店
开　　本/880×1230mm　1/16
印　　张/16.5
字　　数/528 千字
版　　别/2011 年 9 月第 1 版
版　　次/2011 年 9 月第 1 次印刷
书　　号/ISBN 978-7- 5037-6330-4/F・3038
定　　价/180.00 元

# 《工业企业科技活动统计资料——2011》编委会、编辑工作人员

# 编者说明

《工业企业科技活动统计资料—2011》收录了全国及31个省、自治区、直辖市2010年大中型工业企业科技活动主要统计数据，是一部较为全面反映我国技术创新骨干力量——大中型工业企业科技活动开展情况的统计资料书。

本书分为十个部分，包括工业企业R&D及相关活动主要指标、企业基本情况、R&D人员情况、R&D经费情况、R&D项目情况、企业办研发机构情况、新产品开发及生产情况、自主知识产权及相关情况、政府相关政策落实情况、技术获取和技术改造情况等。书后附有主要统计指标解释。

本书数据的年份为2010年；数据口径为大中型工业企业，即同时满足从业人员年平均人数在300人及以上、年主营业务收入在3000万元及以上、资产总计4000万元及以上的工业企业；其中大型企业指同时满足从业人员年平均人数在2000人及以上、年主营业务收入在3亿元及以上、资产总计4亿元及以上的工业企业。按地区分组中，东部地区包括北京、天津、河北、辽宁、上海、江苏、浙江、福建、山东、广东和海南11个省市；中部地区包括山西、吉林、黑龙江、安徽、江西、河南、湖北和湖南8个省；西部地区包括内蒙古、广西、重庆、四川、贵州、云南、西藏、陕西、甘肃、青海、宁夏和新疆12个省区市。

书中因小数取舍而产生的误差均未作配平调整；各表中的“空格”表示该项统计指标数据不足本表最小单位数、数据不详或无该项数据；“#”表示其中的主要项。

# 目　录

## 一、工业企业 R&D 及相关活动主要指标（2010）



## 二、工业企业基本情况（2010）



## 三、工业企业 R&D 人员情况（2010）

## 四、工业企业 R&D 经费支出情况（2010）

## 五、工业企业 R&D 项目情况（2010）



## 六、工业企业办研发机构情况（2010）

## 七、工业企业新产品开发、生产及销售情况（2010）



## 八、工业企业自主知识产权及相关情况（2010）

# 一、工业企业 R&D 及相关活动主要指标

# （2010）

# 1-1 企业R&D及相关活动主要指标

| 指　　标 | 单位 | 合计 | 大型 | 中型 |
|---|---|---|---|---|
| **企业基本情况** | | | | |
| 企业数 | 个 | 45536 | 3680 | 41856 |
| #有R&D活动的企业 | 个 | 12889 | 2206 | 10683 |
| #有研发机构的企业 | 个 | 12568 | 2119 | 10449 |
| #有新产品销售的企业 | 个 | 12317 | 1918 | 10399 |
| 年末从业人员数 | 人 | 53376040 | 22639439 | 30736601 |
| 工业总产值 | 万元 | 4164230085 | 2180941028 | 1983289058 |
| 主营业务收入 | 万元 | 4331910089 | 2332748931 | 1999161158 |
| 利润总额 | 万元 | 341822589 | 170564599 | 171257990 |
| 资产总计 | 万元 | 4190865734 | 2300107793 | 1890757941 |
| 出口交货值 | 万元 | 686272104 | 398634503 | 287637601 |
| **R&D人员情况** | | | | |
| R&D人员合计 | 人 | 1758543 | 1010851 | 747692 |
| #女性 | 人 | 374997 | 213574 | 161423 |
| #研究人员 | 人 | 704058 | 453371 | 250687 |
| #全时人员 | 人 | 1197965 | 702297 | 495668 |
| R&D人员全时当量 | 人年 | 1369908 | 804942 | 564966 |
| **R&D经费情况** | | | | |
| R&D经费内部支出 | 万元 | 40153965 | 26130923 | 14023043 |
| 按支出用途分 | | | | |
| 1.日常性支出 | 万元 | 35144841 | 23031902 | 12112940 |
| #人员劳务费 | 万元 | 9748511 | 6400320 | 3348191 |
| 2.资产性支出 | 万元 | 5009124 | 3099021 | 1910103 |
| #仪器和设备 | 万元 | 4774582 | 2943743 | 1830840 |
| 按资金来源分 | | | | |
| 政府资金 | 万元 | 1750960 | 1151368 | 599593 |
| 企业资金 | 万元 | 37591804 | 24560808 | 13030997 |
| 国外资金 | 万元 | 459532 | 272120 | 187411 |
| 其他资金 | 万元 | 351669 | 146627 | 205042 |
| R&D经费外部支出 | 万元 | 2751300 | 1977474 | 773827 |
| #对境内研究机构支出 | 万元 | 1044615 | 643915 | 400700 |
| 对境内高等学校支出 | 万元 | 521429 | 365974 | 155455 |
| 对境外支出 | 万元 | 552463 | 424456 | 128008 |
| **R&D项目情况** | | | | |
| 项目数 | 项 | 145589 | 72468 | 73121 |
| 参加项目人员 | 人 | 1548555 | 890562 | 657993 |
| 项目人员折合全时当量 | 人年 | 1210411 | 711488 | 498922 |
| 项目经费内部支出 | 万元 | 34462199 | 22439119 | 12023081 |

1-1 续表

| 指 标 | 单位 | 合计 | 大型 | 中型 |
|---|---|---|---|---|
| **企业办研发机构情况** | | | | |
| 机构数 | 个 | 16717 | 3929 | 12788 |
| 机构人员数 | 人 | 1485379 | 823101 | 662278 |
| #博士 | 人 | 19736 | 10290 | 9446 |
| 硕士 | 人 | 158359 | 107575 | 50784 |
| 本科 | 人 | 760711 | 430456 | 330255 |
| 机构经费支出 | 万元 | 32768798 | 21246905 | 11521893 |
| 仪器和设备原价 | 万元 | 23784979 | 14484735 | 9300245 |
| #进口 | 万元 | 4902661 | 3180271 | 1722390 |
| **新产品开发及生产情况** | | | | |
| 新产品开发项目数 | 个 | 159637 | 71152 | 88485 |
| 新产品开发经费支出 | 万元 | 44206917 | 27046187 | 17160730 |
| 新产品产值 | 万元 | 736062822 | 503774515 | 232288308 |
| 新产品销售收入 | 万元 | 728638982 | 505889123 | 222749858 |
| #新产品出口 | 万元 | 147736449 | 107437636 | 40298812 |
| **自主知识产权及相关情况** | | | | |
| 专利申请数 | 件 | 198890 | 99157 | 99733 |
| #发明专利 | 件 | 72523 | 43058 | 29465 |
| 有效发明专利 | 件 | 113074 | 63545 | 49529 |
| #境外授权 | 件 | 8080 | 6014 | 2066 |
| 拥有注册商标数 | 件 | 155840 | 78791 | 77049 |
| #境外注册 | 件 | 31003 | 21128 | 9875 |
| 形成国家或行业标准数 | 项 | 14532 | 6837 | 7695 |
| **政府相关政策落实情况** | | | | |
| 使用来自政府部门的科技活动资金 | 万元 | 2617446 | 1703663 | 913783 |
| 研究开发费用加计扣除减免税 | 万元 | 1781927 | 1131951 | 649976 |
| 高新技术企业减免税 | 万元 | 3463108 | 1862424 | 1600684 |
| **技术获取和技术改造情况** | | | | |
| 引进技术经费支出 | 万元 | 3861321 | 2762355 | 1098966 |
| 消化吸收经费支出 | 万元 | 1652015 | 1265784 | 386231 |
| 购买国内技术经费支出 | 万元 | 2214127 | 1749171 | 464956 |
| 技术改造经费支出 | 万元 | 36384926 | 26122908 | 10262017 |

# 1-2 分登记注册类型企业R&D及相关活动主要指标

| 指 标 | 单位 | 国有及国有控股企业 | 内资企业 | | | | |
|---|---|---|---|---|---|---|---|
| | | | | 国有企业 | 集体企业 | 股份合作企业 | 联营企业 |
| **企业基本情况** | | | | | | | |
| 企业数 | 个 | 7730 | 29949 | 3131 | 670 | 300 | 88 |
| #有R&D活动的企业 | 个 | 2968 | 9042 | 892 | 75 | 79 | 16 |
| #有研发机构的企业 | 个 | 2641 | 9044 | 746 | 75 | 72 | 12 |
| #有新产品销售的企业 | 个 | 2457 | 8824 | 674 | 75 | 74 | 15 |
| 年末从业人员数 | 人 | 16419753 | 34605600 | 5529813 | 847841 | 235822 | 104798 |
| 工业总产值 | 万元 | 1614102922 | 2789595617 | 492510654 | 42271605 | 16036899 | 7298566 |
| 主营业务收入 | 万元 | 1751239029 | 2931914491 | 552803675 | 49269339 | 17330333 | 7424431 |
| 利润总额 | 万元 | 134507019 | 228330720 | 32297825 | 3543361 | 1908066 | 352826 |
| 资产总计 | 万元 | 2189237074 | 3109939205 | 700518619 | 31545657 | 15251525 | 10058841 |
| 出口交货值 | 万元 | 75605770 | 185627154 | 11282974 | 2965690 | 1022707 | 418691 |
| **R&D人员情况** | | | | | | | |
| R&D人员合计 | 人 | 737758 | 1275783 | 192348 | 10081 | 7151 | 3374 |
| #女性 | 人 | 158194 | 269300 | 40157 | 2196 | 1889 | 790 |
| #研究人员 | 人 | 376702 | 578141 | 103399 | 3857 | 1938 | 1552 |
| #全时人员 | 人 | 468596 | 843976 | 113971 | 8073 | 4954 | 2345 |
| R&D人员全时当量 | 人年 | 566158 | 970605 | 138539 | 7256 | 5120 | 2730 |
| **R&D经费情况** | | | | | | | |
| R&D经费内部支出 | 万元 | 18057731 | 29671163 | 3922823 | 463524 | 209568 | 82453 |
| 按支出用途分 | | | | | | | |
| 1.日常性支出 | 万元 | 16137352 | 25929233 | 3523244 | 428298 | 179482 | 79943 |
| #人员劳务费 | 万元 | 4081180 | 6944802 | 822844 | 114266 | 33109 | 21976 |
| 2.资产性支出 | 万元 | 1920379 | 3741930 | 399580 | 35226 | 30085 | 2510 |
| #仪器和设备 | 万元 | 1822555 | 3556167 | 373229 | 30002 | 28002 | 2337 |
| 按资金来源分 | | | | | | | |
| 政府资金 | 万元 | 1199663 | 1543736 | 294587 | 7778 | 5699 | 1119 |
| 企业资金 | 万元 | 16607940 | 27789710 | 3586115 | 449935 | 198848 | 81335 |
| 国外资金 | 万元 | 75907 | 71054 | 6709 | | 3667 | |
| 其他资金 | 万元 | 174221 | 266663 | 35413 | 5811 | 1354 | |
| R&D经费外部支出 | 万元 | 1508463 | 2075996 | 308339 | 42108 | 9087 | 5491 |
| #对境内研究机构支出 | 万元 | 670170 | 892238 | 162645 | 2925 | 4844 | 2274 |
| 对境内高等学校支出 | 万元 | 311426 | 437157 | 82621 | 3088 | 3950 | 2386 |
| 对境外支出 | 万元 | 204841 | 213282 | 13716 | 9794 | 293 | 105 |
| **R&D项目情况** | | | | | | | |
| 项目数 | 项 | 63301 | 110044 | 17230 | 1644 | 657 | 147 |
| 参加项目人员 | 人 | 635576 | 1118627 | 161609 | 9350 | 6208 | 3040 |
| 项目人员折合全时当量 | 人年 | 488045 | 853480 | 115745 | 6829 | 4438 | 2477 |
| 项目经费内部支出 | 万元 | 15019405 | 25239889 | 3143094 | 408562 | 187299 | 60100 |

1-2 续表 1

| 指　　标 | 单位 | 国有及国有控股企业 | 内资企业 | | | | |
|---|---|---|---|---|---|---|---|
| | | | | 国有企业 | 集体企业 | 股份合作企业 | 联营企业 |
| **企业办研发机构情况** | | | | | | | |
| 机构数 | 个 | 4063 | 12242 | 1108 | 107 | 98 | 17 |
| 机构人员数 | 人 | 535097 | 1065334 | 130875 | 7059 | 5908 | 3464 |
| #博士 | 人 | 6985 | 15563 | 1448 | 138 | 183 | 21 |
| 硕士 | 人 | 74949 | 125570 | 14641 | 537 | 433 | 380 |
| 本科 | 人 | 290034 | 566062 | 68375 | 4179 | 2829 | 2205 |
| 机构经费支出 | 万元 | 12881551 | 23279870 | 2500502 | 224492 | 180571 | 13240 |
| 仪器和设备原价 | 万元 | 9585800 | 17503877 | 2016497 | 105816 | 85568 | 30834 |
| #进口 | 万元 | 1985495 | 2951971 | 380574 | 35778 | 26838 | 1900 |
| **新产品开发及生产情况** | | | | | | | |
| 新产品开发项目数 | 个 | 64091 | 115674 | 16363 | 1315 | 680 | 152 |
| 新产品开发经费支出 | 万元 | 18949775 | 31116015 | 3620425 | 344970 | 188319 | 74189 |
| 新产品产值 | 万元 | 290667158 | 461384218 | 61870783 | 10290205 | 2819353 | 1400839 |
| 新产品销售收入 | 万元 | 294557521 | 455532480 | 64777747 | 10408721 | 2662226 | 1377741 |
| #新产品出口 | 万元 | 24212626 | 61383755 | 4075578 | 1429100 | 410269 | 22393 |
| **自主知识产权及相关情况** | | | | | | | |
| 专利申请数 | 件 | 61444 | 140484 | 14731 | 1646 | 686 | 72 |
| #发明专利 | 件 | 25356 | 49909 | 5280 | 738 | 231 | 21 |
| 有效发明专利 | 件 | 31594 | 81734 | 7067 | 667 | 239 | 53 |
| #境外授权 | 件 | 634 | 4424 | 60 | 36 | | 1 |
| 拥有注册商标数 | 件 | 49926 | 117242 | 9708 | 571 | 340 | 309 |
| #境外注册 | 件 | 13076 | 23581 | 2153 | 131 | 67 | 14 |
| 形成国家或行业标准数 | 项 | 4833 | 12362 | 1704 | 816 | 81 | 25 |
| **政府相关政策落实情况** | | | | | | | |
| 使用来自政府部门的科技活动资金 | 万元 | 1786904 | 2315821 | 419178 | 11213 | 7837 | 1416 |
| 研究开发费用加计扣除减免税 | 万元 | 921769 | 1359701 | 153684 | 2935 | 5044 | 800 |
| 高新技术企业减免税 | 万元 | 1350225 | 2289873 | 134499 | 12774 | 8969 | 1179 |
| **技术获取和技术改造情况** | | | | | | | |
| 引进技术经费支出 | 万元 | 1758470 | 1759472 | 99492 | 5628 | 2116 | 2719 |
| 消化吸收经费支出 | 万元 | 1114835 | 1233296 | 64452 | 2282 | 3131 | 3964 |
| 购买国内技术经费支出 | 万元 | 1548438 | 1972225 | 419700 | 3213 | 3744 | 7418 |
| 技术改造经费支出 | 万元 | 23266784 | 31901825 | 5976865 | 87453 | 137896 | 63221 |

## 1-2 续表 2

| 指标 | 单位 | 有限责任公司 | 股份有限公司 | 私营企业 | 其他内资 | 港澳台商投资企业 | 外商投资企业 |
|---|---|---|---|---|---|---|---|
| **企业基本情况** | | | | | | | |
| 企业数 | 个 | 9729 | 3022 | 12813 | 196 | 7191 | 8395 |
| #有R&D活动的企业 | 个 | 3187 | 1544 | 3213 | 36 | 1694 | 2153 |
| #有研发机构的企业 | 个 | 3118 | 1608 | 3376 | 37 | 1593 | 1931 |
| #有新产品销售的企业 | 个 | 3022 | 1487 | 3441 | 36 | 1543 | 1950 |
| 年末从业人员数 | 人 | 13185212 | 5222124 | 9298694 | 181296 | 8745236 | 10024826 |
| 工业总产值 | 万元 | 1022566300 | 567625075 | 629324537 | 11961981 | 452874668 | 921734366 |
| 主营业务收入 | 万元 | 1090698711 | 580339284 | 622249425 | 11799293 | 455593508 | 944376264 |
| 利润总额 | 万元 | 82584036 | 56185352 | 50302715 | 1156538 | 38526010 | 74963092 |
| 资产总计 | 万元 | 1281122012 | 619942525 | 441815652 | 9684374 | 363558795 | 717353483 |
| 出口交货值 | 万元 | 71246338 | 40623716 | 56897760 | 1169278 | 165998302 | 334635205 |
| **R&D人员情况** | | | | | | | |
| R&D人员合计 | 人 | 551760 | 297900 | 209189 | 3980 | 185933 | 296827 |
| #女性 | 人 | 116854 | 64223 | 42342 | 849 | 39433 | 66264 |
| #研究人员 | 人 | 282777 | 121815 | 61308 | 1495 | 50976 | 74941 |
| #全时人员 | 人 | 366370 | 211882 | 134154 | 2227 | 135636 | 218353 |
| R&D人员全时当量 | 人年 | 423951 | 235926 | 154404 | 2678 | 149554 | 249750 |
| **R&D经费情况** | | | | | | | |
| R&D经费内部支出 | 万元 | 13533642 | 7269785 | 4124654 | 64714 | 3574987 | 6907815 |
| 按支出用途分 | | | | | | | |
| 1.日常性支出 | 万元 | 11665951 | 6487422 | 3508441 | 56452 | 3108596 | 6107012 |
| #人员劳务费 | 万元 | 3311979 | 1760318 | 865082 | 15230 | 913164 | 1890545 |
| 2.资产性支出 | 万元 | 1867691 | 782363 | 616213 | 8263 | 466390 | 800804 |
| #仪器和设备 | 万元 | 1782491 | 743883 | 588452 | 7772 | 452691 | 765724 |
| 按资金来源分 | | | | | | | |
| 政府资金 | 万元 | 744228 | 367498 | 121050 | 1778 | 72088 | 135136 |
| 企业资金 | 万元 | 12609548 | 6849865 | 3952458 | 61607 | 3452527 | 6349567 |
| 国外资金 | 万元 | 22215 | 25526 | 11609 | 1329 | 33061 | 355417 |
| 其他资金 | 万元 | 157652 | 26896 | 39538 | | 17310 | 67696 |
| R&D经费外部支出 | 万元 | 924278 | 596035 | 185808 | 4850 | 118650 | 556654 |
| #对境内研究机构支出 | 万元 | 485463 | 159991 | 71677 | 2420 | 40070 | 112307 |
| 对境内高等学校支出 | 万元 | 196035 | 107906 | 39246 | 1925 | 31636 | 52635 |
| 对境外支出 | 万元 | 77368 | 104001 | 7555 | 451 | 16446 | 322736 |
| **R&D项目情况** | | | | | | | |
| 项目数 | 项 | 46882 | 25355 | 17853 | 276 | 13649 | 21896 |
| 参加项目人员 | 人 | 483393 | 265421 | 186059 | 3547 | 164505 | 265423 |
| 项目人员折合全时当量 | 人年 | 373020 | 210389 | 138229 | 2353 | 132916 | 224014 |
| 项目经费内部支出 | 万元 | 11454480 | 6340012 | 3595435 | 50907 | 3111691 | 6110619 |

1-2 续表 3

| 指　　标 | 单位 | 有限责任公司 | 股份有限公司 | 私营企业 | 其他内资 | 港澳台商投资企业 | 外　商投资企业 |
|---|---|---|---|---|---|---|---|
| **企业办研发机构情况** | | | | | | | |
| 机构数 | 个 | 4440 | 2381 | 4045 | 46 | 1991 | 2484 |
| 机构人员数 | 人 | 446366 | 280747 | 188100 | 2815 | 169328 | 250717 |
| #博士 | 人 | 5784 | 4967 | 2970 | 52 | 1605 | 2568 |
| 硕士 | 人 | 54748 | 43811 | 10842 | 178 | 10762 | 22027 |
| 本科 | 人 | 248476 | 148792 | 89802 | 1404 | 81408 | 113241 |
| 机构经费支出 | 万元 | 10288309 | 6720615 | 3305236 | 46906 | 3162875 | 6326052 |
| 仪器和设备原价 | 万元 | 8387322 | 4535802 | 2314675 | 27363 | 1921937 | 4359165 |
| #进口 | 万元 | 1225899 | 948023 | 327006 | 5953 | 597596 | 1353094 |
| **新产品开发及生产情况** | | | | | | | |
| 新产品开发项目数 | 个 | 45983 | 29201 | 21705 | 275 | 16538 | 27425 |
| 新产品开发经费支出 | 万元 | 12921265 | 8770748 | 5133794 | 62306 | 4597699 | 8493204 |
| 新产品产值 | 万元 | 182413084 | 116622573 | 85120866 | 846515 | 68250990 | 206427615 |
| 新产品销售收入 | 万元 | 177917276 | 116434394 | 81118152 | 836225 | 65346032 | 207760470 |
| #新产品出口 | 万元 | 26769840 | 15782502 | 12791023 | 103051 | 17954280 | 68398414 |
| **自主知识产权及相关情况** | | | | | | | |
| 专利申请数 | 件 | 45096 | 40010 | 37955 | 288 | 24213 | 34193 |
| #发明专利 | 件 | 17000 | 17915 | 8659 | 65 | 7245 | 15369 |
| 有效发明专利 | 件 | 34620 | 26339 | 12605 | 144 | 12897 | 18443 |
| #境外授权 | 件 | 3351 | 682 | 291 | 3 | 1557 | 2099 |
| 拥有注册商标数 | 件 | 39778 | 37892 | 28245 | 399 | 17568 | 21030 |
| #境外注册 | 件 | 7876 | 9150 | 3966 | 224 | 4119 | 3303 |
| 形成国家或行业标准数 | 项 | 4071 | 2780 | 2812 | 73 | 974 | 1196 |
| **政府相关政策落实情况** | | | | | | | |
| 使用来自政府部门的科技活动资金 | 万元 | 1151811 | 529061 | 193323 | 1982 | 116932 | 184694 |
| 研究开发费用加计扣除减免税 | 万元 | 657185 | 346091 | 193401 | 561 | 145464 | 276761 |
| 高新技术企业减免税 | 万元 | 731925 | 986861 | 406655 | 7012 | 416039 | 757196 |
| **技术获取和技术改造情况** | | | | | | | |
| 引进技术经费支出 | 万元 | 858569 | 603262 | 183408 | 4280 | 363457 | 1738392 |
| 消化吸收经费支出 | 万元 | 777673 | 245326 | 132586 | 3883 | 70526 | 348193 |
| 购买国内技术经费支出 | 万元 | 843700 | 443623 | 248376 | 2451 | 110168 | 131734 |
| 技术改造经费支出 | 万元 | 13980548 | 8034988 | 3554451 | 66403 | 1596507 | 2886593 |

# 1-3 制造业企业R&D及相关活动主要指标

| 指 标 | 单位 | 制造业合 计 | 农副食品加 工 业 | 食 品制造业 | 饮 料制造业 | 烟 草制品业 | 纺织业 |
|---|---|---|---|---|---|---|---|
| **企业基本情况** | | | | | | | |
| 企业数 | 个 | 41002 | 1778 | 1033 | 768 | 99 | 3310 |
| #有R&D活动的企业 | 个 | 12379 | 263 | 231 | 196 | 40 | 644 |
| #有研发机构的企业 | 个 | 12171 | 307 | 233 | 215 | 32 | 641 |
| #有新产品销售的企业 | 个 | 12192 | 273 | 211 | 211 | 25 | 711 |
| 年末从业人员数 | 人 | 45001904 | 1536334 | 879835 | 796769 | 182632 | 3145695 |
| 工业总产值 | 万元 | 3559671418 | 129364949 | 59227405 | 56574105 | 50670454 | 131723723 |
| 主营业务收入 | 万元 | 3672037892 | 135826949 | 59539725 | 57758485 | 50160620 | 133509220 |
| 利润总额 | 万元 | 260831438 | 9789576 | 6179823 | 6731499 | 6627161 | 9426382 |
| 资产总计 | 万元 | 3106997514 | 81320330 | 41735057 | 53751768 | 48461757 | 107622150 |
| 出口交货值 | 万元 | 681365759 | 8820417 | 3610867 | 920964 | 202588 | 25382760 |
| **R&D人员情况** | | | | | | | |
| R&D人员合计 | 人 | 1617312 | 18740 | 16747 | 20434 | 5220 | 48117 |
| #女性 | 人 | 351382 | 4510 | 5271 | 5729 | 1052 | 18114 |
| #研究人员 | 人 | 621341 | 5741 | 6233 | 8527 | 2046 | 12950 |
| #全时人员 | 人 | 1131296 | 10361 | 10766 | 13163 | 2588 | 29666 |
| R&D人员全时当量 | 人年 | 1275556 | 13362 | 11010 | 13803 | 4029 | 33367 |
| **R&D经费情况** | | | | | | | |
| R&D经费内部支出 | 万元 | 37718648 | 478254 | 388737 | 460381 | 138549 | 846399 |
| 按支出用途分 | | | | | | | |
| 1.日常性支出 | 万元 | 32998214 | 396807 | 326044 | 383917 | 119250 | 718256 |
| #人员劳务费 | 万元 | 9061276 | 79890 | 77917 | 109283 | 49569 | 177521 |
| 2.资产性支出 | 万元 | 4720434 | 81447 | 62693 | 76465 | 19299 | 128143 |
| #仪器和设备 | 万元 | 4508469 | 73792 | 59342 | 73032 | 19128 | 118469 |
| 按资金来源分 | | | | | | | |
| 政府资金 | 万元 | 1638402 | 12745 | 13546 | 11994 | 288 | 13952 |
| 企业资金 | 万元 | 35277441 | 454356 | 373482 | 443796 | 135770 | 814979 |
| 国外资金 | 万元 | 458604 | 1453 | | 509 | | 6449 |
| 其他资金 | 万元 | 344201 | 9700 | 1709 | 4083 | 2491 | 11019 |
| R&D经费外部支出 | 万元 | 2347817 | 38919 | 16936 | 26897 | 43541 | 25384 |
| #对境内研究机构支出 | 万元 | 880458 | 12151 | 6223 | 13130 | 18865 | 7363 |
| 对境内高等学校支出 | 万元 | 397012 | 22502 | 5403 | 8315 | 4162 | 9774 |
| 对境外支出 | 万元 | 548621 | 1400 | 2146 | 3174 | 182 | 1970 |
| **R&D项目情况** | | | | | | | |
| 项目数 | 项 | 135226 | 1622 | 1826 | 1665 | 689 | 3398 |
| 参加项目人员 | 人 | 1424358 | 17002 | 14297 | 17999 | 4716 | 43512 |
| 项目人员折合全时当量 | 人年 | 1126778 | 12117 | 9251 | 12318 | 3658 | 30282 |
| 项目经费内部支出 | 万元 | 32657424 | 408221 | 330255 | 370064 | 75654 | 737871 |

1-3 续表 1

| 指　　标 | 单位 | 制造业合　计 | 农副食品加 工 业 | 食　品制造业 | 饮　料制造业 | 烟　草制品业 | 纺织业 |
|---|---|---|---|---|---|---|---|
| **企业办研发机构情况** | | | | | | | |
| 机构数 | 个 | 16083 | 392 | 296 | 272 | 32 | 791 |
| 机构人员数 | 人 | 1407109 | 18196 | 15191 | 17647 | 1976 | 43000 |
| #博士 | 人 | 18271 | 513 | 415 | 295 | 88 | 566 |
| 硕士 | 人 | 148869 | 1797 | 1702 | 1042 | 420 | 1762 |
| 本科 | 人 | 721827 | 9435 | 7835 | 8083 | 875 | 17058 |
| 机构经费支出 | 万元 | 31432418 | 426137 | 368259 | 504087 | 144411 | 747481 |
| 仪器和设备原价 | 万元 | 22503929 | 269793 | 198227 | 429421 | 109600 | 637399 |
| #进口 | 万元 | 4760014 | 45172 | 29027 | 52751 | 61512 | 207620 |
| **新产品开发及生产情况** | | | | | | | |
| 新产品开发项目数 | 个 | 155077 | 1792 | 1810 | 1502 | 662 | 4861 |
| 新产品开发经费支出 | 万元 | 43246348 | 522260 | 403400 | 430503 | 127833 | 1136539 |
| 新产品产值 | 万元 | 729709704 | 7578983 | 6072677 | 5931425 | 7746158 | 23625119 |
| 新产品销售收入 | 万元 | 723101200 | 7623757 | 5906578 | 5825543 | 8014047 | 23521640 |
| #新产品出口 | 万元 | 147637410 | 584931 | 744306 | 101438 | 30395 | 4658430 |
| **自主知识产权及相关情况** | | | | | | | |
| 专利申请数 | 件 | 192674 | 1908 | 1875 | 1961 | 766 | 6388 |
| #发明专利 | 件 | 70698 | 558 | 834 | 272 | 245 | 809 |
| 有效发明专利 | 件 | 109732 | 621 | 948 | 563 | 251 | 1660 |
| #境外授权 | 件 | 8061 | | 10 | 15 | 1 | 40 |
| 拥有注册商标数 | 件 | 154775 | 2352 | 10062 | 10872 | 7383 | 3795 |
| #境外注册 | 件 | 30923 | 208 | 2090 | 1225 | 2136 | 446 |
| 形成国家或行业标准数 | 项 | 13821 | 190 | 147 | 177 | 40 | 321 |
| **政府相关政策落实情况** | | | | | | | |
| 使用来自政府部门的科技活动资金 | 万元 | 2443787 | 24586 | 25073 | 18053 | 576 | 29781 |
| 研究开发费用加计扣除减免税 | 万元 | 1677425 | 5483 | 15932 | 3985 | 3561 | 20629 |
| 高新技术企业减免税 | 万元 | 3454814 | 19915 | 56020 | 15081 | 1891 | 25992 |
| **技术获取和技术改造情况** | | | | | | | |
| 引进技术经费支出 | 万元 | 3772500 | 19671 | 38116 | 28995 | 8606 | 51885 |
| 消化吸收经费支出 | 万元 | 1532166 | 15807 | 13536 | 20619 | 1917 | 43664 |
| 购买国内技术经费支出 | 万元 | 1909182 | 12620 | 6156 | 26804 | 10270 | 40085 |
| 技术改造经费支出 | 万元 | 32809790 | 388780 | 280204 | 652990 | 502164 | 549938 |

1-3　续表 2

| 指　　标 | 单位 | 纺织服装、鞋、帽制造业 | 皮革、毛皮、羽毛(绒)及其制品业 | 木材加工及木、竹、藤、棕、草制品业 | 家　具制造业 | 造纸及纸制品业 | 印刷业和记录媒介的复制 |
|---|---|---|---|---|---|---|---|
| **企业基本情况** | | | | | | | |
| 企业数 | 个 | 1733 | 1073 | 451 | 544 | 815 | 424 |
| #有R&D活动的企业 | 个 | 148 | 95 | 65 | 49 | 162 | 83 |
| #有研发机构的企业 | 个 | 179 | 134 | 67 | 85 | 178 | 71 |
| #有新产品销售的企业 | 个 | 211 | 130 | 77 | 100 | 161 | 73 |
| 年末从业人员数 | 人 | 1779556 | 1500885 | 312446 | 471947 | 666628 | 293778 |
| 工业总产值 | 万元 | 52599013 | 40445935 | 15813379 | 16584134 | 50313468 | 10871028 |
| 主营业务收入 | 万元 | 51248118 | 39916990 | 15409313 | 16361460 | 50259544 | 10767248 |
| 利润总额 | 万元 | 4936119 | 3728584 | 1188533 | 1128998 | 3820456 | 1284915 |
| 资产总计 | 万元 | 39033808 | 23254766 | 11397497 | 12298234 | 63973232 | 12711365 |
| 出口交货值 | 万元 | 16254572 | 14286054 | 2633440 | 6430214 | 4882226 | 1958964 |
| **R&D人员情况** | | | | | | | |
| R&D人员合计 | 人 | 10042 | 6106 | 2340 | 3405 | 15304 | 7245 |
| #女性 | 人 | 3677 | 2101 | 495 | 798 | 3778 | 1923 |
| #研究人员 | 人 | 3418 | 1581 | 768 | 557 | 4556 | 2105 |
| #全时人员 | 人 | 7621 | 4957 | 1095 | 2096 | 8070 | 3899 |
| R&D人员全时当量 | 人年 | 7422 | 4908 | 1454 | 2252 | 9283 | 5216 |
| **R&D经费情况** | | | | | | | |
| R&D经费内部支出 | 万元 | 165556 | 103530 | 56274 | 40365 | 366697 | 103068 |
| 按支出用途分 | | | | | | | |
| 1.日常性支出 | 万元 | 149582 | 94255 | 44993 | 37737 | 326449 | 84988 |
| #人员劳务费 | 万元 | 48147 | 26777 | 9879 | 18412 | 61125 | 30001 |
| 2.资产性支出 | 万元 | 15974 | 9275 | 11281 | 2629 | 40247 | 18081 |
| #仪器和设备 | 万元 | 15420 | 9011 | 10899 | 2345 | 38320 | 17558 |
| 按资金来源分 | | | | | | | |
| 政府资金 | 万元 | 2432 | 1615 | 2876 | 145 | 5250 | 2083 |
| 企业资金 | 万元 | 160738 | 100952 | 52391 | 38391 | 358392 | 98850 |
| 国外资金 | 万元 | 483 | | 630 | 1210 | 125 | 107 |
| 其他资金 | 万元 | 1904 | 963 | 376 | 620 | 2930 | 2029 |
| R&D经费外部支出 | 万元 | 8254 | 2964 | 2397 | 893 | 12441 | 4400 |
| #对境内研究机构支出 | 万元 | 3132 | 1832 | 675 | 290 | 9685 | 865 |
| 对境内高等学校支出 | 万元 | 3002 | 542 | 1343 | 169 | 2305 | 937 |
| 对境外支出 | 万元 | 1013 | 442 | 285 | 336 | 286 | 386 |
| **R&D项目情况** | | | | | | | |
| 项目数 | 项 | 607 | 399 | 222 | 505 | 939 | 519 |
| 参加项目人员 | 人 | 9149 | 5458 | 2085 | 3118 | 13866 | 6481 |
| 项目人员折合全时当量 | 人年 | 6790 | 4502 | 1300 | 2079 | 8388 | 4670 |
| 项目经费内部支出 | 万元 | 148719 | 95936 | 44388 | 38493 | 330296 | 78743 |

1-3 续表 3

| 指　　标 | 单位 | 纺织服装、鞋、帽制造业 | 皮革、毛皮、羽毛(绒)及其制品业 | 木材加工及木、竹、藤、棕、草制品业 | 家具制造业 | 造纸及纸制品业 | 印刷业和记录媒介的复制 |
|---|---|---|---|---|---|---|---|
| **企业办研发机构情况** | | | | | | | |
| 机构数 | 个 | 233 | 151 | 90 | 97 | 203 | 88 |
| 机构人员数 | 人 | 15678 | 8123 | 3002 | 4431 | 13657 | 5502 |
| #博士 | 人 | 109 | 72 | 71 | 34 | 195 | 59 |
| 硕士 | 人 | 468 | 252 | 249 | 111 | 616 | 315 |
| 本科 | 人 | 5704 | 2707 | 1401 | 1483 | 6034 | 2401 |
| 机构经费支出 | 万元 | 207520 | 116743 | 95118 | 66851 | 365645 | 83486 |
| 仪器和设备原价 | 万元 | 120932 | 77139 | 43795 | 48233 | 243494 | 153092 |
| #进口 | 万元 | 40180 | 17486 | 4374 | 11926 | 90518 | 31584 |
| **新产品开发及生产情况** | | | | | | | |
| 新产品开发项目数 | 个 | 920 | 633 | 344 | 710 | 1186 | 490 |
| 新产品开发经费支出 | 万元 | 293185 | 145474 | 91535 | 86116 | 438337 | 118552 |
| 新产品产值 | 万元 | 5457619 | 2994880 | 1759032 | 1285394 | 7152185 | 1388119 |
| 新产品销售收入 | 万元 | 4833870 | 2982504 | 1682615 | 1257159 | 7015265 | 1564069 |
| #新产品出口 | 万元 | 890824 | 868058 | 285173 | 625832 | 525573 | 66163 |
| **自主知识产权及相关情况** | | | | | | | |
| 专利申请数 | 件 | 1907 | 1003 | 594 | 1581 | 1247 | 521 |
| #发明专利 | 件 | 197 | 114 | 172 | 215 | 294 | 183 |
| 有效发明专利 | 件 | 228 | 238 | 269 | 325 | 393 | 367 |
| #境外授权 | 件 | 21 | 28 | 7 | 97 | 8 | 6 |
| 拥有注册商标数 | 件 | 2554 | 2894 | 664 | 1066 | 1060 | 529 |
| #境外注册 | 件 | 169 | 901 | 37 | 111 | 95 | 75 |
| 形成国家或行业标准数 | 项 | 67 | 41 | 77 | 26 | 84 | 87 |
| **政府相关政策落实情况** | | | | | | | |
| 使用来自政府部门的科技活动资金 | 万元 | 3760 | 2220 | 4469 | 1290 | 11552 | 4029 |
| 研究开发费用加计扣除减免税 | 万元 | 3087 | 2619 | 9989 | 4797 | 6070 | 5955 |
| 高新技术企业减免税 | 万元 | 8557 | 8552 | 3955 | 10368 | 39171 | 26050 |
| **技术获取和技术改造情况** | | | | | | | |
| 引进技术经费支出 | 万元 | 4010 | 6624 | 3028 | 1639 | 43511 | 1759 |
| 消化吸收经费支出 | 万元 | 3783 | 4413 | 1800 | 1052 | 16699 | 3298 |
| 购买国内技术经费支出 | 万元 | 2279 | 3027 | 3392 | 459 | 19706 | 6942 |
| 技术改造经费支出 | 万元 | 93457 | 61894 | 97314 | 19647 | 572160 | 91641 |

1-3 续表 4

| 指 标 | 单位 | 文教体育用品制造业 | 石油加工、炼焦及核燃料加工业 | 化学原料及化学制品制造业 | 医 药制造业 | 化学纤维制 造 业 | 橡 胶制品业 |
|---|---|---|---|---|---|---|---|
| **企业基本情况** | | | | | | | |
| 企业数 | 个 | 534 | 514 | 2372 | 1106 | 249 | 514 |
| #有R&D活动的企业 | 个 | 84 | 106 | 926 | 670 | 105 | 168 |
| #有研发机构的企业 | 个 | 100 | 87 | 948 | 662 | 115 | 156 |
| #有新产品销售的企业 | 个 | 96 | 62 | 762 | 566 | 110 | 167 |
| 年末从业人员数 | 人 | 659808 | 753208 | 2344914 | 1682864 | 311187 | 568661 |
| 工业总产值 | 万元 | 13286650 | 256609421 | 238757468 | 67302957 | 36376803 | 34697395 |
| 主营业务收入 | 万元 | 13180934 | 269889416 | 243570674 | 67408244 | 37449289 | 35987390 |
| 利润总额 | 万元 | 833062 | 10107232 | 17890439 | 8722087 | 2900777 | 2295701 |
| 资产总计 | 万元 | 9741306 | 134590375 | 250711340 | 73121243 | 33120512 | 29552223 |
| 出口交货值 | 万元 | 7805570 | 3522456 | 16530792 | 6674595 | 2794734 | 7779877 |
| **R&D人员情况** | | | | | | | |
| R&D人员合计 | 人 | 4987 | 14077 | 99645 | 70780 | 14451 | 19642 |
| #女性 | 人 | 1165 | 3038 | 20754 | 27038 | 3445 | 4438 |
| #研究人员 | 人 | 1369 | 8652 | 38943 | 28195 | 4353 | 6435 |
| #全时人员 | 人 | 3086 | 8585 | 61316 | 50673 | 7642 | 13029 |
| R&D人员全时当量 | 人年 | 3823 | 11560 | 77221 | 55234 | 11248 | 14403 |
| **R&D经费情况** | | | | | | | |
| R&D经费内部支出 | 万元 | 73566 | 438266 | 2475264 | 1226262 | 409735 | 523273 |
| 按支出用途分 | | | | | | | |
| 1.日常性支出 | 万元 | 67055 | 364301 | 2141582 | 1030692 | 378114 | 446368 |
| #人员劳务费 | 万元 | 20790 | 73413 | 487849 | 305802 | 56895 | 85946 |
| 2.资产性支出 | 万元 | 6510 | 73965 | 333682 | 195571 | 31621 | 76905 |
| #仪器和设备 | 万元 | 6339 | 70498 | 316807 | 187673 | 29862 | 73544 |
| 按资金来源分 | | | | | | | |
| 政府资金 | 万元 | 4546 | 7508 | 86155 | 89108 | 4227 | 9690 |
| 企业资金 | 万元 | 68663 | 425304 | 2341041 | 1109750 | 404527 | 503001 |
| 国外资金 | 万元 | | 3404 | 4492 | 17891 | | 7405 |
| 其他资金 | 万元 | 356 | 2050 | 43576 | 9514 | 982 | 3177 |
| R&D经费外部支出 | 万元 | 2436 | 44679 | 122565 | 177211 | 7268 | 21519 |
| #对境内研究机构支出 | 万元 | 488 | 20122 | 60174 | 118166 | 3015 | 4847 |
| 对境内高等学校支出 | 万元 | 548 | 12382 | 40195 | 34619 | 3755 | 12289 |
| 对境外支出 | 万元 | 1282 | 2568 | 10571 | 10506 | 79 | 3967 |
| **R&D项目情况** | | | | | | | |
| 项目数 | 项 | 1009 | 1203 | 7694 | 8754 | 931 | 2119 |
| 参加项目人员 | 人 | 4389 | 12396 | 87493 | 62168 | 13174 | 16776 |
| 项目人员折合全时当量 | 人年 | 3365 | 10116 | 67780 | 48527 | 10224 | 12217 |
| 项目经费内部支出 | 万元 | 67793 | 341698 | 2150903 | 1024415 | 381891 | 476936 |

1-3 续表 5

| 指标 | 单位 | 文教体育用品制造业 | 石油加工、炼焦及核燃料加工业 | 化学原料及化学制品制造业 | 医药制造业 | 化学纤维制造业 | 橡胶制品业 |
|---|---|---|---|---|---|---|---|
| **企业办研发机构情况** | | | | | | | |
| 机构数 | 个 | 120 | 119 | 1297 | 929 | 146 | 181 |
| 机构人员数 | 人 | 6816 | 10288 | 81338 | 59036 | 10885 | 16819 |
| #博士 | 人 | 48 | 163 | 1494 | 1964 | 133 | 140 |
| 硕士 | 人 | 176 | 1017 | 7077 | 8266 | 616 | 683 |
| 本科 | 人 | 2803 | 5419 | 42268 | 31414 | 6029 | 6961 |
| 机构经费支出 | 万元 | 77364 | 314319 | 1994075 | 1104925 | 445004 | 387288 |
| 仪器和设备原价 | 万元 | 59552 | 250862 | 1327988 | 902805 | 314599 | 596375 |
| #进口 | 万元 | 8666 | 45514 | 211723 | 205322 | 33511 | 226618 |
| **新产品开发及生产情况** | | | | | | | |
| 新产品开发项目数 | 个 | 1234 | 1000 | 6952 | 9410 | 1038 | 2520 |
| 新产品开发经费支出 | 万元 | 107643 | 410684 | 2460545 | 1314022 | 604986 | 621974 |
| 新产品产值 | 万元 | 1243586 | 7758311 | 36706783 | 17722063 | 7245040 | 8153163 |
| 新产品销售收入 | 万元 | 1149673 | 7822588 | 33844837 | 16755263 | 6815209 | 8060036 |
| #新产品出口 | 万元 | 592249 | 131747 | 3542323 | 1826718 | 670411 | 2226048 |
| **自主知识产权及相关情况** | | | | | | | |
| 专利申请数 | 件 | 1995 | 558 | 5743 | 5767 | 1609 | 1443 |
| #发明专利 | 件 | 248 | 345 | 2902 | 3705 | 365 | 404 |
| 有效发明专利 | 件 | 857 | 976 | 4678 | 5672 | 409 | 533 |
| #境外授权 | 件 | 34 | 30 | 146 | 340 | 5 | 18 |
| 拥有注册商标数 | 件 | 1465 | 1055 | 11129 | 24971 | 466 | 1239 |
| #境外注册 | 件 | 267 | 12 | 1181 | 1464 | 69 | 300 |
| 形成国家或行业标准数 | 项 | 110 | 91 | 913 | 2115 | 88 | 150 |
| **政府相关政策落实情况** | | | | | | | |
| 使用来自政府部门的科技活动资金 | 万元 | 6428 | 12237 | 137623 | 119532 | 7897 | 12098 |
| 研究开发费用加计扣除减免税 | 万元 | 2142 | 24567 | 68254 | 100805 | 7126 | 24785 |
| 高新技术企业减免税 | 万元 | 12636 | 4002 | 204674 | 319604 | 32849 | 52614 |
| **技术获取和技术改造情况** | | | | | | | |
| 引进技术经费支出 | 万元 | 3107 | 28576 | 314347 | 48413 | 55775 | 10939 |
| 消化吸收经费支出 | 万元 | 820 | 29034 | 107994 | 49874 | 19463 | 6422 |
| 购买国内技术经费支出 | 万元 | 3541 | 40411 | 111060 | 71200 | 11593 | 5876 |
| 技术改造经费支出 | 万元 | 21098 | 1782166 | 2716499 | 600803 | 347371 | 259469 |

## 1-3 续表 6

| 指　　标 | 单位 | 塑　料制品业 | 非金属矿物制品业 | 黑色金属冶炼及压延加工业 | 有色金属冶炼及压延加工业 | 金　属制品业 | 通用设备制 造 业 |
|---|---|---|---|---|---|---|---|
| **企业基本情况** | | | | | | | |
| 企业数 | 个 | 1262 | 2655 | 1184 | 973 | 1593 | 2759 |
| #有R&D活动的企业 | 个 | 254 | 533 | 269 | 320 | 429 | 1181 |
| #有研发机构的企业 | 个 | 273 | 516 | 261 | 308 | 405 | 1181 |
| #有新产品销售的企业 | 个 | 256 | 511 | 236 | 267 | 414 | 1258 |
| 年末从业人员数 | 人 | 1023248 | 2058698 | 2781974 | 1210235 | 1272757 | 2201848 |
| 工业总产值 | 万元 | 41906754 | 114091909 | 413911659 | 155829158 | 70519322 | 148561768 |
| 主营业务收入 | 万元 | 41459248 | 112895346 | 455126072 | 175517768 | 70399044 | 149288773 |
| 利润总额 | 万元 | 3298643 | 12610619 | 16752875 | 9619613 | 5770396 | 13007687 |
| 资产总计 | 万元 | 35255344 | 131906159 | 426843419 | 154191868 | 57731049 | 153654083 |
| 出口交货值 | 万元 | 11390447 | 8687810 | 14818352 | 8032311 | 15642860 | 20166619 |
| **R&D人员情况** | | | | | | | |
| R&D人员合计 | 人 | 25846 | 42751 | 97598 | 41581 | 34957 | 129114 |
| #女性 | 人 | 3096 | 7631 | 15124 | 6433 | 5697 | 24470 |
| #研究人员 | 人 | 4698 | 13962 | 51599 | 17837 | 10351 | 50048 |
| #全时人员 | 人 | 20285 | 24391 | 46415 | 21076 | 23470 | 91400 |
| R&D人员全时当量 | 人年 | 21681 | 30460 | 68282 | 30745 | 26406 | 98090 |
| **R&D经费情况** | | | | | | | |
| R&D经费内部支出 | 万元 | 409582 | 813327 | 4021200 | 1188581 | 618559 | 2373243 |
| 按支出用途分 | | | | | | | |
| 1.日常性支出 | 万元 | 327256 | 630578 | 3565509 | 1027980 | 536553 | 2084638 |
| #人员劳务费 | 万元 | 95923 | 145732 | 507116 | 191194 | 140018 | 610838 |
| 2.资产性支出 | 万元 | 82326 | 182749 | 455691 | 160601 | 82006 | 288605 |
| #仪器和设备 | 万元 | 79954 | 176922 | 429580 | 148814 | 80161 | 271548 |
| 按资金来源分 | | | | | | | |
| 政府资金 | 万元 | 7615 | 22425 | 53986 | 35161 | 29085 | 103895 |
| 企业资金 | 万元 | 392187 | 783684 | 3949119 | 1144379 | 578986 | 2235828 |
| 国外资金 | 万元 | 8084 | 855 | 3113 | 1742 | 1490 | 17287 |
| 其他资金 | 万元 | 1696 | 6363 | 14982 | 7299 | 8998 | 16233 |
| R&D经费外部支出 | 万元 | 6463 | 14021 | 131021 | 51638 | 22365 | 151775 |
| #对境内研究机构支出 | 万元 | 4058 | 4372 | 48111 | 25957 | 10731 | 27993 |
| 对境内高等学校支出 | 万元 | 1160 | 5534 | 38913 | 14867 | 4627 | 28041 |
| 对境外支出 | 万元 | 649 | 1874 | 6672 | 7202 | 1808 | 69926 |
| **R&D项目情况** | | | | | | | |
| 项目数 | 项 | 1342 | 2845 | 6510 | 2763 | 2675 | 13479 |
| 参加项目人员 | 人 | 23438 | 37499 | 83713 | 36822 | 30758 | 114015 |
| 项目人员折合全时当量 | 人年 | 19788 | 26748 | 59208 | 27045 | 23250 | 87000 |
| 项目经费内部支出 | 万元 | 349816 | 648454 | 3554246 | 1023920 | 529689 | 2074265 |

1-3 续表 7

| 指　　标 | 单位 | 塑料制品业 | 非金属矿物制品业 | 黑色金属冶炼及压延加工业 | 有色金属冶炼及压延加工业 | 金属制品业 | 通用设备制造业 |
|---|---|---|---|---|---|---|---|
| **企业办研发机构情况** | | | | | | | |
| 机构数 | 个 | 310 | 622 | 394 | 422 | 525 | 1526 |
| 机构人员数 | 人 | 26082 | 33431 | 54951 | 36127 | 30982 | 105406 |
| #博士 | 人 | 186 | 588 | 909 | 527 | 327 | 1128 |
| 硕士 | 人 | 990 | 2226 | 5559 | 2406 | 1589 | 7090 |
| 本科 | 人 | 11406 | 15770 | 29154 | 18645 | 15125 | 57660 |
| 机构经费支出 | 万元 | 344496 | 547630 | 1825031 | 1073804 | 470938 | 1920776 |
| 仪器和设备原价 | 万元 | 335755 | 542476 | 1135085 | 687136 | 298566 | 1650554 |
| #进口 | 万元 | 60121 | 75476 | 332011 | 145853 | 39732 | 217946 |
| **新产品开发及生产情况** | | | | | | | |
| 新产品开发项目数 | 个 | 1726 | 3026 | 6363 | 2564 | 3123 | 16451 |
| 新产品开发经费支出 | 万元 | 459598 | 802851 | 4258500 | 1227783 | 716200 | 3120820 |
| 新产品产值 | 万元 | 5169437 | 11013998 | 56028121 | 22461993 | 9478370 | 40732532 |
| 新产品销售收入 | 万元 | 5076201 | 10273591 | 56971040 | 21947146 | 9192982 | 39991392 |
| #新产品出口 | 万元 | 1377341 | 1602764 | 4360298 | 2579168 | 1586968 | 4773915 |
| **自主知识产权及相关情况** | | | | | | | |
| 专利申请数 | 件 | 2868 | 5192 | 5813 | 3335 | 5355 | 13922 |
| #发明专利 | 件 | 785 | 1800 | 2102 | 1194 | 1170 | 3330 |
| 有效发明专利 | 件 | 1208 | 6254 | 2836 | 2265 | 2420 | 5668 |
| #境外授权 | 件 | 94 | 19 | 51 | 78 | 81 | 130 |
| 拥有注册商标数 | 件 | 1575 | 3604 | 1720 | 2299 | 2974 | 6166 |
| #境外注册 | 件 | 251 | 1287 | 123 | 357 | 528 | 1029 |
| 形成国家或行业标准数 | 项 | 98 | 317 | 243 | 520 | 339 | 1306 |
| **政府相关政策落实情况** | | | | | | | |
| 使用来自政府部门的科技活动资金 | 万元 | 11778 | 38423 | 97754 | 67535 | 40166 | 146290 |
| 研究开发费用加计扣除减免税 | 万元 | 20495 | 28178 | 152463 | 40864 | 20727 | 178099 |
| 高新技术企业减免税 | 万元 | 46800 | 63276 | 108327 | 53067 | 82047 | 309245 |
| **技术获取和技术改造情况** | | | | | | | |
| 引进技术经费支出 | 万元 | 3005 | 22259 | 418592 | 231332 | 28798 | 232343 |
| 消化吸收经费支出 | 万元 | 4563 | 20015 | 296019 | 165092 | 20545 | 122905 |
| 购买国内技术经费支出 | 万元 | 8044 | 21042 | 862744 | 86484 | 20349 | 80422 |
| 技术改造经费支出 | 万元 | 98461 | 791363 | 8714488 | 1731610 | 396628 | 1615583 |

| 指　　标 | 单位 | 专用设备制造业 | 交通运输设备制造业 | 电气机械及器材制造业 | 通信设备、计算机及其他电子设备制造业 | 仪器仪表及文化、办公用机械制造业 | 工艺品及其他制造业 |
|---|---|---|---|---|---|---|---|
| **企业基本情况** | | | | | | | |
| 企业数 | 个 | 1756 | 3087 | 3409 | 3646 | 719 | 580 |
| #有R&D活动的企业 | 个 | 838 | 1218 | 1501 | 1315 | 368 | 113 |
| #有研发机构的企业 | 个 | 806 | 1173 | 1429 | 1141 | 343 | 120 |
| #有新产品销售的企业 | 个 | 816 | 1315 | 1494 | 1187 | 357 | 130 |
| 年末从业人员数 | 人 | 1692488 | 3962123 | 3566516 | 6064020 | 722258 | 521345 |
| 工业总产值 | 万元 | 112865198 | 433149347 | 271683439 | 468635843 | 38168317 | 23804713 |
| 主营业务收入 | 万元 | 115310202 | 442792246 | 268174834 | 484717020 | 38150396 | 24672720 |
| 利润总额 | 万元 | 10564215 | 40287100 | 21441922 | 24549577 | 3198635 | 1871636 |
| 资产总计 | 万元 | 124595481 | 400480836 | 219723964 | 324820541 | 31750582 | 17462714 |
| 出口交货值 | 万元 | 13477178 | 50646127 | 64911095 | 318836860 | 16853513 | 7411499 |
| **R&D人员情况** | | | | | | | |
| R&D人员合计 | 人 | 109118 | 218860 | 176333 | 313912 | 38920 | 10899 |
| #女性 | 人 | 21047 | 44323 | 35628 | 68382 | 8900 | 3279 |
| #研究人员 | 人 | 50617 | 84363 | 53428 | 127863 | 15991 | 4124 |
| #全时人员 | 人 | 80183 | 156212 | 126342 | 265877 | 29197 | 7708 |
| R&D人员全时当量 | 人年 | 86738 | 176921 | 137965 | 278583 | 32578 | 7399 |
| **R&D经费情况** | | | | | | | |
| R&D经费内部支出 | 万元 | 2348941 | 5821997 | 4250969 | 6862561 | 573806 | 136326 |
| 按支出用途分 | | | | | | | |
| 1.日常性支出 | 万元 | 2147730 | 5198191 | 3696853 | 6038660 | 503209 | 125831 |
| #人员劳务费 | 万元 | 533935 | 1304093 | 932037 | 2649384 | 193068 | 36586 |
| 2.资产性支出 | 万元 | 201211 | 623806 | 554116 | 823901 | 70598 | 10495 |
| #仪器和设备 | 万元 | 187981 | 596795 | 531684 | 804348 | 68020 | 10081 |
| 按资金来源分 | | | | | | | |
| 政府资金 | 万元 | 140646 | 520402 | 93124 | 300625 | 44382 | 18824 |
| 企业资金 | 万元 | 2158514 | 5163874 | 4083298 | 6267123 | 515975 | 114787 |
| 国外资金 | 万元 | 9438 | 67059 | 36720 | 260182 | 8054 | 420 |
| 其他资金 | 万元 | 40343 | 70662 | 37827 | 34631 | 5395 | 2295 |
| R&D经费外部支出 | 万元 | 50164 | 766922 | 239510 | 329001 | 22916 | 3270 |
| #对境内研究机构支出 | 万元 | 22509 | 350657 | 48780 | 43863 | 10483 | 1907 |
| 对境内高等学校支出 | 万元 | 16767 | 59087 | 35730 | 21616 | 7118 | 1282 |
| 对境外支出 | 万元 | 5842 | 174382 | 66491 | 169279 | 3885 | 17 |
| **R&D项目情况** | | | | | | | |
| 项目数 | 项 | 10669 | 17024 | 16416 | 23141 | 3524 | 730 |
| 参加项目人员 | 人 | 94957 | 185468 | 155504 | 284379 | 33848 | 9745 |
| 项目人员折合全时当量 | 人年 | 75827 | 149358 | 121975 | 254160 | 28237 | 6492 |
| 项目经费内部支出 | 万元 | 1976416 | 4847370 | 3693160 | 6271096 | 473790 | 108021 |

1-3 续表 9

| 指　　标 | 单位 | 专用设备制造业 | 交通运输设备制造业 | 电气机械及器材制造业 | 通信设备、计算机及其他电子设备制造业 | 仪器仪表及文化、办公用机械制造业 | 工艺品及其他制造业 |
|---|---|---|---|---|---|---|---|
| **企业办研发机构情况** | | | | | | | |
| 机构数 | 个 | 1130 | 1516 | 1944 | 1628 | 476 | 146 |
| 机构人员数 | 人 | 97814 | 187223 | 165772 | 292802 | 34895 | 9960 |
| #博士 | 人 | 1438 | 1542 | 1733 | 2984 | 471 | 73 |
| 硕士 | 人 | 10937 | 15538 | 11618 | 59144 | 4708 | 488 |
| 本科 | 人 | 55899 | 106417 | 90107 | 141144 | 18239 | 4309 |
| 机构经费支出 | 万元 | 1913656 | 4653756 | 3884085 | 6770300 | 470602 | 107357 |
| 仪器和设备原价 | 万元 | 1257949 | 3610738 | 2488488 | 4206375 | 317706 | 188886 |
| #进口 | 万元 | 204740 | 907560 | 536294 | 789021 | 84529 | 43135 |
| **新产品开发及生产情况** | | | | | | | |
| 新产品开发项目数 | 个 | 12679 | 21277 | 19529 | 25850 | 4463 | 957 |
| 新产品开发经费支出 | 万元 | 2979702 | 7163237 | 5442392 | 6817011 | 780934 | 157408 |
| 新产品产值 | 万元 | 33276252 | 167349904 | 89322981 | 133569302 | 9427243 | 2007565 |
| 新产品销售收入 | 万元 | 32301119 | 171165190 | 86302465 | 133689434 | 9534769 | 1931649 |
| #新产品出口 | 万元 | 2966348 | 16852439 | 18861569 | 70102910 | 3447732 | 755341 |
| **自主知识产权及相关情况** | | | | | | | |
| 专利申请数 | 件 | 13467 | 23700 | 28978 | 46209 | 5131 | 1825 |
| #发明专利 | 件 | 4027 | 5391 | 8339 | 28913 | 1485 | 290 |
| 有效发明专利 | 件 | 6303 | 6983 | 12492 | 41130 | 2749 | 425 |
| #境外授权 | 件 | 224 | 185 | 629 | 5450 | 287 | 27 |
| 拥有注册商标数 | 件 | 5101 | 16317 | 16618 | 11616 | 2067 | 1155 |
| #境外注册 | 件 | 925 | 5739 | 5750 | 3514 | 460 | 174 |
| 形成国家或行业标准数 | 项 | 873 | 1165 | 2983 | 676 | 462 | 114 |
| **政府相关政策落实情况** | | | | | | | |
| 使用来自政府部门的科技活动资金 | 万元 | 207042 | 786476 | 138313 | 406194 | 55504 | 26850 |
| 研究开发费用加计扣除减免税 | 万元 | 208034 | 308878 | 160084 | 201023 | 38624 | 10170 |
| 高新技术企业减免税 | 万元 | 235508 | 693466 | 523374 | 412615 | 77167 | 7993 |
| **技术获取和技术改造情况** | | | | | | | |
| 引进技术经费支出 | 万元 | 74294 | 1219313 | 309614 | 494603 | 66958 | 2068 |
| 消化吸收经费支出 | 万元 | 43514 | 369230 | 86622 | 47649 | 13433 | 1864 |
| 购买国内技术经费支出 | 万元 | 37642 | 220818 | 67254 | 108803 | 17465 | 1253 |
| 技术改造经费支出 | 万元 | 1765421 | 4495402 | 2456470 | 1403323 | 244896 | 54999 |

# 1-4 分地区企业R&D及相关活动主要指标

| 指 标 | 单位 | 东部地区 | 中部地区 | 西部地区 | 北 京 | 天 津 | 河 北 | 山 西 |
|---|---|---|---|---|---|---|---|---|
| **企业基本情况** | | | | | | | | |
| 企业数 | 个 | 29775 | 9166 | 6595 | 678 | 797 | 1627 | 1118 |
| #有R&D活动的企业 | 个 | 9214 | 2399 | 1276 | 285 | 245 | 290 | 138 |
| #有研发机构的企业 | 个 | 8870 | 2299 | 1399 | 233 | 204 | 294 | 151 |
| #有新产品销售的企业 | 个 | 8662 | 2233 | 1422 | 266 | 262 | 273 | 112 |
| 年末从业人员数 | 人 | 33255852 | 11861985 | 8258203 | 745923 | 926574 | 2152558 | 1820594 |
| 工业总产值 | 万元 | 2711964275 | 864035510 | 588230300 | 105053152 | 126394554 | 201254280 | 100577674 |
| 主营业务收入 | 万元 | 2850395346 | 886173728 | 595341014 | 113874561 | 130244423 | 209313999 | 108327247 |
| 利润总额 | 万元 | 207617277 | 74173083 | 60032229 | 8142280 | 13074926 | 12660184 | 9560178 |
| 资产总计 | 万元 | 2516132654 | 908057584 | 766675497 | 190730233 | 109000846 | 195395406 | 158861316 |
| 出口交货值 | 万元 | 630054159 | 35098186 | 21119760 | 14744436 | 17769525 | 8740033 | 3912742 |
| **R&D人员情况** | | | | | | | | |
| R&D人员合计 | 人 | 1178147 | 381491 | 198905 | 38675 | 38805 | 51080 | 39346 |
| #女性 | 人 | 255308 | 73319 | 46370 | 10484 | 8805 | 13114 | 6621 |
| #研究人员 | 人 | 429801 | 179357 | 94900 | 15158 | 14997 | 28330 | 17585 |
| #全时人员 | 人 | 833560 | 237710 | 126695 | 29295 | 25199 | 28351 | 22088 |
| R&D人员全时当量 | 人年 | 938887 | 285598 | 145423 | 29225 | 28164 | 37814 | 29998 |
| **R&D经费情况** | | | | | | | | |
| R&D经费内部支出 | 万元 | 28777880 | 7441733 | 3934352 | 1061357 | 1392212 | 1078941 | 675657 |
| 按支出用途分 | | | | | | | | |
| 1.日常性支出 | 万元 | 25241306 | 6493627 | 3409908 | 975031 | 1156733 | 919008 | 569749 |
| #人员劳务费 | 万元 | 7446513 | 1494539 | 807459 | 319104 | 260074 | 228088 | 130624 |
| 2.资产性支出 | 万元 | 3536574 | 948106 | 524444 | 86326 | 235479 | 159933 | 105908 |
| #仪器和设备 | 万元 | 3388358 | 884985 | 501240 | 83622 | 228786 | 149271 | 98009 |
| 按资金来源分 | | | | | | | | |
| 政府资金 | 万元 | 961971 | 390182 | 398808 | 79184 | 40521 | 28430 | 21936 |
| 企业资金 | 万元 | 27136833 | 6967511 | 3487459 | 942371 | 1276291 | 1035790 | 652949 |
| 国外资金 | 万元 | 427305 | 19535 | 12691 | 8021 | 64920 | 367 | |
| 其他资金 | 万元 | 251770 | 64506 | 35394 | 31782 | 10479 | 14354 | 772 |
| R&D经费外部支出 | 万元 | 1887821 | 493737 | 369742 | 162636 | 203079 | 58283 | 50073 |
| #对境内研究机构支出 | 万元 | 668242 | 221398 | 154975 | 127879 | 39137 | 21402 | 22994 |
| 对境内高等学校支出 | 万元 | 310945 | 128564 | 81919 | 10809 | 15256 | 14141 | 15984 |
| 对境外支出 | 万元 | 474369 | 45463 | 32632 | 12061 | 141453 | 10322 | 448 |
| **R&D项目情况** | | | | | | | | |
| 项目数 | 项 | 98352 | 28957 | 18280 | 4194 | 5665 | 4346 | 2194 |
| 参加项目人员 | 人 | 1048910 | 329614 | 170031 | 33696 | 33177 | 42893 | 34882 |
| 项目人员折合全时当量 | 人年 | 839666 | 245808 | 124937 | 25502 | 24530 | 31910 | 26431 |
| 项目经费内部支出 | 万元 | 25234318 | 6261724 | 2966158 | 843169 | 1089204 | 926520 | 531423 |

## 1-4 续表 1

| 指　　标 | 单位 | 东部地区 | 中部地区 | 西部地区 | 北　京 | 天　津 | 河　北 | 山　西 |
|---|---|---|---|---|---|---|---|---|
| **企业办研发机构情况** | | | | | | | | |
| 机构数 | 个 | 11646 | 3084 | 1987 | 305 | 320 | 365 | 178 |
| 机构人员数 | 人 | 1027244 | 268513 | 189622 | 30691 | 25813 | 39860 | 18729 |
| #博士 | 人 | 13583 | 4005 | 2148 | 860 | 387 | 466 | 223 |
| 硕士 | 人 | 116130 | 27748 | 14481 | 6289 | 2479 | 3889 | 1719 |
| 本科 | 人 | 511170 | 145443 | 104098 | 15849 | 14273 | 22187 | 10143 |
| 机构经费支出 | 万元 | 23735068 | 5089842 | 3943888 | 810456 | 685837 | 737156 | 288693 |
| 仪器和设备原价 | 万元 | 16130033 | 4333051 | 3321895 | 333001 | 749167 | 642645 | 458096 |
| #进口 | 万元 | 3660783 | 606965 | 634913 | 92570 | 249199 | 107018 | 52399 |
| **新产品开发及生产情况** | | | | | | | | |
| 新产品开发项目数 | 个 | 109704 | 29868 | 20065 | 4848 | 6181 | 4048 | 1927 |
| 新产品开发经费支出 | 万元 | 31472640 | 8204672 | 4529605 | 1269210 | 1223778 | 983796 | 690972 |
| 新产品产值 | 万元 | 534228657 | 121218077 | 80616088 | 25389060 | 32244555 | 12864549 | 6759309 |
| 新产品销售收入 | 万元 | 532706950 | 120713828 | 75218203 | 24955308 | 31704983 | 13062233 | 5970902 |
| #新产品出口 | 万元 | 135329001 | 7585954 | 4821494 | 6742263 | 8405067 | 1428054 | 421378 |
| **自主知识产权及相关情况** | | | | | | | | |
| 专利申请数 | 件 | 149423 | 31692 | 17775 | 5846 | 5951 | 2827 | 1776 |
| #发明专利 | 件 | 56503 | 10088 | 5932 | 3161 | 2543 | 820 | 644 |
| 有效发明专利 | 件 | 85318 | 18819 | 8937 | 3919 | 3053 | 1218 | 1126 |
| #境外授权 | 件 | 7819 | 178 | 83 | 241 | 269 | 46 | 5 |
| 拥有注册商标数 | 件 | 105631 | 25251 | 24958 | 7478 | 3010 | 3274 | 1230 |
| #境外注册 | 件 | 21230 | 4142 | 5631 | 1451 | 830 | 256 | 43 |
| 形成国家或行业标准数 | 项 | 10292 | 2279 | 1961 | 275 | 205 | 286 | 351 |
| **政府相关政策落实情况** | | | | | | | | |
| 使用来自政府部门的科技活动资金 | 万元 | 1353816 | 561810 | 701820 | 104011 | 51487 | 46676 | 44459 |
| 研究开发费用加计扣除减免税 | 万元 | 1111159 | 464029 | 206739 | 30414 | 47945 | 60608 | 102778 |
| 高新技术企业减免税 | 万元 | 2662008 | 691965 | 109135 | 181519 | 78127 | 102625 | 18949 |
| **技术获取和技术改造情况** | | | | | | | | |
| 引进技术经费支出 | 万元 | 2853034 | 571741 | 436547 | 198649 | 233073 | 132992 | 71000 |
| 消化吸收经费支出 | 万元 | 1101129 | 297379 | 253507 | 7274 | 70228 | 189601 | 85866 |
| 购买国内技术经费支出 | 万元 | 1078265 | 237018 | 898844 | 25350 | 56634 | 30971 | 35472 |
| 技术改造经费支出 | 万元 | 19585117 | 8924413 | 7875396 | 1024916 | 859686 | 1701417 | 1183143 |

## 1-4 续表 2

| 指　　标 | 单位 | 内蒙古 | 辽　宁 | 吉　林 | 黑龙江 | 上　海 | 江　苏 | 浙　江 |
|---|---|---|---|---|---|---|---|---|
| **企业基本情况** | | | | | | | | |
| 企业数 | 个 | 724 | 1505 | 511 | 571 | 1750 | 5418 | 4420 |
| #有R&D活动的企业 | 个 | 95 | 229 | 76 | 118 | 521 | 2257 | 2096 |
| #有研发机构的企业 | 个 | 97 | 217 | 77 | 103 | 493 | 1964 | 2404 |
| #有新产品销售的企业 | 个 | 62 | 204 | 69 | 102 | 492 | 1821 | 2522 |
| 年末从业人员数 | 人 | 814692 | 2130246 | 780015 | 1083894 | 1601852 | 5870596 | 3520790 |
| 工业总产值 | 万元 | 83362351 | 183174211 | 80751840 | 68847775 | 221437544 | 524011326 | 261973730 |
| 主营业务收入 | 万元 | 84372074 | 204644338 | 79206480 | 73752061 | 238181072 | 520363861 | 261780086 |
| 利润总额 | 万元 | 12302334 | 11089015 | 5729685 | 10418953 | 17505122 | 38203230 | 19081533 |
| 资产总计 | 万元 | 109339621 | 204579660 | 70772742 | 84086890 | 197834178 | 423674925 | 243676159 |
| 出口交货值 | 万元 | 2166426 | 22522491 | 1398079 | 1629919 | 70986597 | 154502137 | 59956063 |
| **R&D人员情况** | | | | | | | | |
| R&D人员合计 | 人 | 16359 | 63315 | 22201 | 41731 | 66408 | 239385 | 138247 |
| #女性 | 人 | 4860 | 16177 | 4797 | 10448 | 15258 | 47046 | 31879 |
| #研究人员 | 人 | 8279 | 35645 | 14227 | 26710 | 24154 | 69794 | 34767 |
| #全时人员 | 人 | 10752 | 42275 | 11166 | 26076 | 51476 | 153821 | 87301 |
| R&D人员全时当量 | 人年 | 14363 | 44424 | 19411 | 32467 | 57346 | 201161 | 116965 |
| **R&D经费情况** | | | | | | | | |
| R&D经费内部支出 | 万元 | 474299 | 1913437 | 355405 | 728451 | 2377472 | 5513458 | 2723447 |
| 按支出用途分 | | | | | | | | |
| 1.日常性支出 | 万元 | 408623 | 1757717 | 333495 | 642633 | 2161265 | 4843585 | 2413199 |
| #人员劳务费 | 万元 | 77164 | 284775 | 51309 | 160592 | 743133 | 1193842 | 785913 |
| 2.资产性支出 | 万元 | 65676 | 155721 | 21909 | 85818 | 216207 | 669873 | 310248 |
| #仪器和设备 | 万元 | 64599 | 152774 | 21319 | 84482 | 211355 | 637307 | 303071 |
| 按资金来源分 | | | | | | | | |
| 政府资金 | 万元 | 15834 | 131679 | 15083 | 85513 | 155040 | 102444 | 64253 |
| 企业资金 | 万元 | 446781 | 1749183 | 334373 | 613302 | 2197095 | 5256307 | 2633226 |
| 国外资金 | 万元 | 10602 | 2143 | 417 | 80 | 16595 | 86882 | 12389 |
| 其他资金 | 万元 | 1082 | 30432 | 5531 | 29557 | 8743 | 67826 | 13578 |
| R&D经费外部支出 | 万元 | 20058 | 141346 | 30620 | 88299 | 203876 | 231230 | 188935 |
| #对境内研究机构支出 | 万元 | 10673 | 63827 | 9762 | 40001 | 27921 | 84732 | 69931 |
| 对境内高等学校支出 | 万元 | 6355 | 12439 | 6944 | 22620 | 25013 | 49236 | 27787 |
| 对境外支出 | 万元 | 2551 | 29836 | 7825 | 5522 | 72001 | 70242 | 20028 |
| **R&D项目情况** | | | | | | | | |
| 项目数 | 项 | 1030 | 6063 | 1621 | 4113 | 6397 | 17826 | 11046 |
| 参加项目人员 | 人 | 14077 | 54077 | 16091 | 34970 | 57973 | 213469 | 129429 |
| 项目人员折合全时当量 | 人年 | 12324 | 38367 | 13570 | 27425 | 50038 | 179593 | 109615 |
| 项目经费内部支出 | 万元 | 391336 | 1445113 | 325318 | 539388 | 2146408 | 4864313 | 2585884 |

## 1-4 续表 3

| 指标 | 单位 | 内蒙古 | 辽宁 | 吉林 | 黑龙江 | 上海 | 江苏 | 浙江 |
|---|---|---|---|---|---|---|---|---|
| **企业办研发机构情况** | | | | | | | | |
| 机构数 | 个 | 144 | 358 | 95 | 155 | 638 | 2702 | 2733 |
| 机构人员数 | 人 | 13661 | 39362 | 16028 | 22496 | 68273 | 165658 | 155730 |
| #博士 | 人 | 253 | 402 | 253 | 276 | 1331 | 2422 | 1427 |
| 硕士 | 人 | 1204 | 4505 | 1728 | 2562 | 11056 | 13195 | 8986 |
| 本科 | 人 | 7291 | 23290 | 8251 | 12224 | 34173 | 85098 | 68309 |
| 机构经费支出 | 万元 | 365730 | 921669 | 317691 | 326658 | 2206866 | 4170463 | 3094159 |
| 仪器和设备原价 | 万元 | 221777 | 481485 | 357881 | 288077 | 1923422 | 2307032 | 2231317 |
| #进口 | 万元 | 55523 | 69218 | 102320 | 44978 | 709455 | 525518 | 417445 |
| **新产品开发及生产情况** | | | | | | | | |
| 新产品开发项目数 | 个 | 936 | 5997 | 895 | 3280 | 8573 | 20817 | 13842 |
| 新产品开发经费支出 | 万元 | 354075 | 1966776 | 219809 | 702387 | 3024543 | 7199647 | 3496408 |
| 新产品产值 | 万元 | 6068070 | 21229829 | 15260102 | 5952697 | 55043843 | 96085211 | 65844633 |
| 新产品销售收入 | 万元 | 5261434 | 21610398 | 16541690 | 5519335 | 61808136 | 93872085 | 62826183 |
| #新产品出口 | 万元 | 397155 | 2674060 | 628756 | 284742 | 10231116 | 21965465 | 17759661 |
| **自主知识产权及相关情况** | | | | | | | | |
| 专利申请数 | 件 | 720 | 4311 | 1092 | 1603 | 10378 | 31132 | 22859 |
| #发明专利 | 件 | 314 | 1496 | 395 | 476 | 4568 | 8194 | 4241 |
| 有效发明专利 | 件 | 405 | 2111 | 519 | 1387 | 7080 | 11271 | 6924 |
| #境外授权 | 件 | | 26 | 2 | 3 | 186 | 922 | 221 |
| 拥有注册商标数 | 件 | 3303 | 2210 | 1509 | 3362 | 5715 | 14177 | 21591 |
| #境外注册 | 件 | 674 | 100 | 514 | 46 | 900 | 1771 | 3829 |
| 形成国家或行业标准数 | 项 | 144 | 362 | 99 | 120 | 409 | 1878 | 1792 |
| **政府相关政策落实情况** | | | | | | | | |
| 使用来自政府部门的科技活动资金 | 万元 | 28065 | 185192 | 33205 | 104514 | 213314 | 161690 | 93037 |
| 研究开发费用加计扣除减免税 | 万元 | 25626 | 53824 | 7913 | 23868 | 177373 | 180064 | 205304 |
| 高新技术企业减免税 | 万元 | 8217 | 39151 | 14887 | 46293 | 289072 | 553867 | 393799 |
| **技术获取和技术改造情况** | | | | | | | | |
| 引进技术经费支出 | 万元 | 30773 | 63851 | 11647 | 59939 | 610943 | 360461 | 213300 |
| 消化吸收经费支出 | 万元 | 22204 | 45904 | 5691 | 38560 | 286757 | 131012 | 105928 |
| 购买国内技术经费支出 | 万元 | 352461 | 158360 | 14789 | 9351 | 226509 | 147820 | 106951 |
| 技术改造经费支出 | 万元 | 1207194 | 2087007 | 244771 | 737803 | 1232054 | 4839487 | 2266417 |

## 1-4 续表 4

| 指标 | 单位 | 安徽 | 福建 | 江西 | 山东 | 河南 | 湖北 | 湖南 |
|---|---|---|---|---|---|---|---|---|
| **企业基本情况** | | | | | | | | |
| 企业数 | 个 | 1120 | 2240 | 820 | 3824 | 2536 | 1421 | 1069 |
| #有R&D活动的企业 | 个 | 374 | 521 | 171 | 1076 | 645 | 417 | 460 |
| #有研发机构的企业 | 个 | 428 | 478 | 135 | 1061 | 639 | 399 | 367 |
| #有新产品销售的企业 | 个 | 419 | 477 | 137 | 945 | 551 | 432 | 411 |
| 年末从业人员数 | 人 | 1451490 | 2133788 | 912317 | 4974466 | 2879243 | 1813013 | 1121419 |
| 工业总产值 | 万元 | 112655447 | 130883768 | 62020165 | 397980674 | 207282921 | 144660793 | 87238895 |
| 主营业务收入 | 万元 | 111874885 | 128802440 | 66162056 | 486787334 | 217929646 | 142797367 | 86123987 |
| 利润总额 | 万元 | 9664078 | 11900728 | 3892040 | 30805067 | 16279405 | 11715397 | 6913348 |
| 资产总计 | 万元 | 113768077 | 103794428 | 56574082 | 394525207 | 172637050 | 163650869 | 87706559 |
| 出口交货值 | 万元 | 6058244 | 33628989 | 6283763 | 34143973 | 5050787 | 7656950 | 3107703 |
| **R&D人员情况** | | | | | | | | |
| R&D人员合计 | 人 | 48050 | 54133 | 25874 | 172864 | 90430 | 64329 | 49530 |
| #女性 | 人 | 7676 | 12244 | 5071 | 40292 | 16508 | 12427 | 9771 |
| #研究人员 | 人 | 18042 | 18118 | 11558 | 71724 | 38463 | 30464 | 22308 |
| #全时人员 | 人 | 32670 | 37710 | 16226 | 118788 | 53848 | 45943 | 29693 |
| R&D人员全时当量 | 人年 | 34167 | 44062 | 18561 | 119921 | 67982 | 47806 | 35206 |
| **R&D经费情况** | | | | | | | | |
| R&D经费内部支出 | 万元 | 1040238 | 1161171 | 589366 | 5269241 | 1485875 | 1429050 | 1137692 |
| 按支出用途分 | | | | | | | | |
| 1.日常性支出 | 万元 | 897007 | 940963 | 496688 | 4641360 | 1260834 | 1269780 | 1023440 |
| #人员劳务费 | 万元 | 212292 | 277139 | 112771 | 991193 | 319726 | 268840 | 238385 |
| 2.资产性支出 | 万元 | 143231 | 220208 | 92678 | 627881 | 225041 | 159269 | 114251 |
| #仪器和设备 | 万元 | 131512 | 215111 | 89610 | 585228 | 209459 | 147180 | 103414 |
| 按资金来源分 | | | | | | | | |
| 政府资金 | 万元 | 91601 | 33639 | 31426 | 149942 | 56498 | 42327 | 45798 |
| 企业资金 | 万元 | 942393 | 1105744 | 553176 | 5061342 | 1423141 | 1371309 | 1076868 |
| 国外资金 | 万元 | 699 | 12883 | 2100 | 22215 | 907 | 4829 | 10502 |
| 其他资金 | 万元 | 5545 | 8905 | 2664 | 35743 | 5330 | 10586 | 4523 |
| R&D经费外部支出 | 万元 | 93174 | 87440 | 59547 | 418618 | 67822 | 49544 | 54657 |
| #对境内研究机构支出 | 万元 | 25233 | 26108 | 34213 | 164707 | 35308 | 20401 | 33486 |
| 对境内高等学校支出 | 万元 | 21582 | 10341 | 14213 | 121379 | 17677 | 13856 | 15688 |
| 对境外支出 | 万元 | 18330 | 41659 | 6793 | 32260 | 3412 | 1243 | 1889 |
| **R&D项目情况** | | | | | | | | |
| 项目数 | 项 | 4446 | 3309 | 1917 | 17192 | 6082 | 4602 | 3982 |
| 参加项目人员 | 人 | 42393 | 47161 | 20902 | 155932 | 80271 | 55542 | 44563 |
| 项目人员折合全时当量 | 人年 | 30012 | 38783 | 15242 | 107916 | 60068 | 41166 | 31895 |
| 项目经费内部支出 | 万元 | 824656 | 952344 | 488208 | 4519390 | 1343574 | 1193793 | 1015363 |

## 1-4 续表 5

| 指　　标 | 单位 | 安　徽 | 福　建 | 江　西 | 山　东 | 河　南 | 湖　北 | 湖　南 |
|---|---|---|---|---|---|---|---|---|
| **企业办研发机构情况** | | | | | | | | |
| 机构数 | 个 | 692 | 551 | 184 | 1548 | 852 | 457 | 471 |
| 机构人员数 | 人 | 46769 | 42374 | 15843 | 152607 | 65262 | 50091 | 33295 |
| #博士 | 人 | 676 | 487 | 166 | 2638 | 970 | 836 | 605 |
| 硕士 | 人 | 3900 | 2806 | 1177 | 13943 | 5209 | 6529 | 4924 |
| 本科 | 人 | 24600 | 23015 | 9806 | 85922 | 34353 | 26139 | 19927 |
| 机构经费支出 | 万元 | 1089906 | 938048 | 303303 | 4305288 | 1102810 | 1031590 | 629192 |
| 仪器和设备原价 | 万元 | 663686 | 672751 | 249775 | 2890428 | 737900 | 913190 | 664446 |
| #进口 | 万元 | 101707 | 202556 | 23250 | 696728 | 116620 | 116445 | 49247 |
| **新产品开发及生产情况** | | | | | | | | |
| 新产品开发项目数 | 个 | 5919 | 3708 | 2084 | 17019 | 5762 | 5856 | 4145 |
| 新产品开发经费支出 | 万元 | 1667678 | 1271893 | 574999 | 5069088 | 1449624 | 1760964 | 1138240 |
| 新产品产值 | 万元 | 19837705 | 21587590 | 7834975 | 87972651 | 17092736 | 24227652 | 24252900 |
| 新产品销售收入 | 万元 | 19971178 | 19853442 | 7620428 | 89056730 | 18287436 | 23301606 | 23501254 |
| #新产品出口 | 万元 | 1406091 | 6471831 | 1002028 | 13077008 | 1179452 | 1504542 | 1158965 |
| **自主知识产权及相关情况** | | | | | | | | |
| 专利申请数 | 件 | 7676 | 5776 | 1221 | 16391 | 5904 | 5768 | 6652 |
| #发明专利 | 件 | 1967 | 1761 | 445 | 4988 | 1713 | 1941 | 2507 |
| 有效发明专利 | 件 | 2536 | 1850 | 462 | 6297 | 2186 | 2864 | 7739 |
| #境外授权 | 件 | 15 | 265 | 22 | 162 | 19 | 61 | 51 |
| 拥有注册商标数 | 件 | 2837 | 8408 | 3143 | 12571 | 4364 | 4167 | 4639 |
| #境外注册 | 件 | 572 | 2233 | 525 | 2281 | 995 | 616 | 831 |
| 形成国家或行业标准数 | 项 | 386 | 380 | 101 | 3765 | 355 | 575 | 292 |
| **政府相关政策落实情况** | | | | | | | | |
| 使用来自政府部门的科技活动资金 | 万元 | 139383 | 40905 | 39102 | 213140 | 74921 | 70129 | 56097 |
| 研究开发费用加计扣除减免税 | 万元 | 95884 | 36887 | 41817 | 141482 | 72613 | 81342 | 37814 |
| 高新技术企业减免税 | 万元 | 301725 | 127999 | 34334 | 302256 | 98183 | 84394 | 93201 |
| **技术获取和技术改造情况** | | | | | | | | |
| 引进技术经费支出 | 万元 | 44742 | 233197 | 73512 | 249955 | 60907 | 190418 | 59577 |
| 消化吸收经费支出 | 万元 | 33363 | 24025 | 7081 | 160965 | 30946 | 29705 | 66167 |
| 购买国内技术经费支出 | 万元 | 38699 | 86687 | 41375 | 123207 | 36635 | 21561 | 39138 |
| 技术改造经费支出 | 万元 | 832279 | 736203 | 455698 | 3012620 | 1363941 | 1326521 | 2780257 |

1-4 续表 6

| 指　标 | 单位 | 广　东 | 广　西 | 海　南 | 重　庆 | 四　川 | 贵　州 | 云　南 |
|---|---|---|---|---|---|---|---|---|
| **企业基本情况** | | | | | | | | |
| 企业数 | 个 | 7399 | 811 | 117 | 786 | 1841 | 260 | 619 |
| #有R&D活动的企业 | 个 | 1676 | 167 | 18 | 247 | 208 | 69 | 111 |
| #有研发机构的企业 | 个 | 1499 | 157 | 23 | 218 | 321 | 82 | 127 |
| #有新产品销售的企业 | 个 | 1386 | 133 | 14 | 345 | 399 | 75 | 88 |
| 年末从业人员数 | 人 | 9118636 | 715615 | 80423 | 816424 | 1980740 | 370429 | 1197305 |
| 工业总产值 | 万元 | 548918080 | 55420479 | 10882956 | 60125484 | 131397710 | 22043894 | 44507631 |
| 主营业务收入 | 万元 | 546126080 | 54411984 | 10277153 | 60005470 | 133179661 | 21497091 | 46272231 |
| 利润总额 | 万元 | 44155437 | 4846539 | 999757 | 3202401 | 10149183 | 1931684 | 4456505 |
| 资产总计 | 万元 | 440033171 | 55203691 | 12888442 | 59812003 | 156301517 | 36547339 | 62814800 |
| 出口交货值 | 万元 | 212160054 | 3201074 | 899863 | 3321326 | 7786088 | 758449 | 602726 |
| **R&D人员情况** | | | | | | | | |
| R&D人员合计 | 人 | 314202 | 16110 | 1033 | 30984 | 50496 | 11296 | 11345 |
| #女性 | 人 | 59767 | 3656 | 242 | 6882 | 10625 | 2686 | 2276 |
| #研究人员 | 人 | 116676 | 6326 | 438 | 13068 | 23374 | 4603 | 4819 |
| #全时人员 | 人 | 258783 | 9597 | 561 | 21659 | 33409 | 6581 | 6254 |
| R&D人员全时当量 | 人年 | 258943 | 11895 | 862 | 21662 | 34600 | 8633 | 7589 |
| **R&D经费情况** | | | | | | | | |
| R&D经费内部支出 | 万元 | 6268811 | 358915 | 18334 | 672418 | 809767 | 217791 | 180687 |
| 按支出用途分 | | | | | | | | |
| 1.日常性支出 | 万元 | 5417370 | 313104 | 15076 | 550311 | 732329 | 204301 | 152438 |
| #人员劳务费 | 万元 | 2359116 | 79670 | 4135 | 139288 | 201606 | 36484 | 38647 |
| 2.资产性支出 | 万元 | 851441 | 45811 | 3258 | 122107 | 77439 | 13490 | 28249 |
| #仪器和设备 | 万元 | 818609 | 43267 | 3225 | 116682 | 72540 | 12922 | 27105 |
| 按资金来源分 | | | | | | | | |
| 政府资金 | 万元 | 175033 | 17599 | 1808 | 43427 | 110655 | 34683 | 12303 |
| 企业资金 | 万元 | 5862959 | 339482 | 16526 | 623830 | 695598 | 175543 | 166453 |
| 国外资金 | 万元 | 200891 | 24 | | 1403 | 175 | | |
| 其他资金 | 万元 | 29928 | 1811 | | 3759 | 3340 | 7564 | 1931 |
| R&D经费外部支出 | 万元 | 186885 | 22453 | 5494 | 51911 | 72491 | 11689 | 27188 |
| #对境内研究机构支出 | 万元 | 37486 | 6256 | 5112 | 27058 | 30385 | 7521 | 5905 |
| 对境内高等学校支出 | 万元 | 24161 | 4692 | 382 | 7164 | 19514 | 2846 | 3660 |
| 对境外支出 | 万元 | 44507 | 2116 | | 13962 | 4471 | 758 | 1818 |
| **R&D项目情况** | | | | | | | | |
| 项目数 | 项 | 22117 | 1747 | 197 | 3230 | 4392 | 1018 | 1082 |
| 参加项目人员 | 人 | 280259 | 14412 | 844 | 26526 | 43426 | 9342 | 9912 |
| 项目人员折合全时当量 | 人年 | 232720 | 10669 | 692 | 18317 | 30728 | 7393 | 6659 |
| 项目经费内部支出 | 万元 | 5847235 | 304176 | 14739 | 533003 | 599369 | 169494 | 127157 |

1-4 续表 7

| 指　　标 | 单位 | 广　东 | 广　西 | 海　南 | 重　庆 | 四　川 | 贵　州 | 云　南 |
|---|---|---|---|---|---|---|---|---|
| **企业办研发机构情况** | | | | | | | | |
| 机构数 | 个 | 2092 | 211 | 34 | 280 | 460 | 109 | 154 |
| 机构人员数 | 人 | 305027 | 12892 | 1849 | 23761 | 61410 | 11407 | 10950 |
| #博士 | 人 | 3150 | 131 | 13 | 237 | 580 | 124 | 136 |
| 硕士 | 人 | 48854 | 840 | 128 | 1822 | 4269 | 602 | 626 |
| 本科 | 人 | 138055 | 7732 | 999 | 13352 | 34005 | 5965 | 5688 |
| 机构经费支出 | 万元 | 5831840 | 260919 | 33286 | 610006 | 1151651 | 188751 | 218745 |
| 仪器和设备原价 | 万元 | 3888147 | 153115 | 10638 | 442676 | 1327825 | 237278 | 171187 |
| #进口 | 万元 | 588703 | 40423 | 2375 | 149993 | 120356 | 42996 | 56466 |
| **新产品开发及生产情况** | | | | | | | | |
| 新产品开发项目数 | 个 | 24443 | 2150 | 228 | 3264 | 5718 | 1344 | 806 |
| 新产品开发经费支出 | 万元 | 5916777 | 387162 | 50726 | 840244 | 1044185 | 264300 | 258867 |
| 新产品产值 | 万元 | 114983738 | 9860600 | 983000 | 26420397 | 15629200 | 3300410 | 2408279 |
| 新产品销售收入 | 万元 | 113016974 | 9515760 | 940477 | 24780319 | 14357774 | 3106451 | 2328834 |
| #新产品出口 | 万元 | 46562045 | 405002 | 12432 | 1208114 | 1345647 | 217857 | 179415 |
| **自主知识产权及相关情况** | | | | | | | | |
| 专利申请数 | 件 | 43776 | 1158 | 176 | 4947 | 4576 | 1302 | 757 |
| #发明专利 | 件 | 24675 | 296 | 56 | 1193 | 1777 | 648 | 297 |
| 有效发明专利 | 件 | 41392 | 684 | 203 | 1858 | 2236 | 757 | 719 |
| #境外授权 | 件 | 5466 | 31 | 15 | 6 | 7 | 4 | 1 |
| 拥有注册商标数 | 件 | 26606 | 1852 | 591 | 5449 | 5041 | 1400 | 4202 |
| #境外注册 | 件 | 7574 | 394 | 5 | 1897 | 428 | 254 | 1503 |
| 形成国家或行业标准数 | 项 | 929 | 188 | 11 | 284 | 359 | 211 | 135 |
| **政府相关政策落实情况** | | | | | | | | |
| 使用来自政府部门的科技活动资金 | 万元 | 241583 | 30820 | 2782 | 67374 | 197739 | 51250 | 25230 |
| 研究开发费用加计扣除减免税 | 万元 | 175280 | 11682 | 1980 | 38109 | 50871 | 3906 | 13909 |
| 高新技术企业减免税 | 万元 | 564526 | 21270 | 29067 | 9240 | 19921 | 2992 | 9115 |
| **技术获取和技术改造情况** | | | | | | | | |
| 引进技术经费支出 | 万元 | 556612 | 3875 | | 141710 | 75453 | 13472 | 54820 |
| 消化吸收经费支出 | 万元 | 77690 | 5729 | 1745 | 20970 | 40294 | 2780 | 9230 |
| 购买国内技术经费支出 | 万元 | 108304 | 7432 | 7474 | 38040 | 115429 | 19666 | 46160 |
| 技术改造经费支出 | 万元 | 1809480 | 990863 | 15832 | 551117 | 2462135 | 543698 | 451592 |

## 1-4 续表 8

| 指　标 | 单位 | 西　藏 | 陕　西 | 甘　肃 | 青　海 | 宁　夏 | 新　疆 |
|---|---|---|---|---|---|---|---|
| **企业基本情况** | | | | | | | |
| 企业数 | 个 | 14 | 672 | 312 | 102 | 153 | 301 |
| #有R&D活动的企业 | 个 | 2 | 180 | 78 | 18 | 51 | 50 |
| #有研发机构的企业 | 个 | 2 | 178 | 80 | 20 | 54 | 63 |
| #有新产品销售的企业 | 个 | | 167 | 66 | 9 | 46 | 32 |
| 年末从业人员数 | 人 | 9834 | 1059028 | 516879 | 142400 | 220490 | 414367 |
| 工业总产值 | 万元 | 218369 | 82790025 | 40676831 | 11698882 | 14474153 | 41514492 |
| 主营业务收入 | 万元 | 319687 | 80549262 | 44945805 | 12373719 | 14229435 | 43184596 |
| 利润总额 | 万元 | 51318 | 10919477 | 1980599 | 1573404 | 1158348 | 7460438 |
| 资产总计 | 万元 | 2254987 | 121038803 | 51055621 | 25277794 | 27218619 | 59810701 |
| 出口交货值 | 万元 | | 2178435 | 403240 | 11331 | 419173 | 271491 |
| **R&D人员情况** | | | | | | | |
| R&D人员合计 | 人 | 21 | 36666 | 12535 | 2562 | 3684 | 6847 |
| #女性 | 人 | 4 | 10080 | 2338 | 505 | 728 | 1730 |
| #研究人员 | 人 | 9 | 19852 | 7727 | 1203 | 1282 | 4358 |
| #全时人员 | 人 | 9 | 24639 | 7113 | 964 | 2084 | 3634 |
| R&D人员全时当量 | 人年 | 19 | 27812 | 8673 | 1842 | 2363 | 5970 |
| **R&D经费情况** | | | | | | | |
| R&D经费内部支出 | 万元 | 1162 | 710176 | 208652 | 60210 | 73020 | 167254 |
| 按支出用途分 | | | | | | | |
| 1.日常性支出 | 万元 | 849 | 595994 | 186829 | 50108 | 59749 | 155274 |
| #人员劳务费 | 万元 | 69 | 119707 | 49841 | 8543 | 13356 | 43086 |
| 2.资产性支出 | 万元 | 313 | 114182 | 21824 | 10102 | 13271 | 11980 |
| #仪器和设备 | 万元 | 313 | 109160 | 20255 | 9799 | 13083 | 11516 |
| 按资金来源分 | | | | | | | |
| 政府资金 | 万元 | 2 | 123004 | 16507 | 8993 | 6508 | 9292 |
| 企业资金 | 万元 | 1091 | 571873 | 191419 | 51156 | 66273 | 157962 |
| 国外资金 | 万元 | | | 487 | | 1 | |
| 其他资金 | 万元 | 69 | 15299 | 240 | 60 | 239 | |
| R&D经费外部支出 | 万元 | 61 | 52196 | 32817 | 2590 | 3018 | 73270 |
| #对境内研究机构支出 | 万元 | 61 | 30891 | 15435 | 1271 | 1471 | 18048 |
| 对境内高等学校支出 | 万元 | | 18196 | 9619 | 1231 | 769 | 7874 |
| 对境外支出 | 万元 | | 1846 | 4804 | | 307 | |
| **R&D项目情况** | | | | | | | |
| 项目数 | 项 | 9 | 3419 | 1090 | 151 | 433 | 679 |
| 参加项目人员 | 人 | 16 | 30265 | 10899 | 2097 | 3321 | 5738 |
| 项目人员折合全时当量 | 人年 | 15 | 22714 | 7437 | 1573 | 2126 | 4983 |
| 项目经费内部支出 | 万元 | 892 | 472592 | 154294 | 39637 | 60875 | 113334 |

## 1-4 续表 9

| 指　　标 | 单位 | 西　藏 | 陕　西 | 甘　肃 | 青　海 | 宁　夏 | 新　疆 |
|---|---|---|---|---|---|---|---|
| **企业办研发机构情况** | | | | | | | |
| 机构数 | 个 | 2 | 299 | 127 | 35 | 82 | 84 |
| 机构人员数 | 人 | 20 | 28931 | 10653 | 2526 | 5516 | 7895 |
| #博士 | 人 | 3 | 289 | 123 | 18 | 106 | 148 |
| 硕士 | 人 | 2 | 2783 | 960 | 122 | 328 | 923 |
| 本科 | 人 | 6 | 15940 | 6576 | 828 | 3193 | 3522 |
| 机构经费支出 | 万元 | 340 | 665562 | 97474 | 83854 | 107760 | 193098 |
| 仪器和设备原价 | 万元 | 313 | 414450 | 112727 | 35230 | 96426 | 108892 |
| #进口 | 万元 | | 75408 | 46187 | 9770 | 11896 | 25895 |
| **新产品开发及生产情况** | | | | | | | |
| 新产品开发项目数 | 个 | | 3809 | 1014 | 83 | 567 | 374 |
| 新产品开发经费支出 | 万元 | | 836192 | 197910 | 47493 | 103510 | 195668 |
| 新产品产值 | 万元 | | 9419636 | 3641918 | 165564 | 1020787 | 2681227 |
| 新产品销售收入 | 万元 | | 8682771 | 3442373 | 170695 | 1012001 | 2559793 |
| #新产品出口 | 万元 | | 579827 | 250955 | 559 | 226609 | 10355 |
| **自主知识产权及相关情况** | | | | | | | |
| 专利申请数 | 件 | 1 | 2506 | 852 | 103 | 306 | 547 |
| #发明专利 | 件 | 1 | 841 | 245 | 27 | 147 | 146 |
| 有效发明专利 | 件 | | 1386 | 348 | 58 | 150 | 336 |
| #境外授权 | 件 | | 4 | 1 | 1 | 25 | 3 |
| 拥有注册商标数 | 件 | 1 | 1925 | 421 | 62 | 966 | 336 |
| #境外注册 | 件 | | 170 | 6 | 4 | 131 | 170 |
| 形成国家或行业标准数 | 项 | | 440 | 82 | 11 | 88 | 19 |
| **政府相关政策落实情况** | | | | | | | |
| 使用来自政府部门的科技活动资金 | 万元 | 2 | 221616 | 26775 | 13516 | 16586 | 22847 |
| 研究开发费用加计扣除减免税 | 万元 | | 41864 | 4296 | 8991 | 3172 | 4313 |
| 高新技术企业减免税 | 万元 | | 31820 | 1363 | 78 | 3662 | 1458 |
| **技术获取和技术改造情况** | | | | | | | |
| 引进技术经费支出 | 万元 | | 34735 | 59894 | 7364 | 13876 | 576 |
| 消化吸收经费支出 | 万元 | | 10800 | 121793 | 8440 | 8384 | 2883 |
| 购买国内技术经费支出 | 万元 | | 256302 | 42032 | 311 | 17728 | 3283 |
| 技术改造经费支出 | 万元 | | 827212 | 371699 | 40750 | 270668 | 158468 |

# 二、工业企业基本情况

# （2010）

## 2-1 分登记注册类型企业基本情况

| 登记注册类型 | 企业数(个) | #有R&D活动 | #有研发机构 | #有新产品销售 | 年末从业人员(人) |
|---|---|---|---|---|---|
| **合　计** | **45536** | **12889** | **12568** | **12317** | **53376040** |
| **国有及国有控股企业** | **7730** | **2968** | **2641** | **2457** | **16419753** |
| **内资企业** | **29949** | **9042** | **9044** | **8824** | **34605600** |
| 国有企业 | 3131 | 892 | 746 | 674 | 5529813 |
| 集体企业 | 670 | 75 | 75 | 75 | 847841 |
| 股份合作企业 | 300 | 79 | 72 | 74 | 235822 |
| 联营企业 | 88 | 16 | 12 | 15 | 104798 |
| 国有联营企业 | 30 | 8 | 4 | 4 | 49634 |
| 集体联营企业 | 23 | 2 | 1 | 3 | 25992 |
| 国有与集体联营企业 | 24 | 4 | 6 | 7 | 23023 |
| 其他联营企业 | 11 | 2 | 1 | 1 | 6149 |
| 有限责任公司 | 9729 | 3187 | 3118 | 3022 | 13185212 |
| 国有独资公司 | 797 | 410 | 373 | 347 | 3088074 |
| 其他有限责任公司 | 8932 | 2777 | 2745 | 2675 | 10097138 |
| 股份有限公司 | 3022 | 1544 | 1608 | 1487 | 5222124 |
| 私营企业 | 12813 | 3213 | 3376 | 3441 | 9298694 |
| 私营独资企业 | 1412 | 197 | 195 | 207 | 897136 |
| 私营合伙企业 | 241 | 27 | 33 | 32 | 133591 |
| 私营有限责任公司 | 10294 | 2700 | 2841 | 2896 | 7351572 |
| 私营股份有限公司 | 866 | 289 | 307 | 306 | 916395 |
| 其他企业 | 196 | 36 | 37 | 36 | 181296 |
| **港、澳、台商投资企业** | **7191** | **1694** | **1593** | **1543** | **8745236** |
| 合资经营企业 | 2328 | 775 | 745 | 782 | 2119806 |
| 合作经营企业 | 205 | 35 | 31 | 35 | 229830 |
| 港、澳、台商独资经营企业 | 4494 | 803 | 738 | 661 | 5536583 |
| 港、澳、台商投资股份有限公司 | 164 | 81 | 79 | 65 | 859017 |
| **外商投资企业** | **8395** | **2153** | **1931** | **1950** | **10024826** |
| 中外合资经营企业 | 3019 | 1061 | 1011 | 1051 | 3284107 |
| 中外合作经营企业 | 227 | 48 | 43 | 47 | 211230 |
| 外资企业 | 4880 | 941 | 777 | 756 | 6087702 |
| 外商投资股份有限公司 | 269 | 103 | 100 | 96 | 441787 |

## 2-1 续表

单位：万元

| 登记注册类型 | 工业总产值 | 主营业务收入 | 利润总额 | 资产总计 | 出口交货值 |
|---|---|---|---|---|---|
| **合　计** | **4164230085** | **4331910089** | **341822589** | **4190865734** | **686272104** |
| **国有及国有控股企业** | **1614102922** | **1751239029** | **134507019** | **2189237074** | **75605770** |
| **内资企业** | **2789595617** | **2931914491** | **228330720** | **3109939205** | **185627154** |
| 国有企业 | 492510654 | 552803675 | 32297825 | 700518619 | 11282974 |
| 集体企业 | 42271605 | 49269339 | 3543361 | 31545657 | 2965690 |
| 股份合作企业 | 16036899 | 17330333 | 1908066 | 15251525 | 1022707 |
| 联营企业 | 7298566 | 7424431 | 352826 | 10058841 | 418691 |
| 国有联营企业 | 5539109 | 5611999 | 187381 | 7991836 | 259350 |
| 集体联营企业 | 812642 | 821994 | 80350 | 474682 | 96723 |
| 国有与集体联营企业 | 691681 | 728593 | 55696 | 1257381 | 37422 |
| 其他联营企业 | 255135 | 261846 | 29400 | 334943 | 25197 |
| 有限责任公司 | 1022566300 | 1090698711 | 82584036 | 1281122012 | 71246338 |
| 国有独资公司 | 228301573 | 246973469 | 16362981 | 382337059 | 11701056 |
| 其他有限责任公司 | 794264727 | 843725243 | 66221056 | 898784953 | 59545282 |
| 股份有限公司 | 567625075 | 580339284 | 56185352 | 619942525 | 40623716 |
| 私营企业 | 629324537 | 622249425 | 50302715 | 441815652 | 56897760 |
| 私营独资企业 | 58702764 | 59395917 | 5828288 | 34421940 | 3139029 |
| 私营合伙企业 | 8061345 | 7867686 | 859125 | 3782273 | 297272 |
| 私营有限责任公司 | 483133985 | 475896710 | 36636239 | 346689179 | 46338668 |
| 私营股份有限公司 | 79426443 | 79089112 | 6979063 | 56922260 | 7122792 |
| 其他企业 | 11961981 | 11799293 | 1156538 | 9684374 | 1169278 |
| **港、澳、台商投资企业** | **452874668** | **455593508** | **38526010** | **363558795** | **165998302** |
| 合资经营企业 | 151336609 | 150965012 | 12809942 | 136513403 | 32271830 |
| 合作经营企业 | 12840236 | 12562316 | 1082228 | 10708689 | 4102673 |
| 港、澳、台商独资经营企业 | 263209156 | 266258267 | 22289368 | 189202802 | 126055936 |
| 港、澳、台商投资股份有限公司 | 25488667 | 25807913 | 2344473 | 27133901 | 3567863 |
| **外商投资企业** | **921734366** | **944376264** | **74963092** | **717353483** | **334635205** |
| 中外合资经营企业 | 434656104 | 444060136 | 41830456 | 330684645 | 80434744 |
| 中外合作经营企业 | 16799955 | 16559491 | 1459968 | 15668638 | 3482158 |
| 外资企业 | 426595262 | 439609238 | 27725696 | 320843242 | 236138667 |
| 外商投资股份有限公司 | 43683045 | 44147399 | 3946972 | 50156958 | 14579637 |

## 2-2 分登记注册类型大型企业基本情况

| 登记注册类型 | 企业数(个) | #有R&D活动 | #有研发机构 | #有新产品销售 | 年末从业人员(人) |
|---|---|---|---|---|---|
| **合　计** | **3680** | **2206** | **2119** | **1918** | **22639439** |
| **国有及国有控股企业** | **1375** | **1005** | **940** | **788** | **11424917** |
| **内资企业** | **2426** | **1594** | **1564** | **1389** | **15834530** |
| 国有企业 | 416 | 263 | 236 | 184 | 3454319 |
| 集体企业 | 35 | 9 | 11 | 12 | 217842 |
| 股份合作企业 | 19 | 12 | 7 | 9 | 70060 |
| 联营企业 | 4 | 3 | 2 | 3 | 41727 |
| 国有联营企业 | 2 | 2 | 1 | 2 | 32421 |
| 国有与集体联营企业 | 2 | 1 | 1 | 1 | 9306 |
| 有限责任公司 | 990 | 680 | 671 | 590 | 7107416 |
| 国有独资公司 | 257 | 201 | 191 | 166 | 2589827 |
| 其他有限责任公司 | 733 | 479 | 480 | 424 | 4517589 |
| 股份有限公司 | 545 | 420 | 424 | 383 | 3240857 |
| 私营企业 | 411 | 204 | 209 | 204 | 1678692 |
| 私营独资企业 | 25 | 11 | 10 | 12 | 102240 |
| 私营合伙企业 | 1 | | | | 2825 |
| 私营有限责任公司 | 325 | 151 | 153 | 149 | 1207920 |
| 私营股份有限公司 | 60 | 42 | 46 | 43 | 365707 |
| 其他企业 | 6 | 3 | 4 | 4 | 23617 |
| **港、澳、台商投资企业** | **469** | **235** | **218** | **201** | **2513419** |
| 合资经营企业 | 121 | 74 | 75 | 68 | 558160 |
| 合作经营企业 | 13 | 7 | 5 | 5 | 83501 |
| 港、澳、台商独资经营企业 | 313 | 136 | 121 | 113 | 1779811 |
| 港、澳、台商投资股份有限公司 | 22 | 18 | 17 | 15 | 91947 |
| **外商投资企业** | **785** | **377** | **337** | **328** | **4291490** |
| 中外合资经营企业 | 257 | 155 | 143 | 147 | 1322692 |
| 中外合作经营企业 | 17 | 4 | 5 | 4 | 55159 |
| 外资企业 | 458 | 183 | 152 | 144 | 2652575 |
| 外商投资股份有限公司 | 53 | 35 | 37 | 33 | 261064 |

## 2-2 续表

单位：万元

| 登记注册类型 | 工业总产值 | 主营业务收入 | 利润总额 | 资产总计 | 出口交货值 |
|---|---|---|---|---|---|
| **合　计** | **2180941028** | **2332748931** | **170564599** | **2300107793** | **398634503** |
| **国有及国有控股企业** | **1168835133** | **1291335135** | **95810139** | **1519623244** | **58977071** |
| **内资企业** | **1507702617** | **1640731018** | **119982415** | **1817314145** | **105481364** |
| 国有企业 | 323128528 | 377911318 | 16500505 | 418524665 | 8347238 |
| 集体企业 | 19698904 | 24777402 | 1422673 | 18327363 | 1162350 |
| 股份合作企业 | 5549129 | 6141052 | 860254 | 6527640 | 155088 |
| 联营企业 | 3847627 | 3633750 | 52600 | 6067908 | 266307 |
| 国有联营企业 | 3706844 | 3525775 | 23743 | 5270046 | 259290 |
| 国有与集体联营企业 | 140784 | 107975 | 28857 | 797863 | 7017 |
| 有限责任公司 | 588499088 | 652473836 | 49936649 | 817687859 | 49082937 |
| 国有独资公司 | 192284804 | 210021736 | 14566485 | 327066945 | 10748221 |
| 其他有限责任公司 | 396214284 | 442452100 | 35370164 | 490620914 | 38334716 |
| 股份有限公司 | 414557227 | 425334163 | 40660974 | 434753457 | 29784247 |
| 私营企业 | 150333724 | 148415498 | 10449534 | 113149374 | 16534637 |
| 私营独资企业 | 9677218 | 9132134 | 654063 | 5977486 | 486349 |
| 私营合伙企业 | 224946 | 219087 | 17527 | 70216 | |
| 私营有限责任公司 | 99739902 | 98647807 | 6697877 | 80412073 | 11792279 |
| 私营股份有限公司 | 40691659 | 40416470 | 3080067 | 26689598 | 4256009 |
| 其他企业 | 2088389 | 2044000 | 99226 | 2275881 | 148561 |
| **港、澳、台商投资企业** | **188490427** | **191420550** | **14030053** | **134115420** | **83139240** |
| 合资经营企业 | 45231312 | 45673133 | 3810300 | 42274662 | 11680454 |
| 合作经营企业 | 5769992 | 5629709 | 311106 | 4371565 | 1911883 |
| 港、澳、台商独资经营企业 | 124070917 | 126165726 | 8907366 | 76077780 | 67412077 |
| 港、澳、台商投资股份有限公司 | 13418206 | 13951982 | 1001281 | 11391413 | 2134826 |
| **外商投资企业** | **484747984** | **500597363** | **36552132** | **348678228** | **210013899** |
| 中外合资经营企业 | 228568910 | 235011946 | 22182498 | 162409138 | 40355279 |
| 中外合作经营企业 | 3194406 | 2804627 | 305814 | 2905569 | 876451 |
| 外资企业 | 223448212 | 233026215 | 11353082 | 150162853 | 156351523 |
| 外商投资股份有限公司 | 29536456 | 29754575 | 2710737 | 33200669 | 12430646 |

# 2-3 分登记注册类型中型企业基本情况

| 登记注册类型 | 企业数（个） | #有R&D活动 | #有研发机构 | #有新产品销售 | 年末从业人员（人） |
|---|---|---|---|---|---|
| **合　计** | **41856** | **10683** | **10449** | **10399** | **30736601** |
| **国有及国有控股企业** | **6355** | **1963** | **1701** | **1669** | **4994836** |
| **内资企业** | **27523** | **7448** | **7480** | **7435** | **18771070** |
| 国有企业 | 2715 | 629 | 510 | 490 | 2075494 |
| 集体企业 | 635 | 66 | 64 | 63 | 629999 |
| 股份合作企业 | 281 | 67 | 65 | 65 | 165762 |
| 联营企业 | 84 | 13 | 10 | 12 | 63071 |
| 国有联营企业 | 28 | 6 | 3 | 2 | 17213 |
| 集体联营企业 | 23 | 2 | 1 | 3 | 25992 |
| 国有与集体联营企业 | 22 | 3 | 5 | 6 | 13717 |
| 其他联营企业 | 11 | 2 | 1 | 1 | 6149 |
| 有限责任公司 | 8739 | 2507 | 2447 | 2432 | 6077796 |
| 国有独资公司 | 540 | 209 | 182 | 181 | 498247 |
| 其他有限责任公司 | 8199 | 2298 | 2265 | 2251 | 5579549 |
| 股份有限公司 | 2477 | 1124 | 1184 | 1104 | 1981267 |
| 私营企业 | 12402 | 3009 | 3167 | 3237 | 7620002 |
| 私营独资企业 | 1387 | 186 | 185 | 195 | 794896 |
| 私营合伙企业 | 240 | 27 | 33 | 32 | 130766 |
| 私营有限责任公司 | 9969 | 2549 | 2688 | 2747 | 6143652 |
| 私营股份有限公司 | 806 | 247 | 261 | 263 | 550688 |
| 其他企业 | 190 | 33 | 33 | 32 | 157679 |
| **港、澳、台商投资企业** | **6722** | **1459** | **1375** | **1342** | **6231817** |
| 合资经营企业 | 2207 | 701 | 670 | 714 | 1561646 |
| 合作经营企业 | 192 | 28 | 26 | 30 | 146329 |
| 港、澳、台商独资经营企业 | 4181 | 667 | 617 | 548 | 3756772 |
| 港、澳、台商投资股份有限公司 | 142 | 63 | 62 | 50 | 767070 |
| **外商投资企业** | **7610** | **1776** | **1594** | **1622** | **5733336** |
| 中外合资经营企业 | 2762 | 906 | 868 | 904 | 1961415 |
| 中外合作经营企业 | 210 | 44 | 38 | 43 | 156071 |
| 外资企业 | 4422 | 758 | 625 | 612 | 3435127 |
| 外商投资股份有限公司 | 216 | 68 | 63 | 63 | 180723 |

## 2-3 续表

单位：万元

| 登记注册类型 | 工业总产值 | 主营业务收入 | 利润总额 | 资产总计 | 出口交货值 |
|---|---|---|---|---|---|
| **合　　计** | **1983289058** | **1999161158** | **171257990** | **1890757941** | **287637601** |
| **国有及国有控股企业** | **445267789** | **459903894** | **38696880** | **669613830** | **16628699** |
| **内资企业** | **1281893000** | **1291183473** | **108348305** | **1292625060** | **80145790** |
| 国有企业 | 169382126 | 174892357 | 15797320 | 281993953 | 2935737 |
| 集体企业 | 22572701 | 24491937 | 2120688 | 13218294 | 1803340 |
| 股份合作企业 | 10487770 | 11189281 | 1047813 | 8723886 | 867620 |
| 联营企业 | 3450939 | 3790681 | 300227 | 3990933 | 152384 |
| 国有联营企业 | 1832265 | 2086224 | 163638 | 2721790 | 60 |
| 集体联营企业 | 812642 | 821994 | 80350 | 474682 | 96723 |
| 国有与集体联营企业 | 550898 | 620618 | 26839 | 459518 | 30405 |
| 其他联营企业 | 255135 | 261846 | 29400 | 334943 | 25197 |
| 有限责任公司 | 434067213 | 438224876 | 32647387 | 463434154 | 22163401 |
| 国有独资公司 | 36016769 | 36951733 | 1796496 | 55270114 | 952835 |
| 其他有限责任公司 | 398050444 | 401273143 | 30850891 | 408164040 | 21210566 |
| 股份有限公司 | 153067848 | 155005120 | 15524378 | 185189068 | 10839469 |
| 私营企业 | 478990812 | 473833927 | 39853181 | 328666278 | 40363123 |
| 私营独资企业 | 49025546 | 50263783 | 5174225 | 28444454 | 2652680 |
| 私营合伙企业 | 7836399 | 7648599 | 841599 | 3712057 | 297272 |
| 私营有限责任公司 | 383394083 | 377248902 | 29938362 | 266277105 | 34546389 |
| 私营股份有限公司 | 38734784 | 38672643 | 3898996 | 30232662 | 2866783 |
| 其他企业 | 9873592 | 9755294 | 1057312 | 7408493 | 1020717 |
| **港、澳、台商投资企业** | **264384240** | **264172958** | **24495957** | **229443375** | **82859062** |
| 合资经营企业 | 106105297 | 105291880 | 8999642 | 94238741 | 20591376 |
| 合作经营企业 | 7070243 | 6932607 | 771122 | 6337125 | 2190790 |
| 港、澳、台商独资经营企业 | 139138239 | 140092541 | 13382001 | 113125022 | 58643859 |
| 港、澳、台商投资股份有限公司 | 12070461 | 11855931 | 1343192 | 15742487 | 1433037 |
| **外商投资企业** | **436986382** | **443778902** | **38410960** | **368675255** | **124621306** |
| 中外合资经营企业 | 206087195 | 209048190 | 19647958 | 168275507 | 40079465 |
| 中外合作经营企业 | 13605549 | 13754864 | 1154154 | 12763069 | 2605707 |
| 外资企业 | 203147050 | 206583023 | 16372613 | 170680389 | 79787144 |
| 外商投资股份有限公司 | 14146588 | 14392824 | 1236234 | 16956290 | 2148991 |

# 2-4　分行业企业基本情况

| 行　　业 | 企业数（个） | #有R&D活动 | #有研发机构 | #有新产品销售 | 年末从业人员（人） |
|---|---|---|---|---|---|
| **合　　计** | **45536** | **12889** | **12568** | **12317** | **53376040** |
| **采矿业** | **2346** | **278** | **251** | **95** | **5917344** |
| 煤炭开采和洗选业 | 1421 | 150 | 133 | 49 | 4115604 |
| 石油和天然气开采业 | 88 | 38 | 32 | 12 | 1046115 |
| 黑色金属矿采选业 | 333 | 28 | 24 | 7 | 306022 |
| 有色金属矿采选业 | 338 | 39 | 34 | 12 | 287627 |
| 非金属矿采选业 | 164 | 23 | 28 | 15 | 160946 |
| **制造业** | **41002** | **12379** | **12171** | **12192** | **45001904** |
| 农副食品加工业 | 1778 | 263 | 307 | 273 | 1536334 |
| 食品制造业 | 1033 | 231 | 233 | 211 | 879835 |
| 饮料制造业 | 768 | 196 | 215 | 211 | 796769 |
| 烟草制品业 | 99 | 40 | 32 | 25 | 182632 |
| 纺织业 | 3310 | 644 | 641 | 711 | 3145695 |
| 纺织服装、鞋、帽制造业 | 1733 | 148 | 179 | 211 | 1779556 |
| 皮革、毛皮、羽毛(绒)及其制品业 | 1073 | 95 | 134 | 130 | 1500885 |
| 木材加工及木、竹、藤、棕、草制品业 | 451 | 65 | 67 | 77 | 312446 |
| 家具制造业 | 544 | 49 | 85 | 100 | 471947 |
| 造纸及纸制品业 | 815 | 162 | 178 | 161 | 666628 |
| 印刷业和记录媒介的复制 | 424 | 83 | 71 | 73 | 293778 |
| 文教体育用品制造业 | 534 | 84 | 100 | 96 | 659808 |
| 石油加工、炼焦及核燃料加工业 | 514 | 106 | 87 | 62 | 753208 |
| 化学原料及化学制品制造业 | 2372 | 926 | 948 | 762 | 2344914 |
| 医药制造业 | 1106 | 670 | 662 | 566 | 1682864 |
| 化学纤维制造业 | 249 | 105 | 115 | 110 | 311187 |
| 橡胶制品业 | 514 | 168 | 156 | 167 | 568661 |
| 塑料制品业 | 1262 | 254 | 273 | 256 | 1023248 |
| 非金属矿物制品业 | 2655 | 533 | 516 | 511 | 2058698 |
| 黑色金属冶炼及压延加工业 | 1184 | 269 | 261 | 236 | 2781974 |
| 有色金属冶炼及压延加工业 | 973 | 320 | 308 | 267 | 1210235 |
| 金属制品业 | 1593 | 429 | 405 | 414 | 1272757 |
| 通用设备制造业 | 2759 | 1181 | 1181 | 1258 | 2201848 |
| 专用设备制造业 | 1756 | 838 | 806 | 816 | 1692488 |
| 交通运输设备制造业 | 3087 | 1218 | 1173 | 1315 | 3962123 |
| 电气机械及器材制造业 | 3409 | 1501 | 1429 | 1494 | 3566516 |
| 通信设备、计算机及其他电子设备制造业 | 3646 | 1315 | 1141 | 1187 | 6064020 |
| 仪器仪表及文化、办公用机械制造业 | 719 | 368 | 343 | 357 | 722258 |
| 工艺品及其他制造业 | 580 | 113 | 120 | 130 | 521345 |
| 废弃资源和废旧材料回收加工业 | 62 | 5 | 5 | 5 | 37247 |
| **电力、燃气及水的生产和供应业** | **2188** | **232** | **146** | **30** | **2456792** |
| 电力、热力的生产和供应业 | 1799 | 193 | 118 | 23 | 2107520 |
| 燃气生产和供应业 | 134 | 13 | 9 | 3 | 115845 |
| 水的生产和供应业 | 255 | 26 | 19 | 4 | 233427 |
| **高技术产业合计** | **5557** | **2460** | **2227** | **2194** | **8669431** |
| 医药制造业 | 1106 | 670 | 662 | 566 | 1682864 |
| 航空航天器制造业 | 122 | 78 | 75 | 75 | 314471 |
| 电子及通信设备制造业 | 3141 | 1148 | 1011 | 1040 | 4549975 |
| 电子计算机及办公设备制造业 | 560 | 188 | 148 | 166 | 1593224 |
| 医疗设备及仪器仪表制造业 | 628 | 376 | 331 | 347 | 528897 |

2-4 续表

单位：万元

| 行 业 | 工业总产值 | 主营业务收入 | 利润总额 | 资产总计 | 出口交货值 |
|---|---|---|---|---|---|
| **合 计** | **4164230085** | **4331910089** | **341822589** | **4190865734** | **686272104** |
| **采矿业** | **287316545** | **317462779** | **63165338** | **474222616** | **3792891** |
| 煤炭开采和洗选业 | 152853443 | 173170271 | 26798138 | 260482787 | 3071848 |
| 石油和天然气开采业 | 93059010 | 100063332 | 28354093 | 161352885 | 594727 |
| 黑色金属矿采选业 | 23019888 | 22446638 | 4664630 | 25661192 | 692 |
| 有色金属矿采选业 | 12771284 | 16201794 | 2766579 | 19442543 | 68278 |
| 非金属矿采选业 | 5580921 | 5550744 | 576098 | 7258609 | 57346 |
| **制造业** | **3559671418** | **3672037892** | **260831438** | **3106997514** | **681365759** |
| 农副食品加工业 | 129364949 | 135826949 | 9789576 | 81320330 | 8820417 |
| 食品制造业 | 59227405 | 59539725 | 6179823 | 41735057 | 3610867 |
| 饮料制造业 | 56574105 | 57758485 | 6731499 | 53751768 | 920964 |
| 烟草制品业 | 50670454 | 50160620 | 6627161 | 48461757 | 202588 |
| 纺织业 | 131723723 | 133509220 | 9426382 | 107622150 | 25382760 |
| 纺织服装、鞋、帽制造业 | 52599013 | 51248118 | 4936119 | 39033808 | 16254572 |
| 皮革、毛皮、羽毛(绒)及其制品业 | 40445935 | 39916990 | 3728584 | 23254766 | 14286054 |
| 木材加工及木、竹、藤、棕、草制品业 | 15813379 | 15409313 | 1188533 | 11397497 | 2633440 |
| 家具制造业 | 16584134 | 16361460 | 1128998 | 12298234 | 6430214 |
| 造纸及纸制品业 | 50313468 | 50259544 | 3820456 | 63973232 | 4882226 |
| 印刷业和记录媒介的复制 | 10871028 | 10767248 | 1284915 | 12711365 | 1958964 |
| 文教体育用品制造业 | 13286650 | 13180934 | 833062 | 9741306 | 7805570 |
| 石油加工、炼焦及核燃料加工业 | 256609421 | 269889416 | 10107232 | 134590375 | 3522456 |
| 化学原料及化学制品制造业 | 238757468 | 243570674 | 17890439 | 250711340 | 16530792 |
| 医药制造业 | 67302957 | 67408244 | 8722087 | 73121243 | 6674595 |
| 化学纤维制造业 | 36376803 | 37449289 | 2900777 | 33120512 | 2794734 |
| 橡胶制品业 | 34697395 | 35987390 | 2295701 | 29552223 | 7779877 |
| 塑料制品业 | 41906754 | 41459248 | 3298643 | 35255344 | 11390447 |
| 非金属矿物制品业 | 114091909 | 112895346 | 12610619 | 131906159 | 8687810 |
| 黑色金属冶炼及压延加工业 | 413911659 | 455126072 | 16752875 | 426843419 | 14818352 |
| 有色金属冶炼及压延加工业 | 155829158 | 175517768 | 9619613 | 154191868 | 8032311 |
| 金属制品业 | 70519322 | 70399044 | 5770396 | 57731049 | 15642860 |
| 通用设备制造业 | 148561768 | 149288773 | 13007687 | 153654083 | 20166619 |
| 专用设备制造业 | 112865198 | 115310202 | 10564215 | 124595481 | 13477178 |
| 交通运输设备制造业 | 433149347 | 442792246 | 40287100 | 400480836 | 50646127 |
| 电气机械及器材制造业 | 271683439 | 268174834 | 21441922 | 219723964 | 64911095 |
| 通信设备、计算机及其他电子设备制造业 | 468635843 | 484717020 | 24549577 | 324820541 | 318836860 |
| 仪器仪表及文化、办公用机械制造业 | 38168317 | 38150396 | 3198635 | 31750582 | 16853513 |
| 工艺品及其他制造业 | 23804713 | 24672720 | 1871636 | 17462714 | 7411499 |
| 废弃资源和废旧材料回收加工业 | 5325706 | 5290605 | 267178 | 2184511 | |
| **电力、燃气及水的生产和供应业** | **317242122** | **342409418** | **17825812** | **609645605** | **1113455** |
| 电力、热力的生产和供应业 | 299360087 | 323387902 | 16192366 | 556092877 | 691071 |
| 燃气生产和供应业 | 11974427 | 12951021 | 1376154 | 17991135 | 93665 |
| 水的生产和供应业 | 5907609 | 6070496 | 257292 | 35561593 | 328720 |
| **高技术产业合计** | **585791986** | **601737147** | **37360025** | **459250591** | **339765401** |
| 医药制造业 | 67302957 | 67408244 | 8722087 | 73121243 | 6674595 |
| 航空航天器制造业 | 14780759 | 14621219 | 711377 | 30001128 | 1702475 |
| 电子及通信设备制造业 | 296175922 | 301579639 | 19186691 | 232288353 | 181668778 |
| 电子计算机及办公设备制造业 | 179298474 | 189888696 | 5799450 | 95871489 | 141961002 |
| 医疗设备及仪器仪表制造业 | 28233874 | 28239349 | 2940420 | 27968378 | 7758551 |

# 2-5 分行业大型企业基本情况

| 行业 | 企业数（个） | #有R&D活动 | #有研发机构 | #有新产品销售 | 年末从业人员（人） |
|---|---|---|---|---|---|
| **合计** | **3680** | **2206** | **2119** | **1918** | **22639439** |
| **采矿业** | **336** | **162** | **143** | **62** | **4346226** |
| 煤炭开采和洗选业 | 244 | 108 | 91 | 39 | 3128949 |
| 石油和天然气开采业 | 38 | 29 | 27 | 11 | 1002615 |
| 黑色金属矿采选业 | 24 | 9 | 8 | 2 | 98694 |
| 有色金属矿采选业 | 19 | 8 | 8 | 4 | 74493 |
| 非金属矿采选业 | 11 | 8 | 9 | 6 | 41475 |
| **制造业** | **3189** | **1978** | **1930** | **1845** | **17208890** |
| 农副食品加工业 | 100 | 44 | 47 | 40 | 441691 |
| 食品制造业 | 59 | 31 | 32 | 25 | 235631 |
| 饮料制造业 | 65 | 42 | 43 | 42 | 314771 |
| 烟草制品业 | 20 | 16 | 13 | 14 | 116110 |
| 纺织业 | 172 | 93 | 101 | 99 | 891764 |
| 纺织服装、鞋、帽制造业 | 70 | 27 | 23 | 25 | 374114 |
| 皮革、毛皮、羽毛(绒)及其制品业 | 64 | 22 | 20 | 20 | 370789 |
| 木材加工及木、竹、藤、棕、草制品业 | 10 | 6 | 2 | 4 | 49451 |
| 家具制造业 | 24 | 4 | 8 | 9 | 96379 |
| 造纸及纸制品业 | 45 | 27 | 30 | 27 | 174311 |
| 印刷业和记录媒介的复制 | 10 | 8 | 7 | 3 | 41378 |
| 文教体育用品制造业 | 21 | 6 | 9 | 7 | 122509 |
| 石油加工、炼焦及核燃料加工业 | 75 | 53 | 41 | 30 | 410029 |
| 化学原料及化学制品制造业 | 216 | 149 | 161 | 135 | 949020 |
| 医药制造业 | 89 | 73 | 76 | 71 | 371760 |
| 化学纤维制造业 | 32 | 27 | 28 | 25 | 160135 |
| 橡胶制品业 | 51 | 36 | 37 | 33 | 219090 |
| 塑料制品业 | 37 | 15 | 18 | 14 | 169091 |
| 非金属矿物制品业 | 88 | 49 | 52 | 53 | 378684 |
| 黑色金属冶炼及压延加工业 | 253 | 128 | 127 | 119 | 2154490 |
| 有色金属冶炼及压延加工业 | 117 | 86 | 80 | 59 | 649673 |
| 金属制品业 | 61 | 40 | 40 | 39 | 258177 |
| 通用设备制造业 | 147 | 117 | 120 | 126 | 559241 |
| 专用设备制造业 | 139 | 111 | 112 | 106 | 640831 |
| 交通运输设备制造业 | 367 | 267 | 256 | 262 | 2072985 |
| 电气机械及器材制造业 | 255 | 186 | 180 | 179 | 1269777 |
| 通信设备、计算机及其他电子设备制造业 | 528 | 272 | 227 | 239 | 3405382 |
| 仪器仪表及文化、办公用机械制造业 | 50 | 28 | 26 | 25 | 229018 |
| 工艺品及其他制造业 | 23 | 15 | 14 | 15 | 80426 |
| 废弃资源和废旧材料回收加工业 | 1 | | | | 2183 |
| **电力、燃气及水的生产和供应业** | **155** | **66** | **46** | **11** | **1084323** |
| 电力、热力的生产和供应业 | 128 | 56 | 39 | 9 | 997590 |
| 燃气生产和供应业 | 8 | 2 | 2 | 1 | 23496 |
| 水的生产和供应业 | 19 | 8 | 5 | 1 | 63237 |
| **高技术产业合计** | **704** | **409** | **362** | **370** | **4205219** |
| 医药制造业 | 89 | 73 | 76 | 71 | 371760 |
| 航空航天器制造业 | 39 | 32 | 29 | 32 | 235944 |
| 电子及通信设备制造业 | 382 | 208 | 181 | 185 | 2220550 |
| 电子计算机及办公设备制造业 | 157 | 67 | 48 | 56 | 1227457 |
| 医疗设备及仪器仪表制造业 | 37 | 29 | 28 | 26 | 149508 |

2-5 续表

单位：万元

| 行　　业 | 工业总产值 | 主营业务收入 | 利润总额 | 资产总计 | 出口交货值 |
|---|---|---|---|---|---|
| **合　　计** | **2180941028** | **2332748931** | **170564599** | **2300107793** | **398634503** |
| **采矿业** | **206858841** | **235609456** | **44819901** | **373689712** | **3577781** |
| 煤炭开采和洗选业 | 112801468 | 133318008 | 17745228 | 204754507 | 3032645 |
| 石油和天然气开采业 | 84822204 | 90136240 | 25288445 | 149271216 | 494504 |
| 黑色金属矿采选业 | 5897269 | 5990305 | 1298976 | 9613833 | |
| 有色金属矿采选业 | 2215771 | 5035477 | 418487 | 7002885 | 42849 |
| 非金属矿采选业 | 1122128 | 1129426 | 68764 | 3047270 | 7783 |
| **制造业** | **1820192561** | **1925682210** | **121446492** | **1670116998** | **394840644** |
| 农副食品加工业 | 35924443 | 39140917 | 2664685 | 23539135 | 2608145 |
| 食品制造业 | 16827849 | 17413540 | 1905226 | 12889123 | 362449 |
| 饮料制造业 | 23969387 | 23309728 | 3710161 | 25630808 | 352080 |
| 烟草制品业 | 36393615 | 36159626 | 4922441 | 35379726 | 154157 |
| 纺织业 | 47953807 | 48645126 | 3434763 | 37732624 | 8852916 |
| 纺织服装、鞋、帽制造业 | 16158415 | 15375727 | 1955388 | 14172477 | 4014325 |
| 皮革、毛皮、羽毛(绒)及其制品业 | 12056511 | 12089283 | 1561028 | 8293381 | 3656665 |
| 木材加工及木、竹、藤、棕、草制品业 | 3099092 | 3081763 | 210714 | 2734775 | 999443 |
| 家具制造业 | 3110901 | 3039642 | 243261 | 2712656 | 1422019 |
| 造纸及纸制品业 | 17901778 | 18056532 | 1358658 | 27091552 | 2462533 |
| 印刷业和记录媒介的复制 | 1427719 | 1403452 | 204144 | 1480091 | 415734 |
| 文教体育用品制造业 | 2432359 | 2408176 | 143491 | 1898973 | 1474290 |
| 石油加工、炼焦及核燃料加工业 | 167837024 | 181050619 | 5990808 | 77251518 | 1663763 |
| 化学原料及化学制品制造业 | 87346807 | 90641523 | 5638975 | 106741274 | 5433650 |
| 医药制造业 | 26287539 | 28608283 | 3213359 | 28445137 | 2932425 |
| 化学纤维制造业 | 15081098 | 16268718 | 1142620 | 13515226 | 1602299 |
| 橡胶制品业 | 18790788 | 20017543 | 1194947 | 16255549 | 4508481 |
| 塑料制品业 | 7144655 | 6932398 | 482311 | 5777438 | 2775668 |
| 非金属矿物制品业 | 21371126 | 21022971 | 2279455 | 28332427 | 2799895 |
| 黑色金属冶炼及压延加工业 | 319926644 | 359483895 | 11331978 | 369828218 | 12414913 |
| 有色金属冶炼及压延加工业 | 72066521 | 89862816 | 4624359 | 95206379 | 4008423 |
| 金属制品业 | 14986330 | 14376775 | 1272860 | 13846963 | 3305686 |
| 通用设备制造业 | 49638377 | 50371785 | 4234636 | 59983388 | 7622587 |
| 专用设备制造业 | 49966146 | 51870252 | 4534675 | 61572225 | 5001477 |
| 交通运输设备制造业 | 284883691 | 293446065 | 27000039 | 273128836 | 29529827 |
| 电气机械及器材制造业 | 118853598 | 117663132 | 9204505 | 102762730 | 30705428 |
| 通信设备、计算机及其他电子设备制造业 | 330615916 | 345959885 | 15888036 | 209895012 | 244539961 |
| 仪器仪表及文化、办公用机械制造业 | 14964347 | 14808617 | 903438 | 9837239 | 8438108 |
| 工艺品及其他制造业 | 3039468 | 3038860 | 184075 | 4074997 | 783299 |
| 废弃资源和废旧材料回收加工业 | 136610 | 134563 | 11457 | 107123 | |
| **电力、燃气及水的生产和供应业** | **153889626** | **171457265** | **4298206** | **256301084** | **216079** |
| 电力、热力的生产和供应业 | 150458360 | 167828890 | 4263101 | 242063243 | 216079 |
| 燃气生产和供应业 | 2066444 | 2198415 | 203368 | 5137127 | |
| 水的生产和供应业 | 1364822 | 1429960 | -168263 | 9100714 | |
| **高技术产业合计** | **380526576** | **397967520** | **20374420** | **271401037** | **254631274** |
| 医药制造业 | 26287539 | 28608283 | 3213359 | 28445137 | 2932425 |
| 航空航天器制造业 | 11260917 | 11183670 | 487855 | 24104616 | 1377587 |
| 电子及通信设备制造业 | 177443342 | 182123972 | 11379116 | 129817797 | 119008037 |
| 电子计算机及办公设备制造业 | 157201695 | 167810415 | 4671809 | 81793930 | 128664651 |
| 医疗设备及仪器仪表制造业 | 8333082 | 8241181 | 622280 | 7239557 | 2648573 |

# 2-6　分行业中型企业基本情况

| 行　　业 | 企业数（个） | #有R&D活动 | #有研发机构 | #有新产品销售 | 年末从业人员（人） |
|---|---|---|---|---|---|
| **合　　计** | **41856** | **10683** | **10449** | **10399** | **30736601** |
| **采矿业** | **2010** | **116** | **108** | **33** | **1571118** |
| 煤炭开采和洗选业 | 1177 | 42 | 42 | 10 | 986655 |
| 石油和天然气开采业 | 50 | 9 | 5 | 1 | 43500 |
| 黑色金属矿采选业 | 309 | 19 | 16 | 5 | 207328 |
| 有色金属矿采选业 | 319 | 31 | 26 | 8 | 213134 |
| 非金属矿采选业 | 153 | 15 | 19 | 9 | 119471 |
| **制造业** | **37813** | **10401** | **10241** | **10347** | **27793014** |
| 农副食品加工业 | 1678 | 219 | 260 | 233 | 1094643 |
| 食品制造业 | 974 | 200 | 201 | 186 | 644204 |
| 饮料制造业 | 703 | 154 | 172 | 169 | 481998 |
| 烟草制品业 | 79 | 24 | 19 | 11 | 66522 |
| 纺织业 | 3138 | 551 | 540 | 612 | 2253931 |
| 纺织服装、鞋、帽制造业 | 1663 | 121 | 156 | 186 | 1405442 |
| 皮革、毛皮、羽毛(绒)及其制品业 | 1009 | 73 | 114 | 110 | 1130096 |
| 木材加工及木、竹、藤、棕、草制品业 | 441 | 59 | 65 | 73 | 262995 |
| 家具制造业 | 520 | 45 | 77 | 91 | 375568 |
| 造纸及纸制品业 | 770 | 135 | 148 | 134 | 492317 |
| 印刷业和记录媒介的复制 | 414 | 75 | 64 | 70 | 252400 |
| 文教体育用品制造业 | 513 | 78 | 91 | 89 | 537299 |
| 石油加工、炼焦及核燃料加工业 | 439 | 53 | 46 | 32 | 343179 |
| 化学原料及化学制品制造业 | 2156 | 777 | 787 | 627 | 1395894 |
| 医药制造业 | 1017 | 597 | 586 | 495 | 1311104 |
| 化学纤维制造业 | 217 | 78 | 87 | 85 | 151052 |
| 橡胶制品业 | 463 | 132 | 119 | 134 | 349571 |
| 塑料制品业 | 1225 | 239 | 255 | 242 | 854157 |
| 非金属矿物制品业 | 2567 | 484 | 464 | 458 | 1680014 |
| 黑色金属冶炼及压延加工业 | 931 | 141 | 134 | 117 | 627484 |
| 有色金属冶炼及压延加工业 | 856 | 234 | 228 | 208 | 560562 |
| 金属制品业 | 1532 | 389 | 365 | 375 | 1014580 |
| 通用设备制造业 | 2612 | 1064 | 1061 | 1132 | 1642607 |
| 专用设备制造业 | 1617 | 727 | 694 | 710 | 1051657 |
| 交通运输设备制造业 | 2720 | 951 | 917 | 1053 | 1889138 |
| 电气机械及器材制造业 | 3154 | 1315 | 1249 | 1315 | 2296739 |
| 通信设备、计算机及其他电子设备制造业 | 3118 | 1043 | 914 | 948 | 2658638 |
| 仪器仪表及文化、办公用机械制造业 | 669 | 340 | 317 | 332 | 493240 |
| 工艺品及其他制造业 | 557 | 98 | 106 | 115 | 440919 |
| 废弃资源和废旧材料回收加工业 | 61 | 5 | 5 | 5 | 35064 |
| **电力、燃气及水的生产和供应业** | **2033** | **166** | **100** | **19** | **1372469** |
| 电力、热力的生产和供应业 | 1671 | 137 | 79 | 14 | 1109930 |
| 燃气生产和供应业 | 126 | 11 | 7 | 2 | 92349 |
| 水的生产和供应业 | 236 | 18 | 14 | 3 | 170190 |
| **高技术产业合计** | **4853** | **2051** | **1865** | **1824** | **4464212** |
| 医药制造业 | 1017 | 597 | 586 | 495 | 1311104 |
| 航空航天器制造业 | 83 | 46 | 46 | 43 | 78527 |
| 电子及通信设备制造业 | 2759 | 940 | 830 | 855 | 2329425 |
| 电子计算机及办公设备制造业 | 403 | 121 | 100 | 110 | 365767 |
| 医疗设备及仪器仪表制造业 | 591 | 347 | 303 | 321 | 379389 |

## 2-6 续表

单位：万元

| 行　　业 | 工业总产值 | 主营业务收入 | 利润总额 | 资产总计 | 出口交货值 |
|---|---|---|---|---|---|
| **合　　计** | **1983289058** | **1999161158** | **171257990** | **1890757941** | **287637601** |
| **采矿业** | **80457705** | **81853323** | **18345437** | **100532904** | **215110** |
| 煤炭开采和洗选业 | 40051974 | 39852262 | 9052909 | 55728280 | 39203 |
| 石油和天然气开采业 | 8236806 | 9927092 | 3065648 | 12081669 | 100223 |
| 黑色金属矿采选业 | 17122619 | 16456334 | 3365654 | 16047358 | 692 |
| 有色金属矿采选业 | 10555513 | 11166317 | 2348092 | 12439658 | 25429 |
| 非金属矿采选业 | 4458793 | 4421318 | 507334 | 4211339 | 49563 |
| **制造业** | **1739478857** | **1746355682** | **139384946** | **1436880516** | **286525115** |
| 农副食品加工业 | 93440506 | 96686032 | 7124892 | 57781194 | 6212271 |
| 食品制造业 | 42399556 | 42126186 | 4274596 | 28845935 | 3248418 |
| 饮料制造业 | 32604719 | 34448757 | 3021338 | 28120960 | 568884 |
| 烟草制品业 | 14276838 | 14000995 | 1704720 | 13082032 | 48430 |
| 纺织业 | 83769916 | 84864094 | 5991619 | 69889526 | 16529844 |
| 纺织服装、鞋、帽制造业 | 36440598 | 35872391 | 2980731 | 24861331 | 12240246 |
| 皮革、毛皮、羽毛(绒)及其制品业 | 28389424 | 27827707 | 2167557 | 14961386 | 10629390 |
| 木材加工及木、竹、藤、棕、草制品业 | 12714287 | 12327549 | 977819 | 8662722 | 1633996 |
| 家具制造业 | 13473233 | 13321818 | 885737 | 9585578 | 5008195 |
| 造纸及纸制品业 | 32411690 | 32203012 | 2461798 | 36881680 | 2419693 |
| 印刷业和记录媒介的复制 | 9443309 | 9363796 | 1080770 | 11231274 | 1543230 |
| 文教体育用品制造业 | 10854291 | 10772758 | 689572 | 7842334 | 6331280 |
| 石油加工、炼焦及核燃料加工业 | 88772397 | 88838798 | 4116425 | 57338857 | 1858693 |
| 化学原料及化学制品制造业 | 151410661 | 152929151 | 12251465 | 143970066 | 11097142 |
| 医药制造业 | 41015418 | 38799961 | 5508728 | 44676106 | 3742170 |
| 化学纤维制造业 | 21295705 | 21180571 | 1758158 | 19605286 | 1192436 |
| 橡胶制品业 | 15906607 | 15969847 | 1100754 | 13296673 | 3271397 |
| 塑料制品业 | 34762098 | 34526851 | 2816333 | 29477907 | 8614779 |
| 非金属矿物制品业 | 92720783 | 91872375 | 10331164 | 103573732 | 5887915 |
| 黑色金属冶炼及压延加工业 | 93985015 | 95642178 | 5420897 | 57015200 | 2403439 |
| 有色金属冶炼及压延加工业 | 83762637 | 85654952 | 4995254 | 58985490 | 4023888 |
| 金属制品业 | 55532992 | 56022269 | 4497536 | 43884086 | 12337174 |
| 通用设备制造业 | 98923392 | 98916988 | 8773050 | 93670696 | 12544032 |
| 专用设备制造业 | 62899053 | 63439949 | 6029540 | 63023256 | 8475701 |
| 交通运输设备制造业 | 148265656 | 149346181 | 13287061 | 127352000 | 21116300 |
| 电气机械及器材制造业 | 152829841 | 150511701 | 12237417 | 116961234 | 34205667 |
| 通信设备、计算机及其他电子设备制造业 | 138019926 | 138757135 | 8661540 | 114925529 | 74296899 |
| 仪器仪表及文化、办公用机械制造业 | 23203970 | 23341779 | 2295197 | 21913344 | 8415405 |
| 工艺品及其他制造业 | 20765245 | 21633860 | 1687561 | 13387717 | 6628200 |
| 废弃资源和废旧材料回收加工业 | 5189096 | 5156042 | 255721 | 2077388 | |
| **电力、燃气及水的生产和供应业** | **163352496** | **170952154** | **13527606** | **353344521** | **897376** |
| 电力、热力的生产和供应业 | 148901727 | 155559012 | 11929266 | 314029634 | 474992 |
| 燃气生产和供应业 | 9907983 | 10752606 | 1172786 | 12854008 | 93665 |
| 水的生产和供应业 | 4542787 | 4640536 | 425554 | 26460879 | 328720 |
| **高技术产业合计** | **205265410** | **203769627** | **16985605** | **187849554** | **85134127** |
| 医药制造业 | 41015418 | 38799961 | 5508728 | 44676106 | 3742170 |
| 航空航天器制造业 | 3519843 | 3437549 | 223522 | 5896512 | 324888 |
| 电子及通信设备制造业 | 118732579 | 119455666 | 7807575 | 102470556 | 62660741 |
| 电子计算机及办公设备制造业 | 22096779 | 22078282 | 1127641 | 14077559 | 13296351 |
| 医疗设备及仪器仪表制造业 | 19900791 | 19998169 | 2318140 | 20728820 | 5109977 |

## 2-7 分行业国有及国有控股企业基本情况

| 行　　业 | 企业数（个） | #有R&D活动 | #有研发机构 | #有新产品销售 | 年末从业人员（人） |
|---|---|---|---|---|---|
| **合　　计** | **7730** | **2968** | **2641** | **2457** | **16419753** |
| **采矿业** | **861** | **226** | **191** | **70** | **4702326** |
| 煤炭开采和洗选业 | 552 | 133 | 114 | 43 | 3361623 |
| 石油和天然气开采业 | 67 | 34 | 28 | 11 | 1026920 |
| 黑色金属矿采选业 | 59 | 15 | 12 | 3 | 96097 |
| 有色金属矿采选业 | 127 | 29 | 22 | 4 | 144748 |
| 非金属矿采选业 | 56 | 15 | 15 | 9 | 72938 |
| **制造业** | **4956** | **2525** | **2324** | **2366** | **9439328** |
| 农副食品加工业 | 125 | 29 | 33 | 25 | 129074 |
| 食品制造业 | 83 | 21 | 23 | 25 | 97206 |
| 饮料制造业 | 125 | 45 | 48 | 45 | 216526 |
| 烟草制品业 | 86 | 34 | 26 | 21 | 176454 |
| 纺织业 | 155 | 57 | 61 | 72 | 246203 |
| 纺织服装、鞋、帽制造业 | 46 | 14 | 14 | 14 | 60202 |
| 皮革、毛皮、羽毛(绒)及其制品业 | 6 | 3 | 3 | 3 | 6705 |
| 木材加工及木、竹、藤、棕、草制品业 | 38 | 6 | 4 | 5 | 36334 |
| 家具制造业 | 9 | 3 | 3 | 2 | 8973 |
| 造纸及纸制品业 | 66 | 37 | 37 | 32 | 110435 |
| 印刷业和记录媒介的复制 | 105 | 17 | 14 | 14 | 69249 |
| 文教体育用品制造业 | 8 | 5 | 3 | 4 | 5499 |
| 石油加工、炼焦及核燃料加工业 | 138 | 63 | 49 | 35 | 409058 |
| 化学原料及化学制品制造业 | 545 | 252 | 250 | 196 | 902153 |
| 医药制造业 | 199 | 144 | 132 | 123 | 260980 |
| 化学纤维制造业 | 29 | 16 | 19 | 14 | 91229 |
| 橡胶制品业 | 52 | 39 | 35 | 37 | 104086 |
| 塑料制品业 | 48 | 17 | 14 | 13 | 41965 |
| 非金属矿物制品业 | 412 | 89 | 89 | 83 | 380028 |
| 黑色金属冶炼及压延加工业 | 181 | 96 | 85 | 92 | 1383335 |
| 有色金属冶炼及压延加工业 | 227 | 112 | 94 | 73 | 567934 |
| 金属制品业 | 134 | 64 | 49 | 52 | 127276 |
| 通用设备制造业 | 428 | 263 | 235 | 268 | 552332 |
| 专用设备制造业 | 371 | 244 | 228 | 248 | 621973 |
| 交通运输设备制造业 | 686 | 421 | 397 | 433 | 1808100 |
| 电气机械及器材制造业 | 225 | 146 | 130 | 149 | 345003 |
| 通信设备、计算机及其他电子设备制造业 | 283 | 187 | 168 | 195 | 524728 |
| 仪器仪表及文化、办公用机械制造业 | 106 | 83 | 66 | 74 | 110694 |
| 工艺品及其他制造业 | 40 | 18 | 15 | 19 | 45594 |
| **电力、燃气及水的生产和供应业** | **1913** | **217** | **126** | **21** | **2278099** |
| 电力、热力的生产和供应业 | 1607 | 183 | 103 | 17 | 1984128 |
| 燃气生产和供应业 | 82 | 11 | 6 | 1 | 79031 |
| 水的生产和供应业 | 224 | 23 | 17 | 3 | 214940 |
| **高技术产业合计** | **696** | **485** | **436** | **466** | **1191296** |
| 医药制造业 | 199 | 144 | 132 | 123 | 260980 |
| 航空航天器制造业 | 103 | 69 | 69 | 70 | 291122 |
| 电子及通信设备制造业 | 259 | 168 | 154 | 179 | 472631 |
| 电子计算机及办公设备制造业 | 26 | 19 | 15 | 17 | 53369 |
| 医疗设备及仪器仪表制造业 | 109 | 85 | 66 | 77 | 113194 |

## 2-7 续表

单位：万元

| 行　　业 | 工业总产值 | 主营业务收入 | 利润总额 | 资产总计 | 出口交货值 |
|---|---|---|---|---|---|
| **合　　计** | **1614102922** | **1751239029** | **134507019** | **2189237074** | **75605770** |
| **采矿业** | **219398763** | **247939463** | **49778774** | **400558157** | **3608350** |
| 煤炭开采和洗选业 | 114587678 | 133843789 | 19052428 | 213532392 | 2968508 |
| 石油和天然气开采业 | 91690379 | 98660441 | 28186730 | 159988229 | 594727 |
| 黑色金属矿采选业 | 5608171 | 5898444 | 1049054 | 10817552 | |
| 有色金属矿采选业 | 5509806 | 7586576 | 1310953 | 11739192 | 390 |
| 非金属矿采选业 | 2002729 | 1950213 | 179609 | 4480793 | 44725 |
| **制造业** | **1097484159** | **1182059012** | **68764676** | **1219357681** | **71040485** |
| 农副食品加工业 | 11879486 | 12817389 | 626007 | 11068067 | 282280 |
| 食品制造业 | 5859657 | 6209968 | 413619 | 6071640 | 248320 |
| 饮料制造业 | 16471487 | 15023517 | 2715005 | 19468619 | 290816 |
| 烟草制品业 | 50396571 | 49903181 | 6593754 | 48174273 | 202207 |
| 纺织业 | 5709665 | 6176319 | 215482 | 8466835 | 979350 |
| 纺织服装、鞋、帽制造业 | 1264550 | 1469686 | 59574 | 1368494 | 127829 |
| 皮革、毛皮、羽毛(绒)及其制品业 | 134962 | 203554 | 19697 | 288269 | 20978 |
| 木材加工及木、竹、藤、棕、草制品业 | 860617 | 837745 | 53380 | 1159609 | 68278 |
| 家具制造业 | 967973 | 1086848 | 104282 | 560828 | 107670 |
| 造纸及纸制品业 | 7675073 | 7850130 | 441774 | 14599447 | 1354484 |
| 印刷业和记录媒介的复制 | 2755184 | 2743799 | 407367 | 3779408 | 43697 |
| 文教体育用品制造业 | 202166 | 199969 | 14911 | 278753 | 33328 |
| 石油加工、炼焦及核燃料加工业 | 194276549 | 208419283 | 6739253 | 82106480 | 2846621 |
| 化学原料及化学制品制造业 | 81393592 | 86065983 | 3340595 | 117008265 | 3781359 |
| 医药制造业 | 12626367 | 15244022 | 1914861 | 20591394 | 1454410 |
| 化学纤维制造业 | 3853831 | 4497187 | 318640 | 5549578 | 329347 |
| 橡胶制品业 | 7189523 | 7920764 | 221980 | 6650943 | 1699326 |
| 塑料制品业 | 2461984 | 2281038 | 194296 | 3648543 | 247496 |
| 非金属矿物制品业 | 22691978 | 22356411 | 2624371 | 37438576 | 670267 |
| 黑色金属冶炼及压延加工业 | 188453740 | 222826784 | 4912359 | 270659393 | 9866199 |
| 有色金属冶炼及压延加工业 | 67374720 | 80605397 | 3443035 | 77450619 | 1912585 |
| 金属制品业 | 7259243 | 7696871 | 614090 | 8548853 | 864363 |
| 通用设备制造业 | 40987643 | 40876896 | 2996446 | 55963403 | 2654725 |
| 专用设备制造业 | 43146638 | 44332781 | 2972424 | 60093642 | 3100955 |
| 交通运输设备制造业 | 241054890 | 251136140 | 21193089 | 252034722 | 21120910 |
| 电气机械及器材制造业 | 32759236 | 32336006 | 2094377 | 38574141 | 3515539 |
| 通信设备、计算机及其他电子设备制造业 | 39739464 | 42596115 | 2869192 | 56069376 | 12624048 |
| 仪器仪表及文化、办公用机械制造业 | 4750892 | 4906695 | 496036 | 7439217 | 529392 |
| 工艺品及其他制造业 | 3286481 | 3438535 | 154782 | 4246299 | 63708 |
| **电力、燃气及水的生产和供应业** | **297220000** | **321240554** | **15963570** | **569321236** | **956935** |
| 电力、热力的生产和供应业 | 285985588 | 309212480 | 15286205 | 525186899 | 534602 |
| 燃气生产和供应业 | 5864186 | 6506329 | 487968 | 11393186 | 93665 |
| 水的生产和供应业 | 5370227 | 5521745 | 189397 | 32741150 | 328668 |
| **高技术产业合计** | **70216567** | **75777952** | **6009687** | **113223348** | **15815676** |
| 医药制造业 | 12626367 | 15244022 | 1914861 | 20591394 | 1454410 |
| 航空航天器制造业 | 12769138 | 12668044 | 667581 | 28431789 | 1196811 |
| 电子及通信设备制造业 | 33684958 | 36671043 | 2442028 | 52078237 | 10152530 |
| 电子计算机及办公设备制造业 | 6086211 | 5961240 | 426660 | 4031082 | 2499509 |
| 医疗设备及仪器仪表制造业 | 5049894 | 5233603 | 558558 | 8090846 | 512416 |

## 2-8 分行业内资企业基本情况

| 行业 | 企业数(个) | #有R&D活动 | #有研发机构 | #有新产品销售 | 年末从业人员(人) |
|---|---|---|---|---|---|
| **合　计** | **29949** | **9042** | **9044** | **8824** | **34605600** |
| **采矿业** | **2290** | **271** | **245** | **91** | **5840402** |
| 煤炭开采和洗选业 | 1400 | 149 | 131 | 47 | 4074967 |
| 石油和天然气开采业 | 85 | 38 | 32 | 12 | 1042414 |
| 黑色金属矿采选业 | 323 | 28 | 24 | 7 | 298487 |
| 有色金属矿采选业 | 324 | 37 | 33 | 12 | 273161 |
| 非金属矿采选业 | 156 | 19 | 25 | 13 | 150343 |
| **制造业** | **25660** | **8552** | **8663** | **8707** | **26464705** |
| 农副食品加工业 | 1369 | 203 | 244 | 214 | 1095860 |
| 食品制造业 | 652 | 161 | 164 | 148 | 525506 |
| 饮料制造业 | 478 | 146 | 169 | 164 | 527180 |
| 烟草制品业 | 98 | 40 | 32 | 25 | 182272 |
| 纺织业 | 2297 | 480 | 479 | 546 | 2239011 |
| 纺织服装、鞋、帽制造业 | 732 | 100 | 115 | 129 | 746965 |
| 皮革、毛皮、羽毛(绒)及其制品业 | 457 | 54 | 84 | 85 | 492497 |
| 木材加工及木、竹、藤、棕、草制品业 | 339 | 46 | 49 | 57 | 242668 |
| 家具制造业 | 264 | 25 | 51 | 61 | 204905 |
| 造纸及纸制品业 | 507 | 106 | 120 | 101 | 420753 |
| 印刷业和记录媒介的复制 | 262 | 51 | 48 | 50 | 158312 |
| 文教体育用品制造业 | 141 | 49 | 57 | 52 | 122559 |
| 石油加工、炼焦及核燃料加工业 | 459 | 97 | 76 | 56 | 681896 |
| 化学原料及化学制品制造业 | 1911 | 743 | 766 | 614 | 1979125 |
| 医药制造业 | 828 | 511 | 503 | 443 | 762873 |
| 化学纤维制造业 | 168 | 69 | 80 | 80 | 241556 |
| 橡胶制品业 | 279 | 115 | 111 | 122 | 304026 |
| 塑料制品业 | 562 | 143 | 153 | 161 | 380136 |
| 非金属矿物制品业 | 2136 | 401 | 406 | 391 | 1598282 |
| 黑色金属冶炼及压延加工业 | 1035 | 218 | 217 | 207 | 2548478 |
| 有色金属冶炼及压延加工业 | 791 | 249 | 247 | 209 | 1053718 |
| 金属制品业 | 953 | 285 | 277 | 287 | 765324 |
| 通用设备制造业 | 2020 | 896 | 915 | 972 | 1625128 |
| 专用设备制造业 | 1195 | 652 | 631 | 643 | 1228428 |
| 交通运输设备制造业 | 2012 | 855 | 861 | 957 | 2555306 |
| 电气机械及器材制造业 | 1921 | 987 | 982 | 1037 | 1860037 |
| 通信设备、计算机及其他电子设备制造业 | 1088 | 554 | 513 | 565 | 1336318 |
| 仪器仪表及文化、办公用机械制造业 | 364 | 235 | 228 | 237 | 299999 |
| 工艺品及其他制造业 | 285 | 76 | 80 | 89 | 250437 |
| 废弃资源和废旧材料回收加工业 | 57 | 5 | 5 | 5 | 35150 |
| **电力、燃气及水的生产和供应业** | **1999** | **219** | **136** | **26** | **2300493** |
| 电力、热力的生产和供应业 | 1691 | 184 | 114 | 22 | 2014103 |
| 燃气生产和供应业 | 84 | 11 | 5 | 1 | 76037 |
| 水的生产和供应业 | 224 | 24 | 17 | 3 | 210353 |
| **高技术产业合计** | **2427** | **1408** | **1329** | **1336** | **2722375** |
| 医药制造业 | 828 | 511 | 503 | 443 | 762873 |
| 航空航天器制造业 | 110 | 75 | 73 | 73 | 297506 |
| 电子及通信设备制造业 | 987 | 497 | 462 | 509 | 1197131 |
| 电子计算机及办公设备制造业 | 118 | 66 | 59 | 65 | 151159 |
| 医疗设备及仪器仪表制造业 | 384 | 259 | 232 | 246 | 313706 |

## 2-8 续表

单位：万元

| 行　　业 | 工业总产值 | 主营业务收入 | 利润总额 | 资产总计 | 出口交货值 |
|---|---|---|---|---|---|
| **合　　计** | **2789595617** | **2931914491** | **228330720** | **3109939205** | **185627154** |
| **采矿业** | **273131880** | **299735241** | **58268317** | **457761808** | **3610290** |
| 煤炭开采和洗选业 | 145316728 | 164962822 | 25163187 | 251612851 | 3005126 |
| 石油和天然气开采业 | 88914210 | 94194402 | 25614897 | 158223148 | 496055 |
| 黑色金属矿采选业 | 22009255 | 21454705 | 4430309 | 24704380 | 692 |
| 有色金属矿采选业 | 11579646 | 13964632 | 2487481 | 16405063 | 67888 |
| 非金属矿采选业 | 5280043 | 5128680 | 566642 | 6791767 | 40530 |
| **制造业** | **2222837786** | **2314677187** | **154676153** | **2094791963** | **181395876** |
| 农副食品加工业 | 82962902 | 84443567 | 6412181 | 48651695 | 5205896 |
| 食品制造业 | 32972590 | 33121768 | 3302006 | 22438428 | 1944107 |
| 饮料制造业 | 35079020 | 35197313 | 4758494 | 33919093 | 359625 |
| 烟草制品业 | 50645722 | 50135916 | 6621411 | 48412366 | 202391 |
| 纺织业 | 100028963 | 102392259 | 6481438 | 78083035 | 12692050 |
| 纺织服装、鞋、帽制造业 | 28536122 | 28002619 | 2577478 | 21187179 | 6080999 |
| 皮革、毛皮、羽毛(绒)及其制品业 | 16772896 | 16785101 | 1651210 | 8934294 | 3662533 |
| 木材加工及木、竹、藤、棕、草制品业 | 12185890 | 11911923 | 963903 | 8612731 | 1554610 |
| 家具制造业 | 8134247 | 7988007 | 522936 | 5617870 | 1769632 |
| 造纸及纸制品业 | 28130447 | 28228982 | 1923324 | 29499132 | 1700520 |
| 印刷业和记录媒介的复制 | 6300619 | 6288505 | 781652 | 7552935 | 291589 |
| 文教体育用品制造业 | 3869587 | 3800391 | 306333 | 3204889 | 1143935 |
| 石油加工、炼焦及核燃料加工业 | 222720494 | 236333006 | 8544084 | 115098998 | 1739847 |
| 化学原料及化学制品制造业 | 175297890 | 180662537 | 10818194 | 194502747 | 9636388 |
| 医药制造业 | 45648155 | 46416286 | 5676974 | 52250936 | 4005685 |
| 化学纤维制造业 | 24463693 | 25376839 | 1692828 | 21913900 | 1910123 |
| 橡胶制品业 | 19600047 | 20752711 | 1324311 | 15958321 | 3094759 |
| 塑料制品业 | 20648687 | 20318839 | 1623597 | 17894873 | 2608421 |
| 非金属矿物制品业 | 88802544 | 87373751 | 9399072 | 99184364 | 4327791 |
| 黑色金属冶炼及压延加工业 | 359822460 | 400699424 | 14087711 | 385521533 | 12529599 |
| 有色金属冶炼及压延加工业 | 130325494 | 150720592 | 7664577 | 130022385 | 4428441 |
| 金属制品业 | 43968339 | 44233758 | 3517274 | 35737443 | 4834271 |
| 通用设备制造业 | 101149196 | 100748306 | 7980381 | 105586582 | 7793754 |
| 专用设备制造业 | 80806757 | 80877015 | 6974875 | 92296459 | 5930318 |
| 交通运输设备制造业 | 218844451 | 221720735 | 14871043 | 241745013 | 26629732 |
| 电气机械及器材制造业 | 164883247 | 163456710 | 12764458 | 140677701 | 21592543 |
| 通信设备、计算机及其他电子设备制造业 | 86631854 | 92741456 | 8803298 | 99875539 | 29198610 |
| 仪器仪表及文化、办公用机械制造业 | 15171970 | 15250258 | 1576432 | 17560689 | 1975604 |
| 工艺品及其他制造业 | 13469204 | 13798099 | 804405 | 10989547 | 2552107 |
| 废弃资源和废旧材料回收加工业 | 4964300 | 4900513 | 250275 | 1861289 | |
| **电力、燃气及水的生产和供应业** | **293625950** | **317502063** | **15386251** | **557385435** | **620988** |
| 电力、热力的生产和供应业 | 281314999 | 304271559 | 14685669 | 517725789 | 550959 |
| 燃气生产和供应业 | 7570637 | 8379937 | 645142 | 10770281 | 15824 |
| 水的生产和供应业 | 4740315 | 4850567 | 55439 | 28889365 | 54206 |
| **高技术产业合计** | **162221309** | **168969618** | **16931645** | **199839631** | **36567522** |
| 医药制造业 | 45648155 | 46416286 | 5676974 | 52250936 | 4005685 |
| 航空航天器制造业 | 13018140 | 12893325 | 684476 | 28754906 | 1227600 |
| 电子及通信设备制造业 | 74056668 | 80158563 | 7746614 | 90619055 | 25552353 |
| 电子计算机及办公设备制造业 | 13257141 | 13226917 | 1167494 | 9925868 | 3722568 |
| 医疗设备及仪器仪表制造业 | 16241205 | 16274527 | 1656087 | 18288866 | 2059316 |

## 2-9 分行业港澳台商投资企业基本情况

| 行 业 | 企业数 (个) | #有R&D活动 | #有研发机构 | #有新产品销售 | 年末从业人员 (人) |
|---|---|---|---|---|---|
| **合 计** | **7191** | **1694** | **1593** | **1543** | **8745236** |
| | | | | | |
| **采矿业** | **25** | **4** | **3** | **2** | **30851** |
| 煤炭开采和洗选业 | 9 | 1 | 1 | 1 | 18301 |
| 石油和天然气开采业 | 2 | | | | 2159 |
| 黑色金属矿采选业 | 7 | | | | 5738 |
| 有色金属矿采选业 | 1 | | | | 324 |
| 非金属矿采选业 | 6 | 3 | 2 | 1 | 4329 |
| **制造业** | **7080** | **1683** | **1586** | **1538** | **8648986** |
| 农副食品加工业 | 135 | 20 | 20 | 21 | 140815 |
| 食品制造业 | 149 | 23 | 26 | 18 | 125498 |
| 饮料制造业 | 94 | 18 | 12 | 17 | 98137 |
| 烟草制品业 | 1 | | | | 360 |
| 纺织业 | 650 | 104 | 100 | 102 | 581797 |
| 纺织服装、鞋、帽制造业 | 602 | 26 | 41 | 50 | 688210 |
| 皮革、毛皮、羽毛(绒)及其制品业 | 352 | 19 | 28 | 22 | 607062 |
| 木材加工及木、竹、藤、棕、草制品业 | 51 | 11 | 8 | 10 | 32710 |
| 家具制造业 | 152 | 9 | 18 | 16 | 133894 |
| 造纸及纸制品业 | 159 | 25 | 31 | 29 | 106664 |
| 印刷业和记录媒介的复制 | 111 | 24 | 16 | 17 | 96452 |
| 文教体育用品制造业 | 252 | 21 | 25 | 23 | 399527 |
| 石油加工、炼焦及核燃料加工业 | 23 | 5 | 5 | 3 | 34066 |
| 化学原料及化学制品制造业 | 186 | 76 | 76 | 59 | 143037 |
| 医药制造业 | 108 | 69 | 68 | 56 | 754753 |
| 化学纤维制造业 | 43 | 23 | 22 | 17 | 38008 |
| 橡胶制品业 | 92 | 17 | 12 | 11 | 87878 |
| 塑料制品业 | 386 | 57 | 63 | 51 | 359738 |
| 非金属矿物制品业 | 251 | 69 | 61 | 63 | 235349 |
| 黑色金属冶炼及压延加工业 | 70 | 22 | 21 | 11 | 126792 |
| 有色金属冶炼及压延加工业 | 88 | 35 | 27 | 30 | 70817 |
| 金属制品业 | 310 | 64 | 57 | 56 | 244240 |
| 通用设备制造业 | 231 | 92 | 101 | 92 | 178256 |
| 专用设备制造业 | 220 | 72 | 68 | 74 | 177456 |
| 交通运输设备制造业 | 257 | 105 | 81 | 100 | 266230 |
| 电气机械及器材制造业 | 698 | 246 | 217 | 222 | 795506 |
| 通信设备、计算机及其他电子设备制造业 | 1085 | 348 | 302 | 293 | 1784271 |
| 仪器仪表及文化、办公用机械制造业 | 146 | 60 | 53 | 53 | 172487 |
| 工艺品及其他制造业 | 176 | 23 | 27 | 22 | 168191 |
| 废弃资源和废旧材料回收加工业 | 2 | | | | 785 |
| **电力、燃气及水的生产和供应业** | **86** | **7** | **4** | **3** | **65399** |
| 电力、热力的生产和供应业 | 48 | 4 | 1 | | 39713 |
| 燃气生产和供应业 | 23 | 2 | 2 | 2 | 15749 |
| 水的生产和供应业 | 15 | 1 | 1 | 1 | 9937 |
| | | | | | |
| **高技术产业合计** | **1293** | **465** | **411** | **389** | **2642619** |
| 医药制造业 | 108 | 69 | 68 | 56 | 754753 |
| 航空航天器制造业 | 1 | | | | 4827 |
| 电子及通信设备制造业 | 934 | 305 | 269 | 256 | 1396847 |
| 电子计算机及办公设备制造业 | 167 | 47 | 37 | 39 | 414769 |
| 医疗设备及仪器仪表制造业 | 83 | 44 | 37 | 38 | 71423 |

2-9 续表

单位：万元

| 行业 | 工业总产值 | 主营业务收入 | 利润总额 | 资产总计 | 出口交货值 |
|---|---|---|---|---|---|
| **合 计** | **452874668** | **455593508** | **38526010** | **363558795** | **165998302** |
| **采矿业** | **10478731** | **12434286** | **3580585** | **7869374** | **174697** |
| 煤炭开采和洗选业 | 5611938 | 5577064 | 672727 | 4084483 | 66722 |
| 石油和天然气开采业 | 3807220 | 5688432 | 2680939 | 2707064 | 98672 |
| 黑色金属矿采选业 | 905588 | 882231 | 212519 | 888728 | |
| 有色金属矿采选业 | 29043 | 28744 | 11631 | 54027 | |
| 非金属矿采选业 | 124941 | 257816 | 2769 | 135072 | 9303 |
| **制造业** | **433365084** | **434033982** | **33995859** | **333207145** | **165823558** |
| 农副食品加工业 | 16001658 | 19288904 | 1397159 | 10060211 | 866816 |
| 食品制造业 | 8189391 | 8125732 | 885763 | 5816784 | 520951 |
| 饮料制造业 | 7708722 | 7884564 | 621777 | 5715428 | 196554 |
| 烟草制品业 | 24731 | 24705 | 5750 | 49392 | 197 |
| 纺织业 | 19021676 | 18738276 | 1691354 | 17624131 | 7968426 |
| 纺织服装、鞋、帽制造业 | 16580422 | 15914396 | 1849924 | 12607402 | 6405020 |
| 皮革、毛皮、羽毛(绒)及其制品业 | 14713988 | 14318547 | 1471015 | 8806977 | 5692371 |
| 木材加工及木、竹、藤、棕、草制品业 | 1707563 | 1696354 | 127060 | 1214138 | 547650 |
| 家具制造业 | 4272348 | 4403613 | 352579 | 3393447 | 1964520 |
| 造纸及纸制品业 | 8060421 | 8165196 | 580689 | 10544921 | 1180793 |
| 印刷业和记录媒介的复制 | 3104617 | 3094005 | 325309 | 3537123 | 1129755 |
| 文教体育用品制造业 | 6010227 | 6046554 | 363573 | 4023239 | 4399598 |
| 石油加工、炼焦及核燃料加工业 | 12596894 | 12642508 | 765214 | 6533903 | 29308 |
| 化学原料及化学制品制造业 | 19844993 | 19373220 | 2423860 | 16158356 | 1569666 |
| 医药制造业 | 7903302 | 7397359 | 1241458 | 8163300 | 1113191 |
| 化学纤维制造业 | 6158322 | 6298659 | 568514 | 6300123 | 396384 |
| 橡胶制品业 | 3129562 | 3338102 | 237652 | 2821216 | 1065569 |
| 塑料制品业 | 10341285 | 10239957 | 761989 | 7951614 | 4956451 |
| 非金属矿物制品业 | 13420630 | 13181318 | 1873391 | 15572683 | 1871110 |
| 黑色金属冶炼及压延加工业 | 27317022 | 27747374 | 1073259 | 21365839 | 818329 |
| 有色金属冶炼及压延加工业 | 11009562 | 10675738 | 937479 | 10307263 | 2263881 |
| 金属制品业 | 11262775 | 11131766 | 833897 | 8941971 | 4292744 |
| 通用设备制造业 | 10757220 | 11063753 | 1288668 | 9744530 | 2915949 |
| 专用设备制造业 | 8314187 | 8271853 | 1028525 | 8936484 | 2409872 |
| 交通运输设备制造业 | 19292401 | 19448500 | 2155214 | 20513739 | 6016807 |
| 电气机械及器材制造业 | 37494245 | 36430230 | 2730849 | 29918472 | 14734008 |
| 通信设备、计算机及其他电子设备制造业 | 114977633 | 114713934 | 5337631 | 67400888 | 83220597 |
| 仪器仪表及文化、办公用机械制造业 | 6757160 | 6479442 | 326554 | 4866631 | 3966889 |
| 工艺品及其他制造业 | 7157661 | 7630375 | 728090 | 4024564 | 3310151 |
| 废弃资源和废旧材料回收加工业 | 234467 | 269048 | 11662 | 292377 | |
| **电力、燃气及水的生产和供应业** | **9030853** | **9125240** | **949565** | **22482276** | **47** |
| 电力、热力的生产和供应业 | 7939451 | 7938405 | 758522 | 19495456 | 47 |
| 燃气生产和供应业 | 791058 | 879313 | 135590 | 1337560 | |
| 水的生产和供应业 | 300343 | 307522 | 55453 | 1649261 | |
| **高技术产业合计** | **128022400** | **127104623** | **6932762** | **79346528** | **87054982** |
| 医药制造业 | 7903302 | 7397359 | 1241458 | 8163300 | 1113191 |
| 航空航天器制造业 | 216038 | 216038 | 7310 | 253641 | 211718 |
| 电子及通信设备制造业 | 70495416 | 69169987 | 4135662 | 48876650 | 49133706 |
| 电子计算机及办公设备制造业 | 46482299 | 47512678 | 1281711 | 19445297 | 35088842 |
| 医疗设备及仪器仪表制造业 | 2925345 | 2808562 | 266622 | 2607640 | 1507526 |

# 2-10 分行业外商投资企业基本情况

| 行业 | 企业数（个） | #有R&D活动 | #有研发机构 | #有新产品销售 | 年末从业人员（人） |
|---|---|---|---|---|---|
| **合　计** | **8395** | **2153** | **1931** | **1950** | **10024826** |
| **采矿业** | **31** | **3** | **3** | **2** | **46091** |
| 煤炭开采和洗选业 | 12 | | 1 | 1 | 22336 |
| 石油和天然气开采业 | 1 | | | | 1542 |
| 黑色金属矿采选业 | 3 | | | | 1797 |
| 有色金属矿采选业 | 13 | 2 | 1 | | 14142 |
| 非金属矿采选业 | 2 | 1 | 1 | 1 | 6274 |
| **制造业** | **8261** | **2144** | **1922** | **1947** | **9887835** |
| 农副食品加工业 | 274 | 40 | 43 | 38 | 299659 |
| 食品制造业 | 232 | 47 | 43 | 45 | 228831 |
| 饮料制造业 | 196 | 32 | 34 | 30 | 171452 |
| 纺织业 | 363 | 60 | 62 | 63 | 324887 |
| 纺织服装、鞋、帽制造业 | 399 | 22 | 23 | 32 | 344381 |
| 皮革、毛皮、羽毛(绒)及其制品业 | 264 | 22 | 22 | 23 | 401326 |
| 木材加工及木、竹、藤、棕、草制品业 | 61 | 8 | 10 | 10 | 37068 |
| 家具制造业 | 128 | 15 | 16 | 23 | 133148 |
| 造纸及纸制品业 | 148 | 31 | 27 | 31 | 138833 |
| 印刷业和记录媒介的复制 | 51 | 8 | 7 | 6 | 39014 |
| 文教体育用品制造业 | 141 | 14 | 18 | 21 | 137722 |
| 石油加工、炼焦及核燃料加工业 | 32 | 4 | 6 | 3 | 37246 |
| 化学原料及化学制品制造业 | 275 | 107 | 106 | 89 | 222752 |
| 医药制造业 | 170 | 90 | 91 | 67 | 165238 |
| 化学纤维制造业 | 38 | 13 | 13 | 13 | 31623 |
| 橡胶制品业 | 143 | 36 | 33 | 34 | 176757 |
| 塑料制品业 | 314 | 54 | 57 | 44 | 283374 |
| 非金属矿物制品业 | 268 | 63 | 49 | 57 | 225067 |
| 黑色金属冶炼及压延加工业 | 79 | 29 | 23 | 18 | 106704 |
| 有色金属冶炼及压延加工业 | 94 | 36 | 34 | 28 | 85700 |
| 金属制品业 | 330 | 80 | 71 | 71 | 263193 |
| 通用设备制造业 | 508 | 193 | 165 | 194 | 398464 |
| 专用设备制造业 | 341 | 114 | 107 | 99 | 286604 |
| 交通运输设备制造业 | 818 | 258 | 231 | 258 | 1140587 |
| 电气机械及器材制造业 | 790 | 268 | 230 | 235 | 910973 |
| 通信设备、计算机及其他电子设备制造业 | 1473 | 413 | 326 | 329 | 2943431 |
| 仪器仪表及文化、办公用机械制造业 | 209 | 73 | 62 | 67 | 249772 |
| 工艺品及其他制造业 | 119 | 14 | 13 | 19 | 102717 |
| 废弃资源和废旧材料回收加工业 | 3 | | | | 1312 |
| **电力、燃气及水的生产和供应业** | **103** | **6** | **6** | **1** | **90900** |
| 电力、热力的生产和供应业 | 60 | 5 | 3 | 1 | 53704 |
| 燃气生产和供应业 | 27 | | 2 | | 24059 |
| 水的生产和供应业 | 16 | 1 | 1 | | 13137 |
| **高技术产业合计** | **1837** | **587** | **487** | **469** | **3304437** |
| 医药制造业 | 170 | 90 | 91 | 67 | 165238 |
| 航空航天器制造业 | 11 | 3 | 2 | 2 | 12138 |
| 电子及通信设备制造业 | 1220 | 346 | 280 | 275 | 1955997 |
| 电子计算机及办公设备制造业 | 275 | 75 | 52 | 62 | 1027296 |
| 医疗设备及仪器仪表制造业 | 161 | 73 | 62 | 63 | 143768 |

2-10 续表

单位：万元

| 行 业 | 工业总产值 | 主营业务收入 | 利润总额 | 资产总计 | 出口交货值 |
|---|---|---|---|---|---|
| **合 计** | **921734366** | **944376264** | **74963092** | **717353483** | **334635205** |
| **采矿业** | **3705934** | **5293252** | **1316437** | **8591434** | **7903** |
| 煤炭开采和洗选业 | 1924777 | 2630385 | 962223 | 4785454 | |
| 石油和天然气开采业 | 337580 | 180498 | 58257 | 422673 | |
| 黑色金属矿采选业 | 105045 | 109702 | 21802 | 68085 | |
| 有色金属矿采选业 | 1162595 | 2208418 | 267468 | 2983454 | 390 |
| 非金属矿采选业 | 175937 | 164248 | 6687 | 331770 | 7513 |
| **制造业** | **903443112** | **923300897** | **72156659** | **678984156** | **334134883** |
| 农副食品加工业 | 30400388 | 32094478 | 1980237 | 22608424 | 2747705 |
| 食品制造业 | 18065424 | 18292225 | 1992053 | 13479846 | 1145810 |
| 饮料制造业 | 13786363 | 14676608 | 1351227 | 14117248 | 364786 |
| 纺织业 | 12673085 | 12378684 | 1253590 | 11914984 | 4722284 |
| 纺织服装、鞋、帽制造业 | 7482469 | 7331103 | 508717 | 5239226 | 3768553 |
| 皮革、毛皮、羽毛(绒)及其制品业 | 8959051 | 8813342 | 606360 | 5513495 | 4931150 |
| 木材加工及木、竹、藤、棕、草制品业 | 1919926 | 1801036 | 97570 | 1570628 | 531180 |
| 家具制造业 | 4177538 | 3969840 | 253484 | 3286917 | 2696062 |
| 造纸及纸制品业 | 14097165 | 13839540 | 1313675 | 23914928 | 1989471 |
| 印刷业和记录媒介的复制 | 1465791 | 1384738 | 177953 | 1621307 | 537620 |
| 文教体育用品制造业 | 3406835 | 3333989 | 163156 | 2513178 | 2262037 |
| 石油加工、炼焦及核燃料加工业 | 21292034 | 20913902 | 797934 | 12957474 | 1753301 |
| 化学原料及化学制品制造业 | 43614585 | 43534917 | 4648385 | 40050237 | 5324738 |
| 医药制造业 | 13751501 | 13594599 | 1803655 | 12707006 | 1555720 |
| 化学纤维制造业 | 5754788 | 5773791 | 639435 | 4906490 | 488227 |
| 橡胶制品业 | 11967786 | 11896577 | 733738 | 10772686 | 3619549 |
| 塑料制品业 | 10916782 | 10900453 | 913058 | 9408857 | 3825574 |
| 非金属矿物制品业 | 11868735 | 12340276 | 1338156 | 17149112 | 2488909 |
| 黑色金属冶炼及压延加工业 | 26772177 | 26679275 | 1591906 | 19956047 | 1470424 |
| 有色金属冶炼及压延加工业 | 14494102 | 14121438 | 1017557 | 13862221 | 1339989 |
| 金属制品业 | 15288208 | 15033520 | 1419226 | 13051635 | 6515845 |
| 通用设备制造业 | 36655352 | 37476714 | 3738638 | 38322972 | 9456916 |
| 专用设备制造业 | 23744255 | 26161334 | 2560814 | 23362538 | 5136988 |
| 交通运输设备制造业 | 195012495 | 201623011 | 23260843 | 138222085 | 17999587 |
| 电气机械及器材制造业 | 69305947 | 68287894 | 5946615 | 49127791 | 28584544 |
| 通信设备、计算机及其他电子设备制造业 | 267026356 | 277261630 | 10408649 | 157544114 | 206417654 |
| 仪器仪表及文化、办公用机械制造业 | 16239186 | 16420696 | 1295650 | 9323262 | 10911020 |
| 工艺品及其他制造业 | 3177848 | 3244246 | 339141 | 2448603 | 1549241 |
| 废弃资源和废旧材料回收加工业 | 126939 | 121044 | 5242 | 30846 | |
| **电力、燃气及水的生产和供应业** | **14585319** | **15782116** | **1489996** | **29777894** | **492420** |
| 电力、热力的生产和供应业 | 10105637 | 11177939 | 748176 | 18871632 | 140065 |
| 燃气生产和供应业 | 3612732 | 3691770 | 595422 | 5883295 | 77841 |
| 水的生产和供应业 | 866951 | 912407 | 146399 | 5022966 | 274514 |
| **高技术产业合计** | **295548277** | **305662906** | **13495617** | **180064432** | **216142897** |
| 医药制造业 | 13751501 | 13594599 | 1803655 | 12707006 | 1555720 |
| 航空航天器制造业 | 1546581 | 1511856 | 19591 | 992581 | 263158 |
| 电子及通信设备制造业 | 151623838 | 152251089 | 7304415 | 92792648 | 106982719 |
| 电子计算机及办公设备制造业 | 119559035 | 129149102 | 3350246 | 66500325 | 103149592 |
| 医疗设备及仪器仪表制造业 | 9067324 | 9156260 | 1017711 | 7071872 | 4191709 |

# 2-11 各地区企业基本情况

| 地 区 | 企业数（个） | #有R&D活动 | #有研发机构 | #有新产品销售 | 年末从业人员（人） |
|---|---|---|---|---|---|
| **全 国** | **45536** | **12889** | **12568** | **12317** | **53376040** |
| 东部地区 | 29775 | 9214 | 8870 | 8662 | 33255852 |
| 中部地区 | 9166 | 2399 | 2299 | 2233 | 11861985 |
| 西部地区 | 6595 | 1276 | 1399 | 1422 | 8258203 |
| 北 京 | 678 | 285 | 233 | 266 | 745923 |
| 天 津 | 797 | 245 | 204 | 262 | 926574 |
| 河 北 | 1627 | 290 | 294 | 273 | 2152558 |
| 山 西 | 1118 | 138 | 151 | 112 | 1820594 |
| 内蒙古 | 724 | 95 | 97 | 62 | 814692 |
| 辽 宁 | 1505 | 229 | 217 | 204 | 2130246 |
| 吉 林 | 511 | 76 | 77 | 69 | 780015 |
| 黑龙江 | 571 | 118 | 103 | 102 | 1083894 |
| 上 海 | 1750 | 521 | 493 | 492 | 1601852 |
| 江 苏 | 5418 | 2257 | 1964 | 1821 | 5870596 |
| 浙 江 | 4420 | 2096 | 2404 | 2522 | 3520790 |
| 安 徽 | 1120 | 374 | 428 | 419 | 1451490 |
| 福 建 | 2240 | 521 | 478 | 477 | 2133788 |
| 江 西 | 820 | 171 | 135 | 137 | 912317 |
| 山 东 | 3824 | 1076 | 1061 | 945 | 4974466 |
| 河 南 | 2536 | 645 | 639 | 551 | 2879243 |
| 湖 北 | 1421 | 417 | 399 | 432 | 1813013 |
| 湖 南 | 1069 | 460 | 367 | 411 | 1121419 |
| 广 东 | 7399 | 1676 | 1499 | 1386 | 9118636 |
| 广 西 | 811 | 167 | 157 | 133 | 715615 |
| 海 南 | 117 | 18 | 23 | 14 | 80423 |
| 重 庆 | 786 | 247 | 218 | 345 | 816424 |
| 四 川 | 1841 | 208 | 321 | 399 | 1980740 |
| 贵 州 | 260 | 69 | 82 | 75 | 370429 |
| 云 南 | 619 | 111 | 127 | 88 | 1197305 |
| 西 藏 | 14 | 2 | 2 |  | 9834 |
| 陕 西 | 672 | 180 | 178 | 167 | 1059028 |
| 甘 肃 | 312 | 78 | 80 | 66 | 516879 |
| 青 海 | 102 | 18 | 20 | 9 | 142400 |
| 宁 夏 | 153 | 51 | 54 | 46 | 220490 |
| 新 疆 | 301 | 50 | 63 | 32 | 414367 |

2-11 续表

单位：万元

| 地 区 | 工业总产值 | 主营业务收入 | 利润总额 | 资产总计 | 出口交货值 |
|---|---|---|---|---|---|
| **全 国** | **4164230085** | **4331910089** | **341822589** | **4190865734** | **686272104** |
| 东部地区 | 2711964275 | 2850395346 | 207617277 | 2516132654 | 630054159 |
| 中部地区 | 864035510 | 886173728 | 74173083 | 908057584 | 35098186 |
| 西部地区 | 588230300 | 595341014 | 60032229 | 766675497 | 21119760 |
| 北 京 | 105053152 | 113874561 | 8142280 | 190730233 | 14744436 |
| 天 津 | 126394554 | 130244423 | 13074926 | 109000846 | 17769525 |
| 河 北 | 201254280 | 209313999 | 12660184 | 195395406 | 8740033 |
| 山 西 | 100577674 | 108327247 | 9560178 | 158861316 | 3912742 |
| 内蒙古 | 83362351 | 84372074 | 12302334 | 109339621 | 2166426 |
| 辽 宁 | 183174211 | 204644338 | 11089015 | 204579660 | 22522491 |
| 吉 林 | 80751840 | 79206480 | 5729685 | 70772742 | 1398079 |
| 黑龙江 | 68847775 | 73752061 | 10418953 | 84086890 | 1629919 |
| 上 海 | 221437544 | 238181072 | 17505122 | 197834178 | 70986597 |
| 江 苏 | 524011326 | 520363861 | 38203230 | 423674925 | 154502137 |
| 浙 江 | 261973730 | 261780086 | 19081533 | 243676159 | 59956063 |
| 安 徽 | 112655447 | 111874885 | 9664078 | 113768077 | 6058244 |
| 福 建 | 130883768 | 128802440 | 11900728 | 103794428 | 33628989 |
| 江 西 | 62020165 | 66162056 | 3892040 | 56574082 | 6283763 |
| 山 东 | 397980674 | 486787334 | 30805067 | 394525207 | 34143973 |
| 河 南 | 207282921 | 217929646 | 16279405 | 172637050 | 5050787 |
| 湖 北 | 144660793 | 142797367 | 11715397 | 163650869 | 7656950 |
| 湖 南 | 87238895 | 86123987 | 6913348 | 87706559 | 3107703 |
| 广 东 | 548918080 | 546126080 | 44155437 | 440033171 | 212160054 |
| 广 西 | 55420479 | 54411984 | 4846539 | 55203691 | 3201074 |
| 海 南 | 10882956 | 10277153 | 999757 | 12888442 | 899863 |
| 重 庆 | 60125484 | 60005470 | 3202401 | 59812003 | 3321326 |
| 四 川 | 131397710 | 133179661 | 10149183 | 156301517 | 7786088 |
| 贵 州 | 22043894 | 21497091 | 1931684 | 36547339 | 758449 |
| 云 南 | 44507631 | 46272231 | 4456505 | 62814800 | 602726 |
| 西 藏 | 218369 | 319687 | 51318 | 2254987 | |
| 陕 西 | 82790025 | 80549262 | 10919477 | 121038803 | 2178435 |
| 甘 肃 | 40676831 | 44945805 | 1980599 | 51055621 | 403240 |
| 青 海 | 11698882 | 12373719 | 1573404 | 25277794 | 11331 |
| 宁 夏 | 14474153 | 14229435 | 1158348 | 27218619 | 419173 |
| 新 疆 | 41514492 | 43184596 | 7460438 | 59810701 | 271491 |

## 2-12 各地区大型企业基本情况

| 地　区 | 企业数(个) | #有R&D活动 | #有研发机构 | #有新产品销售 | 年末从业人员(人) |
|---|---|---|---|---|---|
| **全　国** | **3680** | **2206** | **2119** | **1918** | **22639439** |
| 东部地区 | 2292 | 1357 | 1277 | 1194 | 13041472 |
| 中部地区 | 821 | 519 | 504 | 432 | 6127591 |
| 西部地区 | 567 | 330 | 338 | 292 | 3470376 |
| 北　京 | 57 | 40 | 33 | 27 | 325270 |
| 天　津 | 75 | 42 | 38 | 43 | 422876 |
| 河　北 | 171 | 79 | 88 | 68 | 1095906 |
| 山　西 | 144 | 62 | 59 | 41 | 1109695 |
| 内蒙古 | 75 | 31 | 35 | 23 | 387999 |
| 辽　宁 | 146 | 66 | 60 | 55 | 1211615 |
| 吉　林 | 49 | 20 | 18 | 15 | 447896 |
| 黑龙江 | 64 | 42 | 40 | 32 | 698245 |
| 上　海 | 112 | 69 | 63 | 59 | 529012 |
| 江　苏 | 496 | 327 | 284 | 275 | 2536208 |
| 浙　江 | 222 | 152 | 171 | 165 | 884944 |
| 安　徽 | 100 | 68 | 74 | 62 | 748722 |
| 福　建 | 124 | 69 | 69 | 62 | 511164 |
| 江　西 | 53 | 33 | 29 | 32 | 349454 |
| 山　东 | 381 | 263 | 260 | 234 | 2451976 |
| 河　南 | 227 | 159 | 149 | 121 | 1448938 |
| 湖　北 | 115 | 75 | 74 | 74 | 896959 |
| 湖　南 | 69 | 60 | 61 | 55 | 427682 |
| 广　东 | 505 | 249 | 210 | 205 | 3059376 |
| 广　西 | 41 | 25 | 23 | 18 | 197702 |
| 海　南 | 3 | 1 | 1 | 1 | 13125 |
| 重　庆 | 73 | 56 | 50 | 52 | 324858 |
| 四　川 | 126 | 56 | 74 | 74 | 820309 |
| 贵　州 | 24 | 21 | 22 | 19 | 186673 |
| 云　南 | 48 | 21 | 21 | 16 | 186615 |
| 西　藏 | 1 |  |  |  | 3051 |
| 陕　西 | 84 | 58 | 56 | 55 | 623285 |
| 甘　肃 | 33 | 24 | 19 | 14 | 312664 |
| 青　海 | 12 | 9 | 8 | 2 | 80754 |
| 宁　夏 | 17 | 11 | 11 | 10 | 117006 |
| 新　疆 | 33 | 18 | 19 | 9 | 229460 |

## 2-12 续表

单位：万元

| 地　区 | 工业总产值 | 主营业务收入 | 利润总额 | 资产总计 | 出口交货值 |
|---|---|---|---|---|---|
| **全　国** | **2180941028** | **2332748931** | **170564599** | **2300107793** | **398634503** |
| 东部地区 | 1378660872 | 1489750590 | 97749073 | 1300787877 | 363641256 |
| 中部地区 | 492531568 | 521095021 | 40351174 | 566526103 | 21488248 |
| 西部地区 | 309748588 | 321903319 | 32464353 | 432793814 | 13504999 |
| 北　京 | 65318670 | 72008517 | 2998917 | 74653602 | 10123010 |
| 天　津 | 73071701 | 75703537 | 8481262 | 65799360 | 10317105 |
| 河　北 | 121553972 | 131344208 | 6196113 | 134260975 | 5993754 |
| 山　西 | 57546958 | 66891515 | 5611750 | 95796159 | 3570941 |
| 内蒙古 | 36423548 | 37898475 | 5733158 | 54314083 | 1697518 |
| 辽　宁 | 111565072 | 133541210 | 5070898 | 140787589 | 15631206 |
| 吉　林 | 58293361 | 56445643 | 4154388 | 47563934 | 747128 |
| 黑龙江 | 47191910 | 51424370 | 8255518 | 59027739 | 1231464 |
| 上　海 | 128642015 | 141981272 | 10497209 | 112330760 | 49298846 |
| 江　苏 | 268304122 | 268002893 | 17870827 | 204781168 | 96287472 |
| 浙　江 | 81255900 | 82123146 | 6006870 | 70556074 | 20199537 |
| 安　徽 | 64178128 | 65726130 | 4427897 | 68562648 | 3000100 |
| 福　建 | 49505991 | 49464337 | 4161686 | 38065152 | 14132841 |
| 江　西 | 32474574 | 36672110 | 1900967 | 32276391 | 2695806 |
| 山　东 | 205201981 | 263522219 | 17665427 | 236465719 | 17415056 |
| 河　南 | 99207176 | 109574619 | 6379001 | 102659763 | 3324433 |
| 湖　北 | 86129469 | 86652124 | 6501799 | 109884168 | 4832570 |
| 湖　南 | 47509991 | 47708510 | 3119854 | 50755301 | 2085807 |
| 广　东 | 272539368 | 270463965 | 18548937 | 219334501 | 124233998 |
| 广　西 | 19840354 | 19899964 | 1650761 | 17695574 | 1450900 |
| 海　南 | 1702081 | 1595289 | 250928 | 3752978 | 8431 |
| 重　庆 | 30676004 | 31177624 | 1285584 | 31649846 | 1607812 |
| 四　川 | 59637522 | 63302971 | 3952894 | 80945722 | 6034128 |
| 贵　州 | 13657285 | 13699712 | 1473883 | 22934717 | 668714 |
| 云　南 | 21731057 | 23824479 | 2059269 | 31442599 | 182543 |
| 西　藏 | | 92621 | -19738 | 1287516 | |
| 陕　西 | 53552286 | 50027336 | 7315374 | 83906013 | 1266398 |
| 甘　肃 | 29520654 | 34943517 | 1410327 | 36949020 | 312129 |
| 青　海 | 7602190 | 8360896 | 958033 | 18149561 | 1295 |
| 宁　夏 | 7625387 | 7578292 | 734897 | 13306023 | 224541 |
| 新　疆 | 29482302 | 31097432 | 5909912 | 40213140 | 59022 |

# 2-13 各地区中型企业基本情况

| 地区 | 企业数（个） | #有R&D活动 | #有研发机构 | #有新产品销售 | 年末从业人员（人） |
|---|---|---|---|---|---|
| **全国** | **41856** | **10683** | **10449** | **10399** | **30736601** |
| 东部地区 | 27483 | 7857 | 7593 | 7468 | 20214380 |
| 中部地区 | 8345 | 1880 | 1795 | 1801 | 5734394 |
| 西部地区 | 6028 | 946 | 1061 | 1130 | 4787827 |
| 北京 | 621 | 245 | 200 | 239 | 420653 |
| 天津 | 722 | 203 | 166 | 219 | 503698 |
| 河北 | 1456 | 211 | 206 | 205 | 1056652 |
| 山西 | 974 | 76 | 92 | 71 | 710899 |
| 内蒙古 | 649 | 64 | 62 | 39 | 426693 |
| 辽宁 | 1359 | 163 | 157 | 149 | 918631 |
| 吉林 | 462 | 56 | 59 | 54 | 332119 |
| 黑龙江 | 507 | 76 | 63 | 70 | 385649 |
| 上海 | 1638 | 452 | 430 | 433 | 1072840 |
| 江苏 | 4922 | 1930 | 1680 | 1546 | 3334388 |
| 浙江 | 4198 | 1944 | 2233 | 2357 | 2635846 |
| 安徽 | 1020 | 306 | 354 | 357 | 702768 |
| 福建 | 2116 | 452 | 409 | 415 | 1622624 |
| 江西 | 767 | 138 | 106 | 105 | 562863 |
| 山东 | 3443 | 813 | 801 | 711 | 2522490 |
| 河南 | 2309 | 486 | 490 | 430 | 1430305 |
| 湖北 | 1306 | 342 | 325 | 358 | 916054 |
| 湖南 | 1000 | 400 | 306 | 356 | 693737 |
| 广东 | 6894 | 1427 | 1289 | 1181 | 6059260 |
| 广西 | 770 | 142 | 134 | 115 | 517913 |
| 海南 | 114 | 17 | 22 | 13 | 67298 |
| 重庆 | 713 | 191 | 168 | 293 | 491566 |
| 四川 | 1715 | 152 | 247 | 325 | 1160431 |
| 贵州 | 236 | 48 | 60 | 56 | 183756 |
| 云南 | 571 | 90 | 106 | 72 | 1010690 |
| 西藏 | 13 | 2 | 2 |  | 6783 |
| 陕西 | 588 | 122 | 122 | 112 | 435743 |
| 甘肃 | 279 | 54 | 61 | 52 | 204215 |
| 青海 | 90 | 9 | 12 | 7 | 61646 |
| 宁夏 | 136 | 40 | 43 | 36 | 103484 |
| 新疆 | 268 | 32 | 44 | 23 | 184907 |

## 2-13 续表

单位：万元

| 地　区 | 工业总产值 | 主营业务收入 | 利润总额 | 资产总计 | 出口交货值 |
|---|---|---|---|---|---|
| **全　国** | **1983289058** | **1999161158** | **171257990** | **1890757941** | **287637601** |
| 东部地区 | 1333303403 | 1360644756 | 109868205 | 1215344777 | 266412903 |
| 中部地区 | 371503943 | 365078707 | 33821909 | 341531481 | 13609938 |
| 西部地区 | 278481712 | 273437695 | 27567876 | 333881682 | 7614761 |
| 北　京 | 39734481 | 41866044 | 5143363 | 116076631 | 4621425 |
| 天　津 | 53322852 | 54540886 | 4593664 | 43201486 | 7452419 |
| 河　北 | 79700308 | 77969791 | 6464071 | 61134431 | 2746279 |
| 山　西 | 43030717 | 41435732 | 3948427 | 63065157 | 341801 |
| 内蒙古 | 46938804 | 46473599 | 6569176 | 55025538 | 468908 |
| 辽　宁 | 71609140 | 71103128 | 6018118 | 63792071 | 6891285 |
| 吉　林 | 22458479 | 22760836 | 1575298 | 23208808 | 650951 |
| 黑龙江 | 21655865 | 22327690 | 2163435 | 25059152 | 398455 |
| 上　海 | 92795528 | 96199800 | 7007913 | 85503419 | 21687751 |
| 江　苏 | 255707205 | 252360968 | 20332403 | 218893757 | 58214665 |
| 浙　江 | 180717830 | 179656941 | 13074663 | 173120085 | 39756526 |
| 安　徽 | 48477319 | 46148755 | 5236182 | 45205429 | 3058144 |
| 福　建 | 81377778 | 79338103 | 7739043 | 65729276 | 19496148 |
| 江　西 | 29545591 | 29489947 | 1991072 | 24297690 | 3587957 |
| 山　东 | 192778693 | 223265115 | 13139640 | 158059487 | 16728917 |
| 河　南 | 108075744 | 108355027 | 9900404 | 69977287 | 1726354 |
| 湖　北 | 58531324 | 56145243 | 5213597 | 53766701 | 2824380 |
| 湖　南 | 39728904 | 38415478 | 3793494 | 36951258 | 1021895 |
| 广　东 | 276378713 | 275662116 | 25606500 | 220698670 | 87926056 |
| 广　西 | 35580125 | 34512020 | 3195778 | 37508117 | 1750174 |
| 海　南 | 9180876 | 8681864 | 748829 | 9135464 | 891432 |
| 重　庆 | 29449480 | 28827846 | 1916817 | 28162157 | 1713514 |
| 四　川 | 71760188 | 69876690 | 6196289 | 75355795 | 1751960 |
| 贵　州 | 8386609 | 7797379 | 457800 | 13612622 | 89736 |
| 云　南 | 22776574 | 22447752 | 2397237 | 31372201 | 420183 |
| 西　藏 | 218369 | 227066 | 71056 | 967471 | |
| 陕　西 | 29237739 | 30521927 | 3604103 | 37132791 | 912037 |
| 甘　肃 | 11156178 | 10002288 | 570272 | 14106600 | 91111 |
| 青　海 | 4096692 | 4012822 | 615371 | 7128234 | 10036 |
| 宁　夏 | 6848766 | 6651143 | 423451 | 13912596 | 194632 |
| 新　疆 | 12032190 | 12087163 | 1550526 | 19597561 | 212469 |

# 2-14 各地区国有及国有控股企业基本情况

| 地 区 | 企业数(个) | #有R&D活动 | #有研发机构 | #有新产品销售 | 年末从业人员(人) |
|---|---|---|---|---|---|
| **全 国** | **7730** | **2968** | **2641** | **2457** | **16419753** |
| 东部地区 | 3154 | 1398 | 1188 | 1159 | 6092674 |
| 中部地区 | 2332 | 871 | 760 | 693 | 6109597 |
| 西部地区 | 2244 | 699 | 693 | 605 | 4217482 |
| 北 京 | 274 | 160 | 120 | 140 | 398199 |
| 天 津 | 187 | 98 | 83 | 91 | 328188 |
| 河 北 | 374 | 102 | 105 | 86 | 860184 |
| 山 西 | 384 | 83 | 87 | 65 | 1148079 |
| 内蒙古 | 229 | 50 | 50 | 23 | 418844 |
| 辽 宁 | 302 | 102 | 82 | 86 | 1061913 |
| 吉 林 | 153 | 39 | 29 | 23 | 499764 |
| 黑龙江 | 205 | 70 | 57 | 57 | 778633 |
| 上 海 | 291 | 180 | 151 | 184 | 382144 |
| 江 苏 | 339 | 192 | 168 | 152 | 576927 |
| 浙 江 | 191 | 96 | 82 | 69 | 220000 |
| 安 徽 | 266 | 118 | 110 | 95 | 744864 |
| 福 建 | 161 | 61 | 51 | 44 | 174117 |
| 江 西 | 230 | 59 | 51 | 49 | 350643 |
| 山 东 | 587 | 229 | 197 | 178 | 1474090 |
| 河 南 | 467 | 175 | 155 | 121 | 1233563 |
| 湖 北 | 328 | 169 | 142 | 152 | 843110 |
| 湖 南 | 299 | 158 | 129 | 131 | 510941 |
| 广 东 | 415 | 172 | 142 | 125 | 592461 |
| 广 西 | 249 | 66 | 59 | 49 | 283859 |
| 海 南 | 33 | 6 | 7 | 4 | 24451 |
| 重 庆 | 234 | 115 | 104 | 121 | 375868 |
| 四 川 | 398 | 91 | 100 | 106 | 814913 |
| 贵 州 | 157 | 56 | 64 | 59 | 303592 |
| 云 南 | 229 | 66 | 66 | 45 | 293791 |
| 西 藏 | 8 | 2 | 2 |  | 7626 |
| 陕 西 | 328 | 132 | 125 | 118 | 769546 |
| 甘 肃 | 161 | 56 | 52 | 43 | 407890 |
| 青 海 | 40 | 12 | 12 | 4 | 96761 |
| 宁 夏 | 47 | 21 | 17 | 17 | 130280 |
| 新 疆 | 164 | 32 | 42 | 20 | 314512 |

2-14 续表

单位：万元

| 地　区 | 工业总产值 | 主营业务收入 | 利润总额 | 资产总计 | 出口交货值 |
|---|---|---|---|---|---|
| **全　国** | **1614102922** | **1751239029** | **134507019** | **2189237074** | **75605770** |
| 东部地区 | 789703847 | 887129695 | 61839905 | 1033336005 | 53066442 |
| 中部地区 | 468239750 | 498764239 | 35993088 | 604050043 | 14625960 |
| 西部地区 | 356159325 | 365345096 | 36674026 | 551851027 | 7913367 |
| 北　京 | 61721726 | 66821891 | 4900177 | 156811849 | 1710088 |
| 天　津 | 61527828 | 65385091 | 6979970 | 66690200 | 1669463 |
| 河　北 | 83792575 | 94306576 | 3362574 | 112336388 | 2617293 |
| 山　西 | 60316987 | 69668654 | 5822856 | 107590715 | 3285967 |
| 内蒙古 | 37887183 | 38616442 | 5732598 | 65800017 | 715950 |
| 辽　宁 | 106043618 | 129354300 | 3150120 | 140305469 | 11540560 |
| 吉　林 | 54561721 | 54009961 | 4010588 | 51442389 | 695465 |
| 黑龙江 | 52506248 | 57740392 | 8589545 | 67005343 | 1104433 |
| 上　海 | 102049955 | 116345217 | 10740147 | 114995276 | 9126109 |
| 江　苏 | 69995260 | 70471921 | 5291657 | 81768929 | 5424823 |
| 浙　江 | 46601437 | 47352257 | 3042952 | 44918190 | 2417907 |
| 安　徽 | 63318608 | 66300531 | 4227529 | 79114229 | 1983853 |
| 福　建 | 21031675 | 21356468 | 1463357 | 26804180 | 1084432 |
| 江　西 | 26548234 | 29962737 | 1420878 | 31738939 | 1245503 |
| 山　东 | 133532851 | 168721851 | 12226930 | 165485919 | 5775343 |
| 河　南 | 79951153 | 88259187 | 3702040 | 94542042 | 2228574 |
| 湖　北 | 82441557 | 83975919 | 5527215 | 115934785 | 2423788 |
| 湖　南 | 48595243 | 48846858 | 2692436 | 56681600 | 1658377 |
| 广　东 | 100779532 | 104476886 | 10491465 | 118450581 | 11685749 |
| 广　西 | 30852066 | 31016093 | 2096658 | 32230005 | 959044 |
| 海　南 | 2627392 | 2537238 | 190558 | 4769025 | 14676 |
| 重　庆 | 29834185 | 30203466 | 1273932 | 36151050 | 703802 |
| 四　川 | 56047082 | 58556823 | 4252596 | 98924886 | 2391998 |
| 贵　州 | 19056985 | 18984878 | 1494925 | 33148105 | 728197 |
| 云　南 | 30883211 | 33019805 | 2742522 | 48807076 | 284557 |
| 西　藏 | 125648 | 210105 | 20740 | 1819163 |  |
| 陕　西 | 63697953 | 60084459 | 9067492 | 103250005 | 1453202 |
| 甘　肃 | 36015337 | 40552622 | 1634379 | 45543206 | 358738 |
| 青　海 | 8169820 | 8820095 | 1161652 | 19860653 | 2095 |
| 宁　夏 | 9106587 | 9133980 | 832079 | 18445851 | 124648 |
| 新　疆 | 34483269 | 36146329 | 6364453 | 47871010 | 191136 |

# 2-15 各地区内资企业基本情况

| 地　区 | 企业数（个） | #有R&D活动 | #有研发机构 | #有新产品销售 | 年末从业人员（人） |
|---|---|---|---|---|---|
| **全　国** | **29949** | **9042** | **9044** | **8824** | **34605600** |
| 东部地区 | 16038 | 5798 | 5753 | 5628 | 17428412 |
| 中部地区 | 7971 | 2098 | 2025 | 1933 | 10280965 |
| 西部地区 | 5940 | 1146 | 1266 | 1263 | 6896223 |
| 北　京 | 424 | 204 | 160 | 191 | 474193 |
| 天　津 | 404 | 157 | 141 | 161 | 487777 |
| 河　北 | 1339 | 240 | 240 | 229 | 1798314 |
| 山　西 | 1058 | 129 | 144 | 104 | 1697232 |
| 内蒙古 | 656 | 82 | 83 | 51 | 744334 |
| 辽　宁 | 1065 | 181 | 175 | 165 | 1659856 |
| 吉　林 | 427 | 69 | 72 | 60 | 681119 |
| 黑龙江 | 482 | 106 | 90 | 91 | 967043 |
| 上　海 | 639 | 264 | 230 | 248 | 521418 |
| 江　苏 | 2677 | 1325 | 1230 | 1147 | 2724096 |
| 浙　江 | 2883 | 1455 | 1681 | 1738 | 2242140 |
| 安　徽 | 905 | 313 | 365 | 350 | 1250333 |
| 福　建 | 969 | 235 | 220 | 208 | 806756 |
| 江　西 | 642 | 141 | 118 | 117 | 650996 |
| 山　东 | 2904 | 899 | 895 | 807 | 3972169 |
| 河　南 | 2346 | 582 | 579 | 501 | 2647947 |
| 湖　北 | 1170 | 350 | 329 | 349 | 1381504 |
| 湖　南 | 941 | 408 | 328 | 361 | 1004791 |
| 广　东 | 2644 | 823 | 763 | 722 | 2685064 |
| 广　西 | 680 | 143 | 136 | 111 | 553332 |
| 海　南 | 90 | 15 | 18 | 12 | 56629 |
| 重　庆 | 681 | 213 | 186 | 296 | 695408 |
| 四　川 | 1666 | 191 | 293 | 360 | 1790856 |
| 贵　州 | 252 | 68 | 81 | 73 | 364370 |
| 云　南 | 571 | 99 | 115 | 76 | 515992 |
| 西　藏 | 13 | 2 | 2 | | 9422 |
| 陕　西 | 602 | 167 | 168 | 157 | 972358 |
| 甘　肃 | 299 | 74 | 78 | 63 | 508016 |
| 青　海 | 94 | 16 | 17 | 8 | 126250 |
| 宁　夏 | 139 | 41 | 44 | 36 | 209333 |
| 新　疆 | 287 | 50 | 63 | 32 | 406552 |

## 2-15 续表

单位：万元

| 地区 | 工业总产值 | 主营业务收入 | 利润总额 | 资产总计 | 出口交货值 |
|---|---|---|---|---|---|
| **全国** | **2789595617** | **2931914491** | **228330720** | **3109939205** | **185627154** |
| 东部地区 | 1544698116 | 1654292548 | 116295799 | 1625429003 | 149332899 |
| 中部地区 | 724411803 | 752102953 | 58893736 | 785426428 | 22556595 |
| 西部地区 | 520485698 | 525518990 | 53141184 | 699083775 | 13737660 |
| 北京 | 58497228 | 63534869 | 4704447 | 156395221 | 1692087 |
| 天津 | 70649385 | 74065934 | 8487071 | 74551246 | 2567502 |
| 河北 | 163694348 | 170958283 | 9712686 | 160741680 | 4995949 |
| 山西 | 94846766 | 102407239 | 8796917 | 148870233 | 3657906 |
| 内蒙古 | 73912171 | 74434797 | 10832017 | 97376065 | 1911817 |
| 辽宁 | 138365556 | 159769730 | 6929304 | 163681934 | 10632733 |
| 吉林 | 53108838 | 55255036 | 2077320 | 56174297 | 857580 |
| 黑龙江 | 61990426 | 66150502 | 9666254 | 75505482 | 1364548 |
| 上海 | 76564161 | 82820353 | 7194182 | 99037662 | 8763398 |
| 江苏 | 265487483 | 264726016 | 18531408 | 226110010 | 22840831 |
| 浙江 | 180902913 | 181865796 | 12332896 | 173806480 | 31698031 |
| 安徽 | 92945249 | 94462919 | 7411790 | 100268042 | 3921601 |
| 福建 | 51160801 | 50558237 | 4599608 | 47821070 | 4816785 |
| 江西 | 47717804 | 51612811 | 2627863 | 42704743 | 2264103 |
| 山东 | 331953432 | 396235532 | 25776787 | 325216974 | 19899764 |
| 河南 | 187194192 | 195730396 | 14430281 | 155200010 | 3978196 |
| 湖北 | 107313783 | 108170088 | 7970748 | 128280343 | 3784889 |
| 湖南 | 79294745 | 78313962 | 5912564 | 78423279 | 2727771 |
| 广东 | 202727830 | 205231222 | 17480658 | 190477073 | 41191721 |
| 广西 | 40191600 | 39220787 | 3289333 | 42604699 | 1860990 |
| 海南 | 4694978 | 4526576 | 546752 | 7589654 | 234098 |
| 重庆 | 44802423 | 44101592 | 2302646 | 46481078 | 2320432 |
| 四川 | 116846204 | 118220770 | 8794403 | 142726182 | 3671840 |
| 贵州 | 21789399 | 21253612 | 1913039 | 36114497 | 751845 |
| 云南 | 42526362 | 44270758 | 4179041 | 60266026 | 552803 |
| 西藏 | 176879 | 278621 | 41793 | 2194972 | |
| 陕西 | 75159918 | 73259737 | 10002164 | 114875673 | 1620945 |
| 甘肃 | 39981216 | 44344086 | 1929110 | 50063448 | 401304 |
| 青海 | 10221425 | 9855617 | 1351226 | 21867819 | 11331 |
| 宁夏 | 13726233 | 13505993 | 1093697 | 25194930 | 376726 |
| 新疆 | 41151868 | 42772619 | 7412716 | 59318388 | 257627 |

# 2-16 各地区港澳台商投资企业基本情况

| 地 区 | 企业数（个） | #有R&D活动 | #有研发机构 | #有新产品销售 | 年末从业人员（人） |
|---|---|---|---|---|---|
| **全 国** | **7191** | **1694** | **1593** | **1543** | **8745236** |
| 东部地区 | 6453 | 1532 | 1436 | 1367 | 7265706 |
| 中部地区 | 493 | 120 | 113 | 117 | 567416 |
| 西部地区 | 245 | 42 | 44 | 59 | 912114 |
| 北 京 | 65 | 24 | 23 | 18 | 66339 |
| 天 津 | 71 | 20 | 16 | 29 | 119331 |
| 河 北 | 109 | 20 | 21 | 18 | 141583 |
| 山 西 | 15 | 3 | 3 | 2 | 12663 |
| 内蒙古 | 24 | 3 | 4 | 4 | 16570 |
| 辽 宁 | 104 | 17 | 15 | 13 | 104226 |
| 吉 林 | 18 | | | 2 | 23930 |
| 黑龙江 | 27 | 2 | 5 | 2 | 25949 |
| 上 海 | 325 | 68 | 68 | 56 | 293685 |
| 江 苏 | 950 | 345 | 278 | 259 | 1041689 |
| 浙 江 | 784 | 332 | 369 | 398 | 612146 |
| 安 徽 | 86 | 24 | 24 | 26 | 79022 |
| 福 建 | 785 | 158 | 149 | 149 | 817429 |
| 江 西 | 88 | 12 | 9 | 8 | 128067 |
| 山 东 | 225 | 49 | 49 | 37 | 186993 |
| 河 南 | 89 | 30 | 29 | 25 | 129715 |
| 湖 北 | 111 | 24 | 23 | 31 | 113602 |
| 湖 南 | 59 | 25 | 20 | 21 | 54468 |
| 广 东 | 3032 | 499 | 448 | 390 | 3880384 |
| 广 西 | 69 | 10 | 9 | 9 | 75088 |
| 海 南 | 3 | | | | 1901 |
| 重 庆 | 37 | 12 | 12 | 20 | 45673 |
| 四 川 | 66 | 8 | 9 | 16 | 88717 |
| 贵 州 | 4 | | | | 1851 |
| 云 南 | 15 | 5 | 5 | 5 | 659125 |
| 西 藏 | | | | | |
| 陕 西 | 17 | 1 | 3 | 3 | 16413 |
| 甘 肃 | 4 | 1 | 1 | 1 | 3254 |
| 青 海 | | | | | |
| 宁 夏 | 2 | 2 | 1 | 1 | 1151 |
| 新 疆 | 7 | | | | 4272 |

## 2-16 续表

单位：万元

| 地　区 | 工业总产值 | 主营业务收入 | 利润总额 | 资产总计 | 出口交货值 |
|---|---|---|---|---|---|
| **全　国** | **452874668** | **455593508** | **38526010** | **363558795** | **165998302** |
| 东部地区 | 399875011 | 401274621 | 33197084 | 312582308 | 158403940 |
| 中部地区 | 36416321 | 38097384 | 3466944 | 31853236 | 5673019 |
| 西部地区 | 16583335 | 16221503 | 1861982 | 19123250 | 1921342 |
| 北　京 | 9220595 | 11916667 | 646349 | 8456345 | 1446775 |
| 天　津 | 11647912 | 11697807 | 1327133 | 8489656 | 1413931 |
| 河　北 | 17542545 | 18206384 | 1311122 | 15918699 | 917502 |
| 山　西 | 1148172 | 1202706 | 15107 | 2156390 | 53061 |
| 内蒙古 | 2046841 | 2039188 | 251780 | 2260818 | 69201 |
| 辽　宁 | 10275742 | 10003330 | 988926 | 10526595 | 1474066 |
| 吉　林 | 4210108 | 4386891 | 310670 | 1702954 | 134702 |
| 黑龙江 | 1185419 | 1311005 | 75300 | 1755050 | 18221 |
| 上　海 | 44512886 | 44370582 | 1770072 | 23824387 | 27236775 |
| 江　苏 | 62571082 | 61901796 | 5208935 | 57770334 | 26514173 |
| 浙　江 | 36834537 | 35984323 | 3170040 | 34112099 | 10406034 |
| 安　徽 | 5572594 | 5127703 | 620364 | 4837106 | 458207 |
| 福　建 | 39642157 | 38623522 | 4310287 | 27594002 | 13376876 |
| 江　西 | 4341516 | 4340835 | 411169 | 3085045 | 1694410 |
| 山　东 | 14949782 | 17239283 | 1140168 | 13236882 | 2352810 |
| 河　南 | 8041999 | 10368031 | 871356 | 7266929 | 280718 |
| 湖　北 | 8314654 | 7901684 | 743286 | 5457332 | 2961393 |
| 湖　南 | 3601860 | 3458529 | 419691 | 5592431 | 72308 |
| 广　东 | 152628248 | 151279269 | 13320197 | 112590210 | 73235036 |
| 广　西 | 4015578 | 3755550 | 524413 | 3676546 | 961785 |
| 海　南 | 49525 | 51657 | 3855 | 63101 | 29963 |
| 重　庆 | 3891499 | 3968665 | 145038 | 4872651 | 409688 |
| 四　川 | 4193966 | 4018960 | 510150 | 4799716 | 404176 |
| 贵　州 | 47301 | 48931 | 1597 | 163912 | |
| 云　南 | 636361 | 669630 | 111125 | 559815 | 7031 |
| 西　藏 | | | | | |
| 陕　西 | 1378585 | 1308546 | 266766 | 958042 | 56877 |
| 甘　肃 | 80780 | 82941 | 8925 | 316606 | |
| 青　海 | | | | | |
| 宁　夏 | 144591 | 153962 | 29317 | 1324685 | 79 |
| 新　疆 | 147835 | 175130 | 12871 | 190461 | 12506 |

# 2-17　各地区外商投资企业基本情况

| 地　区 | 企业数（个） | #有R&D活动 | #有研发机构 | #有新产品销售 | 年末从业人员（人） |
|---|---|---|---|---|---|
| **全　国** | **8395** | **2153** | **1931** | **1950** | **10024826** |
| 东部地区 | 7283 | 1884 | 1681 | 1667 | 8561356 |
| 中部地区 | 702 | 181 | 161 | 183 | 1013604 |
| 西部地区 | 410 | 88 | 89 | 100 | 449866 |
| 北　京 | 189 | 57 | 50 | 57 | 205391 |
| 天　津 | 322 | 68 | 47 | 72 | 319466 |
| 河　北 | 179 | 30 | 33 | 26 | 212661 |
| 山　西 | 45 | 6 | 4 | 6 | 110699 |
| 内蒙古 | 44 | 10 | 10 | 7 | 53788 |
| 辽　宁 | 335 | 31 | 27 | 26 | 365786 |
| 吉　林 | 66 | 7 | 5 | 7 | 74966 |
| 黑龙江 | 62 | 10 | 8 | 9 | 90902 |
| 上　海 | 786 | 189 | 195 | 188 | 786749 |
| 江　苏 | 1791 | 587 | 456 | 415 | 2104811 |
| 浙　江 | 753 | 309 | 354 | 386 | 666504 |
| 安　徽 | 129 | 37 | 39 | 43 | 122135 |
| 福　建 | 486 | 128 | 109 | 120 | 509603 |
| 江　西 | 90 | 18 | 8 | 12 | 133254 |
| 山　东 | 695 | 128 | 117 | 101 | 815304 |
| 河　南 | 101 | 33 | 31 | 25 | 101581 |
| 湖　北 | 140 | 43 | 47 | 52 | 317907 |
| 湖　南 | 69 | 27 | 19 | 29 | 62160 |
| 广　东 | 1723 | 354 | 288 | 274 | 2553188 |
| 广　西 | 62 | 14 | 12 | 13 | 87195 |
| 海　南 | 24 | 3 | 5 | 2 | 21893 |
| 重　庆 | 68 | 22 | 20 | 29 | 75343 |
| 四　川 | 109 | 9 | 19 | 23 | 101167 |
| 贵　州 | 4 | 1 | 1 | 2 | 4208 |
| 云　南 | 33 | 7 | 7 | 7 | 22188 |
| 西　藏 | 1 |  |  |  | 412 |
| 陕　西 | 53 | 12 | 7 | 7 | 70257 |
| 甘　肃 | 9 | 3 | 1 | 2 | 5609 |
| 青　海 | 8 | 2 | 3 | 1 | 16150 |
| 宁　夏 | 12 | 8 | 9 | 9 | 10006 |
| 新　疆 | 7 |  |  |  | 3543 |

## 2-17 续表

单位：万元

| 地区 | 工业总产值 | 主营业务收入 | 利润总额 | 资产总计 | 出口交货值 |
|---|---|---|---|---|---|
| **全国** | **921734366** | **944376264** | **74963092** | **717353483** | **334635205** |
| 东部地区 | 767365714 | 794802352 | 58121627 | 578107091 | 322305876 |
| 中部地区 | 103207386 | 95973392 | 11812402 | 90777920 | 6868572 |
| 西部地区 | 51161267 | 53600521 | 5029063 | 48468472 | 5460757 |
| 北京 | 37335329 | 38423025 | 2791483 | 25878667 | 11605573 |
| 天津 | 44097257 | 44480682 | 3260722 | 25959943 | 13788092 |
| 河北 | 20017386 | 20149332 | 1636375 | 18735028 | 2826582 |
| 山西 | 4582736 | 4717302 | 748154 | 7834693 | 201776 |
| 内蒙古 | 7403339 | 7898089 | 1218537 | 9702738 | 185408 |
| 辽宁 | 34507479 | 34845451 | 3168017 | 30356880 | 10404249 |
| 吉林 | 23432894 | 19564552 | 3341695 | 12895491 | 405797 |
| 黑龙江 | 5671931 | 6290554 | 677398 | 6826358 | 247151 |
| 上海 | 100360497 | 110990136 | 8540868 | 74972129 | 34986424 |
| 江苏 | 195952761 | 193736049 | 14462886 | 139794582 | 105147133 |
| 浙江 | 44236280 | 43929968 | 3578597 | 35757580 | 17851998 |
| 安徽 | 14137605 | 12284263 | 1631925 | 8662929 | 1678436 |
| 福建 | 40080810 | 39620682 | 2990833 | 28379357 | 15435329 |
| 江西 | 9960845 | 10208410 | 853007 | 10784294 | 2325249 |
| 山东 | 51077460 | 73312519 | 3888112 | 56071351 | 11891398 |
| 河南 | 12046730 | 11831219 | 977768 | 10170111 | 791873 |
| 湖北 | 29032356 | 26725595 | 3001363 | 29913194 | 910667 |
| 湖南 | 4342290 | 4351497 | 581093 | 3690850 | 307624 |
| 广东 | 193562002 | 189615589 | 13354583 | 136965888 | 97733296 |
| 广西 | 11213301 | 11435646 | 1032792 | 8922447 | 378299 |
| 海南 | 6138454 | 5698919 | 449150 | 5235687 | 635803 |
| 重庆 | 11431562 | 11935213 | 754717 | 8458274 | 591207 |
| 四川 | 10357540 | 10939931 | 844630 | 8775619 | 3710072 |
| 贵州 | 207193 | 194549 | 17048 | 268930 | 6604 |
| 云南 | 1344907 | 1331843 | 166339 | 1988960 | 42892 |
| 西藏 | 41490 | 41066 | 9526 | 60014 | |
| 陕西 | 6251522 | 5980980 | 650547 | 5205088 | 500614 |
| 甘肃 | 614836 | 518778 | 42564 | 675568 | 1936 |
| 青海 | 1477457 | 2518101 | 222178 | 3409975 | |
| 宁夏 | 603329 | 569480 | 35334 | 699005 | 42368 |
| 新疆 | 214790 | 236846 | 34851 | 301853 | 1358 |

# 三、工业企业 R&D 人员情况

# （2010）

# 3-1　分登记注册类型企业R&D人员情况

| 登记注册类型 | R&D人员合计（人） | #女性 | #研究人员 | #全时人员 | R&D人员全时当量（人年） |
|---|---|---|---|---|---|
| **合　　计** | **1758543** | **374997** | **704058** | **1197965** | **1369908** |
| **国有及国有控股企业** | **737758** | **158194** | **376702** | **468596** | **566158** |
| **内资企业** | **1275783** | **269300** | **578141** | **843976** | **970605** |
| 国有企业 | 192348 | 40157 | 103399 | 113971 | 138539 |
| 集体企业 | 10081 | 2196 | 3857 | 8073 | 7256 |
| 股份合作企业 | 7151 | 1889 | 1938 | 4954 | 5120 |
| 联营企业 | 3374 | 790 | 1552 | 2345 | 2730 |
| 国有联营企业 | 2302 | 496 | 1337 | 1342 | 1782 |
| 集体联营企业 | 132 | 33 | 21 | 117 | 119 |
| 国有与集体联营企业 | 796 | 253 | 150 | 749 | 742 |
| 其他联营企业 | 144 | 8 | 44 | 137 | 87 |
| 有限责任公司 | 551760 | 116854 | 282777 | 366370 | 423951 |
| 国有独资公司 | 139630 | 29301 | 71878 | 91497 | 111268 |
| 其他有限责任公司 | 412130 | 87553 | 210899 | 274873 | 312683 |
| 股份有限公司 | 297900 | 64223 | 121815 | 211882 | 235926 |
| 私营企业 | 209189 | 42342 | 61308 | 134154 | 154404 |
| 私营独资企业 | 10408 | 2116 | 3236 | 6426 | 7944 |
| 私营合伙企业 | 1351 | 264 | 362 | 634 | 954 |
| 私营有限责任公司 | 168241 | 33529 | 48570 | 107003 | 123601 |
| 私营股份有限公司 | 29189 | 6433 | 9140 | 20091 | 21905 |
| 其他企业 | 3980 | 849 | 1495 | 2227 | 2678 |
| **港、澳、台商投资企业** | **185933** | **39433** | **50976** | **135636** | **149554** |
| 合资经营企业 | 76353 | 14513 | 22478 | 55210 | 61466 |
| 合作经营企业 | 2881 | 762 | 1163 | 1809 | 1994 |
| 港、澳、台商独资经营企业 | 91784 | 20665 | 23748 | 67439 | 74147 |
| 港、澳、台商投资股份有限公司 | 14915 | 3493 | 3587 | 11178 | 11947 |
| **外商投资企业** | **296827** | **66264** | **74941** | **218353** | **249750** |
| 中外合资经营企业 | 124775 | 25176 | 36211 | 83899 | 100614 |
| 中外合作经营企业 | 2744 | 583 | 806 | 1667 | 1995 |
| 外资企业 | 147021 | 34481 | 31592 | 116343 | 130259 |
| 外商投资股份有限公司 | 22287 | 6024 | 6332 | 16444 | 16882 |

# 3-2 分登记注册类型大型企业R&D人员情况

| 登记注册类型 | R&D人员合计(人) | #女性 | #研究人员 | #全时人员 | R&D人员全时当量(人年) |
|---|---|---|---|---|---|
| **合　计** | **1010851** | **213574** | **453371** | **702297** | **804942** |
| **国有及国有控股企业** | **558686** | **116165** | **295494** | **348691** | **432673** |
| **内资企业** | **751698** | **156145** | **389794** | **499886** | **581715** |
| 国有企业 | 136298 | 27326 | 75679 | 77160 | 99049 |
| 集体企业 | 7224 | 1638 | 2728 | 6367 | 5511 |
| 股份合作企业 | 2026 | 719 | 489 | 1694 | 1684 |
| 联营企业 | 2870 | 689 | 1359 | 1963 | 2382 |
| 国有联营企业 | 2186 | 479 | 1262 | 1279 | 1698 |
| 国有与集体联营企业 | 684 | 210 | 97 | 684 | 684 |
| 有限责任公司 | 375018 | 77370 | 214076 | 249859 | 293334 |
| 国有独资公司 | 120682 | 24797 | 63021 | 78244 | 96433 |
| 其他有限责任公司 | 254336 | 52573 | 151055 | 171615 | 196901 |
| 股份有限公司 | 183005 | 37906 | 80914 | 131597 | 147903 |
| 私营企业 | 44325 | 10268 | 14180 | 30618 | 31206 |
| 私营独资企业 | 2275 | 619 | 1154 | 1664 | 2088 |
| 私营有限责任公司 | 31685 | 7113 | 8731 | 21552 | 21591 |
| 私营股份有限公司 | 10365 | 2536 | 4295 | 7402 | 7526 |
| 其他企业 | 932 | 229 | 369 | 628 | 647 |
| **港、澳、台商投资企业** | **86966** | **17734** | **23801** | **66888** | **73265** |
| 合资经营企业 | 31482 | 5103 | 10311 | 24103 | 26921 |
| 合作经营企业 | 1379 | 387 | 798 | 970 | 1020 |
| 港、澳、台商独资经营企业 | 44800 | 10034 | 10592 | 34213 | 37807 |
| 港、澳、台商投资股份有限公司 | 9305 | 2210 | 2100 | 7602 | 7517 |
| **外商投资企业** | **172187** | **39695** | **39776** | **135523** | **149962** |
| 中外合资经营企业 | 59981 | 12295 | 17393 | 41729 | 50573 |
| 中外合作经营企业 | 553 | 88 | 71 | 246 | 467 |
| 外资企业 | 95333 | 22718 | 17850 | 81166 | 86796 |
| 外商投资股份有限公司 | 16320 | 4594 | 4462 | 12382 | 12126 |

## 3-3 分登记注册类型中型企业R&D人员情况

| 登记注册类型 | R&D人员合计(人) | #女性 | #研究人员 | #全时人员 | R&D人员全时当量(人年) |
|---|---|---|---|---|---|
| **合　计** | **747692** | **161423** | **250687** | **495668** | **564966** |
| **国有及国有控股企业** | **179072** | **42029** | **81208** | **119905** | **133485** |
| **内资企业** | **524085** | **113155** | **188347** | **344090** | **388890** |
| 国有企业 | 56050 | 12831 | 27720 | 36811 | 39491 |
| 集体企业 | 2857 | 558 | 1129 | 1706 | 1745 |
| 股份合作企业 | 5125 | 1170 | 1449 | 3260 | 3436 |
| 联营企业 | 504 | 101 | 193 | 382 | 348 |
| 国有联营企业 | 116 | 17 | 75 | 63 | 84 |
| 集体联营企业 | 132 | 33 | 21 | 117 | 119 |
| 国有与集体联营企业 | 112 | 43 | 53 | 65 | 58 |
| 其他联营企业 | 144 | 8 | 44 | 137 | 87 |
| 有限责任公司 | 176742 | 39484 | 68701 | 116511 | 130617 |
| 国有独资公司 | 18948 | 4504 | 8857 | 13253 | 14835 |
| 其他有限责任公司 | 157794 | 34980 | 59844 | 103258 | 115783 |
| 股份有限公司 | 114895 | 26317 | 40901 | 80285 | 88023 |
| 私营企业 | 164864 | 32074 | 47128 | 103536 | 123199 |
| 私营独资企业 | 8133 | 1497 | 2082 | 4762 | 5856 |
| 私营合伙企业 | 1351 | 264 | 362 | 634 | 954 |
| 私营有限责任公司 | 136556 | 26416 | 39839 | 85451 | 102010 |
| 私营股份有限公司 | 18824 | 3897 | 4845 | 12689 | 14379 |
| 其他企业 | 3048 | 620 | 1126 | 1599 | 2031 |
| **港、澳、台商投资企业** | **98967** | **21699** | **27175** | **68748** | **76289** |
| 合资经营企业 | 44871 | 9410 | 12167 | 31107 | 34546 |
| 合作经营企业 | 1502 | 375 | 365 | 839 | 974 |
| 港、澳、台商独资经营企业 | 46984 | 10631 | 13156 | 33226 | 36339 |
| 港、澳、台商投资股份有限公司 | 5610 | 1283 | 1487 | 3576 | 4430 |
| **外商投资企业** | **124640** | **26569** | **35165** | **82830** | **99788** |
| 中外合资经营企业 | 64794 | 12881 | 18818 | 42170 | 50041 |
| 中外合作经营企业 | 2191 | 495 | 735 | 1421 | 1528 |
| 外资企业 | 51688 | 11763 | 13742 | 35177 | 43463 |
| 外商投资股份有限公司 | 5967 | 1430 | 1870 | 4062 | 4756 |

# 3-4 分行业企业R&D人员情况

| 行 业 | R&D人员合计(人) | #女性 | #研究人员 | #全时人员 | R&D人员全时当量(人年) |
|---|---|---|---|---|---|
| **合 计** | **1758543** | **374997** | **704058** | **1197965** | **1369908** |
| **采矿业** | **112851** | **19887** | **67311** | **54338** | **76701** |
| 煤炭开采和洗选业 | 65312 | 6181 | 34611 | 25575 | 44636 |
| 石油和天然气开采业 | 39479 | 12621 | 29333 | 24686 | 26473 |
| 黑色金属矿采选业 | 2073 | 141 | 973 | 1160 | 1413 |
| 有色金属矿采选业 | 3171 | 328 | 1155 | 1544 | 2230 |
| 非金属矿采选业 | 2816 | 616 | 1239 | 1373 | 1949 |
| **制造业** | **1617312** | **351382** | **621341** | **1131296** | **1275556** |
| 农副食品加工业 | 18740 | 4510 | 5741 | 10361 | 13362 |
| 食品制造业 | 16747 | 5271 | 6233 | 10766 | 11010 |
| 饮料制造业 | 20434 | 5729 | 8527 | 13163 | 13803 |
| 烟草制品业 | 5220 | 1052 | 2046 | 2588 | 4029 |
| 纺织业 | 48117 | 18114 | 12950 | 29666 | 33367 |
| 纺织服装、鞋、帽制造业 | 10042 | 3677 | 3418 | 7621 | 7422 |
| 皮革、毛皮、羽毛(绒)及其制品业 | 6106 | 2101 | 1581 | 4957 | 4908 |
| 木材加工及木、竹、藤、棕、草制品业 | 2340 | 495 | 768 | 1095 | 1454 |
| 家具制造业 | 3405 | 798 | 557 | 2096 | 2252 |
| 造纸及纸制品业 | 15304 | 3778 | 4556 | 8070 | 9283 |
| 印刷业和记录媒介的复制 | 7245 | 1923 | 2105 | 3899 | 5216 |
| 文教体育用品制造业 | 4987 | 1165 | 1369 | 3086 | 3823 |
| 石油加工、炼焦及核燃料加工业 | 14077 | 3038 | 8652 | 8585 | 11560 |
| 化学原料及化学制品制造业 | 99645 | 20754 | 38943 | 61316 | 77221 |
| 医药制造业 | 70780 | 27038 | 28195 | 50673 | 55234 |
| 化学纤维制造业 | 14451 | 3445 | 4353 | 7642 | 11248 |
| 橡胶制品业 | 19642 | 4438 | 6435 | 13029 | 14403 |
| 塑料制品业 | 25846 | 3096 | 4698 | 20285 | 21681 |
| 非金属矿物制品业 | 42751 | 7631 | 13962 | 24391 | 30460 |
| 黑色金属冶炼及压延加工业 | 97598 | 15124 | 51599 | 46415 | 68282 |
| 有色金属冶炼及压延加工业 | 41581 | 6433 | 17837 | 21076 | 30745 |
| 金属制品业 | 34957 | 5697 | 10351 | 23470 | 26406 |
| 通用设备制造业 | 129114 | 24470 | 50048 | 91400 | 98090 |
| 专用设备制造业 | 109118 | 21047 | 50617 | 80183 | 86738 |
| 交通运输设备制造业 | 218860 | 44323 | 84363 | 156212 | 176921 |
| 电气机械及器材制造业 | 176333 | 35628 | 53428 | 126342 | 137965 |
| 通信设备、计算机及其他电子设备制造业 | 313912 | 68382 | 127863 | 265877 | 278583 |
| 仪器仪表及文化、办公用机械制造业 | 38920 | 8900 | 15991 | 29197 | 32578 |
| 工艺品及其他制造业 | 10899 | 3279 | 4124 | 7708 | 7399 |
| 废弃资源和废旧材料回收加工业 | 141 | 46 | 31 | 127 | 110 |
| **电力、燃气及水的生产和供应业** | **28380** | **3728** | **15406** | **12331** | **17652** |
| 电力、热力的生产和供应业 | 27011 | 3449 | 14787 | 11796 | 16707 |
| 燃气生产和供应业 | 376 | 35 | 145 | 105 | 277 |
| 水的生产和供应业 | 993 | 244 | 474 | 430 | 667 |
| **高技术产业合计** | **463392** | **116288** | **191332** | **377713** | **399075** |
| 医药制造业 | 70780 | 27038 | 28195 | 50673 | 55234 |
| 航空航天器制造业 | 35341 | 11097 | 17690 | 27757 | 28249 |
| 电子及通信设备制造业 | 239528 | 48337 | 114057 | 199660 | 211512 |
| 电子计算机及办公设备制造业 | 76161 | 20442 | 14338 | 67684 | 68510 |
| 医疗设备及仪器仪表制造业 | 41582 | 9374 | 17052 | 31939 | 35570 |

# 3-5 分行业大型企业R&D人员情况

| 行业 | R&D人员合计(人) | #女性 | #研究人员 | #全时人员 | R&D人员全时当量(人年) |
|---|---|---|---|---|---|
| **合计** | **1010851** | **213574** | **453371** | **702297** | **804942** |
| **采矿业** | **105923** | **19146** | **63729** | **51250** | **72697** |
| 煤炭开采和洗选业 | 62169 | 5850 | 33060 | 24598 | 43308 |
| 石油和天然气开采业 | 39048 | 12547 | 29113 | 24431 | 26166 |
| 黑色金属矿采选业 | 920 | 68 | 307 | 432 | 526 |
| 有色金属矿采选业 | 1507 | 156 | 359 | 704 | 1199 |
| 非金属矿采选业 | 2279 | 525 | 890 | 1085 | 1497 |
| **制造业** | **885819** | **191784** | **378544** | **642016** | **719997** |
| 农副食品加工业 | 9248 | 2514 | 2648 | 5368 | 7096 |
| 食品制造业 | 6515 | 2172 | 2904 | 4605 | 3589 |
| 饮料制造业 | 11955 | 3508 | 5123 | 8190 | 8304 |
| 烟草制品业 | 3329 | 533 | 1550 | 2046 | 2359 |
| 纺织业 | 21771 | 8788 | 5384 | 14806 | 14188 |
| 纺织服装、鞋、帽制造业 | 6063 | 1964 | 2343 | 4869 | 4093 |
| 皮革、毛皮、羽毛(绒)及其制品业 | 3249 | 1294 | 762 | 2780 | 2632 |
| 木材加工及木、竹、藤、棕、草制品业 | 267 | 79 | 102 | 86 | 86 |
| 家具制造业 | 785 | 182 | 246 | 681 | 319 |
| 造纸及纸制品业 | 7347 | 1863 | 2270 | 3388 | 4339 |
| 印刷业和记录媒介的复制 | 2225 | 809 | 796 | 949 | 1481 |
| 文教体育用品制造业 | 1096 | 185 | 249 | 729 | 901 |
| 石油加工、炼焦及核燃料加工业 | 11078 | 2478 | 7404 | 6752 | 9482 |
| 化学原料及化学制品制造业 | 47089 | 8907 | 19622 | 28272 | 36942 |
| 医药制造业 | 27438 | 10652 | 12628 | 20343 | 23194 |
| 化学纤维制造业 | 9003 | 2498 | 2783 | 4585 | 7145 |
| 橡胶制品业 | 11662 | 2628 | 4134 | 7720 | 8569 |
| 塑料制品业 | 12634 | 796 | 1190 | 11382 | 11829 |
| 非金属矿物制品业 | 13734 | 2214 | 4026 | 8752 | 9881 |
| 黑色金属冶炼及压延加工业 | 89261 | 14144 | 49213 | 42196 | 61977 |
| 有色金属冶炼及压延加工业 | 25956 | 3851 | 13305 | 13016 | 19461 |
| 金属制品业 | 11408 | 1704 | 2831 | 8312 | 8241 |
| 通用设备制造业 | 47811 | 10200 | 22015 | 35351 | 36044 |
| 专用设备制造业 | 49381 | 9861 | 26662 | 37657 | 40461 |
| 交通运输设备制造业 | 147222 | 31718 | 61438 | 107292 | 122627 |
| 电气机械及器材制造业 | 79688 | 15894 | 22446 | 60908 | 64022 |
| 通信设备、计算机及其他电子设备制造业 | 215589 | 46848 | 97256 | 191506 | 200036 |
| 仪器仪表及文化、办公用机械制造业 | 9074 | 2187 | 5310 | 7208 | 7941 |
| 工艺品及其他制造业 | 3941 | 1313 | 1904 | 2267 | 2758 |
| **电力、燃气及水的生产和供应业** | **19109** | **2644** | **11098** | **9031** | **12249** |
| 电力、热力的生产和供应业 | 18686 | 2527 | 10883 | 8894 | 11975 |
| 燃气生产和供应业 | 47 | 5 | 15 | 13 | 23 |
| 水的生产和供应业 | 376 | 112 | 200 | 124 | 250 |
| **高技术产业合计** | **282485** | **69321** | **130560** | **243158** | **255451** |
| 医药制造业 | 27438 | 10652 | 12628 | 20343 | 23194 |
| 航空航天器制造业 | 27937 | 9086 | 13858 | 21736 | 21856 |
| 电子及通信设备制造业 | 153006 | 29653 | 86085 | 134913 | 141933 |
| 电子计算机及办公设备制造业 | 62851 | 17257 | 11245 | 56787 | 58281 |
| 医疗设备及仪器仪表制造业 | 11253 | 2673 | 6744 | 9379 | 10187 |

# 3-6　分行业中型企业R&D人员情况

| 行　业 | R&D人员合计(人) | #女性 | #研究人员 | #全时人员 | R&D人员全时当量(人年) |
|---|---|---|---|---|---|
| **合　计** | **747692** | **161423** | **250687** | **495668** | **564966** |
| | | | | | |
| **采矿业** | **6928** | **741** | **3582** | **3088** | **4004** |
| 煤炭开采和洗选业 | 3143 | 331 | 1551 | 977 | 1328 |
| 石油和天然气开采业 | 431 | 74 | 220 | 255 | 307 |
| 黑色金属矿采选业 | 1153 | 73 | 666 | 728 | 886 |
| 有色金属矿采选业 | 1664 | 172 | 796 | 840 | 1030 |
| 非金属矿采选业 | 537 | 91 | 349 | 288 | 453 |
| **制造业** | **731493** | **159598** | **242797** | **489280** | **555559** |
| 农副食品加工业 | 9492 | 1996 | 3093 | 4993 | 6266 |
| 食品制造业 | 10232 | 3099 | 3329 | 6161 | 7421 |
| 饮料制造业 | 8479 | 2221 | 3404 | 4973 | 5499 |
| 烟草制品业 | 1891 | 519 | 496 | 542 | 1669 |
| 纺织业 | 26346 | 9326 | 7566 | 14860 | 19180 |
| 纺织服装、鞋、帽制造业 | 3979 | 1713 | 1075 | 2752 | 3329 |
| 皮革、毛皮、羽毛(绒)及其制品业 | 2857 | 807 | 819 | 2177 | 2276 |
| 木材加工及木、竹、藤、棕、草制品业 | 2073 | 416 | 666 | 1009 | 1368 |
| 家具制造业 | 2620 | 616 | 311 | 1415 | 1933 |
| 造纸及纸制品业 | 7957 | 1915 | 2286 | 4682 | 4944 |
| 印刷业和记录媒介的复制 | 5020 | 1114 | 1309 | 2950 | 3735 |
| 文教体育用品制造业 | 3891 | 980 | 1120 | 2357 | 2922 |
| 石油加工、炼焦及核燃料加工业 | 2999 | 560 | 1248 | 1833 | 2079 |
| 化学原料及化学制品制造业 | 52556 | 11847 | 19321 | 33044 | 40279 |
| 医药制造业 | 43342 | 16386 | 15567 | 30330 | 32040 |
| 化学纤维制造业 | 5448 | 947 | 1570 | 3057 | 4104 |
| 橡胶制品业 | 7980 | 1810 | 2301 | 5309 | 5834 |
| 塑料制品业 | 13212 | 2300 | 3508 | 8903 | 9853 |
| 非金属矿物制品业 | 29017 | 5417 | 9936 | 15639 | 20579 |
| 黑色金属冶炼及压延加工业 | 8337 | 980 | 2386 | 4219 | 6305 |
| 有色金属冶炼及压延加工业 | 15625 | 2582 | 4532 | 8060 | 11284 |
| 金属制品业 | 23549 | 3993 | 7520 | 15158 | 18165 |
| 通用设备制造业 | 81303 | 14270 | 28033 | 56049 | 62045 |
| 专用设备制造业 | 59737 | 11186 | 23955 | 42526 | 46276 |
| 交通运输设备制造业 | 71638 | 12605 | 22925 | 48920 | 54294 |
| 电气机械及器材制造业 | 96645 | 19734 | 30982 | 65434 | 73943 |
| 通信设备、计算机及其他电子设备制造业 | 98323 | 21534 | 30607 | 74371 | 78547 |
| 仪器仪表及文化、办公用机械制造业 | 29846 | 6713 | 10681 | 21989 | 24637 |
| 工艺品及其他制造业 | 6958 | 1966 | 2220 | 5441 | 4641 |
| 废弃资源和废旧材料回收加工业 | 141 | 46 | 31 | 127 | 110 |
| **电力、燃气及水的生产和供应业** | **9271** | **1084** | **4308** | **3300** | **5403** |
| 电力、热力的生产和供应业 | 8325 | 922 | 3904 | 2902 | 4732 |
| 燃气生产和供应业 | 329 | 30 | 130 | 92 | 254 |
| 水的生产和供应业 | 617 | 132 | 274 | 306 | 417 |
| | | | | | |
| **高技术产业合计** | **180907** | **46967** | **60772** | **134555** | **143624** |
| 医药制造业 | 43342 | 16386 | 15567 | 30330 | 32040 |
| 航空航天器制造业 | 7404 | 2011 | 3832 | 6021 | 6393 |
| 电子及通信设备制造业 | 86522 | 18684 | 27972 | 64747 | 69579 |
| 电子计算机及办公设备制造业 | 13310 | 3185 | 3093 | 10897 | 10228 |
| 医疗设备及仪器仪表制造业 | 30329 | 6701 | 10308 | 22560 | 25384 |

# 3-7 分行业国有及国有控股企业R&D人员情况

| 行业 | R&D人员合计(人) | #女性 | #研究人员 | #全时人员 | R&D人员全时当量(人年) |
|---|---|---|---|---|---|
| **合计** | **737758** | **158194** | **376702** | **468596** | **566158** |
| **采矿业** | **108992** | **19012** | **65659** | **52064** | **73932** |
| 煤炭开采和洗选业 | 63939 | 5793 | 34015 | 24817 | 43423 |
| 石油和天然气开采业 | 39342 | 12604 | 29313 | 24558 | 26374 |
| 黑色金属矿采选业 | 1571 | 99 | 780 | 864 | 1036 |
| 有色金属矿采选业 | 2630 | 233 | 899 | 1183 | 1912 |
| 非金属矿采选业 | 1510 | 283 | 652 | 642 | 1187 |
| **制造业** | **601356** | **135529** | **295884** | **404607** | **475159** |
| 农副食品加工业 | 2165 | 586 | 612 | 1211 | 1282 |
| 食品制造业 | 3096 | 987 | 2160 | 2204 | 2316 |
| 饮料制造业 | 8325 | 2305 | 3439 | 5697 | 6640 |
| 烟草制品业 | 5091 | 1020 | 2004 | 2475 | 3932 |
| 纺织业 | 6743 | 2891 | 2014 | 3619 | 4597 |
| 纺织服装、鞋、帽制造业 | 1267 | 685 | 651 | 581 | 779 |
| 皮革、毛皮、羽毛(绒)及其制品业 | 141 | 65 | 39 | 130 | 71 |
| 木材加工及木、竹、藤、棕、草制品业 | 391 | 88 | 169 | 216 | 225 |
| 家具制造业 | 879 | 272 | 269 | 692 | 771 |
| 造纸及纸制品业 | 5905 | 1782 | 1679 | 2319 | 3594 |
| 印刷业和记录媒介的复制 | 1540 | 399 | 917 | 655 | 933 |
| 文教体育用品制造业 | 560 | 194 | 241 | 215 | 403 |
| 石油加工、炼焦及核燃料加工业 | 10714 | 2499 | 7388 | 6377 | 8995 |
| 化学原料及化学制品制造业 | 45749 | 9358 | 19636 | 26821 | 35357 |
| 医药制造业 | 21394 | 8870 | 10940 | 15191 | 17519 |
| 化学纤维制造业 | 4755 | 1138 | 2183 | 2574 | 3280 |
| 橡胶制品业 | 6187 | 1564 | 1755 | 3939 | 5073 |
| 塑料制品业 | 1549 | 283 | 492 | 1185 | 926 |
| 非金属矿物制品业 | 8845 | 1709 | 3580 | 4894 | 5581 |
| 黑色金属冶炼及压延加工业 | 72120 | 12004 | 42805 | 31567 | 49784 |
| 有色金属冶炼及压延加工业 | 21021 | 3026 | 12001 | 9822 | 16111 |
| 金属制品业 | 6818 | 1370 | 3282 | 4001 | 4969 |
| 通用设备制造业 | 50415 | 11416 | 25315 | 37147 | 38144 |
| 专用设备制造业 | 55932 | 12138 | 29129 | 41032 | 45678 |
| 交通运输设备制造业 | 141987 | 32088 | 61466 | 103334 | 118550 |
| 电气机械及器材制造业 | 30366 | 7105 | 14018 | 22730 | 22149 |
| 通信设备、计算机及其他电子设备制造业 | 68446 | 14718 | 37049 | 59669 | 62477 |
| 仪器仪表及文化、办公用机械制造业 | 14340 | 3606 | 8992 | 11078 | 12544 |
| 工艺品及其他制造业 | 4615 | 1363 | 1659 | 3232 | 2478 |
| **电力、燃气及水的生产和供应业** | **27410** | **3653** | **15159** | **11925** | **17067** |
| 电力、热力的生产和供应业 | 26219 | 3397 | 14588 | 11506 | 16215 |
| 燃气生产和供应业 | 290 | 30 | 124 | 45 | 226 |
| 水的生产和供应业 | 901 | 226 | 447 | 374 | 626 |
| **高技术产业合计** | **138552** | **38212** | **74009** | **113253** | **120199** |
| 医药制造业 | 21394 | 8870 | 10940 | 15191 | 17519 |
| 航空航天器制造业 | 34028 | 10900 | 16987 | 26940 | 27300 |
| 电子及通信设备制造业 | 62379 | 13435 | 34878 | 54269 | 57291 |
| 电子计算机及办公设备制造业 | 6067 | 1283 | 2171 | 5400 | 5185 |
| 医疗设备及仪器仪表制造业 | 14684 | 3724 | 9033 | 11453 | 12904 |

# 3-8 分行业内资企业R&D人员情况

| 行　业 | R&D人员合计（人） | #女性 | #研究人员 | #全时人员 | R&D人员全时当量（人年） |
|---|---|---|---|---|---|
| **合　计** | **1275783** | **269300** | **578141** | **843976** | **970605** |
| **采矿业** | **110882** | **19448** | **66620** | **53188** | **74937** |
| 煤炭开采和洗选业 | 64948 | 6021 | 34314 | 25211 | 44272 |
| 石油和天然气开采业 | 39479 | 12621 | 29333 | 24686 | 26473 |
| 黑色金属矿采选业 | 2073 | 141 | 973 | 1160 | 1413 |
| 有色金属矿采选业 | 2288 | 268 | 1081 | 1343 | 1420 |
| 非金属矿采选业 | 2094 | 397 | 919 | 788 | 1359 |
| **制造业** | **1137157** | **246247** | **496433** | **778747** | **878509** |
| 农副食品加工业 | 11504 | 2694 | 3418 | 6616 | 7539 |
| 食品制造业 | 10502 | 3232 | 4689 | 6494 | 7297 |
| 饮料制造业 | 15906 | 4363 | 6699 | 10215 | 10279 |
| 烟草制品业 | 5220 | 1052 | 2046 | 2588 | 4029 |
| 纺织业 | 35125 | 12971 | 10206 | 21184 | 24089 |
| 纺织服装、鞋、帽制造业 | 6561 | 2800 | 2492 | 4493 | 4904 |
| 皮革、毛皮、羽毛(绒)及其制品业 | 4148 | 1500 | 813 | 3573 | 3284 |
| 木材加工及木、竹、藤、棕、草制品业 | 1782 | 415 | 647 | 799 | 1012 |
| 家具制造业 | 2046 | 468 | 238 | 1204 | 1428 |
| 造纸及纸制品业 | 9265 | 2336 | 3395 | 5032 | 5695 |
| 印刷业和记录媒介的复制 | 3970 | 984 | 1429 | 1974 | 2789 |
| 文教体育用品制造业 | 3033 | 761 | 955 | 1649 | 2233 |
| 石油加工、炼焦及核燃料加工业 | 13220 | 2901 | 8228 | 8188 | 11052 |
| 化学原料及化学制品制造业 | 84852 | 17358 | 34326 | 51567 | 64631 |
| 医药制造业 | 50218 | 19243 | 20502 | 35864 | 39477 |
| 化学纤维制造业 | 10868 | 2569 | 3640 | 5690 | 8115 |
| 橡胶制品业 | 13933 | 3245 | 5058 | 8853 | 9848 |
| 塑料制品业 | 9074 | 1525 | 2715 | 6221 | 6453 |
| 非金属矿物制品业 | 33337 | 5956 | 11433 | 19325 | 23759 |
| 黑色金属冶炼及压延加工业 | 91582 | 14438 | 49090 | 42552 | 63278 |
| 有色金属冶炼及压延加工业 | 33256 | 5366 | 15654 | 16607 | 24345 |
| 金属制品业 | 24165 | 4060 | 7607 | 16015 | 17942 |
| 通用设备制造业 | 102227 | 19835 | 42046 | 72654 | 74752 |
| 专用设备制造业 | 90922 | 17498 | 43867 | 65924 | 72380 |
| 交通运输设备制造业 | 167333 | 36191 | 68690 | 119620 | 134095 |
| 电气机械及器材制造业 | 117879 | 24398 | 39105 | 83608 | 90964 |
| 通信设备、计算机及其他电子设备制造业 | 149800 | 29408 | 92305 | 133272 | 134791 |
| 仪器仪表及文化、办公用机械制造业 | 26325 | 5810 | 12088 | 20500 | 22278 |
| 工艺品及其他制造业 | 8963 | 2824 | 3021 | 6339 | 5660 |
| 废弃资源和废旧材料回收加工业 | 141 | 46 | 31 | 127 | 110 |
| **电力、燃气及水的生产和供应业** | **27744** | **3605** | **15088** | **12041** | **17159** |
| 电力、热力的生产和供应业 | 26611 | 3396 | 14600 | 11595 | 16402 |
| 燃气生产和供应业 | 307 | 28 | 124 | 80 | 215 |
| 水的生产和供应业 | 826 | 181 | 364 | 366 | 543 |
| **高技术产业合计** | **266167** | **66497** | **143992** | **221092** | **228884** |
| 医药制造业 | 50218 | 19243 | 20502 | 35864 | 39477 |
| 航空航天器制造业 | 34953 | 11049 | 17445 | 27535 | 28047 |
| 电子及通信设备制造业 | 138323 | 26945 | 88612 | 123530 | 126317 |
| 电子计算机及办公设备制造业 | 12368 | 2626 | 3866 | 10591 | 9233 |
| 医疗设备及仪器仪表制造业 | 30305 | 6634 | 13567 | 23572 | 25809 |

# 3-9 分行业港澳台商投资企业R&D人员情况

| 行 业 | R&D人员合计(人) | #女性 | #研究人员 | #全时人员 | R&D人员全时当量(人年) |
|---|---|---|---|---|---|
| **合 计** | **185933** | **39433** | **50976** | **135636** | **149554** |
| **采矿业** | **422** | **163** | **335** | **394** | **412** |
| 煤炭开采和洗选业 | 364 | 160 | 297 | 364 | 364 |
| 非金属矿采选业 | 58 | 3 | 38 | 30 | 48 |
| **制造业** | **185279** | **39220** | **50517** | **135172** | **148965** |
| 农副食品加工业 | 4101 | 964 | 1117 | 1768 | 3582 |
| 食品制造业 | 1364 | 422 | 330 | 897 | 1053 |
| 饮料制造业 | 1635 | 482 | 309 | 1010 | 1320 |
| 纺织业 | 7058 | 2556 | 1181 | 4474 | 5247 |
| 纺织服装、鞋、帽制造业 | 2927 | 580 | 849 | 2654 | 1986 |
| 皮革、毛皮、羽毛(绒)及其制品业 | 1091 | 353 | 571 | 825 | 845 |
| 木材加工及木、竹、藤、棕、草制品业 | 364 | 42 | 57 | 153 | 284 |
| 家具制造业 | 538 | 124 | 230 | 351 | 404 |
| 造纸及纸制品业 | 2185 | 670 | 526 | 1166 | 1381 |
| 印刷业和记录媒介的复制 | 2108 | 561 | 475 | 1414 | 1444 |
| 文教体育用品制造业 | 1222 | 219 | 222 | 899 | 1005 |
| 石油加工、炼焦及核燃料加工业 | 642 | 118 | 311 | 274 | 450 |
| 化学原料及化学制品制造业 | 6513 | 1323 | 1882 | 4159 | 5536 |
| 医药制造业 | 9267 | 3671 | 3465 | 7098 | 7580 |
| 化学纤维制造业 | 1704 | 424 | 222 | 1370 | 1622 |
| 橡胶制品业 | 1363 | 246 | 242 | 852 | 1244 |
| 塑料制品业 | 5799 | 1131 | 814 | 4891 | 4577 |
| 非金属矿物制品业 | 4365 | 864 | 1308 | 2591 | 3150 |
| 黑色金属冶炼及压延加工业 | 3104 | 285 | 1326 | 2011 | 2453 |
| 有色金属冶炼及压延加工业 | 3581 | 448 | 941 | 2212 | 2610 |
| 金属制品业 | 4580 | 610 | 991 | 3173 | 3437 |
| 通用设备制造业 | 6882 | 1257 | 2005 | 4447 | 6025 |
| 专用设备制造业 | 7688 | 1475 | 3187 | 6523 | 5811 |
| 交通运输设备制造业 | 14788 | 1978 | 5764 | 10907 | 12180 |
| 电气机械及器材制造业 | 28294 | 5096 | 6471 | 20854 | 22631 |
| 通信设备、计算机及其他电子设备制造业 | 55926 | 11898 | 13410 | 43676 | 46192 |
| 仪器仪表及文化、办公用机械制造业 | 4681 | 1045 | 1259 | 3462 | 3595 |
| 工艺品及其他制造业 | 1509 | 378 | 1052 | 1061 | 1320 |
| **电力、燃气及水的生产和供应业** | **232** | **50** | **124** | **70** | **177** |
| 电力、热力的生产和供应业 | 73 | 6 | 13 | 21 | 57 |
| 燃气生产和供应业 | 69 | 7 | 21 | 25 | 63 |
| 水的生产和供应业 | 90 | 37 | 90 | 24 | 57 |
| **高技术产业合计** | **68981** | **16423** | **18104** | **53858** | **57034** |
| 医药制造业 | 9267 | 3671 | 3465 | 7098 | 7581 |
| 电子及通信设备制造业 | 44352 | 8677 | 9430 | 34793 | 37163 |
| 电子计算机及办公设备制造业 | 11915 | 3327 | 4091 | 9189 | 9303 |
| 医疗设备及仪器仪表制造业 | 3447 | 748 | 1118 | 2778 | 2987 |

# 3-10 分行业外商投资企业R&D人员情况

| 行业 | R&D人员合计(人) | #女性 | #研究人员 | #全时人员 | R&D人员全时当量(人年) |
|---|---|---|---|---|---|
| **合　计** | **296827** | **66264** | **74941** | **218353** | **249750** |
| **采矿业** | **1547** | **276** | **356** | **756** | **1351** |
| 有色金属矿采选业 | 883 | 60 | 74 | 201 | 809 |
| 非金属矿采选业 | 664 | 216 | 282 | 555 | 542 |
| **制造业** | **294876** | **65915** | **74391** | **217377** | **248082** |
| 农副食品加工业 | 3135 | 852 | 1206 | 1977 | 2241 |
| 食品制造业 | 4881 | 1617 | 1214 | 3375 | 2660 |
| 饮料制造业 | 2893 | 884 | 1519 | 1938 | 2204 |
| 纺织业 | 5934 | 2587 | 1563 | 4008 | 4031 |
| 纺织服装、鞋、帽制造业 | 554 | 297 | 77 | 474 | 531 |
| 皮革、毛皮、羽毛(绒)及其制品业 | 867 | 248 | 197 | 559 | 778 |
| 木材加工及木、竹、藤、棕、草制品业 | 194 | 38 | 64 | 143 | 158 |
| 家具制造业 | 821 | 206 | 89 | 541 | 421 |
| 造纸及纸制品业 | 3854 | 772 | 635 | 1872 | 2207 |
| 印刷业和记录媒介的复制 | 1167 | 378 | 201 | 511 | 983 |
| 文教体育用品制造业 | 732 | 185 | 192 | 538 | 585 |
| 石油加工、炼焦及核燃料加工业 | 215 | 19 | 113 | 123 | 58 |
| 化学原料及化学制品制造业 | 8280 | 2073 | 2735 | 5590 | 7055 |
| 医药制造业 | 11295 | 4124 | 4228 | 7711 | 8176 |
| 化学纤维制造业 | 1879 | 452 | 491 | 582 | 1511 |
| 橡胶制品业 | 4346 | 947 | 1135 | 3324 | 3311 |
| 塑料制品业 | 10973 | 440 | 1169 | 9173 | 10652 |
| 非金属矿物制品业 | 5049 | 811 | 1221 | 2475 | 3551 |
| 黑色金属冶炼及压延加工业 | 2912 | 401 | 1183 | 1852 | 2551 |
| 有色金属冶炼及压延加工业 | 4744 | 619 | 1242 | 2257 | 3791 |
| 金属制品业 | 6212 | 1027 | 1753 | 4282 | 5026 |
| 通用设备制造业 | 20005 | 3378 | 5997 | 14299 | 17313 |
| 专用设备制造业 | 10508 | 2074 | 3563 | 7736 | 8546 |
| 交通运输设备制造业 | 36739 | 6154 | 9909 | 25685 | 30647 |
| 电气机械及器材制造业 | 30160 | 6134 | 7852 | 21880 | 24370 |
| 通信设备、计算机及其他电子设备制造业 | 108186 | 27076 | 22148 | 88929 | 97600 |
| 仪器仪表及文化、办公用机械制造业 | 7914 | 2045 | 2644 | 5235 | 6705 |
| 工艺品及其他制造业 | 427 | 77 | 51 | 308 | 420 |
| **电力、燃气及水的生产和供应业** | **404** | **73** | **194** | **220** | **316** |
| 电力、热力的生产和供应业 | 327 | 47 | 174 | 180 | 248 |
| 水的生产和供应业 | 77 | 26 | 20 | 40 | 68 |
| **高技术产业合计** | **128244** | **33368** | **29236** | **102763** | **113157** |
| 医药制造业 | 11295 | 4124 | 4228 | 7711 | 8176 |
| 航空航天器制造业 | 388 | 48 | 245 | 222 | 202 |
| 电子及通信设备制造业 | 56853 | 12715 | 16015 | 41337 | 48032 |
| 电子计算机及办公设备制造业 | 51878 | 14489 | 6381 | 47904 | 49973 |
| 医疗设备及仪器仪表制造业 | 7830 | 1992 | 2367 | 5589 | 6774 |

# 3-11　各地区企业R&D人员情况

| 地　区 | R&D人员合计（人） | #女性 | #研究人员 | #全时人员 | R&D人员全时当量（人年） |
|---|---|---|---|---|---|
| **全　国** | **1758543** | **374997** | **704058** | **1197965** | **1369908** |
| 东部地区 | 1178147 | 255308 | 429801 | 833560 | 938887 |
| 中部地区 | 381491 | 73319 | 179357 | 237710 | 285598 |
| 西部地区 | 198905 | 46370 | 94900 | 126695 | 145423 |
| 北　京 | 38675 | 10484 | 15158 | 29295 | 29225 |
| 天　津 | 38805 | 8805 | 14997 | 25199 | 28164 |
| 河　北 | 51080 | 13114 | 28330 | 28351 | 37814 |
| 山　西 | 39346 | 6621 | 17585 | 22088 | 29998 |
| 内蒙古 | 16359 | 4860 | 8279 | 10752 | 14363 |
| 辽　宁 | 63315 | 16177 | 35645 | 42275 | 44424 |
| 吉　林 | 22201 | 4797 | 14227 | 11166 | 19411 |
| 黑龙江 | 41731 | 10448 | 26710 | 26076 | 32467 |
| 上　海 | 66408 | 15258 | 24154 | 51476 | 57346 |
| 江　苏 | 239385 | 47046 | 69794 | 153821 | 201161 |
| 浙　江 | 138247 | 31879 | 34767 | 87301 | 116965 |
| 安　徽 | 48050 | 7676 | 18042 | 32670 | 34167 |
| 福　建 | 54133 | 12244 | 18118 | 37710 | 44062 |
| 江　西 | 25874 | 5071 | 11558 | 16226 | 18561 |
| 山　东 | 172864 | 40292 | 71724 | 118788 | 119921 |
| 河　南 | 90430 | 16508 | 38463 | 53848 | 67982 |
| 湖　北 | 64329 | 12427 | 30464 | 45943 | 47806 |
| 湖　南 | 49530 | 9771 | 22308 | 29693 | 35206 |
| 广　东 | 314202 | 59767 | 116676 | 258783 | 258943 |
| 广　西 | 16110 | 3656 | 6326 | 9597 | 11895 |
| 海　南 | 1033 | 242 | 438 | 561 | 862 |
| 重　庆 | 30984 | 6882 | 13068 | 21659 | 21662 |
| 四　川 | 50496 | 10625 | 23374 | 33409 | 34600 |
| 贵　州 | 11296 | 2686 | 4603 | 6581 | 8633 |
| 云　南 | 11345 | 2276 | 4819 | 6254 | 7589 |
| 西　藏 | 21 | 4 | 9 | 9 | 19 |
| 陕　西 | 36666 | 10080 | 19852 | 24639 | 27812 |
| 甘　肃 | 12535 | 2338 | 7727 | 7113 | 8673 |
| 青　海 | 2562 | 505 | 1203 | 964 | 1842 |
| 宁　夏 | 3684 | 728 | 1282 | 2084 | 2363 |
| 新　疆 | 6847 | 1730 | 4358 | 3634 | 5970 |

## 3-12 各地区大型企业R&D人员情况

| 地　区 | R&D人员合计(人) | #女性 | #研究人员 | #全时人员 | R&D人员全时当量(人年) |
|---|---|---|---|---|---|
| **全　国** | **1010851** | **213574** | **453371** | **702297** | **804942** |
| 东部地区 | 631265 | 137245 | 258926 | 466147 | 513110 |
| 中部地区 | 251137 | 46204 | 129696 | 154406 | 194903 |
| 西部地区 | 128449 | 30125 | 64749 | 81744 | 96929 |
| 北　京 | 14027 | 3521 | 6097 | 10626 | 10537 |
| 天　津 | 18264 | 3657 | 7634 | 10169 | 12995 |
| 河　北 | 36143 | 9487 | 21840 | 18328 | 27286 |
| 山　西 | 33243 | 5140 | 15121 | 18730 | 26172 |
| 内蒙古 | 12053 | 3862 | 6194 | 7984 | 10767 |
| 辽　宁 | 51814 | 13076 | 29955 | 34440 | 35339 |
| 吉　林 | 18214 | 3681 | 12405 | 8527 | 16645 |
| 黑龙江 | 34390 | 8806 | 23082 | 21812 | 26779 |
| 上　海 | 33452 | 7664 | 11365 | 26305 | 30867 |
| 江　苏 | 113095 | 21612 | 31891 | 76841 | 95030 |
| 浙　江 | 38501 | 10324 | 9342 | 24720 | 32851 |
| 安　徽 | 23355 | 2916 | 9199 | 15467 | 16908 |
| 福　建 | 24946 | 5412 | 9124 | 17658 | 20400 |
| 江　西 | 16690 | 3206 | 8216 | 10830 | 12354 |
| 山　东 | 104079 | 25295 | 45222 | 72313 | 72200 |
| 河　南 | 63067 | 10513 | 28865 | 38401 | 48890 |
| 湖　北 | 36238 | 6896 | 18900 | 25873 | 28158 |
| 湖　南 | 25940 | 5046 | 13908 | 14766 | 18997 |
| 广　东 | 196728 | 37174 | 86404 | 174531 | 175390 |
| 广　西 | 6512 | 1383 | 2355 | 4391 | 5481 |
| 海　南 | 216 | 23 | 52 | 216 | 216 |
| 重　庆 | 16840 | 3861 | 7410 | 12110 | 12480 |
| 四　川 | 37079 | 7569 | 18324 | 23959 | 26908 |
| 贵　州 | 5587 | 1454 | 2529 | 3679 | 4572 |
| 云　南 | 5213 | 869 | 1943 | 2712 | 3456 |
| 西　藏 | | | | | |
| 陕　西 | 27022 | 7469 | 14426 | 17569 | 20309 |
| 甘　肃 | 8976 | 1538 | 5853 | 4476 | 5615 |
| 青　海 | 2142 | 420 | 1098 | 677 | 1549 |
| 宁　夏 | 1722 | 343 | 704 | 1003 | 1036 |
| 新　疆 | 5303 | 1357 | 3913 | 3184 | 4755 |

# 3-13 各地区中型企业R&D人员情况

| 地 区 | R&D人员合计(人) | #女性 | #研究人员 | #全时人员 | R&D人员全时当量(人年) |
|---|---|---|---|---|---|
| **全 国** | **747692** | **161423** | **250687** | **495668** | **564966** |
| 东部地区 | 546882 | 118063 | 170875 | 367413 | 425778 |
| 中部地区 | 130354 | 27115 | 49661 | 83304 | 90695 |
| 西部地区 | 70456 | 16245 | 30151 | 44951 | 48493 |
| 北 京 | 24648 | 6963 | 9061 | 18669 | 18689 |
| 天 津 | 20541 | 5148 | 7363 | 15030 | 15169 |
| 河 北 | 14937 | 3627 | 6490 | 10023 | 10529 |
| 山 西 | 6103 | 1481 | 2464 | 3358 | 3826 |
| 内蒙古 | 4306 | 998 | 2085 | 2768 | 3596 |
| 辽 宁 | 11501 | 3101 | 5690 | 7835 | 9085 |
| 吉 林 | 3987 | 1116 | 1822 | 2639 | 2765 |
| 黑龙江 | 7341 | 1642 | 3628 | 4264 | 5688 |
| 上 海 | 32956 | 7594 | 12789 | 25171 | 26479 |
| 江 苏 | 126290 | 25434 | 37903 | 76980 | 106132 |
| 浙 江 | 99746 | 21555 | 25425 | 62581 | 84114 |
| 安 徽 | 24695 | 4760 | 8843 | 17203 | 17259 |
| 福 建 | 29187 | 6832 | 8994 | 20052 | 23662 |
| 江 西 | 9184 | 1865 | 3342 | 5396 | 6208 |
| 山 东 | 68785 | 14997 | 26502 | 46475 | 47720 |
| 河 南 | 27363 | 5995 | 9598 | 15447 | 19092 |
| 湖 北 | 28091 | 5531 | 11564 | 20070 | 19648 |
| 湖 南 | 23590 | 4725 | 8400 | 14927 | 16209 |
| 广 东 | 117474 | 22593 | 30272 | 84252 | 83554 |
| 广 西 | 9598 | 2273 | 3971 | 5206 | 6414 |
| 海 南 | 817 | 219 | 386 | 345 | 646 |
| 重 庆 | 14144 | 3021 | 5658 | 9549 | 9182 |
| 四 川 | 13417 | 3056 | 5050 | 9450 | 7692 |
| 贵 州 | 5709 | 1232 | 2074 | 2902 | 4061 |
| 云 南 | 6132 | 1407 | 2876 | 3542 | 4132 |
| 西 藏 | 21 | 4 | 9 | 9 | 19 |
| 陕 西 | 9644 | 2611 | 5426 | 7070 | 7503 |
| 甘 肃 | 3559 | 800 | 1874 | 2637 | 3058 |
| 青 海 | 420 | 85 | 105 | 287 | 293 |
| 宁 夏 | 1962 | 385 | 578 | 1081 | 1327 |
| 新 疆 | 1544 | 373 | 445 | 450 | 1215 |

# 3-14 各地区国有及国有控股企业R&D人员情况

| 地 区 | R&D人员合计(人) | #女性 | #研究人员 | #全时人员 | R&D人员全时当量(人年) |
|---|---|---|---|---|---|
| **全 国** | **737758** | **158194** | **376702** | **468596** | **566158** |
| 东部地区 | 331626 | 75026 | 166261 | 216264 | 256479 |
| 中部地区 | 257649 | 48716 | 134790 | 157081 | 196826 |
| 西部地区 | 148483 | 34452 | 75651 | 95251 | 112853 |
| 北 京 | 24531 | 7280 | 11144 | 17899 | 18516 |
| 天 津 | 19282 | 4508 | 10092 | 10341 | 14104 |
| 河 北 | 32682 | 8279 | 20989 | 15567 | 24304 |
| 山 西 | 34276 | 5457 | 16109 | 19222 | 26365 |
| 内蒙古 | 11636 | 3260 | 6502 | 7511 | 10240 |
| 辽 宁 | 47182 | 12737 | 28801 | 30119 | 30973 |
| 吉 林 | 19096 | 3918 | 13082 | 8716 | 16980 |
| 黑龙江 | 37523 | 9552 | 24587 | 23517 | 29071 |
| 上 海 | 32717 | 6974 | 13341 | 23116 | 28907 |
| 江 苏 | 44021 | 7722 | 18090 | 27868 | 35558 |
| 浙 江 | 11644 | 3405 | 4026 | 7504 | 10195 |
| 安 徽 | 29367 | 4344 | 12266 | 19952 | 21655 |
| 福 建 | 9295 | 1657 | 4251 | 5176 | 7939 |
| 江 西 | 16964 | 3462 | 8484 | 10950 | 12845 |
| 山 东 | 66367 | 14869 | 32763 | 43818 | 48088 |
| 河 南 | 48557 | 7996 | 25300 | 27545 | 36873 |
| 湖 北 | 43245 | 8349 | 22258 | 30798 | 32665 |
| 湖 南 | 28621 | 5638 | 12704 | 16381 | 20372 |
| 广 东 | 43263 | 7472 | 22484 | 34601 | 37292 |
| 广 西 | 9230 | 1971 | 3947 | 5275 | 7183 |
| 海 南 | 642 | 123 | 280 | 255 | 603 |
| 重 庆 | 20283 | 4629 | 9792 | 14557 | 15375 |
| 四 川 | 34716 | 7459 | 16171 | 23875 | 25490 |
| 贵 州 | 10310 | 2344 | 4461 | 5989 | 7958 |
| 云 南 | 8899 | 1593 | 4010 | 4904 | 5982 |
| 西 藏 | 21 | 4 | 9 | 9 | 19 |
| 陕 西 | 32139 | 8799 | 17903 | 21808 | 24887 |
| 甘 肃 | 10921 | 2058 | 6814 | 6182 | 7485 |
| 青 海 | 2327 | 463 | 1180 | 791 | 1643 |
| 宁 夏 | 1943 | 344 | 747 | 1188 | 1233 |
| 新 疆 | 6058 | 1528 | 4115 | 3162 | 5359 |

# 3-15 各地区内资企业R&D人员情况

| 地　区 | R&D人员合计（人） | #女性 | #研究人员 | #全时人员 | R&D人员全时当量（人年） |
|---|---|---|---|---|---|
| **全　国** | **1275783** | **269300** | **578141** | **843976** | **970605** |
| 东部地区 | 750792 | 161889 | 323546 | 516333 | 581378 |
| 中部地区 | 342200 | 64908 | 164879 | 210982 | 255423 |
| 西部地区 | 182791 | 42503 | 89716 | 116661 | 133804 |
| 北　京 | 29533 | 8041 | 12493 | 21903 | 22766 |
| 天　津 | 27616 | 6366 | 12129 | 16977 | 19310 |
| 河　北 | 44847 | 11383 | 25572 | 24600 | 33560 |
| 山　西 | 38181 | 6359 | 17336 | 21381 | 29148 |
| 内蒙古 | 15055 | 4224 | 7513 | 9705 | 13150 |
| 辽　宁 | 57511 | 15021 | 33281 | 37918 | 39190 |
| 吉　林 | 21005 | 4558 | 13615 | 10357 | 18274 |
| 黑龙江 | 38500 | 9233 | 24524 | 23843 | 29697 |
| 上　海 | 28305 | 6309 | 11097 | 19673 | 22875 |
| 江　苏 | 137323 | 27065 | 46500 | 85453 | 111374 |
| 浙　江 | 97820 | 21239 | 26025 | 61524 | 81820 |
| 安　徽 | 43209 | 6857 | 16339 | 29232 | 31013 |
| 福　建 | 20989 | 4411 | 7801 | 12646 | 15928 |
| 江　西 | 22033 | 4267 | 10326 | 13110 | 15452 |
| 山　东 | 148951 | 33931 | 63620 | 102431 | 103033 |
| 河　南 | 80331 | 14283 | 35950 | 48273 | 59844 |
| 湖　北 | 53058 | 10536 | 25885 | 37612 | 39456 |
| 湖　南 | 45883 | 8815 | 20904 | 27174 | 32538 |
| 广　东 | 156909 | 27897 | 84614 | 132667 | 130690 |
| 广　西 | 11744 | 2705 | 4999 | 6445 | 8454 |
| 海　南 | 988 | 226 | 414 | 541 | 832 |
| 重　庆 | 27155 | 6115 | 11650 | 19333 | 18854 |
| 四　川 | 48241 | 10139 | 22570 | 31950 | 33311 |
| 贵　州 | 11039 | 2532 | 4596 | 6449 | 8376 |
| 云　南 | 10416 | 1996 | 4590 | 5628 | 6970 |
| 西　藏 | 21 | 4 | 9 | 9 | 19 |
| 陕　西 | 35091 | 9747 | 19556 | 24108 | 27273 |
| 甘　肃 | 12273 | 2286 | 7572 | 7013 | 8469 |
| 青　海 | 1649 | 433 | 1138 | 658 | 929 |
| 宁　夏 | 3260 | 592 | 1165 | 1729 | 2027 |
| 新　疆 | 6847 | 1730 | 4358 | 3634 | 5970 |

# 3-16 各地区港澳台商投资企业R&D人员情况

| 地　区 | R&D人员合计（人） | #女性 | #研究人员 | #全时人员 | R&D人员全时当量（人年） |
|---|---|---|---|---|---|
| **全　国** | **185933** | **39433** | **50976** | **135636** | **149554** |
| 东部地区 | 169932 | 35418 | 45286 | 124265 | 136972 |
| 中部地区 | 12969 | 3209 | 4266 | 9387 | 10081 |
| 西部地区 | 3032 | 806 | 1424 | 1984 | 2501 |
| 北　京 | 2867 | 756 | 1453 | 2264 | 1723 |
| 天　津 | 2402 | 550 | 573 | 1453 | 1896 |
| 河　北 | 3704 | 1107 | 1918 | 2036 | 2330 |
| 山　西 | 520 | 157 | 213 | 472 | 485 |
| 内蒙古 | 387 | 167 | 312 | 373 | 384 |
| 辽　宁 | 2379 | 502 | 1333 | 1793 | 2255 |
| 吉　林 | | | | | |
| 黑龙江 | 207 | 91 | 153 | 138 | 159 |
| 上　海 | 7915 | 1893 | 2933 | 6800 | 6440 |
| 江　苏 | 31788 | 6615 | 7571 | 20989 | 27400 |
| 浙　江 | 19471 | 5542 | 3625 | 12937 | 17117 |
| 安　徽 | 1597 | 243 | 630 | 1127 | 1022 |
| 福　建 | 18556 | 4901 | 6293 | 13497 | 15105 |
| 江　西 | 440 | 81 | 178 | 392 | 374 |
| 山　东 | 6078 | 1429 | 1839 | 3772 | 4744 |
| 河　南 | 5197 | 1396 | 1314 | 3144 | 4567 |
| 湖　北 | 2761 | 506 | 754 | 2233 | 1835 |
| 湖　南 | 2247 | 735 | 1024 | 1881 | 1639 |
| 广　东 | 74772 | 12123 | 17748 | 58724 | 57962 |
| 广　西 | 343 | 101 | 167 | 238 | 265 |
| 海　南 | | | | | |
| 重　庆 | 1054 | 205 | 408 | 518 | 915 |
| 四　川 | 710 | 150 | 328 | 533 | 520 |
| 贵　州 | | | | | |
| 云　南 | 326 | 120 | 89 | 185 | 243 |
| 西　藏 | | | | | |
| 陕　西 | 39 | 14 | 11 | 38 | 37 |
| 甘　肃 | 90 | 37 | 90 | 24 | 57 |
| 青　海 | | | | | |
| 宁　夏 | 83 | 12 | 19 | 75 | 80 |
| 新　疆 | | | | | |

# 3-17 各地区外商投资企业R&D人员情况

| 地　区 | R&D人员合计(人) | #女性 | #研究人员 | #全时人员 | R&D人员全时当量(人年) |
|---|---|---|---|---|---|
| **全　国** | **296827** | **66264** | **74941** | **218353** | **249750** |
| 东部地区 | 257423 | 58001 | 60969 | 192962 | 220538 |
| 中部地区 | 26322 | 5202 | 10212 | 17341 | 20093 |
| 西部地区 | 13082 | 3061 | 3760 | 8050 | 9119 |
| 北　京 | 6275 | 1687 | 1212 | 5128 | 4737 |
| 天　津 | 8787 | 1889 | 2295 | 6769 | 6958 |
| 河　北 | 2529 | 624 | 840 | 1715 | 1925 |
| 山　西 | 645 | 105 | 36 | 235 | 364 |
| 内蒙古 | 917 | 469 | 454 | 674 | 829 |
| 辽　宁 | 3425 | 654 | 1031 | 2564 | 2979 |
| 吉　林 | 1196 | 239 | 612 | 809 | 1137 |
| 黑龙江 | 3024 | 1124 | 2033 | 2095 | 2611 |
| 上　海 | 30188 | 7056 | 10124 | 25003 | 28030 |
| 江　苏 | 70274 | 13366 | 15723 | 47379 | 62387 |
| 浙　江 | 20956 | 5098 | 5117 | 12840 | 18028 |
| 安　徽 | 3244 | 576 | 1073 | 2311 | 2132 |
| 福　建 | 14588 | 2932 | 4024 | 11567 | 13029 |
| 江　西 | 3401 | 723 | 1054 | 2724 | 2735 |
| 山　东 | 17835 | 4932 | 6265 | 12585 | 12143 |
| 河　南 | 4902 | 829 | 1199 | 2431 | 3571 |
| 湖　北 | 8510 | 1385 | 3825 | 6098 | 6515 |
| 湖　南 | 1400 | 221 | 380 | 638 | 1028 |
| 广　东 | 82521 | 19747 | 14314 | 67392 | 70292 |
| 广　西 | 4023 | 850 | 1160 | 2914 | 3176 |
| 海　南 | 45 | 16 | 24 | 20 | 30 |
| 重　庆 | 2775 | 562 | 1010 | 1808 | 1893 |
| 四　川 | 1545 | 336 | 476 | 926 | 768 |
| 贵　州 | 257 | 154 | 7 | 132 | 257 |
| 云　南 | 603 | 160 | 140 | 441 | 376 |
| 西　藏 | | | | | |
| 陕　西 | 1536 | 319 | 285 | 493 | 502 |
| 甘　肃 | 172 | 15 | 65 | 76 | 148 |
| 青　海 | 913 | 72 | 65 | 306 | 913 |
| 宁　夏 | 341 | 124 | 98 | 280 | 256 |
| 新　疆 | | | | | |

# 四、工业企业 R&D 经费支出情况

# （2010）

# 4-1-1 分登记注册类型企业R&D经费内部支出情况

单位：万元

| 登记注册类型 | R&D经费内部支出 | 日常性支出 | #人员劳务费 | 资产性支出 | #仪器设备 | #政府资金 | #企业资金 |
|---|---|---|---|---|---|---|---|
| **合　计** | **40153965** | **35144841** | **9748511** | **5009124** | **4774582** | **1750960** | **37591804** |
| **国有及国有控股企业** | **18057731** | **16137352** | **4081180** | **1920379** | **1822555** | **1199663** | **16607940** |
| **内资企业** | **29671163** | **25929233** | **6944802** | **3741930** | **3556167** | **1543736** | **27789710** |
| 国有企业 | 3922823 | 3523244 | 822844 | 399580 | 373229 | 294587 | 3586115 |
| 集体企业 | 463524 | 428298 | 114266 | 35226 | 30002 | 7778 | 449935 |
| 股份合作企业 | 209568 | 179482 | 33109 | 30085 | 28002 | 5699 | 198848 |
| 联营企业 | 82453 | 79943 | 21976 | 2510 | 2337 | 1119 | 81335 |
| 国有联营企业 | 73863 | 71941 | 18516 | 1922 | 1749 | 418 | 73445 |
| 集体联营企业 | 1411 | 1247 | 501 | 164 | 164 | 51 | 1360 |
| 国有与集体联营企业 | 5798 | 5382 | 2057 | 415 | 415 | 650 | 5147 |
| 其他联营企业 | 1382 | 1373 | 902 | 9 | 9 |  | 1382 |
| 有限责任公司 | 13533642 | 11665951 | 3311979 | 1867691 | 1782491 | 744228 | 12609548 |
| 国有独资公司 | 3696351 | 3184664 | 708109 | 511687 | 480333 | 207500 | 3472792 |
| 其他有限责任公司 | 9837292 | 8481287 | 2603869 | 1356005 | 1302158 | 536728 | 9136756 |
| 股份有限公司 | 7269785 | 6487422 | 1760318 | 782363 | 743883 | 367498 | 6849865 |
| 私营企业 | 4124654 | 3508441 | 865082 | 616213 | 588452 | 121050 | 3952458 |
| 私营独资企业 | 231007 | 199241 | 39421 | 31766 | 30120 | 4585 | 225645 |
| 私营合伙企业 | 23162 | 21271 | 4425 | 1891 | 1864 | 417 | 22637 |
| 私营有限责任公司 | 3227963 | 2731627 | 690863 | 496336 | 473340 | 93895 | 3092942 |
| 私营股份有限公司 | 642522 | 556302 | 130373 | 86220 | 83128 | 22154 | 611234 |
| 其他企业 | 64714 | 56452 | 15230 | 8263 | 7772 | 1778 | 61607 |
| **港、澳、台商投资企业** | **3574987** | **3108596** | **913164** | **466390** | **452691** | **72088** | **3452527** |
| 合资经营企业 | 1479475 | 1303972 | 348852 | 175503 | 166975 | 30164 | 1434746 |
| 合作经营企业 | 44994 | 40464 | 10844 | 4530 | 4461 | 696 | 43478 |
| 港、澳、台商独资经营企业 | 1595856 | 1415998 | 464514 | 179858 | 175413 | 31756 | 1529669 |
| 港、澳、台商投资股份有限公司 | 454662 | 348163 | 88954 | 106499 | 105842 | 9472 | 444634 |
| **外商投资企业** | **6907815** | **6107012** | **1890545** | **800804** | **765724** | **135136** | **6349567** |
| 中外合资经营企业 | 3582738 | 3157267 | 882037 | 425471 | 403873 | 76936 | 3381442 |
| 中外合作经营企业 | 81526 | 69276 | 17646 | 12250 | 11927 | 357 | 65318 |
| 外资企业 | 2652860 | 2342951 | 855850 | 309909 | 298388 | 33605 | 2354211 |
| 外商投资股份有限公司 | 590692 | 537518 | 135013 | 53174 | 51537 | 24238 | 548597 |

# 4-1-2 分登记注册类型大型企业R&D经费内部支出情况

单位：万元

| 登记注册类型 | R&D经费内部支出 | 日常性支出 | #人员劳务费 | 资产性支出 | #仪器设备 | #政府资金 | #企业资金 |
|---|---|---|---|---|---|---|---|
| **合　计** | **26130923** | **23031902** | **6400320** | **3099021** | **2943743** | **1151368** | **24560808** |
| **国有及国有控股企业** | **14814069** | **13269630** | **3307425** | **1544439** | **1464780** | **906681** | **13761269** |
| **内资企业** | **20218193** | **17844221** | **4793733** | **2373972** | **2245821** | **1037898** | **19040355** |
| 国有企业 | 3014699 | 2723947 | 615974 | 290752 | 270376 | 183916 | 2807136 |
| 集体企业 | 423171 | 395438 | 106586 | 27733 | 22863 | 6809 | 411260 |
| 股份合作企业 | 86697 | 73858 | 10237 | 12840 | 11437 | 888 | 81554 |
| 联营企业 | 74238 | 72526 | 19480 | 1711 | 1547 | 360 | 73877 |
| 国有联营企业 | 70556 | 68844 | 17898 | 1711 | 1547 | 360 | 70195 |
| 国有与集体联营企业 | 3682 | 3682 | 1582 | | | | 3682 |
| 有限责任公司 | 10249213 | 8867071 | 2559715 | 1382142 | 1318702 | 572238 | 9602117 |
| 国有独资公司 | 3402166 | 2917916 | 628136 | 484250 | 453870 | 181865 | 3210623 |
| 其他有限责任公司 | 6847047 | 5949155 | 1931579 | 897892 | 864832 | 390373 | 6391494 |
| 股份有限公司 | 5197257 | 4695115 | 1258242 | 502142 | 474851 | 246237 | 4930517 |
| 私营企业 | 1150845 | 995181 | 217734 | 155664 | 145258 | 27381 | 1111891 |
| 私营独资企业 | 76736 | 70491 | 10078 | 6245 | 6181 | 1001 | 75735 |
| 私营有限责任公司 | 776145 | 658961 | 153287 | 117185 | 108428 | 15992 | 753205 |
| 私营股份有限公司 | 297964 | 265729 | 54369 | 32235 | 30649 | 10388 | 282951 |
| 其他企业 | 22073 | 21086 | 5766 | 988 | 788 | 70 | 22003 |
| **港、澳、台商投资企业** | **1749750** | **1505779** | **452869** | **243971** | **238205** | **25563** | **1709429** |
| 合资经营企业 | 612841 | 552612 | 153770 | 60229 | 56468 | 10276 | 599961 |
| 合作经营企业 | 22991 | 21782 | 5218 | 1209 | 1196 | 393 | 22336 |
| 港、澳、台商独资经营企业 | 876009 | 786421 | 240914 | 89588 | 88120 | 10869 | 853300 |
| 港、澳、台商投资股份有限公司 | 237909 | 144964 | 52966 | 92945 | 92421 | 4025 | 233832 |
| **外商投资企业** | **4162980** | **3681901** | **1153718** | **481079** | **459718** | **87907** | **3811024** |
| 中外合资经营企业 | 2096176 | 1822685 | 514034 | 273491 | 261156 | 54401 | 1970174 |
| 中外合作经营企业 | 23900 | 19568 | 3863 | 4332 | 4210 | 165 | 20062 |
| 外资企业 | 1568300 | 1398776 | 529439 | 169525 | 162000 | 14151 | 1378833 |
| 外商投资股份有限公司 | 474604 | 440872 | 106383 | 33731 | 32352 | 19190 | 441954 |

# 4-1-3 分登记注册类型中型企业R&D经费内部支出情况

单位：万元

| 登记注册类型 | R&D经费内部支出 | 日常性支出 | #人员劳务费 | 资产性支出 | #仪器设备 | #政府资金 | #企业资金 |
|---|---|---|---|---|---|---|---|
| **合　计** | **14023043** | **12112940** | **3348191** | **1910103** | **1830840** | **599593** | **13030997** |
| **国有及国有控股企业** | **3243662** | **2867722** | **773755** | **375940** | **357775** | **292983** | **2846671** |
| **内资企业** | **9452970** | **8085012** | **2151069** | **1367958** | **1310346** | **505839** | **8749355** |
| 国有企业 | 908124 | 799297 | 206870 | 108827 | 102852 | 110671 | 778978 |
| 集体企业 | 40353 | 32860 | 7680 | 7493 | 7139 | 970 | 38675 |
| 股份合作企业 | 122870 | 105625 | 22872 | 17246 | 16565 | 4811 | 117294 |
| 联营企业 | 8216 | 7417 | 2496 | 799 | 791 | 758 | 7458 |
| 国有联营企业 | 3308 | 3097 | 618 | 211 | 202 | 57 | 3250 |
| 集体联营企业 | 1411 | 1247 | 501 | 164 | 164 | 51 | 1360 |
| 国有与集体联营企业 | 2116 | 1700 | 475 | 415 | 415 | 650 | 1465 |
| 其他联营企业 | 1382 | 1373 | 902 | 9 | 9 |  | 1382 |
| 有限责任公司 | 3284429 | 2798880 | 752263 | 485549 | 463789 | 171990 | 3007431 |
| 国有独资公司 | 294184 | 266748 | 79973 | 27436 | 26464 | 25635 | 262170 |
| 其他有限责任公司 | 2990245 | 2532132 | 672290 | 458113 | 437326 | 146355 | 2745261 |
| 股份有限公司 | 2072528 | 1792308 | 502076 | 280220 | 269033 | 121261 | 1919348 |
| 私营企业 | 2973809 | 2513260 | 647348 | 460548 | 443194 | 93669 | 2840567 |
| 私营独资企业 | 154271 | 128750 | 29343 | 25521 | 23938 | 3584 | 149910 |
| 私营合伙企业 | 23162 | 21271 | 4425 | 1891 | 1864 | 417 | 22637 |
| 私营有限责任公司 | 2451818 | 2072667 | 537576 | 379151 | 364912 | 77903 | 2339737 |
| 私营股份有限公司 | 344558 | 290573 | 76004 | 53985 | 52479 | 11766 | 328283 |
| 其他企业 | 42641 | 35366 | 9463 | 7275 | 6984 | 1708 | 39604 |
| **港、澳、台商投资企业** | **1825237** | **1602817** | **460295** | **222420** | **214487** | **46526** | **1743099** |
| 合资经营企业 | 866634 | 751360 | 195082 | 115274 | 110507 | 19888 | 834785 |
| 合作经营企业 | 22003 | 18682 | 5626 | 3321 | 3266 | 303 | 21142 |
| 港、澳、台商独资经营企业 | 719847 | 629577 | 223600 | 90271 | 87293 | 20887 | 676368 |
| 港、澳、台商投资股份有限公司 | 216753 | 203199 | 35988 | 13554 | 13421 | 5447 | 210803 |
| **外商投资企业** | **2744835** | **2425110** | **736827** | **319725** | **306007** | **47228** | **2538543** |
| 中外合资经营企业 | 1486562 | 1334581 | 368003 | 151981 | 142717 | 22535 | 1411268 |
| 中外合作经营企业 | 57626 | 49708 | 13783 | 7918 | 7717 | 192 | 45256 |
| 外资企业 | 1084559 | 944175 | 326411 | 140384 | 136388 | 19453 | 975377 |
| 外商投资股份有限公司 | 116088 | 96646 | 28630 | 19442 | 19185 | 5048 | 106643 |

# 4-1-4 分行业企业R&D经费内部支出情况

单位：万元

| 行 业 | R&D经费内部支出 | 日常性支出 | #人员劳务费 | 资产性支出 | #仪器设备 | #政府资金 | #企业资金 |
|---|---|---|---|---|---|---|---|
| **合 计** | **40153965** | **35144841** | **9748511** | **5009124** | **4774582** | **1750960** | **37591804** |
| **采矿业** | **2093016** | **1856242** | **580107** | **236774** | **216306** | **102489** | **1985931** |
| 煤炭开采和洗选业 | 1087472 | 934612 | 307841 | 152860 | 136259 | 21526 | 1064634 |
| 石油和天然气开采业 | 881075 | 818016 | 247933 | 63059 | 60556 | 76548 | 801242 |
| 黑色金属矿采选业 | 31002 | 28034 | 8194 | 2968 | 2169 | 275 | 30727 |
| 有色金属矿采选业 | 66202 | 52164 | 8125 | 14038 | 13569 | 2524 | 63677 |
| 非金属矿采选业 | 27265 | 23416 | 8014 | 3849 | 3752 | 1616 | 25650 |
| **制造业** | **37718648** | **32998214** | **9061276** | **4720434** | **4508469** | **1638402** | **35277441** |
| 农副食品加工业 | 478254 | 396807 | 79890 | 81447 | 73792 | 12745 | 454356 |
| 食品制造业 | 388737 | 326044 | 77917 | 62693 | 59342 | 13546 | 373482 |
| 饮料制造业 | 460381 | 383917 | 109283 | 76465 | 73032 | 11994 | 443796 |
| 烟草制品业 | 138549 | 119250 | 49569 | 19299 | 19128 | 288 | 135770 |
| 纺织业 | 846399 | 718256 | 177521 | 128143 | 118469 | 13952 | 814979 |
| 纺织服装、鞋、帽制造业 | 165556 | 149582 | 48147 | 15974 | 15420 | 2432 | 160738 |
| 皮革、毛皮、羽毛(绒)及其制品业 | 103530 | 94255 | 26777 | 9275 | 9011 | 1615 | 100952 |
| 木材加工及木、竹、藤、棕、草制品业 | 56274 | 44993 | 9879 | 11281 | 10899 | 2876 | 52391 |
| 家具制造业 | 40365 | 37737 | 18412 | 2629 | 2345 | 145 | 38391 |
| 造纸及纸制品业 | 366697 | 326449 | 61125 | 40247 | 38320 | 5250 | 358392 |
| 印刷业和记录媒介的复制 | 103068 | 84988 | 30001 | 18081 | 17558 | 2083 | 98850 |
| 文教体育用品制造业 | 73566 | 67055 | 20790 | 6510 | 6339 | 4546 | 68663 |
| 石油加工、炼焦及核燃料加工业 | 438266 | 364301 | 73413 | 73965 | 70498 | 7508 | 425304 |
| 化学原料及化学制品制造业 | 2475264 | 2141582 | 487849 | 333682 | 316807 | 86155 | 2341041 |
| 医药制造业 | 1226262 | 1030692 | 305802 | 195571 | 187673 | 89108 | 1109750 |
| 化学纤维制造业 | 409735 | 378114 | 56895 | 31621 | 29862 | 4227 | 404527 |
| 橡胶制品业 | 523273 | 446368 | 85946 | 76905 | 73544 | 9690 | 503001 |
| 塑料制品业 | 409582 | 327256 | 95923 | 82326 | 79954 | 7615 | 392187 |
| 非金属矿物制品业 | 813327 | 630578 | 145732 | 182749 | 176922 | 22425 | 783684 |
| 黑色金属冶炼及压延加工业 | 4021200 | 3565509 | 507116 | 455691 | 429580 | 53986 | 3949119 |
| 有色金属冶炼及压延加工业 | 1188581 | 1027980 | 191194 | 160601 | 148814 | 35161 | 1144379 |
| 金属制品业 | 618559 | 536553 | 140018 | 82006 | 80161 | 29085 | 578986 |
| 通用设备制造业 | 2373243 | 2084638 | 610838 | 288605 | 271548 | 103895 | 2235828 |
| 专用设备制造业 | 2348941 | 2147730 | 533935 | 201211 | 187981 | 140646 | 2158514 |
| 交通运输设备制造业 | 5821997 | 5198191 | 1304093 | 623806 | 596795 | 520402 | 5163874 |
| 电气机械及器材制造业 | 4250969 | 3696853 | 932037 | 554116 | 531684 | 93124 | 4083298 |
| 通信设备、计算机及其他电子设备制造业 | 6862561 | 6038660 | 2649384 | 823901 | 804348 | 300625 | 6267123 |
| 仪器仪表及文化、办公用机械制造业 | 573806 | 503209 | 193068 | 70598 | 68020 | 44382 | 515975 |
| 工艺品及其他制造业 | 136326 | 125831 | 36586 | 10495 | 10081 | 18824 | 114787 |
| 废弃资源和废旧材料回收加工业 | 5381 | 4838 | 2139 | 543 | 543 | 75 | 5306 |
| **电力、燃气及水的生产和供应业** | **342302** | **290385** | **107128** | **51917** | **49808** | **10070** | **328432** |
| 电力、热力的生产和供应业 | 319459 | 272563 | 101939 | 46896 | 45281 | 4303 | 311445 |
| 燃气生产和供应业 | 10309 | 7519 | 1075 | 2790 | 2584 | 2573 | 7736 |
| 水的生产和供应业 | 12534 | 10303 | 4113 | 2231 | 1943 | 3194 | 9251 |
| **高技术产业合计** | **9678300** | **8519812** | **3339904** | **1158488** | **1125447** | **784202** | **8511872** |
| 医药制造业 | 1226262 | 1030692 | 305802 | 195571 | 187673 | 89108 | 1109750 |
| 航空航天器制造业 | 928427 | 866114 | 142059 | 62313 | 59652 | 347210 | 537468 |
| 电子及通信设备制造业 | 5724094 | 4973749 | 2182943 | 750344 | 733770 | 289597 | 5264832 |
| 电子计算机及办公设备制造业 | 1175661 | 1100433 | 482856 | 75228 | 72247 | 11488 | 1039026 |
| 医疗设备及仪器仪表制造业 | 623856 | 548824 | 226244 | 75032 | 72105 | 46801 | 560796 |

# 4-1-5 分行业大型企业R&D经费内部支出情况

单位：万元

| 行业 | R&D经费内部支出 | 日常性支出 | #人员劳务费 | 资产性支出 | #仪器设备 | #政府资金 | #企业资金 |
|---|---|---|---|---|---|---|---|
| **合　计** | **26130923** | **23031902** | **6400320** | **3099021** | **2943743** | **1151368** | **24560808** |
| **采矿业** | **1985043** | **1758796** | **559156** | **226246** | **206735** | **99078** | **1881369** |
| 煤炭开采和洗选业 | 1034604 | 887714 | 299568 | 146890 | 130390 | 19828 | 1013465 |
| 石油和天然气开采业 | 872210 | 809213 | 246474 | 62997 | 60496 | 76193 | 792733 |
| 黑色金属矿采选业 | 13743 | 12666 | 3125 | 1077 | 1021 | 1 | 13742 |
| 有色金属矿采选业 | 45622 | 33782 | 3917 | 11840 | 11474 | 1937 | 43685 |
| 非金属矿采选业 | 18864 | 15422 | 6073 | 3442 | 3354 | 1119 | 17745 |
| **制造业** | **23903785** | **21065196** | **5762847** | **2838590** | **2704052** | **1044681** | **22446144** |
| 农副食品加工业 | 248767 | 200330 | 43206 | 48437 | 42941 | 5078 | 235953 |
| 食品制造业 | 142689 | 126672 | 31866 | 16018 | 14773 | 5735 | 136954 |
| 饮料制造业 | 288295 | 236312 | 69004 | 51983 | 49363 | 8463 | 278507 |
| 烟草制品业 | 117431 | 101520 | 40834 | 15911 | 15771 | 221 | 115723 |
| 纺织业 | 407704 | 350303 | 85008 | 57401 | 49199 | 6028 | 394777 |
| 纺织服装、鞋、帽制造业 | 89254 | 80275 | 28289 | 8980 | 8659 | 1069 | 87472 |
| 皮革、毛皮、羽毛(绒)及其制品业 | 56944 | 54617 | 16508 | 2328 | 2169 | 833 | 55430 |
| 木材加工及木、竹、藤、棕、草制品业 | 4397 | 3872 | 758 | 526 | 515 | 38 | 4359 |
| 家具制造业 | 16708 | 15706 | 10155 | 1003 | 775 | 98 | 15400 |
| 造纸及纸制品业 | 224397 | 207685 | 33921 | 16712 | 15986 | 3672 | 219001 |
| 印刷业和记录媒介的复制 | 25981 | 24425 | 9236 | 1556 | 1432 | 1468 | 22981 |
| 文教体育用品制造业 | 22825 | 22270 | 5217 | 555 | 483 | 3436 | 19389 |
| 石油加工、炼焦及核燃料加工业 | 333433 | 276064 | 58852 | 57369 | 54491 | 5609 | 323815 |
| 化学原料及化学制品制造业 | 1167670 | 1029440 | 237544 | 138230 | 128958 | 41064 | 1122197 |
| 医药制造业 | 524490 | 441321 | 130595 | 83169 | 79140 | 36952 | 483861 |
| 化学纤维制造业 | 254269 | 235885 | 33148 | 18384 | 17739 | 2017 | 251645 |
| 橡胶制品业 | 402913 | 346986 | 58415 | 55927 | 53040 | 6003 | 391319 |
| 塑料制品业 | 122548 | 103450 | 36002 | 19098 | 19086 | 712 | 121836 |
| 非金属矿物制品业 | 353506 | 230687 | 48746 | 122819 | 119199 | 6660 | 345543 |
| 黑色金属冶炼及压延加工业 | 3752838 | 3339479 | 469867 | 413360 | 388455 | 50067 | 3685490 |
| 有色金属冶炼及压延加工业 | 736336 | 636194 | 125471 | 100143 | 92420 | 22018 | 707924 |
| 金属制品业 | 212511 | 179973 | 40856 | 32537 | 31615 | 8764 | 201614 |
| 通用设备制造业 | 1103896 | 985260 | 272075 | 118636 | 112438 | 55925 | 1039025 |
| 专用设备制造业 | 1278731 | 1184953 | 248750 | 93779 | 85121 | 91145 | 1178560 |
| 交通运输设备制造业 | 4481451 | 4035250 | 975912 | 446201 | 427199 | 442262 | 3937052 |
| 电气机械及器材制造业 | 2266260 | 1965322 | 473893 | 300938 | 288571 | 41886 | 2199871 |
| 通信设备、计算机及其他电子设备制造业 | 5100732 | 4511078 | 2125668 | 589654 | 578689 | 186815 | 4717448 |
| 仪器仪表及文化、办公用机械制造业 | 139706 | 115726 | 44464 | 23980 | 23095 | 8383 | 128156 |
| 工艺品及其他制造业 | 27104 | 24145 | 8588 | 2959 | 2732 | 2260 | 24844 |
| **电力、燃气及水的生产和供应业** | **242095** | **207909** | **78318** | **34185** | **32956** | **7609** | **233295** |
| 电力、热力的生产和供应业 | 230157 | 198634 | 77465 | 31523 | 30498 | 2928 | 226038 |
| 燃气生产和供应业 | 8062 | 5862 | 204 | 2200 | 2000 | 2565 | 5497 |
| 水的生产和供应业 | 3876 | 3414 | 648 | 462 | 458 | 2117 | 1759 |
| **高技术产业合计** | **6599063** | **5844109** | **2434624** | **754954** | **736527** | **538295** | **5820319** |
| 医药制造业 | 524490 | 441321 | 130595 | 83169 | 79140 | 36952 | 483861 |
| 航空航天器制造业 | 799048 | 742297 | 109194 | 56751 | 54378 | 305837 | 458987 |
| 电子及通信设备制造业 | 4120673 | 3585214 | 1709919 | 535459 | 525336 | 182092 | 3864071 |
| 电子计算机及办公设备制造业 | 982066 | 927860 | 416671 | 54206 | 53365 | 4737 | 855372 |
| 医疗设备及仪器仪表制造业 | 172786 | 147417 | 68245 | 25369 | 24308 | 8678 | 158029 |

# 4-1-6 分行业中型企业R&D经费内部支出情况

单位：万元

| 行业 | R&D经费内部支出 | 日常性支出 | #人员劳务费 | 资产性支出 | #仪器设备 | #政府资金 | #企业资金 |
|---|---|---|---|---|---|---|---|
| **合计** | **14023043** | **12112940** | **3348191** | **1910103** | **1830840** | **599593** | **13030997** |
| **采矿业** | **107973** | **97446** | **20951** | **10528** | **9571** | **3411** | **104563** |
| 煤炭开采和洗选业 | 52868 | 46898 | 8274 | 5970 | 5869 | 1698 | 51170 |
| 石油和天然气开采业 | 8865 | 8803 | 1459 | 62 | 61 | 356 | 8510 |
| 黑色金属矿采选业 | 17259 | 15368 | 5069 | 1891 | 1149 | 274 | 16986 |
| 有色金属矿采选业 | 20580 | 18382 | 4208 | 2198 | 2095 | 587 | 19993 |
| 非金属矿采选业 | 8401 | 7994 | 1941 | 407 | 398 | 496 | 7905 |
| **制造业** | **13814862** | **11933018** | **3298429** | **1881844** | **1804417** | **593721** | **12831296** |
| 农副食品加工业 | 229487 | 196477 | 36684 | 33010 | 30851 | 7667 | 218402 |
| 食品制造业 | 246047 | 199372 | 46050 | 46675 | 44569 | 7810 | 236528 |
| 饮料制造业 | 172087 | 147605 | 40279 | 24482 | 23670 | 3532 | 165289 |
| 烟草制品业 | 21118 | 17730 | 8735 | 3388 | 3357 | 67 | 20047 |
| 纺织业 | 438695 | 367953 | 92513 | 70741 | 69270 | 7924 | 420201 |
| 纺织服装、鞋、帽制造业 | 76302 | 69307 | 19858 | 6995 | 6761 | 1363 | 73266 |
| 皮革、毛皮、羽毛(绒)及其制品业 | 46585 | 39638 | 10268 | 6947 | 6842 | 783 | 45521 |
| 木材加工及木、竹、藤、棕、草制品业 | 51876 | 41121 | 9121 | 10755 | 10384 | 2838 | 48032 |
| 家具制造业 | 23657 | 22031 | 8257 | 1626 | 1570 | 47 | 22990 |
| 造纸及纸制品业 | 142299 | 118765 | 27205 | 23535 | 22335 | 1578 | 139392 |
| 印刷业和记录媒介的复制 | 77088 | 60563 | 20766 | 16525 | 16127 | 614 | 75869 |
| 文教体育用品制造业 | 50741 | 44785 | 15573 | 5955 | 5855 | 1111 | 49274 |
| 石油加工、炼焦及核燃料加工业 | 104833 | 88236 | 14561 | 16597 | 16007 | 1898 | 101489 |
| 化学原料及化学制品制造业 | 1307594 | 1112142 | 250305 | 195452 | 187849 | 45091 | 1218844 |
| 医药制造业 | 701772 | 589371 | 175207 | 112402 | 108533 | 52156 | 625890 |
| 化学纤维制造业 | 155466 | 142229 | 23746 | 13237 | 12124 | 2210 | 152882 |
| 橡胶制品业 | 120360 | 99382 | 27531 | 20978 | 20504 | 3688 | 111682 |
| 塑料制品业 | 287035 | 223806 | 59921 | 63228 | 60868 | 6903 | 270352 |
| 非金属矿物制品业 | 459821 | 399890 | 96986 | 59931 | 57723 | 15765 | 438141 |
| 黑色金属冶炼及压延加工业 | 268362 | 226031 | 37249 | 42331 | 41125 | 3919 | 263629 |
| 有色金属冶炼及压延加工业 | 452245 | 391787 | 65722 | 60458 | 56393 | 13143 | 436455 |
| 金属制品业 | 406048 | 356580 | 99162 | 49468 | 48546 | 20321 | 377372 |
| 通用设备制造业 | 1269347 | 1099378 | 338763 | 169969 | 159110 | 47969 | 1196804 |
| 专用设备制造业 | 1070209 | 962777 | 285185 | 107432 | 102859 | 49501 | 979954 |
| 交通运输设备制造业 | 1340546 | 1162942 | 328181 | 177605 | 169596 | 78140 | 1226822 |
| 电气机械及器材制造业 | 1984709 | 1731531 | 458144 | 253178 | 243113 | 51238 | 1883427 |
| 通信设备、计算机及其他电子设备制造业 | 1761830 | 1527582 | 523716 | 234247 | 225659 | 113809 | 1549676 |
| 仪器仪表及文化、办公用机械制造业 | 434100 | 387483 | 148604 | 46618 | 44925 | 35998 | 387819 |
| 工艺品及其他制造业 | 109222 | 101686 | 27998 | 7536 | 7350 | 16564 | 89943 |
| 废弃资源和废旧材料回收加工业 | 5381 | 4838 | 2139 | 543 | 543 | 75 | 5306 |
| **电力、燃气及水的生产和供应业** | **100207** | **82476** | **28811** | **17731** | **16852** | **2460** | **95138** |
| 电力、热力的生产和供应业 | 89302 | 73929 | 24474 | 15373 | 14783 | 1375 | 85406 |
| 燃气生产和供应业 | 2247 | 1657 | 871 | 590 | 584 | 8 | 2239 |
| 水的生产和供应业 | 8658 | 6889 | 3465 | 1768 | 1485 | 1077 | 7492 |
| **高技术产业合计** | **3079237** | **2675703** | **905280** | **403533** | **388920** | **245907** | **2691553** |
| 医药制造业 | 701772 | 589371 | 175207 | 112402 | 108533 | 52156 | 625890 |
| 航空航天器制造业 | 129380 | 123818 | 32865 | 5562 | 5274 | 41373 | 78482 |
| 电子及通信设备制造业 | 1603420 | 1388535 | 473024 | 214885 | 208434 | 107505 | 1400761 |
| 电子计算机及办公设备制造业 | 193595 | 172573 | 66185 | 21022 | 18882 | 6751 | 183653 |
| 医疗设备及仪器仪表制造业 | 451070 | 401407 | 158000 | 49663 | 47797 | 38122 | 402767 |

# 4-1-7 分行业国有及国有控股企业R&D经费内部支出情况

单位：万元

| 行业 | R&D经费内部支出 | 日常性支出 | #人员劳务费 | 资产性支出 | #仪器设备 | #政府资金 | #企业资金 |
|---|---|---|---|---|---|---|---|
| **合　计** | **18057731** | **16137352** | **4081180** | **1920379** | **1822555** | **1199663** | **16607940** |
| **采矿业** | **2007348** | **1781805** | **566844** | **225542** | **206206** | **99525** | **1903505** |
| 煤炭开采和洗选业 | 1048055 | 900474 | 302318 | 147580 | 131307 | 20312 | 1026708 |
| 石油和天然气开采业 | 879999 | 816946 | 247633 | 63053 | 60550 | 76459 | 800256 |
| 黑色金属矿采选业 | 14719 | 13692 | 5931 | 1027 | 996 | 16 | 14703 |
| 有色金属矿采选业 | 48884 | 38313 | 5258 | 10571 | 10135 | 2141 | 46743 |
| 非金属矿采选业 | 15692 | 12380 | 5704 | 3312 | 3219 | 597 | 15095 |
| **制造业** | **15729991** | **14083690** | **3410733** | **1646301** | **1569670** | **1093086** | **14394895** |
| 农副食品加工业 | 48183 | 37995 | 6119 | 10188 | 9793 | 2361 | 38493 |
| 食品制造业 | 47995 | 41750 | 13000 | 6245 | 5996 | 3623 | 44372 |
| 饮料制造业 | 194691 | 158734 | 45191 | 35957 | 33767 | 5939 | 187437 |
| 烟草制品业 | 134660 | 115921 | 48945 | 18739 | 18568 | 268 | 131900 |
| 纺织业 | 71517 | 60555 | 16009 | 10961 | 10815 | 1331 | 69592 |
| 纺织服装、鞋、帽制造业 | 13291 | 10266 | 3937 | 3024 | 2908 | 367 | 12687 |
| 皮革、毛皮、羽毛(绒)及其制品业 | 744 | 706 | 229 | 38 | 32 | | 744 |
| 木材加工及木、竹、藤、棕、草制品业 | 4408 | 4021 | 1020 | 387 | 387 | 308 | 3553 |
| 家具制造业 | 12755 | 12181 | 7547 | 574 | 530 | | 12755 |
| 造纸及纸制品业 | 140741 | 128823 | 25739 | 11918 | 11681 | 698 | 139906 |
| 印刷业和记录媒介的复制 | 28140 | 25326 | 9311 | 2814 | 2806 | 88 | 27933 |
| 文教体育用品制造业 | 6225 | 6109 | 2646 | 116 | 116 | 19 | 6206 |
| 石油加工、炼焦及核燃料加工业 | 293177 | 241308 | 57636 | 51869 | 49468 | 5357 | 282421 |
| 化学原料及化学制品制造业 | 1101356 | 961829 | 218810 | 139528 | 133128 | 51011 | 1018613 |
| 医药制造业 | 316071 | 271043 | 88779 | 45028 | 43628 | 26623 | 286724 |
| 化学纤维制造业 | 147087 | 132858 | 17980 | 14229 | 13812 | 1447 | 145032 |
| 橡胶制品业 | 157239 | 138964 | 33356 | 18275 | 17704 | 2070 | 154685 |
| 塑料制品业 | 30505 | 27159 | 9648 | 3346 | 3324 | 188 | 29526 |
| 非金属矿物制品业 | 158743 | 133964 | 26782 | 24779 | 22783 | 9370 | 147791 |
| 黑色金属冶炼及压延加工业 | 2924290 | 2573472 | 400477 | 350818 | 329777 | 48218 | 2862806 |
| 有色金属冶炼及压延加工业 | 509538 | 442971 | 77479 | 66567 | 62242 | 21268 | 484040 |
| 金属制品业 | 123221 | 113507 | 30080 | 9714 | 9599 | 15863 | 105261 |
| 通用设备制造业 | 1010722 | 903557 | 245074 | 107166 | 100765 | 62507 | 940204 |
| 专用设备制造业 | 1335018 | 1235676 | 230536 | 99342 | 93888 | 112508 | 1187664 |
| 交通运输设备制造业 | 4203258 | 3857098 | 922157 | 346160 | 334148 | 486750 | 3607077 |
| 电气机械及器材制造业 | 735253 | 663539 | 142866 | 71714 | 67804 | 31163 | 702009 |
| 通信设备、计算机及其他电子设备制造业 | 1731410 | 1561081 | 659200 | 170329 | 164897 | 153967 | 1569471 |
| 仪器仪表及文化、办公用机械制造业 | 188352 | 163905 | 55907 | 24447 | 23362 | 32847 | 153519 |
| 工艺品及其他制造业 | 61404 | 59372 | 14273 | 2031 | 1945 | 16928 | 42478 |
| **电力、燃气及水的生产和供应业** | **320393** | **271857** | **103603** | **48536** | **46678** | **7053** | **309540** |
| 电力、热力的生产和供应业 | 307422 | 261035 | 99006 | 46387 | 44813 | 3999 | 299711 |
| 燃气生产和供应业 | 1123 | 1115 | 654 | 9 | 9 | 8 | 1115 |
| 水的生产和供应业 | 11848 | 9707 | 3943 | 2140 | 1856 | 3045 | 8714 |
| **高技术产业合计** | **3160532** | **2856800** | **942133** | **303732** | **293014** | **561169** | **2543644** |
| 医药制造业 | 316071 | 271043 | 88779 | 45028 | 43628 | 26623 | 286724 |
| 航空航天器制造业 | 912701 | 852080 | 136135 | 60622 | 57980 | 347209 | 522449 |
| 电子及通信设备制造业 | 1605025 | 1444382 | 601765 | 160643 | 156817 | 149758 | 1448514 |
| 电子计算机及办公设备制造业 | 126384 | 116699 | 57436 | 9686 | 8080 | 4210 | 120956 |
| 医疗设备及仪器仪表制造业 | 200351 | 172597 | 58018 | 27754 | 26510 | 33370 | 165000 |

# 4-1-8 分行业内资企业R&D经费内部支出情况

单位：万元

| 行业 | R&D经费内部支出 | 日常性支出 | #人员劳务费 | 资产性支出 | #仪器设备 | #政府资金 | #企业资金 |
|---|---|---|---|---|---|---|---|
| **合　计** | **29671163** | **25929233** | **6944802** | **3741930** | **3556167** | **1543736** | **27789710** |
| **采矿业** | **2045433** | **1818059** | **574506** | **227374** | **206925** | **99964** | **1940872** |
| 煤炭开采和洗选业 | 1067001 | 915674 | 304422 | 151327 | 134736 | 21429 | 1044261 |
| 石油和天然气开采业 | 881075 | 818016 | 247933 | 63059 | 60556 | 76548 | 801242 |
| 黑色金属矿采选业 | 31002 | 28034 | 8194 | 2968 | 2169 | 275 | 30727 |
| 有色金属矿采选业 | 47087 | 40789 | 7629 | 6298 | 5837 | 962 | 46126 |
| 非金属矿采选业 | 19267 | 15545 | 6330 | 3722 | 3626 | 751 | 18516 |
| **制造业** | **27292200** | **23828913** | **6265583** | **3463288** | **3300047** | **1434076** | **25528746** |
| 农副食品加工业 | 313763 | 246159 | 49683 | 67604 | 60984 | 9468 | 294615 |
| 食品制造业 | 239580 | 192703 | 44232 | 46877 | 44300 | 8797 | 229672 |
| 饮料制造业 | 343915 | 286274 | 83435 | 57641 | 54496 | 11238 | 329136 |
| 烟草制品业 | 138549 | 119250 | 49569 | 19299 | 19128 | 288 | 135770 |
| 纺织业 | 652518 | 546040 | 124653 | 106478 | 97190 | 11097 | 626098 |
| 纺织服装、鞋、帽制造业 | 113949 | 100217 | 29158 | 13732 | 13254 | 2239 | 109358 |
| 皮革、毛皮、羽毛(绒)及其制品业 | 65211 | 59706 | 17242 | 5505 | 5263 | 1443 | 63086 |
| 木材加工及木、竹、藤、棕、草制品业 | 37421 | 31248 | 6519 | 6173 | 5854 | 1179 | 35499 |
| 家具制造业 | 15468 | 14739 | 7776 | 729 | 683 | 135 | 14061 |
| 造纸及纸制品业 | 190325 | 161999 | 32325 | 28325 | 27211 | 4603 | 183512 |
| 印刷业和记录媒介的复制 | 56410 | 49257 | 15413 | 7152 | 6754 | 1948 | 53857 |
| 文教体育用品制造业 | 42286 | 38069 | 12114 | 4218 | 4092 | 1313 | 40973 |
| 石油加工、炼焦及核燃料加工业 | 421495 | 351439 | 67864 | 70056 | 66687 | 7400 | 408641 |
| 化学原料及化学制品制造业 | 2079839 | 1800826 | 391861 | 279012 | 263707 | 79590 | 1954780 |
| 医药制造业 | 830477 | 693564 | 207740 | 136913 | 132916 | 60483 | 757908 |
| 化学纤维制造业 | 296828 | 270649 | 44427 | 26180 | 25384 | 3568 | 292357 |
| 橡胶制品业 | 350395 | 298828 | 56473 | 51568 | 50350 | 7390 | 335025 |
| 塑料制品业 | 227922 | 171455 | 41847 | 56467 | 54384 | 6091 | 213558 |
| 非金属矿物制品业 | 563729 | 481107 | 107232 | 82622 | 79534 | 19681 | 540606 |
| 黑色金属冶炼及压延加工业 | 3719037 | 3286540 | 470769 | 432497 | 407175 | 50273 | 3652327 |
| 有色金属冶炼及压延加工业 | 948165 | 822223 | 156222 | 125942 | 115862 | 30157 | 909736 |
| 金属制品业 | 449001 | 385952 | 93310 | 63050 | 61494 | 26525 | 414050 |
| 通用设备制造业 | 1738909 | 1517357 | 421468 | 221552 | 211020 | 89753 | 1633821 |
| 专用设备制造业 | 2007159 | 1838078 | 433284 | 169081 | 160611 | 135105 | 1833480 |
| 交通运输设备制造业 | 4220372 | 3770390 | 876195 | 449982 | 430912 | 497062 | 3661258 |
| 电气机械及器材制造业 | 2929345 | 2542027 | 630264 | 387318 | 370376 | 79914 | 2813637 |
| 通信设备、计算机及其他电子设备制造业 | 3778761 | 3297392 | 1638839 | 481369 | 467065 | 228702 | 3537417 |
| 仪器仪表及文化、办公用机械制造业 | 398553 | 342153 | 123380 | 56400 | 54206 | 40209 | 352192 |
| 工艺品及其他制造业 | 117440 | 108436 | 30149 | 9004 | 8614 | 18350 | 97013 |
| 废弃资源和废旧材料回收加工业 | 5381 | 4838 | 2139 | 543 | 543 | 75 | 5306 |
| **电力、燃气及水的生产和供应业** | **333531** | **282262** | **104713** | **51269** | **49195** | **9696** | **320092** |
| 电力、热力的生产和供应业 | 311975 | 265620 | 100075 | 46355 | 44774 | 3999 | 304322 |
| 燃气生产和供应业 | 9902 | 7112 | 868 | 2790 | 2584 | 2573 | 7329 |
| 水的生产和供应业 | 11654 | 9530 | 3770 | 2123 | 1837 | 3124 | 8441 |
| **高技术产业合计** | **6009981** | **5268076** | **2147307** | **741905** | **718552** | **678838** | **5255750** |
| 医药制造业 | 830477 | 693564 | 207740 | 136913 | 132916 | 60483 | 757908 |
| 航空航天器制造业 | 923108 | 861281 | 139950 | 61827 | 59170 | 347209 | 532151 |
| 电子及通信设备制造业 | 3494583 | 3037175 | 1505830 | 457407 | 445384 | 219028 | 3265555 |
| 电子计算机及办公设备制造业 | 300743 | 275389 | 139714 | 25354 | 23072 | 10120 | 287980 |
| 医疗设备及仪器仪表制造业 | 461070 | 400667 | 154074 | 60404 | 58011 | 41998 | 412157 |

# 4-1-9　分行业港澳台商投资企业R&D经费内部支出情况

单位：万元

| 行　　业 | R&D经费内部支出 | 日常性支出 | #人员劳务费 | 资产性支出 | #仪器设备 | #政府资金 | #企业资金 |
|---|---|---|---|---|---|---|---|
| **合　计** | **3574987** | **3108596** | **913164** | **466390** | **452691** | **72088** | **3452527** |
| **采矿业** | **22522** | **20921** | **3965** | **1601** | **1591** | **195** | **22326** |
| 煤炭开采和洗选业 | 20471 | 18938 | 3420 | 1533 | 1523 | 97 | 20373 |
| 非金属矿采选业 | 2051 | 1983 | 545 | 68 | 68 | 98 | 1953 |
| **制造业** | **3551191** | **3086478** | **908801** | **464713** | **451025** | **71848** | **3428972** |
| 农副食品加工业 | 75532 | 72246 | 16731 | 3286 | 3046 | 808 | 73528 |
| 食品制造业 | 32568 | 26266 | 8541 | 6302 | 5693 | 557 | 31996 |
| 饮料制造业 | 34064 | 23943 | 6848 | 10121 | 10025 | 146 | 33918 |
| 纺织业 | 108984 | 97665 | 28503 | 11319 | 11225 | 1381 | 106545 |
| 纺织服装、鞋、帽制造业 | 44921 | 43427 | 16472 | 1494 | 1421 | 182 | 44713 |
| 皮革、毛皮、羽毛(绒)及其制品业 | 21540 | 19431 | 6114 | 2110 | 2099 | 87 | 21172 |
| 木材加工及木、竹、藤、棕、草制品业 | 12571 | 8690 | 1956 | 3881 | 3849 | 1352 | 10955 |
| 家具制造业 | 12230 | 11570 | 6766 | 660 | 660 |  | 12230 |
| 造纸及纸制品业 | 44935 | 39582 | 6274 | 5353 | 5086 | 149 | 44086 |
| 印刷业和记录媒介的复制 | 32922 | 23910 | 9451 | 9012 | 8892 | 47 | 32875 |
| 文教体育用品制造业 | 20047 | 19419 | 5628 | 628 | 611 | 3067 | 16720 |
| 石油加工、炼焦及核燃料加工业 | 12215 | 10054 | 4975 | 2161 | 2098 | 108 | 12107 |
| 化学原料及化学制品制造业 | 129716 | 114563 | 35185 | 15154 | 14735 | 2736 | 126175 |
| 医药制造业 | 155760 | 129425 | 38882 | 26335 | 24101 | 10222 | 143941 |
| 化学纤维制造业 | 64520 | 60325 | 6842 | 4195 | 3244 | 289 | 64153 |
| 橡胶制品业 | 42941 | 39676 | 5586 | 3265 | 3231 | 724 | 42217 |
| 塑料制品业 | 71254 | 62792 | 18552 | 8462 | 8319 | 1132 | 69613 |
| 非金属矿物制品业 | 145069 | 59792 | 17835 | 85277 | 84649 | 1501 | 143524 |
| 黑色金属冶炼及压延加工业 | 199947 | 185674 | 24948 | 14273 | 13574 | 1436 | 198354 |
| 有色金属冶炼及压延加工业 | 108071 | 99946 | 15911 | 8125 | 6893 | 1455 | 106447 |
| 金属制品业 | 52775 | 40563 | 15458 | 12212 | 12078 | 416 | 50821 |
| 通用设备制造业 | 135766 | 116237 | 39915 | 19529 | 19260 | 2075 | 128241 |
| 专用设备制造业 | 109652 | 100727 | 37630 | 8925 | 8753 | 2471 | 104901 |
| 交通运输设备制造业 | 278501 | 248172 | 69478 | 30330 | 28732 | 6515 | 267883 |
| 电气机械及器材制造业 | 520666 | 462940 | 121449 | 57726 | 56140 | 5024 | 508307 |
| 通信设备、计算机及其他电子设备制造业 | 1004418 | 896447 | 311699 | 107972 | 106093 | 26302 | 956943 |
| 仪器仪表及文化、办公用机械制造业 | 68176 | 62300 | 26948 | 5876 | 5792 | 1254 | 66230 |
| 工艺品及其他制造业 | 11432 | 10698 | 4225 | 734 | 728 | 412 | 10382 |
| **电力、燃气及水的生产和供应业** | **1274** | **1197** | **398** | **77** | **75** | **45** | **1229** |
| 电力、热力的生产和供应业 | 483 | 483 | 104 |  |  |  | 483 |
| 燃气生产和供应业 | 407 | 407 | 207 |  |  |  | 407 |
| 水的生产和供应业 | 383 | 307 | 88 | 77 | 75 | 45 | 339 |
| **高技术产业合计** | **1215278** | **1076283** | **377090** | **138995** | **134771** | **37697** | **1152163** |
| 医药制造业 | 155760 | 129425 | 38882 | 26335 | 24101 | 10222 | 143941 |
| 电子及通信设备制造业 | 713751 | 615219 | 237263 | 98532 | 96906 | 25734 | 674093 |
| 电子计算机及办公设备制造业 | 297978 | 288395 | 77969 | 9583 | 9330 | 569 | 290161 |
| 医疗设备及仪器仪表制造业 | 47790 | 43244 | 22976 | 4546 | 4435 | 1173 | 43969 |

# 4-1-10 分行业外商投资企业R&D经费内部支出情况

单位：万元

| 行　业 | R&D经费内部支出 | 日常性支出 | #人员劳务费 | 资产性支出 | #仪器设备 | #政府资金 | #企业资金 |
|---|---|---|---|---|---|---|---|
| **合　计** | **6907815** | **6107012** | **1890545** | **800804** | **765724** | **135136** | **6349567** |
| **采矿业** | **25062** | **17262** | **1636** | **7800** | **7790** | **2329** | **22733** |
| 有色金属矿采选业 | 19115 | 11374 | 497 | 7740 | 7732 | 1563 | 17552 |
| 非金属矿采选业 | 5947 | 5888 | 1139 | 59 | 59 | 766 | 5181 |
| **制造业** | **6875256** | **6082824** | **1886893** | **792433** | **757396** | **132478** | **6319722** |
| 农副食品加工业 | 88959 | 78403 | 13477 | 10557 | 9763 | 2469 | 86213 |
| 食品制造业 | 116589 | 107075 | 25143 | 9514 | 9349 | 4192 | 111814 |
| 饮料制造业 | 82403 | 73700 | 19000 | 8703 | 8512 | 611 | 80741 |
| 纺织业 | 84897 | 74551 | 24365 | 10346 | 10054 | 1474 | 82336 |
| 纺织服装、鞋、帽制造业 | 6686 | 5938 | 2517 | 748 | 745 | 10 | 6667 |
| 皮革、毛皮、羽毛(绒)及其制品业 | 16778 | 15119 | 3421 | 1660 | 1649 | 85 | 16694 |
| 木材加工及木、竹、藤、棕、草制品业 | 6282 | 5055 | 1404 | 1228 | 1197 | 344 | 5938 |
| 家具制造业 | 12667 | 11427 | 3870 | 1240 | 1002 | 10 | 12100 |
| 造纸及纸制品业 | 131437 | 124868 | 22526 | 6569 | 6024 | 498 | 130795 |
| 印刷业和记录媒介的复制 | 13737 | 11820 | 5138 | 1917 | 1913 | 87 | 12119 |
| 文教体育用品制造业 | 11232 | 9568 | 3047 | 1665 | 1635 | 166 | 10970 |
| 石油加工、炼焦及核燃料加工业 | 4556 | 2807 | 574 | 1749 | 1713 | | 4556 |
| 化学原料及化学制品制造业 | 265709 | 226193 | 60803 | 39516 | 38365 | 3829 | 260087 |
| 医药制造业 | 240025 | 207703 | 59180 | 32323 | 30657 | 18403 | 207902 |
| 化学纤维制造业 | 48387 | 47141 | 5625 | 1246 | 1234 | 370 | 48017 |
| 橡胶制品业 | 129937 | 107865 | 23887 | 22073 | 19964 | 1576 | 125759 |
| 塑料制品业 | 110407 | 93009 | 35524 | 17398 | 17251 | 391 | 109016 |
| 非金属矿物制品业 | 104530 | 89679 | 20666 | 14851 | 12739 | 1243 | 99553 |
| 黑色金属冶炼及压延加工业 | 102216 | 93295 | 11399 | 8921 | 8831 | 2278 | 98438 |
| 有色金属冶炼及压延加工业 | 132346 | 105812 | 19060 | 26534 | 26058 | 3549 | 128196 |
| 金属制品业 | 116782 | 110038 | 31250 | 6744 | 6589 | 2144 | 114116 |
| 通用设备制造业 | 498568 | 451044 | 149455 | 47525 | 41268 | 12067 | 473767 |
| 专用设备制造业 | 232130 | 208925 | 63021 | 23205 | 18617 | 3071 | 220133 |
| 交通运输设备制造业 | 1323124 | 1179630 | 358420 | 143495 | 137151 | 16825 | 1234733 |
| 电气机械及器材制造业 | 800959 | 691886 | 180324 | 109072 | 105169 | 8186 | 761355 |
| 通信设备、计算机及其他电子设备制造业 | 2079382 | 1844822 | 698846 | 234560 | 231190 | 45621 | 1772763 |
| 仪器仪表及文化、办公用机械制造业 | 107078 | 98756 | 42740 | 8322 | 8022 | 2919 | 97554 |
| 工艺品及其他制造业 | 7454 | 6697 | 2212 | 757 | 739 | 62 | 7392 |
| **电力、燃气及水的生产和供应业** | **7497** | **6926** | **2017** | **571** | **538** | **328** | **7112** |
| 电力、热力的生产和供应业 | 7001 | 6460 | 1761 | 541 | 507 | 304 | 6640 |
| 水的生产和供应业 | 497 | 466 | 256 | 31 | 31 | 25 | 472 |
| **高技术产业合计** | **2453041** | **2175453** | **815507** | **277587** | **272124** | **67668** | **2103959** |
| 医药制造业 | 240025 | 207703 | 59180 | 32323 | 30657 | 18403 | 207902 |
| 航空航天器制造业 | 5319 | 4833 | 2109 | 486 | 482 | 1 | 5317 |
| 电子及通信设备制造业 | 1515760 | 1321355 | 439850 | 194406 | 191481 | 44835 | 1325184 |
| 电子计算机及办公设备制造业 | 576940 | 536649 | 265173 | 40291 | 39846 | 799 | 460885 |
| 医疗设备及仪器仪表制造业 | 114996 | 104914 | 49195 | 10082 | 9659 | 3630 | 104671 |

# 4-1-11 各地区企业R&D经费内部支出情况

单位：万元

| 地区 | R&D经费内部支出 | 日常性支出 | #人员劳务费 | 资产性支出 | #仪器设备 | #政府资金 | #企业资金 |
|---|---|---|---|---|---|---|---|
| **全国** | **40153965** | **35144841** | **9748511** | **5009124** | **4774582** | **1750960** | **37591804** |
| 东部地区 | 28777880 | 25241306 | 7446513 | 3536574 | 3388358 | 961971 | 27136833 |
| 中部地区 | 7441733 | 6493627 | 1494539 | 948106 | 884985 | 390182 | 6967511 |
| 西部地区 | 3934352 | 3409908 | 807459 | 524444 | 501240 | 398808 | 3487459 |
| 北京 | 1061357 | 975031 | 319104 | 86326 | 83622 | 79184 | 942371 |
| 天津 | 1392212 | 1156733 | 260074 | 235479 | 228786 | 40521 | 1276291 |
| 河北 | 1078941 | 919008 | 228088 | 159933 | 149271 | 28430 | 1035790 |
| 山西 | 675657 | 569749 | 130624 | 105908 | 98009 | 21936 | 652949 |
| 内蒙古 | 474299 | 408623 | 77164 | 65676 | 64599 | 15834 | 446781 |
| 辽宁 | 1913437 | 1757717 | 284775 | 155721 | 152774 | 131679 | 1749183 |
| 吉林 | 355405 | 333495 | 51309 | 21909 | 21319 | 15083 | 334373 |
| 黑龙江 | 728451 | 642633 | 160592 | 85818 | 84482 | 85513 | 613302 |
| 上海 | 2377472 | 2161265 | 743133 | 216207 | 211355 | 155040 | 2197095 |
| 江苏 | 5513458 | 4843585 | 1193842 | 669873 | 637307 | 102444 | 5256307 |
| 浙江 | 2723447 | 2413199 | 785913 | 310248 | 303071 | 64253 | 2633226 |
| 安徽 | 1040238 | 897007 | 212292 | 143231 | 131512 | 91601 | 942393 |
| 福建 | 1161171 | 940963 | 277139 | 220208 | 215111 | 33639 | 1105744 |
| 江西 | 589366 | 496688 | 112771 | 92678 | 89610 | 31426 | 553176 |
| 山东 | 5269241 | 4641360 | 991193 | 627881 | 585228 | 149942 | 5061342 |
| 河南 | 1485875 | 1260834 | 319726 | 225041 | 209459 | 56498 | 1423141 |
| 湖北 | 1429050 | 1269780 | 268840 | 159269 | 147180 | 42327 | 1371309 |
| 湖南 | 1137692 | 1023440 | 238385 | 114251 | 103414 | 45798 | 1076868 |
| 广东 | 6268811 | 5417370 | 2359116 | 851441 | 818609 | 175033 | 5862959 |
| 广西 | 358915 | 313104 | 79670 | 45811 | 43267 | 17599 | 339482 |
| 海南 | 18334 | 15076 | 4135 | 3258 | 3225 | 1808 | 16526 |
| 重庆 | 672418 | 550311 | 139288 | 122107 | 116682 | 43427 | 623830 |
| 四川 | 809767 | 732329 | 201606 | 77439 | 72540 | 110655 | 695598 |
| 贵州 | 217791 | 204301 | 36484 | 13490 | 12922 | 34683 | 175543 |
| 云南 | 180687 | 152438 | 38647 | 28249 | 27105 | 12303 | 166453 |
| 西藏 | 1162 | 849 | 69 | 313 | 313 | 2 | 1091 |
| 陕西 | 710176 | 595994 | 119707 | 114182 | 109160 | 123004 | 571873 |
| 甘肃 | 208652 | 186829 | 49841 | 21824 | 20255 | 16507 | 191419 |
| 青海 | 60210 | 50108 | 8543 | 10102 | 9799 | 8993 | 51156 |
| 宁夏 | 73020 | 59749 | 13356 | 13271 | 13083 | 6508 | 66273 |
| 新疆 | 167254 | 155274 | 43086 | 11980 | 11516 | 9292 | 157962 |

# 4-1-12 各地区大型企业R&D经费内部支出情况

单位：万元

| 地　区 | R&D经费内部支出 | 日常性支出 | #人员劳务费 | 资产性支出 | #仪器设备 | #政府资金 | #企业资金 |
|---|---|---|---|---|---|---|---|
| **全　国** | **26130923** | **23031902** | **6400320** | **3099021** | **2943743** | **1151368** | **24560808** |
| 东部地区 | 18049721 | 15882769 | 4744673 | 2166952 | 2073239 | 597861 | 17074277 |
| 中部地区 | 5413160 | 4790434 | 1084322 | 622727 | 576743 | 274503 | 5122194 |
| 西部地区 | 2668042 | 2358699 | 571326 | 309343 | 293761 | 279004 | 2364337 |
| 北　京 | 427641 | 397186 | 142848 | 30454 | 29835 | 11698 | 413800 |
| 天　津 | 952713 | 777758 | 151643 | 174956 | 171751 | 29476 | 871767 |
| 河　北 | 880675 | 755060 | 184260 | 125615 | 119463 | 23862 | 845626 |
| 山　西 | 610787 | 520670 | 117906 | 90117 | 83345 | 20002 | 590103 |
| 内蒙古 | 305196 | 282788 | 56987 | 22408 | 21607 | 12971 | 287969 |
| 辽　宁 | 1723479 | 1591991 | 246232 | 131488 | 129317 | 118018 | 1575092 |
| 吉　林 | 302332 | 286455 | 40179 | 15877 | 15537 | 14153 | 284213 |
| 黑龙江 | 584661 | 531340 | 141780 | 53321 | 52073 | 76632 | 506838 |
| 上　海 | 1532248 | 1400851 | 459356 | 131397 | 128710 | 100833 | 1423061 |
| 江　苏 | 2941738 | 2605130 | 612927 | 336609 | 317953 | 53005 | 2819370 |
| 浙　江 | 871982 | 787130 | 278003 | 84852 | 81747 | 26135 | 839064 |
| 安　徽 | 630827 | 555166 | 136994 | 75662 | 66208 | 44129 | 586490 |
| 福　建 | 622502 | 489249 | 150590 | 133253 | 131689 | 13859 | 606511 |
| 江　西 | 457313 | 395205 | 85937 | 62108 | 60539 | 27512 | 426853 |
| 山　东 | 3755462 | 3335171 | 710626 | 420291 | 387251 | 111425 | 3608108 |
| 河　南 | 1106354 | 954276 | 242391 | 152078 | 141474 | 39916 | 1063941 |
| 湖　北 | 1011457 | 904239 | 165072 | 107218 | 96804 | 20159 | 990796 |
| 湖　南 | 709429 | 643082 | 154063 | 66347 | 60761 | 32000 | 672962 |
| 广　东 | 4339618 | 3741582 | 1807873 | 598036 | 575522 | 109550 | 4070217 |
| 广　西 | 194825 | 180874 | 50134 | 13951 | 13705 | 7007 | 187818 |
| 海　南 | 1661 | 1661 | 315 |  |  |  | 1661 |
| 重　庆 | 432573 | 352248 | 87150 | 80325 | 76419 | 28098 | 401770 |
| 四　川 | 599340 | 548642 | 160456 | 50698 | 47212 | 77209 | 519962 |
| 贵　州 | 163837 | 153759 | 26309 | 10078 | 9602 | 24065 | 137224 |
| 云　南 | 78188 | 71180 | 15710 | 7008 | 6617 | 6756 | 71397 |
| 西　藏 |  |  |  |  |  |  |  |
| 陕　西 | 517149 | 428808 | 81548 | 88341 | 84325 | 101291 | 403094 |
| 甘　肃 | 158575 | 146259 | 41328 | 12316 | 10808 | 8022 | 150390 |
| 青　海 | 48973 | 39296 | 7494 | 9677 | 9380 | 3852 | 45061 |
| 宁　夏 | 31792 | 26958 | 5078 | 4834 | 4737 | 2880 | 28913 |
| 新　疆 | 137594 | 127887 | 39133 | 9707 | 9350 | 6854 | 130740 |

## 4-1-13 各地区中型企业R&D经费内部支出情况

单位：万元

| 地区 | R&D经费内部支出 | 日常性支出 | #人员劳务费 | 资产性支出 | #仪器设备 | #政府资金 | #企业资金 |
|---|---|---|---|---|---|---|---|
| **全国** | **14023043** | **12112940** | **3348191** | **1910103** | **1830840** | **599593** | **13030997** |
| 东部地区 | 10728159 | 9358537 | 2701841 | 1369622 | 1315119 | 364111 | 10062557 |
| 中部地区 | 2028573 | 1703194 | 410217 | 325380 | 308242 | 115678 | 1845317 |
| 西部地区 | 1266310 | 1051209 | 236133 | 215101 | 207479 | 119804 | 1123123 |
| 北京 | 633717 | 577845 | 176256 | 55872 | 53787 | 67486 | 528571 |
| 天津 | 439498 | 378975 | 108431 | 60524 | 57035 | 11045 | 404525 |
| 河北 | 198266 | 163948 | 43828 | 34318 | 29808 | 4568 | 190165 |
| 山西 | 64870 | 49079 | 12718 | 15791 | 14663 | 1934 | 62847 |
| 内蒙古 | 169104 | 125835 | 20178 | 43268 | 42991 | 2863 | 158812 |
| 辽宁 | 189958 | 165726 | 38544 | 24232 | 23457 | 13661 | 174092 |
| 吉林 | 53073 | 47041 | 11130 | 6032 | 5781 | 931 | 50161 |
| 黑龙江 | 143790 | 111293 | 18813 | 32497 | 32408 | 8880 | 106464 |
| 上海 | 845224 | 760414 | 283778 | 84810 | 82645 | 54207 | 774033 |
| 江苏 | 2571720 | 2238456 | 580915 | 333264 | 319353 | 49439 | 2436936 |
| 浙江 | 1851465 | 1626069 | 507910 | 225396 | 221324 | 38118 | 1794162 |
| 安徽 | 409411 | 341841 | 75298 | 67570 | 65304 | 47472 | 355904 |
| 福建 | 538668 | 451713 | 126550 | 86955 | 83422 | 19780 | 499234 |
| 江西 | 132053 | 101483 | 26834 | 30570 | 29071 | 3914 | 126323 |
| 山东 | 1513779 | 1306189 | 280566 | 207590 | 197977 | 38516 | 1453233 |
| 河南 | 379521 | 306558 | 77334 | 72964 | 67985 | 16582 | 359200 |
| 湖北 | 417593 | 365541 | 103768 | 52052 | 50376 | 22167 | 380513 |
| 湖南 | 428262 | 380358 | 84322 | 47904 | 42653 | 13798 | 403907 |
| 广东 | 1929193 | 1675789 | 551243 | 253404 | 243086 | 65483 | 1792742 |
| 广西 | 164090 | 132230 | 29536 | 31860 | 29562 | 10592 | 151664 |
| 海南 | 16672 | 13414 | 3820 | 3258 | 3225 | 1808 | 14865 |
| 重庆 | 239846 | 198063 | 52139 | 41783 | 40263 | 15329 | 222059 |
| 四川 | 210428 | 183687 | 41150 | 26740 | 25328 | 33446 | 175636 |
| 贵州 | 53954 | 50542 | 10175 | 3412 | 3321 | 10619 | 38319 |
| 云南 | 102499 | 81258 | 22937 | 21241 | 20488 | 5548 | 95057 |
| 西藏 | 1162 | 849 | 69 | 313 | 313 | 2 | 1091 |
| 陕西 | 193028 | 167187 | 38159 | 25841 | 24835 | 21714 | 168779 |
| 甘肃 | 50077 | 40569 | 8512 | 9508 | 9447 | 8485 | 41029 |
| 青海 | 11237 | 10812 | 1048 | 425 | 420 | 5141 | 6096 |
| 宁夏 | 41228 | 32791 | 8278 | 8437 | 8346 | 3628 | 37360 |
| 新疆 | 29660 | 27386 | 3953 | 2273 | 2166 | 2438 | 27222 |

# 4-1-14 各地区国有及国有控股企业R&D经费内部支出情况

单位：万元

| 地　区 | R&D经费内部支出 | 日常性支出 | #人员劳务费 | 资产性支出 | #仪器设备 | #政府资金 | #企业资金 |
|---|---|---|---|---|---|---|---|
| **全　国** | **18057731** | **16137352** | **4081180** | **1920379** | **1822555** | **1199663** | **16607940** |
| 东部地区 | 10012274 | 9010665 | 2442563 | 1001609 | 963052 | 530029 | 9314058 |
| 中部地区 | 5130591 | 4534658 | 1022054 | 595933 | 554539 | 310361 | 4767057 |
| 西部地区 | 2914867 | 2592029 | 616563 | 322837 | 304964 | 359273 | 2526825 |
| 北　京 | 627789 | 568203 | 183127 | 59587 | 57074 | 72326 | 524824 |
| 天　津 | 796031 | 672552 | 122838 | 123479 | 119827 | 32931 | 756205 |
| 河　北 | 754266 | 637288 | 164221 | 116978 | 111279 | 23688 | 716544 |
| 山　西 | 620120 | 530628 | 119404 | 89492 | 82394 | 20195 | 599520 |
| 内蒙古 | 260612 | 243541 | 52062 | 17071 | 16432 | 12965 | 247647 |
| 辽　宁 | 1595897 | 1490824 | 230906 | 105073 | 103009 | 118370 | 1447618 |
| 吉　林 | 311131 | 292722 | 41479 | 18409 | 18066 | 13387 | 292559 |
| 黑龙江 | 642411 | 572555 | 144349 | 69856 | 68613 | 80006 | 532823 |
| 上　海 | 1527005 | 1389489 | 437177 | 137516 | 134898 | 116494 | 1402458 |
| 江　苏 | 928453 | 846788 | 256062 | 81665 | 77564 | 25789 | 895831 |
| 浙　江 | 235943 | 211795 | 74548 | 24148 | 23230 | 9961 | 225482 |
| 安　徽 | 705554 | 622801 | 151296 | 82752 | 72538 | 77187 | 626808 |
| 福　建 | 162127 | 142501 | 49479 | 19626 | 18754 | 6604 | 151067 |
| 江　西 | 359906 | 317734 | 69806 | 42172 | 41298 | 24350 | 332454 |
| 山　东 | 2038134 | 1843439 | 436952 | 194696 | 180540 | 69829 | 1953484 |
| 河　南 | 791208 | 688294 | 182114 | 102914 | 98519 | 32220 | 756008 |
| 湖　北 | 1043319 | 923664 | 196233 | 119656 | 108503 | 27475 | 1011584 |
| 湖　南 | 656943 | 586260 | 117373 | 70683 | 64608 | 35540 | 615302 |
| 广　东 | 1335136 | 1197176 | 484214 | 137959 | 136010 | 53034 | 1230054 |
| 广　西 | 234533 | 218407 | 57754 | 16127 | 15686 | 8942 | 225504 |
| 海　南 | 11493 | 10612 | 3039 | 881 | 866 | 1003 | 10490 |
| 重　庆 | 431506 | 365196 | 90998 | 66310 | 61366 | 41086 | 387200 |
| 四　川 | 607425 | 563797 | 152200 | 43628 | 40246 | 102194 | 502745 |
| 贵　州 | 203768 | 191468 | 34462 | 12300 | 11758 | 34293 | 161911 |
| 云　南 | 130396 | 115123 | 28753 | 15274 | 14368 | 8297 | 120491 |
| 西　藏 | 1162 | 849 | 69 | 313 | 313 | 2 | 1091 |
| 陕　西 | 618816 | 511936 | 101958 | 106879 | 102233 | 119824 | 486024 |
| 甘　肃 | 186703 | 166598 | 45070 | 20105 | 18561 | 11173 | 174868 |
| 青　海 | 56458 | 46710 | 7709 | 9748 | 9446 | 8870 | 47528 |
| 宁　夏 | 33890 | 28913 | 5257 | 4977 | 4903 | 3321 | 30524 |
| 新　疆 | 149598 | 139492 | 40270 | 10106 | 9653 | 8306 | 141292 |

# 4-1-15 各地区内资企业R&D经费内部支出情况

单位：万元

| 地区 | R&D经费内部支出 | 日常性支出 | #人员劳务费 | 资产性支出 | #仪器设备 | #政府资金 | #企业资金 |
|---|---|---|---|---|---|---|---|
| **全国** | **29671163** | **25929233** | **6944802** | **3741930** | **3556167** | **1543736** | **27789710** |
| 东部地区 | 19606498 | 17155503 | 4892201 | 2450996 | 2344074 | 792131 | 18601379 |
| 中部地区 | 6525027 | 5703930 | 1332614 | 821098 | 762532 | 368590 | 6078604 |
| 西部地区 | 3539638 | 3069801 | 719987 | 469837 | 449561 | 383015 | 3109728 |
| 北京 | 677590 | 620037 | 219687 | 57553 | 54951 | 74855 | 572483 |
| 天津 | 1044617 | 849600 | 157337 | 195017 | 190054 | 40019 | 997023 |
| 河北 | 911626 | 766242 | 197340 | 145385 | 135275 | 27214 | 870506 |
| 山西 | 666588 | 562128 | 128674 | 104460 | 96561 | 21819 | 643997 |
| 内蒙古 | 422952 | 361326 | 68803 | 61627 | 60581 | 15147 | 396121 |
| 辽宁 | 1783991 | 1638275 | 262378 | 145717 | 142898 | 129331 | 1622799 |
| 吉林 | 333772 | 313428 | 45753 | 20344 | 19767 | 14569 | 313279 |
| 黑龙江 | 678805 | 595964 | 149706 | 82841 | 81589 | 84128 | 565040 |
| 上海 | 1078837 | 991319 | 259524 | 87518 | 84765 | 101137 | 968971 |
| 江苏 | 3358521 | 2920535 | 689632 | 437986 | 413396 | 79260 | 3235093 |
| 浙江 | 1947482 | 1714981 | 556564 | 232501 | 227074 | 52553 | 1883296 |
| 安徽 | 922298 | 799054 | 190305 | 123244 | 112112 | 89521 | 829596 |
| 福建 | 373505 | 313657 | 96966 | 59848 | 57385 | 17775 | 345444 |
| 江西 | 402786 | 336775 | 87172 | 66011 | 63998 | 27241 | 371445 |
| 山东 | 4525474 | 3986061 | 858335 | 539413 | 501605 | 127407 | 4356227 |
| 河南 | 1296323 | 1109164 | 285057 | 187159 | 172111 | 49109 | 1241614 |
| 湖北 | 1150840 | 1022428 | 223712 | 128412 | 117186 | 37172 | 1099369 |
| 湖南 | 1073616 | 964990 | 222235 | 108626 | 99207 | 45033 | 1014262 |
| 广东 | 3887909 | 3340439 | 1590429 | 547470 | 534100 | 140817 | 3734354 |
| 广西 | 213653 | 177462 | 36535 | 36191 | 34118 | 11480 | 200361 |
| 海南 | 16948 | 14358 | 4010 | 2590 | 2570 | 1765 | 15183 |
| 重庆 | 577730 | 473900 | 124073 | 103829 | 100284 | 41340 | 532246 |
| 四川 | 780935 | 704834 | 194105 | 76101 | 71234 | 109380 | 668040 |
| 贵州 | 216962 | 203492 | 36202 | 13470 | 12902 | 34514 | 174884 |
| 云南 | 159747 | 141384 | 35421 | 18363 | 17699 | 10386 | 147515 |
| 西藏 | 1162 | 849 | 69 | 313 | 313 | 2 | 1091 |
| 陕西 | 693868 | 581237 | 114507 | 112631 | 107613 | 121952 | 556618 |
| 甘肃 | 204827 | 183205 | 49331 | 21622 | 20055 | 16462 | 187703 |
| 青海 | 40364 | 37876 | 7570 | 2488 | 2194 | 7431 | 32873 |
| 宁夏 | 60184 | 48963 | 10288 | 11222 | 11053 | 5629 | 54316 |
| 新疆 | 167254 | 155274 | 43086 | 11980 | 11516 | 9292 | 157962 |

# 4-1-16 各地区港澳台商投资企业R&D经费内部支出情况

单位：万元

| 地区 | R&D经费内部支出 | 日常性支出 | #人员劳务费 | 资产性支出 | #仪器设备 | #政府资金 | #企业资金 |
|---|---|---|---|---|---|---|---|
| **全　国** | **3574987** | **3108596** | **913164** | **466390** | **452691** | **72088** | **3452527** |
| 东部地区 | 3287146 | 2867306 | 856395 | 419840 | 408251 | 62773 | 3174956 |
| 中部地区 | 207434 | 175595 | 41875 | 31839 | 29939 | 7259 | 199330 |
| 西部地区 | 80406 | 65695 | 14894 | 14711 | 14502 | 2056 | 78242 |
| 北　京 | 204133 | 195522 | 34446 | 8611 | 8600 | 334 | 202496 |
| 天　津 | 48058 | 47053 | 17974 | 1005 | 990 | 88 | 47046 |
| 河　北 | 63945 | 61125 | 15342 | 2820 | 2766 | 409 | 62838 |
| 山　西 | 5261 | 3919 | 637 | 1342 | 1342 | 91 | 5170 |
| 内蒙古 | 21645 | 20023 | 3648 | 1622 | 1610 | 236 | 21409 |
| 辽　宁 | 56227 | 54370 | 7485 | 1857 | 1856 | 1289 | 54652 |
| 吉　林 | | | | | | | |
| 黑龙江 | 2360 | 2323 | 1008 | 38 | 38 | 93 | 2267 |
| 上　海 | 147350 | 135276 | 54323 | 12074 | 12004 | 13794 | 128249 |
| 江　苏 | 648094 | 565259 | 150986 | 82835 | 81189 | 8528 | 623388 |
| 浙　江 | 398523 | 353411 | 116325 | 45111 | 44097 | 4542 | 391929 |
| 安　徽 | 24907 | 17912 | 5031 | 6996 | 6782 | 1389 | 23389 |
| 福　建 | 452937 | 338298 | 77823 | 114639 | 112605 | 3914 | 446939 |
| 江　西 | 8035 | 7602 | 1757 | 434 | 429 | 558 | 7379 |
| 山　东 | 129553 | 116309 | 25202 | 13245 | 12683 | 3053 | 125393 |
| 河　南 | 71121 | 60699 | 16720 | 10423 | 10281 | 3136 | 67954 |
| 湖　北 | 53841 | 45249 | 6401 | 8593 | 8290 | 1398 | 52444 |
| 湖　南 | 41907 | 37892 | 10320 | 4015 | 2777 | 593 | 40728 |
| 广　东 | 1138327 | 1000683 | 356489 | 137644 | 131463 | 26822 | 1092027 |
| 广　西 | 8919 | 7719 | 1238 | 1200 | 1194 | 728 | 8168 |
| 海　南 | | | | | | | |
| 重　庆 | 20928 | 17650 | 3715 | 3278 | 3258 | 64 | 20864 |
| 四　川 | 11097 | 10672 | 3775 | 425 | 415 | 388 | 10709 |
| 贵　州 | | | | | | | |
| 云　南 | 13206 | 5713 | 1562 | 7493 | 7333 | 56 | 13066 |
| 西　藏 | | | | | | | |
| 陕　西 | 2202 | 1785 | 250 | 417 | 417 | | 2202 |
| 甘　肃 | 383 | 307 | 88 | 77 | 75 | 45 | 339 |
| 青　海 | | | | | | | |
| 宁　夏 | 2027 | 1827 | 620 | 200 | 200 | 540 | 1487 |
| 新　疆 | | | | | | | |

## 4-1-17 各地区外商投资企业R&D经费内部支出情况

单位：万元

| 地区 | R&D经费内部支出 | 日常性支出 | #人员劳务费 | 资产性支出 | #仪器设备 | #政府资金 | #企业资金 |
|---|---|---|---|---|---|---|---|
| **全国** | **6907815** | **6107012** | **1890545** | **800804** | **765724** | **135136** | **6349567** |
| 东部地区 | 5884235 | 5218497 | 1697918 | 665738 | 636033 | 107067 | 5360499 |
| 中部地区 | 709272 | 614103 | 120050 | 95169 | 92514 | 14333 | 689577 |
| 西部地区 | 314308 | 274412 | 72577 | 39897 | 37177 | 13736 | 299490 |
| 北京 | 179635 | 159472 | 64971 | 20163 | 20071 | 3995 | 167392 |
| 天津 | 299537 | 260080 | 84763 | 39457 | 37742 | 414 | 232223 |
| 河北 | 103370 | 91642 | 15406 | 11729 | 11230 | 806 | 102446 |
| 山西 | 3808 | 3702 | 1313 | 106 | 106 | 27 | 3782 |
| 内蒙古 | 29702 | 27274 | 4714 | 2428 | 2408 | 451 | 29251 |
| 辽宁 | 73219 | 65072 | 14912 | 8147 | 8021 | 1059 | 71733 |
| 吉林 | 21633 | 20068 | 5556 | 1565 | 1552 | 515 | 21094 |
| 黑龙江 | 47286 | 44346 | 9879 | 2939 | 2855 | 1292 | 45994 |
| 上海 | 1151285 | 1034670 | 429286 | 116616 | 114587 | 40110 | 1099874 |
| 江苏 | 1506843 | 1357791 | 353225 | 149052 | 142722 | 14656 | 1397827 |
| 浙江 | 377443 | 344807 | 113024 | 32636 | 31900 | 7159 | 358001 |
| 安徽 | 93033 | 80041 | 16956 | 12992 | 12617 | 691 | 89408 |
| 福建 | 334729 | 289008 | 102350 | 45721 | 45121 | 11950 | 313362 |
| 江西 | 178545 | 152312 | 23841 | 26233 | 25183 | 3626 | 174351 |
| 山东 | 614214 | 538990 | 107656 | 75224 | 70941 | 19482 | 579722 |
| 河南 | 118431 | 90972 | 17949 | 27460 | 27067 | 4253 | 113573 |
| 湖北 | 224368 | 202104 | 38727 | 22264 | 21704 | 3757 | 219496 |
| 湖南 | 22169 | 20558 | 5830 | 1611 | 1430 | 173 | 21878 |
| 广东 | 1242575 | 1076248 | 412199 | 166327 | 153045 | 7394 | 1036578 |
| 广西 | 136343 | 127923 | 41898 | 8420 | 7955 | 5391 | 130953 |
| 海南 | 1386 | 718 | 126 | 669 | 655 | 43 | 1343 |
| 重庆 | 73761 | 58761 | 11501 | 15000 | 13140 | 2023 | 70720 |
| 四川 | 17736 | 16824 | 3725 | 913 | 891 | 887 | 16850 |
| 贵州 | 829 | 809 | 282 | 20 | 20 | 169 | 660 |
| 云南 | 7734 | 5341 | 1664 | 2393 | 2073 | 1861 | 5873 |
| 西藏 | | | | | | | |
| 陕西 | 14106 | 12972 | 4950 | 1134 | 1131 | 1053 | 13054 |
| 甘肃 | 3442 | 3317 | 422 | 125 | 125 | | 3377 |
| 青海 | 19846 | 12232 | 973 | 7614 | 7605 | 1563 | 18283 |
| 宁夏 | 10809 | 8959 | 2449 | 1850 | 1830 | 339 | 10470 |
| 新疆 | | | | | | | |

# 4-2-1 分登记注册类型企业R&D经费外部支出情况

单位：万元

| 登记注册类型 | R&D经费外部支出 | #对境内研究机构支出 | #对境内高等学校支出 |
|---|---|---|---|
| **合　计** | **2751300** | **1044615** | **521429** |
| **国有及国有控股企业** | **1508463** | **670170** | **311426** |
| **内资企业** | **2075996** | **892238** | **437157** |
| 国有企业 | 308339 | 162645 | 82621 |
| 集体企业 | 42108 | 2925 | 3088 |
| 股份合作企业 | 9087 | 4844 | 3950 |
| 联营企业 | 5491 | 2274 | 2386 |
| 国有联营企业 | 4426 | 1315 | 2385 |
| 集体联营企业 | 960 | 958 | 2 |
| 国有与集体联营企业 | 105 | | |
| 有限责任公司 | 924278 | 485463 | 196035 |
| 国有独资公司 | 306638 | 146167 | 69809 |
| 其他有限责任公司 | 617640 | 339296 | 126226 |
| 股份有限公司 | 596035 | 159991 | 107906 |
| 私营企业 | 185808 | 71677 | 39246 |
| 私营独资企业 | 6398 | 2460 | 1088 |
| 私营合伙企业 | 681 | 116 | 509 |
| 私营有限责任公司 | 109465 | 58692 | 31688 |
| 私营股份有限公司 | 69265 | 10409 | 5962 |
| 其他企业 | 4850 | 2420 | 1925 |
| **港、澳、台商投资企业** | **118650** | **40070** | **31636** |
| 合资经营企业 | 60847 | 24321 | 18705 |
| 合作经营企业 | 1191 | 420 | 217 |
| 港、澳、台商独资经营企业 | 41494 | 13275 | 11273 |
| 港、澳、台商投资股份有限公司 | 15118 | 2054 | 1441 |
| **外商投资企业** | **556654** | **112307** | **52635** |
| 中外合资经营企业 | 407559 | 74619 | 35902 |
| 中外合作经营企业 | 903 | 144 | 165 |
| 外资企业 | 124157 | 29375 | 7250 |
| 外商投资股份有限公司 | 24035 | 8169 | 9318 |

# 4-2-2　分登记注册类型大型企业R&D经费外部支出情况

单位：万元

| 登记注册类型 | R&D经费外部支出 | #对境内研究机构支出 | #对境内高等学校支出 |
|---|---|---|---|
| **合　计** | **1977474** | **643915** | **365974** |
| **国有及国有控股企业** | **1220796** | **473313** | **273195** |
| **内资企业** | **1546520** | **566949** | **318499** |
| 国有企业 | 246481 | 131354 | 70612 |
| 集体企业 | 40744 | 2419 | 2277 |
| 股份合作企业 | 944 | 316 | 451 |
| 联营企业 | 4316 | 1208 | 2385 |
| 国有联营企业 | 4316 | 1208 | 2385 |
| 有限责任公司 | 653391 | 283615 | 151197 |
| 国有独资公司 | 294909 | 139981 | 66415 |
| 其他有限责任公司 | 358482 | 143633 | 84782 |
| 股份有限公司 | 499845 | 114664 | 80343 |
| 私营企业 | 100750 | 33374 | 11184 |
| 私营独资企业 | 3182 | 463 | 217 |
| 私营有限责任公司 | 38388 | 27674 | 8429 |
| 私营股份有限公司 | 59180 | 5237 | 2538 |
| 其他企业 | 50 | | 50 |
| **港、澳、台商投资企业** | **58656** | **14033** | **14365** |
| 合资经营企业 | 23374 | 3813 | 5436 |
| 合作经营企业 | 98 | | 45 |
| 港、澳、台商独资经营企业 | 22486 | 8841 | 7802 |
| 港、澳、台商投资股份有限公司 | 12698 | 1379 | 1082 |
| **外商投资企业** | **372298** | **62932** | **33110** |
| 中外合资经营企业 | 290576 | 40589 | 20685 |
| 中外合作经营企业 | 133 | 42 | 49 |
| 外资企业 | 62104 | 15279 | 3847 |
| 外商投资股份有限公司 | 19485 | 7022 | 8529 |

# 4-2-3 分登记注册类型中型企业R&D经费外部支出情况

单位：万元

| 登记注册类型 | R&D经费外部支出 | #对境内研究机构支出 | #对境内高等学校支出 |
|---|---|---|---|
| **合　计** | **773827** | **400700** | **155455** |
| **国有及国有控股企业** | **287667** | **196856** | **38231** |
| **内资企业** | **529476** | **325289** | **118659** |
| 国有企业 | 61858 | 31291 | 12010 |
| 集体企业 | 1364 | 506 | 810 |
| 股份合作企业 | 8143 | 4528 | 3499 |
| 联营企业 | 1175 | 1066 | 2 |
| 国有联营企业 | 110 | 107 | |
| 集体联营企业 | 960 | 958 | 2 |
| 国有与集体联营企业 | 105 | | |
| 有限责任公司 | 270887 | 201849 | 44838 |
| 国有独资公司 | 11729 | 6186 | 3394 |
| 其他有限责任公司 | 259158 | 195663 | 41444 |
| 股份有限公司 | 96190 | 45327 | 27563 |
| 私营企业 | 85058 | 38303 | 28062 |
| 私营独资企业 | 3216 | 1997 | 870 |
| 私营合伙企业 | 681 | 116 | 509 |
| 私营有限责任公司 | 71077 | 31018 | 23260 |
| 私营股份有限公司 | 10084 | 5173 | 3424 |
| 其他企业 | 4800 | 2420 | 1875 |
| **港、澳、台商投资企业** | **59995** | **26037** | **17271** |
| 合资经营企业 | 37473 | 20508 | 13269 |
| 合作经营企业 | 1094 | 420 | 173 |
| 港、澳、台商独资经营企业 | 19008 | 4434 | 3471 |
| 港、澳、台商投资股份有限公司 | 2420 | 675 | 359 |
| **外商投资企业** | **184356** | **49375** | **19526** |
| 中外合资经营企业 | 116984 | 34030 | 15218 |
| 中外合作经营企业 | 770 | 101 | 116 |
| 外资企业 | 62053 | 14096 | 3403 |
| 外商投资股份有限公司 | 4550 | 1147 | 789 |

# 4-2-4 分行业企业R&D经费外部支出情况

单位：万元

| 行 业 | R&D经费外部支出 | #对境内研究机构支出 | #对境内高等学校支出 |
|---|---|---|---|
| **合 计** | **2751300** | **1044615** | **521429** |
| **采矿业** | **295382** | **114770** | **97670** |
| 煤炭开采和洗选业 | 104017 | 46657 | 48746 |
| 石油和天然气开采业 | 180113 | 62965 | 45108 |
| 黑色金属矿采选业 | 1886 | 1400 | 469 |
| 有色金属矿采选业 | 8165 | 3310 | 2710 |
| 非金属矿采选业 | 1201 | 439 | 637 |
| **制造业** | **2347817** | **880458** | **397012** |
| 农副食品加工业 | 38919 | 12151 | 22502 |
| 食品制造业 | 16936 | 6223 | 5403 |
| 饮料制造业 | 26897 | 13130 | 8315 |
| 烟草制品业 | 43541 | 18865 | 4162 |
| 纺织业 | 25384 | 7363 | 9774 |
| 纺织服装、鞋、帽制造业 | 8254 | 3132 | 3002 |
| 皮革、毛皮、羽毛(绒)及其制品业 | 2964 | 1832 | 542 |
| 木材加工及木、竹、藤、棕、草制品业 | 2397 | 675 | 1343 |
| 家具制造业 | 893 | 290 | 169 |
| 造纸及纸制品业 | 12441 | 9685 | 2305 |
| 印刷业和记录媒介的复制 | 4400 | 865 | 937 |
| 文教体育用品制造业 | 2436 | 488 | 548 |
| 石油加工、炼焦及核燃料加工业 | 44679 | 20122 | 12382 |
| 化学原料及化学制品制造业 | 122565 | 60174 | 40195 |
| 医药制造业 | 177211 | 118166 | 34619 |
| 化学纤维制造业 | 7268 | 3015 | 3755 |
| 橡胶制品业 | 21519 | 4847 | 12289 |
| 塑料制品业 | 6463 | 4058 | 1160 |
| 非金属矿物制品业 | 14021 | 4372 | 5534 |
| 黑色金属冶炼及压延加工业 | 131021 | 48111 | 38913 |
| 有色金属冶炼及压延加工业 | 51638 | 25957 | 14867 |
| 金属制品业 | 22365 | 10731 | 4627 |
| 通用设备制造业 | 151775 | 27993 | 28041 |
| 专用设备制造业 | 50164 | 22509 | 16767 |
| 交通运输设备制造业 | 766922 | 350657 | 59087 |
| 电气机械及器材制造业 | 239510 | 48780 | 35730 |
| 通信设备、计算机及其他电子设备制造业 | 329001 | 43863 | 21616 |
| 仪器仪表及文化、办公用机械制造业 | 22916 | 10483 | 7118 |
| 工艺品及其他制造业 | 3270 | 1907 | 1282 |
| 废弃资源和废旧材料回收加工业 | 46 | 16 | 30 |
| **电力、燃气及水的生产和供应业** | **108102** | **49387** | **26747** |
| 电力、热力的生产和供应业 | 95895 | 48149 | 25763 |
| 燃气生产和供应业 | 7030 | 216 | 14 |
| 水的生产和供应业 | 5177 | 1022 | 969 |
| **高技术产业合计** | **697070** | **325566** | **71571** |
| 医药制造业 | 177211 | 118166 | 34619 |
| 航空航天器制造业 | 165989 | 151522 | 7597 |
| 电子及通信设备制造业 | 312089 | 40143 | 15476 |
| 电子计算机及办公设备制造业 | 16990 | 3759 | 6140 |
| 医疗设备及仪器仪表制造业 | 24791 | 11975 | 7739 |

# 4-2-5 分行业大型企业R&D经费外部支出情况

单位：万元

| 行　业 | R&D经费外部支出 | #对境内研究机构支出 | #对境内高等学校支出 |
|---|---|---|---|
| **合　计** | **1977474** | **643915** | **365974** |
| | | | |
| **采矿业** | **284534** | **108905** | **94153** |
| 煤炭开采和洗选业 | 97677 | 43467 | 46894 |
| 石油和天然气开采业 | 179891 | 62882 | 44997 |
| 黑色金属矿采选业 | 416 | 116 | 300 |
| 有色金属矿采选业 | 5655 | 2202 | 1430 |
| 非金属矿采选业 | 895 | 238 | 533 |
| **制造业** | **1615089** | **507799** | **247983** |
| 农副食品加工业 | 18151 | 4363 | 13294 |
| 食品制造业 | 1914 | 779 | 789 |
| 饮料制造业 | 12727 | 3843 | 6206 |
| 烟草制品业 | 41976 | 18133 | 3511 |
| 纺织业 | 11199 | 3430 | 5415 |
| 纺织服装、鞋、帽制造业 | 4030 | 1528 | 1939 |
| 皮革、毛皮、羽毛(绒)及其制品业 | 1947 | 1181 | 307 |
| 木材加工及木、竹、藤、棕、草制品业 | 136 | 44 | 91 |
| 家具制造业 | 359 | | 24 |
| 造纸及纸制品业 | 4133 | 2625 | 1352 |
| 印刷业和记录媒介的复制 | 1753 | 275 | 164 |
| 文教体育用品制造业 | 1403 | 206 | 197 |
| 石油加工、炼焦及核燃料加工业 | 34765 | 13597 | 9260 |
| 化学原料及化学制品制造业 | 53967 | 22728 | 21570 |
| 医药制造业 | 82660 | 51236 | 13631 |
| 化学纤维制造业 | 3396 | 566 | 2637 |
| 橡胶制品业 | 18632 | 3370 | 11658 |
| 塑料制品业 | 485 | 190 | 205 |
| 非金属矿物制品业 | 5086 | 1842 | 2318 |
| 黑色金属冶炼及压延加工业 | 128491 | 46976 | 37657 |
| 有色金属冶炼及压延加工业 | 44084 | 22610 | 12663 |
| 金属制品业 | 7293 | 5359 | 1033 |
| 通用设备制造业 | 91893 | 13913 | 16854 |
| 专用设备制造业 | 23961 | 12640 | 7754 |
| 交通运输设备制造业 | 572972 | 213894 | 44166 |
| 电气机械及器材制造业 | 173453 | 28735 | 19341 |
| 通信设备、计算机及其他电子设备制造业 | 269934 | 32348 | 11562 |
| 仪器仪表及文化、办公用机械制造业 | 4069 | 1387 | 2175 |
| 工艺品及其他制造业 | 221 | 1 | 209 |
| **电力、燃气及水的生产和供应业** | **77851** | **27210** | **23837** |
| 电力、热力的生产和供应业 | 66720 | 26772 | 23097 |
| 燃气生产和供应业 | 6800 | | |
| 水的生产和供应业 | 4331 | 439 | 740 |
| | | | |
| **高技术产业合计** | **413217** | **128593** | **35076** |
| 医药制造业 | 82660 | 51236 | 13631 |
| 航空航天器制造业 | 56610 | 43468 | 7447 |
| 电子及通信设备制造业 | 256165 | 29523 | 7067 |
| 电子计算机及办公设备制造业 | 13769 | 2825 | 4496 |
| 医疗设备及仪器仪表制造业 | 4013 | 1542 | 2436 |

## 4-2-6 分行业中型企业R&D经费外部支出情况

单位：万元

| 行　业 | R&D经费外部支出 | #对境内研究机构支出 | #对境内高等学校支出 |
|---|---|---|---|
| **合　计** | **773827** | **400700** | **155455** |
| **采矿业** | **10848** | **5865** | **3517** |
| 煤炭开采和洗选业 | 6341 | 3190 | 1853 |
| 石油和天然气开采业 | 222 | 83 | 112 |
| 黑色金属矿采选业 | 1469 | 1283 | 169 |
| 有色金属矿采选业 | 2510 | 1109 | 1280 |
| 非金属矿采选业 | 306 | 201 | 104 |
| **制造业** | **732727** | **372659** | **149028** |
| 农副食品加工业 | 20767 | 7788 | 9207 |
| 食品制造业 | 15022 | 5444 | 4614 |
| 饮料制造业 | 14170 | 9287 | 2109 |
| 烟草制品业 | 1565 | 732 | 650 |
| 纺织业 | 14185 | 3933 | 4359 |
| 纺织服装、鞋、帽制造业 | 4225 | 1604 | 1063 |
| 皮革、毛皮、羽毛(绒)及其制品业 | 1017 | 651 | 235 |
| 木材加工及木、竹、藤、棕、草制品业 | 2261 | 631 | 1252 |
| 家具制造业 | 533 | 290 | 145 |
| 造纸及纸制品业 | 8308 | 7060 | 953 |
| 印刷业和记录媒介的复制 | 2647 | 590 | 773 |
| 文教体育用品制造业 | 1033 | 283 | 351 |
| 石油加工、炼焦及核燃料加工业 | 9913 | 6525 | 3122 |
| 化学原料及化学制品制造业 | 68597 | 37446 | 18625 |
| 医药制造业 | 94551 | 66931 | 20988 |
| 化学纤维制造业 | 3871 | 2449 | 1118 |
| 橡胶制品业 | 2887 | 1478 | 632 |
| 塑料制品业 | 5978 | 3868 | 955 |
| 非金属矿物制品业 | 8936 | 2529 | 3216 |
| 黑色金属冶炼及压延加工业 | 2529 | 1135 | 1256 |
| 有色金属冶炼及压延加工业 | 7554 | 3346 | 2204 |
| 金属制品业 | 15072 | 5372 | 3594 |
| 通用设备制造业 | 59882 | 14081 | 11187 |
| 专用设备制造业 | 26203 | 9869 | 9013 |
| 交通运输设备制造业 | 193950 | 136763 | 14921 |
| 电气机械及器材制造业 | 66057 | 20045 | 16388 |
| 通信设备、计算机及其他电子设备制造业 | 59067 | 11515 | 10054 |
| 仪器仪表及文化、办公用机械制造业 | 18847 | 9095 | 4943 |
| 工艺品及其他制造业 | 3050 | 1906 | 1072 |
| 废弃资源和废旧材料回收加工业 | 46 | 16 | 30 |
| **电力、燃气及水的生产和供应业** | **30251** | **22177** | **2910** |
| 电力、热力的生产和供应业 | 29175 | 21378 | 2666 |
| 燃气生产和供应业 | 230 | 216 | 14 |
| 水的生产和供应业 | 846 | 583 | 230 |
| **高技术产业合计** | **283853** | **196973** | **36495** |
| 医药制造业 | 94551 | 66931 | 20988 |
| 航空航天器制造业 | 109380 | 108054 | 151 |
| 电子及通信设备制造业 | 55924 | 10620 | 8409 |
| 电子计算机及办公设备制造业 | 3221 | 935 | 1645 |
| 医疗设备及仪器仪表制造业 | 20778 | 10433 | 5302 |

## 4-2-7　分行业国有及国有控股企业R&D经费外部支出情况

单位：万元

| 行　业 | R&D经费外部支出 | #对境内研究机构支出 | #对境内高等学校支出 |
|---|---|---|---|
| **合　计** | **1508463** | **670170** | **311426** |
| | | | |
| **采矿业** | **286048** | **109256** | **95161** |
| 煤炭开采和洗选业 | 96445 | 42278 | 46841 |
| 石油和天然气开采业 | 180084 | 62965 | 45079 |
| 黑色金属矿采选业 | 996 | 630 | 355 |
| 有色金属矿采选业 | 7705 | 3084 | 2476 |
| 非金属矿采选业 | 818 | 299 | 411 |
| **制造业** | **1121563** | **511729** | **189652** |
| 农副食品加工业 | 11050 | 635 | 10002 |
| 食品制造业 | 1329 | 422 | 856 |
| 饮料制造业 | 7759 | 3606 | 2671 |
| 烟草制品业 | 43535 | 18864 | 4156 |
| 纺织业 | 1434 | 623 | 429 |
| 纺织服装、鞋、帽制造业 | 311 | 112 | 199 |
| 皮革、毛皮、羽毛(绒)及其制品业 | 57 | | 57 |
| 木材加工及木、竹、藤、棕、草制品业 | 464 | 7 | 116 |
| 家具制造业 | 335 | 18 | 24 |
| 造纸及纸制品业 | 7814 | 7242 | 490 |
| 印刷业和记录媒介的复制 | 2252 | 106 | 248 |
| 文教体育用品制造业 | 2 | 2 | |
| 石油加工、炼焦及核燃料加工业 | 34403 | 14271 | 9043 |
| 化学原料及化学制品制造业 | 53069 | 22341 | 19128 |
| 医药制造业 | 38921 | 26224 | 8083 |
| 化学纤维制造业 | 1057 | 106 | 667 |
| 橡胶制品业 | 1741 | 873 | 483 |
| 塑料制品业 | 861 | 298 | 240 |
| 非金属矿物制品业 | 2395 | 737 | 1402 |
| 黑色金属冶炼及压延加工业 | 102596 | 33554 | 31724 |
| 有色金属冶炼及压延加工业 | 34610 | 16270 | 10553 |
| 金属制品业 | 4323 | 2203 | 1530 |
| 通用设备制造业 | 57605 | 15109 | 14413 |
| 专用设备制造业 | 28641 | 13662 | 10294 |
| 交通运输设备制造业 | 627456 | 307318 | 45497 |
| 电气机械及器材制造业 | 17209 | 6943 | 4653 |
| 通信设备、计算机及其他电子设备制造业 | 28283 | 11886 | 9802 |
| 仪器仪表及文化、办公用机械制造业 | 10603 | 7612 | 2184 |
| 工艺品及其他制造业 | 1450 | 688 | 711 |
| **电力、燃气及水的生产和供应业** | **100852** | **49184** | **26613** |
| 电力、热力的生产和供应业 | 95731 | 48126 | 25736 |
| 燃气生产和供应业 | 69 | 55 | 14 |
| 水的生产和供应业 | 5052 | 1004 | 863 |
| | | | |
| **高技术产业合计** | **243804** | **197706** | **27904** |
| 医药制造业 | 38921 | 26224 | 8083 |
| 航空航天器制造业 | 165048 | 151272 | 7597 |
| 电子及通信设备制造业 | 25304 | 11016 | 8276 |
| 电子计算机及办公设备制造业 | 2979 | 870 | 1526 |
| 医疗设备及仪器仪表制造业 | 11553 | 8324 | 2422 |

# 4-2-8 分行业内资企业R&D经费外部支出情况

单位：万元

| 行 业 | R&D经费外部支出 | #对境内研究机构支出 | #对境内高等学校支出 |
|---|---|---|---|
| **合 计** | **2075996** | **892238** | **437157** |
| **采矿业** | **289031** | **111978** | **95417** |
| 煤炭开采和洗选业 | 99079 | 44182 | 47571 |
| 石油和天然气开采业 | 180113 | 62965 | 45108 |
| 黑色金属矿采选业 | 1886 | 1400 | 469 |
| 有色金属矿采选业 | 6914 | 3018 | 1751 |
| 非金属矿采选业 | 1040 | 414 | 518 |
| **制造业** | **1679254** | **731047** | **315097** |
| 农副食品加工业 | 22920 | 6117 | 13576 |
| 食品制造业 | 7603 | 2345 | 3459 |
| 饮料制造业 | 23233 | 11686 | 7995 |
| 烟草制品业 | 43541 | 18865 | 4162 |
| 纺织业 | 18220 | 6262 | 8717 |
| 纺织服装、鞋、帽制造业 | 6306 | 2998 | 1648 |
| 皮革、毛皮、羽毛(绒)及其制品业 | 1254 | 809 | 276 |
| 木材加工及木、竹、藤、棕、草制品业 | 1431 | 324 | 739 |
| 家具制造业 | 510 | 224 | 145 |
| 造纸及纸制品业 | 11708 | 9524 | 1994 |
| 印刷业和记录媒介的复制 | 3559 | 733 | 880 |
| 文教体育用品制造业 | 1081 | 488 | 501 |
| 石油加工、炼焦及核燃料加工业 | 42927 | 19328 | 12117 |
| 化学原料及化学制品制造业 | 101044 | 47328 | 38193 |
| 医药制造业 | 122642 | 83063 | 22224 |
| 化学纤维制造业 | 2747 | 1105 | 1443 |
| 橡胶制品业 | 8647 | 4469 | 2989 |
| 塑料制品业 | 3157 | 1935 | 850 |
| 非金属矿物制品业 | 11675 | 4159 | 4377 |
| 黑色金属冶炼及压延加工业 | 127314 | 46730 | 36685 |
| 有色金属冶炼及压延加工业 | 42086 | 20598 | 13096 |
| 金属制品业 | 14362 | 8563 | 3833 |
| 通用设备制造业 | 84856 | 22421 | 22787 |
| 专用设备制造业 | 42974 | 19456 | 15886 |
| 交通运输设备制造业 | 630214 | 325420 | 47738 |
| 电气机械及器材制造业 | 184747 | 37766 | 25108 |
| 通信设备、计算机及其他电子设备制造业 | 98312 | 16971 | 16261 |
| 仪器仪表及文化、办公用机械制造业 | 17076 | 9570 | 6166 |
| 工艺品及其他制造业 | 3063 | 1774 | 1225 |
| 废弃资源和废旧材料回收加工业 | 46 | 16 | 30 |
| **电力、燃气及水的生产和供应业** | **107711** | **49212** | **26643** |
| 电力、热力的生产和供应业 | 95522 | 47977 | 25676 |
| 燃气生产和供应业 | 7030 | 216 | 14 |
| 水的生产和供应业 | 5158 | 1019 | 953 |
| **高技术产业合计** | **404629** | **262260** | **52710** |
| 医药制造业 | 122642 | 83063 | 22224 |
| 航空航天器制造业 | 165538 | 151522 | 7597 |
| 电子及通信设备制造业 | 89432 | 15389 | 11690 |
| 电子计算机及办公设备制造业 | 8958 | 1622 | 4571 |
| 医疗设备及仪器仪表制造业 | 18059 | 10664 | 6628 |

# 4-2-9 分行业港澳台商投资企业R&D经费外部支出情况

单位：万元

| 行 业 | R&D经费外部支出 | #对境内研究机构支出 | #对境内高等学校支出 |
|---|---|---|---|
| **合 计** | **118650** | **40070** | **31636** |
| **采矿业** | **4963** | **2500** | **1175** |
| 煤炭开采和洗选业 | 4938 | 2475 | 1175 |
| 非金属矿采选业 | 25 | 25 | |
| **制造业** | **113668** | **37568** | **30444** |
| 农副食品加工业 | 10668 | 3407 | 7068 |
| 食品制造业 | 1864 | 908 | 827 |
| 饮料制造业 | 1133 | 240 | 77 |
| 纺织业 | 6116 | 368 | 798 |
| 纺织服装、鞋、帽制造业 | 1464 | 75 | 1209 |
| 皮革、毛皮、羽毛(绒)及其制品业 | 1594 | 906 | 267 |
| 木材加工及木、竹、藤、棕、草制品业 | 915 | 334 | 570 |
| 家具制造业 | 367 | 50 | 24 |
| 造纸及纸制品业 | 158 | 76 | 6 |
| 印刷业和记录媒介的复制 | 465 | 95 | 57 |
| 文教体育用品制造业 | 1026 | 0 | 25 |
| 石油加工、炼焦及核燃料加工业 | 1385 | 427 | 264 |
| 化学原料及化学制品制造业 | 2167 | 1299 | 413 |
| 医药制造业 | 19556 | 11988 | 3208 |
| 化学纤维制造业 | 3866 | 1549 | 2240 |
| 橡胶制品业 | 90 | 47 | 43 |
| 塑料制品业 | 1843 | 1358 | 149 |
| 非金属矿物制品业 | 801 | 36 | 86 |
| 黑色金属冶炼及压延加工业 | 2680 | 889 | 1791 |
| 有色金属冶炼及压延加工业 | 872 | 24 | 64 |
| 金属制品业 | 2137 | 1791 | 199 |
| 通用设备制造业 | 8204 | 334 | 534 |
| 专用设备制造业 | 3616 | 2047 | 329 |
| 交通运输设备制造业 | 8969 | 2708 | 3356 |
| 电气机械及器材制造业 | 8142 | 2966 | 3496 |
| 通信设备、计算机及其他电子设备制造业 | 22173 | 3057 | 2642 |
| 仪器仪表及文化、办公用机械制造业 | 1314 | 536 | 686 |
| 工艺品及其他制造业 | 86 | 54 | 15 |
| **电力、燃气及水的生产和供应业** | **19** | **2** | **17** |
| 水的生产和供应业 | 19 | 2 | 17 |
| **高技术产业合计** | **42958** | **15671** | **6431** |
| 医药制造业 | 19556 | 11988 | 3208 |
| 电子及通信设备制造业 | 21423 | 2881 | 2642 |
| 电子计算机及办公设备制造业 | 750 | 176 | |
| 医疗设备及仪器仪表制造业 | 1229 | 627 | 581 |

## 4-2-10 分行业外商投资企业R&D经费外部支出情况

单位：万元

| 行业 | R&D经费外部支出 | #对境内研究机构支出 | #对境内高等学校支出 |
|---|---|---|---|
| **合　计** | **556654** | **112307** | **52635** |
| **采矿业** | **1387** | **292** | **1078** |
| 有色金属矿采选业 | 1252 | 292 | 959 |
| 非金属矿采选业 | 136 | | 119 |
| **制造业** | **554894** | **111842** | **51470** |
| 农副食品加工业 | 5330 | 2628 | 1858 |
| 食品制造业 | 7470 | 2969 | 1117 |
| 饮料制造业 | 2531 | 1205 | 242 |
| 纺织业 | 1048 | 733 | 259 |
| 纺织服装、鞋、帽制造业 | 485 | 59 | 145 |
| 皮革、毛皮、羽毛(绒)及其制品业 | 117 | 117 | |
| 木材加工及木、竹、藤、棕、草制品业 | 50 | 17 | 33 |
| 家具制造业 | 16 | 16 | |
| 造纸及纸制品业 | 575 | 84 | 306 |
| 印刷业和记录媒介的复制 | 376 | 37 | |
| 文教体育用品制造业 | 330 | | 22 |
| 石油加工、炼焦及核燃料加工业 | 367 | 367 | |
| 化学原料及化学制品制造业 | 19354 | 11547 | 1589 |
| 医药制造业 | 35013 | 23115 | 9187 |
| 化学纤维制造业 | 655 | 361 | 73 |
| 橡胶制品业 | 12783 | 332 | 9257 |
| 塑料制品业 | 1464 | 764 | 161 |
| 非金属矿物制品业 | 1545 | 177 | 1072 |
| 黑色金属冶炼及压延加工业 | 1027 | 492 | 437 |
| 有色金属冶炼及压延加工业 | 8680 | 5335 | 1707 |
| 金属制品业 | 5866 | 377 | 595 |
| 通用设备制造业 | 58715 | 5238 | 4721 |
| 专用设备制造业 | 3574 | 1006 | 552 |
| 交通运输设备制造业 | 127740 | 22529 | 7993 |
| 电气机械及器材制造业 | 46622 | 8049 | 7125 |
| 通信设备、计算机及其他电子设备制造业 | 208516 | 23835 | 2713 |
| 仪器仪表及文化、办公用机械制造业 | 4526 | 376 | 265 |
| 工艺品及其他制造业 | 121 | 79 | 42 |
| **电力、燃气及水的生产和供应业** | **372** | **172** | **87** |
| 电力、热力的生产和供应业 | 372 | 172 | 87 |
| **高技术产业合计** | **249483** | **47634** | **12430** |
| 医药制造业 | 35013 | 23115 | 9187 |
| 航空航天器制造业 | 451 | | |
| 电子及通信设备制造业 | 201234 | 21874 | 1144 |
| 电子计算机及办公设备制造业 | 7282 | 1961 | 1569 |
| 医疗设备及仪器仪表制造业 | 5503 | 684 | 530 |

## 4-2-11　各地区企业R&D经费外部支出情况

单位：万元

| 地　区 | R&D经费外部支出 | #对境内研究机构支出 | #对境内高等学校支出 |
|---|---|---|---|
| **全　国** | **2751300** | **1044615** | **521429** |
| 东部地区 | 1887821 | 668242 | 310945 |
| 中部地区 | 493737 | 221398 | 128564 |
| 西部地区 | 369742 | 154975 | 81919 |
| 北　京 | 162636 | 127879 | 10809 |
| 天　津 | 203079 | 39137 | 15256 |
| 河　北 | 58283 | 21402 | 14141 |
| 山　西 | 50073 | 22994 | 15984 |
| 内蒙古 | 20058 | 10673 | 6355 |
| 辽　宁 | 141346 | 63827 | 12439 |
| 吉　林 | 30620 | 9762 | 6944 |
| 黑龙江 | 88299 | 40001 | 22620 |
| 上　海 | 203876 | 27921 | 25013 |
| 江　苏 | 231230 | 84732 | 49236 |
| 浙　江 | 188935 | 69931 | 27787 |
| 安　徽 | 93174 | 25233 | 21582 |
| 福　建 | 87440 | 26108 | 10341 |
| 江　西 | 59547 | 34213 | 14213 |
| 山　东 | 418618 | 164707 | 121379 |
| 河　南 | 67822 | 35308 | 17677 |
| 湖　北 | 49544 | 20401 | 13856 |
| 湖　南 | 54657 | 33486 | 15688 |
| 广　东 | 186885 | 37486 | 24161 |
| 广　西 | 22453 | 6256 | 4692 |
| 海　南 | 5494 | 5112 | 382 |
| 重　庆 | 51911 | 27058 | 7164 |
| 四　川 | 72491 | 30385 | 19514 |
| 贵　州 | 11689 | 7521 | 2846 |
| 云　南 | 27188 | 5905 | 3660 |
| 西　藏 | 61 | 61 | |
| 陕　西 | 52196 | 30891 | 18196 |
| 甘　肃 | 32817 | 15435 | 9619 |
| 青　海 | 2590 | 1271 | 1231 |
| 宁　夏 | 3018 | 1471 | 769 |
| 新　疆 | 73270 | 18048 | 7874 |

# 4-2-12 各地区大型企业R&D经费外部支出情况

单位：万元

| 地区 | R&D经费外部支出 | #对境内研究机构支出 | #对境内高等学校支出 |
|---|---|---|---|
| **全国** | **1977474** | **643915** | **365974** |
| 东部地区 | 1292480 | 358281 | 200176 |
| 中部地区 | 381639 | 167476 | 100658 |
| 西部地区 | 303355 | 118157 | 65140 |
| 北京 | 30153 | 13295 | 6536 |
| 天津 | 178067 | 33171 | 12416 |
| 河北 | 50810 | 16957 | 12487 |
| 山西 | 48354 | 21692 | 15584 |
| 内蒙古 | 7943 | 4580 | 2166 |
| 辽宁 | 132572 | 60478 | 10710 |
| 吉林 | 27660 | 8467 | 6825 |
| 黑龙江 | 74555 | 34772 | 21657 |
| 上海 | 153207 | 13384 | 20240 |
| 江苏 | 126146 | 38493 | 31890 |
| 浙江 | 108594 | 29764 | 8341 |
| 安徽 | 73790 | 16353 | 15079 |
| 福建 | 70539 | 20673 | 6271 |
| 江西 | 48764 | 30508 | 13561 |
| 山东 | 320716 | 118695 | 82308 |
| 河南 | 55133 | 26090 | 14731 |
| 湖北 | 26866 | 9994 | 6862 |
| 湖南 | 26518 | 19600 | 6359 |
| 广东 | 121677 | 13372 | 8977 |
| 广西 | 15331 | 3443 | 2231 |
| 海南 | | | |
| 重庆 | 34796 | 16514 | 4327 |
| 四川 | 66184 | 26893 | 17131 |
| 贵州 | 9390 | 6285 | 2241 |
| 云南 | 17235 | 951 | 2002 |
| 西藏 | | | |
| 陕西 | 45014 | 25807 | 16680 |
| 甘肃 | 31174 | 14530 | 8931 |
| 青海 | 2473 | 1165 | 1219 |
| 宁夏 | 1374 | 551 | 555 |
| 新疆 | 72441 | 17439 | 7658 |

# 4-2-13 各地区中型企业R&D经费外部支出情况

单位：万元

| 地区 | R&D经费外部支出 | #对境内研究机构支出 | #对境内高等学校支出 |
|---|---|---|---|
| **全　国** | **773827** | **400700** | **155455** |
| 东部地区 | 595342 | 309961 | 110769 |
| 中部地区 | 112097 | 53921 | 27906 |
| 西部地区 | 66388 | 36818 | 16780 |
| 北　京 | 132483 | 114584 | 4273 |
| 天　津 | 25012 | 5967 | 2840 |
| 河　北 | 7473 | 4445 | 1655 |
| 山　西 | 1719 | 1302 | 400 |
| 内蒙古 | 12115 | 6093 | 4189 |
| 辽　宁 | 8773 | 3350 | 1729 |
| 吉　林 | 2960 | 1295 | 119 |
| 黑龙江 | 13744 | 5229 | 964 |
| 上　海 | 50670 | 14537 | 4772 |
| 江　苏 | 105084 | 46239 | 17346 |
| 浙　江 | 80341 | 40167 | 19446 |
| 安　徽 | 19384 | 8880 | 6502 |
| 福　建 | 16901 | 5436 | 4070 |
| 江　西 | 10783 | 3705 | 652 |
| 山　东 | 97903 | 46012 | 39071 |
| 河　南 | 12690 | 9218 | 2946 |
| 湖　北 | 22678 | 10407 | 6994 |
| 湖　南 | 28139 | 13886 | 9329 |
| 广　东 | 65208 | 24114 | 15185 |
| 广　西 | 7123 | 2813 | 2462 |
| 海　南 | 5494 | 5112 | 382 |
| 重　庆 | 17115 | 10544 | 2838 |
| 四　川 | 6307 | 3492 | 2383 |
| 贵　州 | 2299 | 1236 | 604 |
| 云　南 | 9953 | 4954 | 1658 |
| 西　藏 | 61 | 61 | |
| 陕　西 | 7181 | 5084 | 1516 |
| 甘　肃 | 1643 | 905 | 689 |
| 青　海 | 117 | 106 | 12 |
| 宁　夏 | 1644 | 920 | 214 |
| 新　疆 | 828 | 609 | 216 |

# 4-2-14 各地区国有及国有控股企业R&D经费外部支出情况

单位：万元

| 地　区 | R&D经费外部支出 | #对境内研究机构支出 | #对境内高等学校支出 |
|---|---|---|---|
| **全　国** | **1508463** | **670170** | **311426** |
| 东部地区 | 817987 | 389649 | 146409 |
| 中部地区 | 381986 | 161112 | 101610 |
| 西部地区 | 308490 | 119409 | 63407 |
| 北　京 | 147293 | 123747 | 9250 |
| 天　津 | 45549 | 24315 | 13467 |
| 河　北 | 24626 | 8051 | 9132 |
| 山　西 | 47980 | 21462 | 15440 |
| 内蒙古 | 6778 | 3848 | 1513 |
| 辽　宁 | 130226 | 63418 | 9542 |
| 吉　林 | 26998 | 7542 | 6916 |
| 黑龙江 | 83765 | 36134 | 22004 |
| 上　海 | 152059 | 18966 | 22750 |
| 江　苏 | 65893 | 35093 | 16393 |
| 浙　江 | 17074 | 9456 | 2635 |
| 安　徽 | 78291 | 18349 | 16561 |
| 福　建 | 40205 | 5360 | 3008 |
| 江　西 | 37353 | 20904 | 10257 |
| 山　东 | 166660 | 84037 | 53633 |
| 河　南 | 34014 | 15433 | 11551 |
| 湖　北 | 34055 | 14344 | 9913 |
| 湖　南 | 39529 | 26942 | 8969 |
| 广　东 | 25521 | 14689 | 6234 |
| 广　西 | 18865 | 4234 | 3297 |
| 海　南 | 2882 | 2516 | 366 |
| 重　庆 | 38466 | 17910 | 5879 |
| 四　川 | 58361 | 23641 | 13477 |
| 贵　州 | 10021 | 6349 | 2350 |
| 云　南 | 25064 | 4939 | 3240 |
| 西　藏 | 61 | 61 | |
| 陕　西 | 42533 | 24174 | 15322 |
| 甘　肃 | 31206 | 14485 | 8962 |
| 青　海 | 2510 | 1191 | 1231 |
| 宁　夏 | 1818 | 765 | 486 |
| 新　疆 | 72806 | 17812 | 7650 |

## 4-2-15　各地区内资企业R&D经费外部支出情况

单位：万元

| 地　区 | R&D经费外部支出 | #对境内研究机构支出 | #对境内高等学校支出 |
|---|---|---|---|
| **全　国** | **2075996** | **892238** | **437157** |
| 东部地区 | 1290756 | 548190 | 246389 |
| 中部地区 | 441684 | 198089 | 114321 |
| 西部地区 | 343556 | 145959 | 76448 |
| 北　京 | 152440 | 125747 | 10600 |
| 天　津 | 61842 | 34102 | 14567 |
| 河　北 | 37064 | 11057 | 10442 |
| 山　西 | 50073 | 22994 | 15984 |
| 内蒙古 | 14531 | 8132 | 4691 |
| 辽　宁 | 134160 | 63712 | 11974 |
| 吉　林 | 27868 | 9062 | 6055 |
| 黑龙江 | 81192 | 38530 | 22296 |
| 上　海 | 106970 | 19031 | 20391 |
| 江　苏 | 130441 | 67682 | 39991 |
| 浙　江 | 150831 | 56186 | 23259 |
| 安　徽 | 91503 | 24532 | 20979 |
| 福　建 | 18384 | 6465 | 4600 |
| 江　西 | 44382 | 26982 | 6645 |
| 山　东 | 367438 | 142026 | 95716 |
| 河　南 | 55425 | 26757 | 15840 |
| 湖　北 | 39023 | 16123 | 12668 |
| 湖　南 | 52218 | 33109 | 13855 |
| 广　东 | 128288 | 19667 | 14467 |
| 广　西 | 8358 | 3235 | 3216 |
| 海　南 | 2898 | 2516 | 382 |
| 重　庆 | 49659 | 25652 | 6432 |
| 四　川 | 72173 | 30342 | 19256 |
| 贵　州 | 11418 | 7250 | 2846 |
| 云　南 | 26075 | 5405 | 3328 |
| 西　藏 | 61 | 61 | |
| 陕　西 | 51441 | 30219 | 18182 |
| 甘　肃 | 32798 | 15433 | 9603 |
| 青　海 | 1467 | 1003 | 376 |
| 宁　夏 | 2305 | 1179 | 646 |
| 新　疆 | 73270 | 18048 | 7874 |

# 4-2-16 各地区港澳台商投资企业R&D经费外部支出情况

单位：万元

| 地 区 | R&D经费外部支出 | #对境内研究机构支出 | #对境内高等学校支出 |
|---|---|---|---|
| **全 国** | **118650** | **40070** | **31636** |
| 东部地区 | 106397 | 33595 | 27579 |
| 中部地区 | 6369 | 3533 | 2636 |
| 西部地区 | 5885 | 2943 | 1421 |
| 北 京 | 1984 | 779 | |
| 天 津 | 2902 | 44 | 52 |
| 河 北 | 11372 | 4409 | 2852 |
| 山 西 | | | |
| 内蒙古 | 4980 | 2500 | 1192 |
| 辽 宁 | 984 | 109 | 65 |
| 吉 林 | | | |
| 黑龙江 | 62 | | 62 |
| 上 海 | 12710 | 1708 | 447 |
| 江 苏 | 15679 | 4575 | 5977 |
| 浙 江 | 13654 | 4475 | 2828 |
| 安 徽 | 436 | 132 | 304 |
| 福 建 | 8324 | 2864 | 3054 |
| 江 西 | 22 | | 22 |
| 山 东 | 13595 | 4021 | 7983 |
| 河 南 | 1948 | 964 | 947 |
| 湖 北 | 2330 | 2140 | 110 |
| 湖 南 | 1569 | 296 | 1190 |
| 广 东 | 25193 | 10612 | 4320 |
| 广 西 | 127 | 95 | 17 |
| 海 南 | | | |
| 重 庆 | 320 | 212 | 109 |
| 四 川 | 44 | 35 | 10 |
| 贵 州 | | | |
| 云 南 | 356 | 99 | 38 |
| 西 藏 | | | |
| 陕 西 | | | |
| 甘 肃 | 19 | 2 | 17 |
| 青 海 | | | |
| 宁 夏 | 39 | | 39 |
| 新 疆 | | | |

# 4-2-17 各地区外商投资企业R&D经费外部支出情况

单位：万元

| 地　　区 | R&D经费外部支出 | #对境内研究机构支出 | #对境内高等学校支出 |
|---|---|---|---|
| **全　　国** | **556654** | **112307** | **52635** |
| 东部地区 | 490668 | 86458 | 36978 |
| 中部地区 | 45684 | 19776 | 11607 |
| 西部地区 | 20302 | 6073 | 4051 |
| 北　京 | 8212 | 1353 | 210 |
| 天　津 | 138335 | 4991 | 637 |
| 河　北 | 9847 | 5936 | 848 |
| 山　西 | | | |
| 内蒙古 | 548 | 42 | 472 |
| 辽　宁 | 6202 | 6 | 400 |
| 吉　林 | 2752 | 700 | 889 |
| 黑龙江 | 7045 | 1471 | 263 |
| 上　海 | 84197 | 7182 | 4174 |
| 江　苏 | 85110 | 12476 | 3268 |
| 浙　江 | 24449 | 9270 | 1701 |
| 安　徽 | 1235 | 569 | 299 |
| 福　建 | 60732 | 16779 | 2686 |
| 江　西 | 15143 | 7230 | 7546 |
| 山　东 | 37586 | 18661 | 17681 |
| 河　南 | 10449 | 7587 | 890 |
| 湖　北 | 8191 | 2138 | 1078 |
| 湖　南 | 869 | 81 | 643 |
| 广　东 | 33404 | 7208 | 5374 |
| 广　西 | 13968 | 2926 | 1459 |
| 海　南 | 2596 | 2596 | |
| 重　庆 | 1932 | 1194 | 624 |
| 四　川 | 274 | 8 | 249 |
| 贵　州 | 271 | 271 | |
| 云　南 | 758 | 401 | 294 |
| 西　藏 | | | |
| 陕　西 | 754 | 672 | 14 |
| 甘　肃 | | | |
| 青　海 | 1124 | 268 | 855 |
| 宁　夏 | 674 | 292 | 84 |
| 新　疆 | | | |

# 五、工业企业 R&D 项目情况

# （2010）

# 5-1-1 分登记注册类型企业全部R&D项目情况

| 登记注册类型 | 项目数（项） | 参加项目人员（人） | 项目人员全时当量（人年） | 项目经费内部支出（万元） |
|---|---|---|---|---|
| **合　计** | **145589** | **1548555** | **1210411** | **34462199** |
| **国有及国有控股企业** | **63301** | **635576** | **488045** | **15019405** |
| **内资企业** | **110044** | **1118627** | **853480** | **25239889** |
| 国有企业 | 17230 | 161609 | 115745 | 3143094 |
| 集体企业 | 1644 | 9350 | 6829 | 408562 |
| 股份合作企业 | 657 | 6208 | 4438 | 187299 |
| 联营企业 | 147 | 3040 | 2477 | 60100 |
| 国有联营企业 | 105 | 2079 | 1605 | 51524 |
| 集体联营企业 | 20 | 127 | 115 | 1406 |
| 国有与集体联营企业 | 16 | 751 | 703 | 5797 |
| 其他联营企业 | 6 | 83 | 55 | 1374 |
| 有限责任公司 | 46882 | 483393 | 373020 | 11454480 |
| 国有独资公司 | 11677 | 122508 | 97477 | 3132153 |
| 其他有限责任公司 | 35205 | 360885 | 275543 | 8322327 |
| 股份有限公司 | 25355 | 265421 | 210389 | 6340012 |
| 私营企业 | 17853 | 186059 | 138229 | 3595435 |
| 私营独资企业 | 715 | 9321 | 7084 | 211642 |
| 私营合伙企业 | 126 | 1232 | 872 | 21322 |
| 私营有限责任公司 | 13702 | 149119 | 110478 | 2792472 |
| 私营股份有限公司 | 3310 | 26387 | 19795 | 569999 |
| 其他企业 | 276 | 3547 | 2353 | 50907 |
| **港、澳、台商投资企业** | **13649** | **164505** | **132916** | **3111691** |
| 合资经营企业 | 6085 | 67134 | 54172 | 1356157 |
| 合作经营企业 | 184 | 2273 | 1521 | 40570 |
| 港、澳、台商独资经营企业 | 6478 | 81569 | 66381 | 1372435 |
| 港、澳、台商投资股份有限公司 | 902 | 13529 | 10843 | 342529 |
| **外商投资企业** | **21896** | **265423** | **224014** | **6110619** |
| 中外合资经营企业 | 9196 | 109341 | 88179 | 3140605 |
| 中外合作经营企业 | 278 | 2366 | 1723 | 69173 |
| 外资企业 | 10698 | 133626 | 118901 | 2376244 |
| 外商投资股份有限公司 | 1724 | 20090 | 15211 | 524597 |

# 5-1-2 分登记注册类型大型企业全部R&D项目情况

| 登记注册类型 | 项目数 (项) | 参加项目人员 (人) | 项目人员全时当量 (人年) | 项目经费内部支出 (万元) |
|---|---|---|---|---|
| **合　计** | **72468** | **890562** | **711488** | **22439119** |
| **国有及国有控股企业** | **41757** | **481983** | **373049** | **12417366** |
| **内资企业** | **57443** | **657131** | **509951** | **17286899** |
| 国有企业 | 10306 | 113889 | 81889 | 2435259 |
| 集体企业 | 1402 | 6887 | 5265 | 376257 |
| 股份合作企业 | 127 | 1784 | 1466 | 78126 |
| 联营企业 | 93 | 2636 | 2187 | 52102 |
| 国有联营企业 | 88 | 1986 | 1537 | 48420 |
| 国有与集体联营企业 | 5 | 650 | 650 | 3682 |
| 有限责任公司 | 28305 | 329203 | 258997 | 8770133 |
| 国有独资公司 | 9700 | 105935 | 84493 | 2892771 |
| 其他有限责任公司 | 18605 | 223268 | 174504 | 5877362 |
| 股份有限公司 | 13532 | 163342 | 131833 | 4536394 |
| 私营企业 | 3626 | 38534 | 27715 | 1017017 |
| 私营独资企业 | 79 | 1923 | 1744 | 75296 |
| 私营有限责任公司 | 1786 | 27260 | 19173 | 674952 |
| 私营股份有限公司 | 1761 | 9351 | 6797 | 266769 |
| 其他企业 | 52 | 856 | 598 | 21612 |
| **港、澳、台商投资企业** | **4938** | **77627** | **65583** | **1471208** |
| 合资经营企业 | 1988 | 27336 | 23322 | 569079 |
| 合作经营企业 | 62 | 960 | 671 | 21525 |
| 港、澳、台商独资经营企业 | 2487 | 40712 | 34574 | 739317 |
| 港、澳、台商投资股份有限公司 | 401 | 8619 | 7017 | 141288 |
| **外商投资企业** | **10087** | **155804** | **135955** | **3681012** |
| 中外合资经营企业 | 2760 | 52632 | 44335 | 1834674 |
| 中外合作经营企业 | 35 | 489 | 412 | 16136 |
| 外资企业 | 6331 | 87715 | 80104 | 1408841 |
| 外商投资股份有限公司 | 961 | 14968 | 11104 | 421360 |

## 5-1-3 分登记注册类型中型企业全部R&D项目情况

| 登记注册类型 | 项目数<br>(项) | 参加项目人员<br>(人) | 项目人员全时当量<br>(人年) | 项目经费内部支出<br>(万元) |
|---|---|---|---|---|
| **合　计** | **73121** | **657993** | **498922** | **12023081** |
| **国有及国有控股企业** | **21544** | **153593** | **114996** | **2602039** |
| **内资企业** | **52601** | **461496** | **343530** | **7952990** |
| 国有企业 | 6924 | 47720 | 33855 | 707835 |
| 集体企业 | 242 | 2463 | 1564 | 32306 |
| 股份合作企业 | 530 | 4424 | 2972 | 109173 |
| 联营企业 | 54 | 404 | 290 | 7998 |
| 国有联营企业 | 17 | 93 | 68 | 3104 |
| 集体联营企业 | 20 | 127 | 115 | 1406 |
| 国有与集体联营企业 | 11 | 101 | 53 | 2115 |
| 其他联营企业 | 6 | 83 | 55 | 1374 |
| 有限责任公司 | 18577 | 154190 | 114023 | 2684347 |
| 国有独资公司 | 1977 | 16573 | 12984 | 239382 |
| 其他有限责任公司 | 16600 | 137617 | 101038 | 2444965 |
| 股份有限公司 | 11823 | 102079 | 78556 | 1803618 |
| 私营企业 | 14227 | 147525 | 110515 | 2578418 |
| 私营独资企业 | 636 | 7398 | 5340 | 136346 |
| 私营合伙企业 | 126 | 1232 | 872 | 21322 |
| 私营有限责任公司 | 11916 | 121859 | 91305 | 2117520 |
| 私营股份有限公司 | 1549 | 17036 | 12998 | 303231 |
| 其他企业 | 224 | 2691 | 1755 | 29295 |
| **港、澳、台商投资企业** | **8711** | **86878** | **67333** | **1640484** |
| 合资经营企业 | 4097 | 39798 | 30849 | 787078 |
| 合作经营企业 | 122 | 1313 | 850 | 19046 |
| 港、澳、台商独资经营企业 | 3991 | 40857 | 31807 | 633118 |
| 港、澳、台商投资股份有限公司 | 501 | 4910 | 3826 | 201241 |
| **外商投资企业** | **11809** | **109619** | **88059** | **2429607** |
| 中外合资经营企业 | 6436 | 56709 | 43844 | 1305931 |
| 中外合作经营企业 | 243 | 1877 | 1311 | 53037 |
| 外资企业 | 4367 | 45911 | 38797 | 967403 |
| 外商投资股份有限公司 | 763 | 5122 | 4108 | 103237 |

## 5-1-4 分行业企业全部R&D项目情况

| 行　　业 | 项目数<br>(项) | 参加项目人员<br>(人) | 项目人员全时当量<br>(人年) | 项目经费内部支出<br>(万元) |
|---|---|---|---|---|
| **合　　计** | **145589** | **1548555** | **1210411** | **34462199** |
| **采矿业** | **8069** | **98889** | **67718** | **1531069** |
| 煤炭开采和洗选业 | 3978 | 57966 | 40037 | 922183 |
| 石油和天然气开采业 | 3523 | 33893 | 22842 | 500818 |
| 黑色金属矿采选业 | 113 | 1606 | 1067 | 22828 |
| 有色金属矿采选业 | 276 | 2889 | 2043 | 59664 |
| 非金属矿采选业 | 179 | 2535 | 1729 | 25576 |
| **制造业** | **135226** | **1424358** | **1126778** | **32657424** |
| 农副食品加工业 | 1622 | 17002 | 12117 | 408221 |
| 食品制造业 | 1826 | 14297 | 9251 | 330255 |
| 饮料制造业 | 1665 | 17999 | 12318 | 370064 |
| 烟草制品业 | 689 | 4716 | 3658 | 75654 |
| 纺织业 | 3398 | 43512 | 30282 | 737871 |
| 纺织服装、鞋、帽制造业 | 607 | 9149 | 6790 | 148719 |
| 皮革、毛皮、羽毛(绒)及其制品业 | 399 | 5458 | 4502 | 95936 |
| 木材加工及木、竹、藤、棕、草制品业 | 222 | 2085 | 1300 | 44388 |
| 家具制造业 | 505 | 3118 | 2079 | 38493 |
| 造纸及纸制品业 | 939 | 13866 | 8388 | 330296 |
| 印刷业和记录媒介的复制 | 519 | 6481 | 4670 | 78743 |
| 文教体育用品制造业 | 1009 | 4389 | 3365 | 67793 |
| 石油加工、炼焦及核燃料加工业 | 1203 | 12396 | 10116 | 341698 |
| 化学原料及化学制品制造业 | 7694 | 87493 | 67780 | 2150903 |
| 医药制造业 | 8754 | 62168 | 48527 | 1024415 |
| 化学纤维制造业 | 931 | 13174 | 10224 | 381891 |
| 橡胶制品业 | 2119 | 16776 | 12217 | 476936 |
| 塑料制品业 | 1342 | 23438 | 19788 | 349816 |
| 非金属矿物制品业 | 2845 | 37499 | 26748 | 648454 |
| 黑色金属冶炼及压延加工业 | 6510 | 83713 | 59208 | 3554246 |
| 有色金属冶炼及压延加工业 | 2763 | 36822 | 27045 | 1023920 |
| 金属制品业 | 2675 | 30758 | 23250 | 529689 |
| 通用设备制造业 | 13479 | 114015 | 87000 | 2074265 |
| 专用设备制造业 | 10669 | 94957 | 75827 | 1976416 |
| 交通运输设备制造业 | 17024 | 185468 | 149358 | 4847370 |
| 电气机械及器材制造业 | 16416 | 155504 | 121975 | 3693160 |
| 通信设备、计算机及其他电子设备制造业 | 23141 | 284379 | 254160 | 6271096 |
| 仪器仪表及文化、办公用机械制造业 | 3524 | 33848 | 28237 | 473790 |
| 工艺品及其他制造业 | 730 | 9745 | 6492 | 108021 |
| 废弃资源和废旧材料回收加工业 | 7 | 133 | 104 | 4909 |
| **电力、燃气及水的生产和供应业** | **2294** | **25308** | **15915** | **273705** |
| 电力、热力的生产和供应业 | 2094 | 24060 | 15052 | 255146 |
| 燃气生产和供应业 | 71 | 344 | 250 | 9991 |
| 水的生产和供应业 | 129 | 904 | 612 | 8569 |
| **高技术产业合计** | **37518** | **414524** | **359135** | **8452799** |
| 医药制造业 | 8754 | 62168 | 48527 | 1024415 |
| 航空航天器制造业 | 2039 | 29970 | 24051 | 600950 |
| 电子及通信设备制造业 | 17290 | 214796 | 190852 | 5247011 |
| 电子计算机及办公设备制造业 | 5983 | 71068 | 64487 | 1058919 |
| 医疗设备及仪器仪表制造业 | 3452 | 36522 | 31219 | 521504 |

# 5-1-5　分行业大型企业全部R&D项目情况

| 行　　业 | 项目数<br>(项) | 参加项目人员<br>(人) | 项目人员全时当量<br>(人年) | 项目经费内部支出<br>(万元) |
|---|---|---|---|---|
| **合　　计** | **72468** | **890562** | **711488** | **22439119** |
| **采矿业** | **7565** | **93422** | **64384** | **1436706** |
| 煤炭开采和洗选业 | 3785 | 55619 | 38884 | 874801 |
| 石油和天然气开采业 | 3477 | 33500 | 22552 | 491975 |
| 黑色金属矿采选业 | 46 | 815 | 463 | 11895 |
| 有色金属矿采选业 | 134 | 1380 | 1109 | 40336 |
| 非金属矿采选业 | 123 | 2108 | 1376 | 17700 |
| **制造业** | **63394** | **780138** | **636166** | **20807843** |
| 农副食品加工业 | 670 | 8536 | 6525 | 215128 |
| 食品制造业 | 461 | 5255 | 2656 | 123308 |
| 饮料制造业 | 734 | 10521 | 7456 | 228868 |
| 烟草制品业 | 506 | 2935 | 2066 | 63175 |
| 纺织业 | 1327 | 20045 | 13169 | 345663 |
| 纺织服装、鞋、帽制造业 | 233 | 5554 | 3760 | 77756 |
| 皮革、毛皮、羽毛(绒)及其制品业 | 179 | 3046 | 2523 | 54480 |
| 木材加工及木、竹、藤、棕、草制品业 | 22 | 258 | 81 | 3795 |
| 家具制造业 | 212 | 706 | 278 | 16148 |
| 造纸及纸制品业 | 415 | 6829 | 4043 | 204303 |
| 印刷业和记录媒介的复制 | 128 | 2111 | 1425 | 18109 |
| 文教体育用品制造业 | 596 | 970 | 801 | 21126 |
| 石油加工、炼焦及核燃料加工业 | 928 | 9756 | 8328 | 250364 |
| 化学原料及化学制品制造业 | 2881 | 41375 | 32452 | 1030150 |
| 医药制造业 | 2698 | 24055 | 20150 | 446730 |
| 化学纤维制造业 | 444 | 8179 | 6453 | 236672 |
| 橡胶制品业 | 1012 | 9932 | 7256 | 375257 |
| 塑料制品业 | 159 | 11595 | 10912 | 116805 |
| 非金属矿物制品业 | 727 | 12174 | 8812 | 247487 |
| 黑色金属冶炼及压延加工业 | 5827 | 76342 | 53617 | 3308411 |
| 有色金属冶炼及压延加工业 | 1527 | 22857 | 16942 | 643439 |
| 金属制品业 | 576 | 9971 | 7132 | 187450 |
| 通用设备制造业 | 5587 | 41710 | 31880 | 981955 |
| 专用设备制造业 | 3813 | 43072 | 35477 | 1104391 |
| 交通运输设备制造业 | 9550 | 122974 | 102010 | 3694536 |
| 电气机械及器材制造业 | 6645 | 70122 | 56441 | 1942362 |
| 通信设备、计算机及其他电子设备制造业 | 14713 | 198373 | 184743 | 4733882 |
| 仪器仪表及文化、办公用机械制造业 | 643 | 7531 | 6512 | 112965 |
| 工艺品及其他制造业 | 181 | 3354 | 2266 | 23128 |
| **电力、燃气及水的生产和供应业** | **1509** | **17002** | **10939** | **194570** |
| 电力、热力的生产和供应业 | 1455 | 16611 | 10685 | 184762 |
| 燃气生产和供应业 | 7 | 45 | 23 | 7862 |
| 水的生产和供应业 | 47 | 346 | 231 | 1946 |
| **高技术产业合计** | **19597** | **255871** | **232263** | **5823914** |
| 医药制造业 | 2698 | 24055 | 20150 | 446730 |
| 航空航天器制造业 | 1493 | 23662 | 18627 | 496015 |
| 电子及通信设备制造业 | 9776 | 139034 | 129351 | 3853470 |
| 电子计算机及办公设备制造业 | 4949 | 59566 | 55534 | 882420 |
| 医疗设备及仪器仪表制造业 | 681 | 9554 | 8602 | 145279 |

## 5-1-6 分行业中型企业全部R&D项目情况

| 行　业 | 项目数<br>(项) | 参加项目人员<br>(人) | 项目人员<br>全时当量<br>(人年) | 项目经费<br>内部支出<br>(万元) |
|---|---|---|---|---|
| **合　计** | **73121** | **657993** | **498922** | **12023081** |
| **采矿业** | **504** | **5467** | **3334** | **94363** |
| 煤炭开采和洗选业 | 193 | 2347 | 1153 | 47382 |
| 石油和天然气开采业 | 46 | 393 | 290 | 8843 |
| 黑色金属矿采选业 | 67 | 791 | 604 | 10934 |
| 有色金属矿采选业 | 142 | 1509 | 935 | 19329 |
| 非金属矿采选业 | 56 | 427 | 353 | 7876 |
| **制造业** | **71832** | **644220** | **490612** | **11849582** |
| 农副食品加工业 | 952 | 8466 | 5592 | 193093 |
| 食品制造业 | 1365 | 9042 | 6595 | 206948 |
| 饮料制造业 | 931 | 7478 | 4862 | 141196 |
| 烟草制品业 | 183 | 1781 | 1592 | 12479 |
| 纺织业 | 2071 | 23467 | 17113 | 392208 |
| 纺织服装、鞋、帽制造业 | 374 | 3595 | 3030 | 70963 |
| 皮革、毛皮、羽毛(绒)及其制品业 | 220 | 2412 | 1979 | 41456 |
| 木材加工及木、竹、藤、棕、草制品业 | 200 | 1827 | 1218 | 40593 |
| 家具制造业 | 293 | 2412 | 1801 | 22345 |
| 造纸及纸制品业 | 524 | 7037 | 4345 | 125993 |
| 印刷业和记录媒介的复制 | 391 | 4370 | 3246 | 60634 |
| 文教体育用品制造业 | 413 | 3419 | 2564 | 46667 |
| 石油加工、炼焦及核燃料加工业 | 275 | 2640 | 1788 | 91334 |
| 化学原料及化学制品制造业 | 4813 | 46118 | 35328 | 1120752 |
| 医药制造业 | 6056 | 38113 | 28377 | 577685 |
| 化学纤维制造业 | 487 | 4995 | 3771 | 145219 |
| 橡胶制品业 | 1107 | 6844 | 4961 | 101679 |
| 塑料制品业 | 1183 | 11843 | 8876 | 233011 |
| 非金属矿物制品业 | 2118 | 25325 | 17935 | 400967 |
| 黑色金属冶炼及压延加工业 | 683 | 7371 | 5591 | 245835 |
| 有色金属冶炼及压延加工业 | 1236 | 13965 | 10104 | 380481 |
| 金属制品业 | 2099 | 20787 | 16117 | 342239 |
| 通用设备制造业 | 7892 | 72305 | 55120 | 1092311 |
| 专用设备制造业 | 6856 | 51885 | 40350 | 872024 |
| 交通运输设备制造业 | 7474 | 62494 | 47348 | 1152834 |
| 电气机械及器材制造业 | 9771 | 85382 | 65534 | 1750798 |
| 通信设备、计算机及其他电子设备制造业 | 8428 | 86006 | 69416 | 1537214 |
| 仪器仪表及文化、办公用机械制造业 | 2881 | 26317 | 21726 | 360825 |
| 工艺品及其他制造业 | 549 | 6391 | 4226 | 84892 |
| 废弃资源和废旧材料回收加工业 | 7 | 133 | 104 | 4909 |
| **电力、燃气及水的生产和供应业** | **785** | **8306** | **4976** | **79136** |
| 电力、热力的生产和供应业 | 639 | 7449 | 4367 | 70384 |
| 燃气生产和供应业 | 64 | 299 | 228 | 2129 |
| 水的生产和供应业 | 82 | 558 | 381 | 6623 |
| **高技术产业合计** | **17921** | **158653** | **126872** | **2628886** |
| 医药制造业 | 6056 | 38113 | 28378 | 577685 |
| 航空航天器制造业 | 546 | 6308 | 5424 | 104935 |
| 电子及通信设备制造业 | 7514 | 75762 | 61501 | 1393541 |
| 电子计算机及办公设备制造业 | 1034 | 11502 | 8953 | 176499 |
| 医疗设备及仪器仪表制造业 | 2771 | 26968 | 22616 | 376225 |

# 5-1-7 分行业国有及国有控股企业全部R&D项目情况

| 行　　业 | 项目数<br>(项) | 参加项目人员<br>(人) | 项目人员<br>全时当量<br>(人年) | 项目经费<br>内部支出<br>(万元) |
|---|---|---|---|---|
| **合　计** | **63301** | **635576** | **488045** | **15019405** |
| **采矿业** | **7767** | **95491** | **65297** | **1452780** |
| 煤炭开采和洗选业 | 3855 | 56777 | 38982 | 886036 |
| 石油和天然气开采业 | 3503 | 33764 | 22749 | 499743 |
| 黑色金属矿采选业 | 61 | 1183 | 743 | 10099 |
| 有色金属矿采选业 | 239 | 2422 | 1775 | 42581 |
| 非金属矿采选业 | 109 | 1345 | 1047 | 14321 |
| **制造业** | **53328** | **515644** | **407350** | **13314029** |
| 农副食品加工业 | 153 | 1974 | 1158 | 38462 |
| 食品制造业 | 254 | 2251 | 1554 | 36670 |
| 饮料制造业 | 583 | 7445 | 5925 | 154538 |
| 烟草制品业 | 667 | 4596 | 3569 | 72349 |
| 纺织业 | 529 | 5922 | 4073 | 63851 |
| 纺织服装、鞋、帽制造业 | 127 | 1044 | 649 | 10964 |
| 皮革、毛皮、羽毛(绒)及其制品业 | 15 | 103 | 47 | 557 |
| 木材加工及木、竹、藤、棕、草制品业 | 29 | 377 | 219 | 3986 |
| 家具制造业 | 240 | 805 | 714 | 12616 |
| 造纸及纸制品业 | 340 | 5428 | 3261 | 132129 |
| 印刷业和记录媒介的复制 | 251 | 1395 | 845 | 18215 |
| 文教体育用品制造业 | 40 | 429 | 292 | 6180 |
| 石油加工、炼焦及核燃料加工业 | 922 | 9369 | 7814 | 211843 |
| 化学原料及化学制品制造业 | 3248 | 40001 | 30871 | 951257 |
| 医药制造业 | 2398 | 17817 | 14720 | 267012 |
| 化学纤维制造业 | 302 | 4282 | 2905 | 140605 |
| 橡胶制品业 | 942 | 5398 | 4438 | 143557 |
| 塑料制品业 | 141 | 1345 | 808 | 26321 |
| 非金属矿物制品业 | 829 | 7684 | 4913 | 131697 |
| 黑色金属冶炼及压延加工业 | 4494 | 61622 | 42816 | 2560892 |
| 有色金属冶炼及压延加工业 | 1541 | 18144 | 13740 | 435210 |
| 金属制品业 | 711 | 5880 | 4358 | 102561 |
| 通用设备制造业 | 6572 | 43439 | 32974 | 879800 |
| 专用设备制造业 | 5558 | 48496 | 39670 | 1101483 |
| 交通运输设备制造业 | 11019 | 119274 | 99162 | 3426118 |
| 电气机械及器材制造业 | 3969 | 25502 | 18657 | 635060 |
| 通信设备、计算机及其他电子设备制造业 | 5740 | 59725 | 54777 | 1573041 |
| 仪器仪表及文化、办公用机械制造业 | 1452 | 11629 | 10174 | 135075 |
| 工艺品及其他制造业 | 262 | 4268 | 2247 | 41980 |
| **电力、燃气及水的生产和供应业** | **2206** | **24441** | **15398** | **252596** |
| 电力、热力的生产和供应业 | 2044 | 23354 | 14622 | 243631 |
| 燃气生产和供应业 | 56 | 260 | 200 | 1011 |
| 水的生产和供应业 | 106 | 827 | 576 | 7955 |
| **高技术产业合计** | **11534** | **118284** | **103202** | **2572286** |
| 医药制造业 | 2398 | 17817 | 14720 | 267012 |
| 航空航天器制造业 | 1939 | 28770 | 23182 | 585543 |
| 电子及通信设备制造业 | 5306 | 54405 | 50184 | 1459554 |
| 电子计算机及办公设备制造业 | 434 | 5320 | 4593 | 113487 |
| 医疗设备及仪器仪表制造业 | 1457 | 11972 | 10523 | 146690 |

# 5-1-8 分行业内资企业全部R&D项目情况

| 行　　业 | 项目数<br>(项) | 参加项目人员<br>(人) | 项目人员全时当量<br>(人年) | 项目经费内部支出<br>(万元) |
|---|---|---|---|---|
| **合　　计** | **110044** | **1118627** | **853480** | **25239889** |
| **采矿业** | **7956** | **97069** | **66092** | **1488935** |
| 煤炭开采和洗选业 | 3948 | 57637 | 39708 | 902095 |
| 石油和天然气开采业 | 3523 | 33893 | 22842 | 500818 |
| 黑色金属矿采选业 | 113 | 1606 | 1067 | 22828 |
| 有色金属矿采选业 | 238 | 2059 | 1285 | 45302 |
| 非金属矿采选业 | 134 | 1874 | 1190 | 17891 |
| **制造业** | **99881** | **996787** | **771892** | **23485106** |
| 农副食品加工业 | 1039 | 10388 | 6768 | 258780 |
| 食品制造业 | 1103 | 8885 | 6064 | 197868 |
| 饮料制造业 | 1193 | 13858 | 9093 | 283645 |
| 烟草制品业 | 689 | 4716 | 3658 | 75654 |
| 纺织业 | 2644 | 31727 | 21811 | 568125 |
| 纺织服装、鞋、帽制造业 | 478 | 5886 | 4450 | 99404 |
| 皮革、毛皮、羽毛(绒)及其制品业 | 278 | 3795 | 3069 | 60448 |
| 木材加工及木、竹、藤、棕、草制品业 | 154 | 1598 | 910 | 28398 |
| 家具制造业 | 425 | 1852 | 1320 | 14544 |
| 造纸及纸制品业 | 568 | 8327 | 5111 | 160758 |
| 印刷业和记录媒介的复制 | 359 | 3572 | 2500 | 42115 |
| 文教体育用品制造业 | 286 | 2641 | 1931 | 39485 |
| 石油加工、炼焦及核燃料加工业 | 1075 | 11687 | 9704 | 330822 |
| 化学原料及化学制品制造业 | 6440 | 74616 | 56735 | 1805377 |
| 医药制造业 | 6194 | 43820 | 34486 | 694158 |
| 化学纤维制造业 | 734 | 9806 | 7262 | 274524 |
| 橡胶制品业 | 1615 | 11785 | 8302 | 314699 |
| 塑料制品业 | 768 | 8066 | 5801 | 180017 |
| 非金属矿物制品业 | 2327 | 29019 | 20726 | 499551 |
| 黑色金属冶炼及压延加工业 | 6106 | 78133 | 54560 | 3276671 |
| 有色金属冶炼及压延加工业 | 2356 | 29260 | 21247 | 817111 |
| 金属制品业 | 1903 | 21326 | 15904 | 375339 |
| 通用设备制造业 | 10980 | 90189 | 66369 | 1504005 |
| 专用设备制造业 | 9428 | 79316 | 63298 | 1671192 |
| 交通运输设备制造业 | 13464 | 142606 | 113572 | 3359409 |
| 电气机械及器材制造业 | 11892 | 104239 | 80614 | 2535823 |
| 通信设备、计算机及其他电子设备制造业 | 12387 | 134808 | 122331 | 3603568 |
| 仪器仪表及文化、办公用机械制造业 | 2401 | 22547 | 19090 | 317144 |
| 工艺品及其他制造业 | 588 | 8186 | 5100 | 91562 |
| 废弃资源和废旧材料回收加工业 | 7 | 133 | 104 | 4909 |
| **电力、燃气及水的生产和供应业** | **2207** | **24771** | **15497** | **265849** |
| 电力、热力的生产和供应业 | 2060 | 23720 | 14791 | 248300 |
| 燃气生产和供应业 | 33 | 294 | 205 | 9657 |
| 水的生产和供应业 | 114 | 757 | 501 | 7892 |
| **高技术产业合计** | **23153** | **235241** | **203694** | **5286181** |
| 医药制造业 | 6194 | 43820 | 34486 | 694158 |
| 航空航天器制造业 | 1992 | 29598 | 23854 | 595879 |
| 电子及通信设备制造业 | 11432 | 124756 | 114730 | 3338854 |
| 电子计算机及办公设备制造业 | 1030 | 10791 | 8219 | 280124 |
| 医疗设备及仪器仪表制造业 | 2505 | 26276 | 22406 | 377167 |

# 5-1-9 分行业港澳台商投资企业全部R&D项目情况

| 行　业 | 项目数<br>(项) | 参加项目人员<br>(人) | 项目人员全时当量<br>(人年) | 项目经费内部支出<br>(万元) |
|---|---|---|---|---|
| **合　计** | **13649** | **164505** | **132916** | **3111691** |
| | | | | |
| **采矿业** | **41** | **374** | **365** | **22075** |
| 煤炭开采和洗选业 | 30 | 329 | 329 | 20088 |
| 非金属矿采选业 | 11 | 45 | 36 | 1988 |
| **制造业** | **13556** | **163938** | **132405** | **3088601** |
| 农副食品加工业 | 297 | 3745 | 3273 | 71490 |
| 食品制造业 | 96 | 1155 | 911 | 28373 |
| 饮料制造业 | 118 | 1550 | 1256 | 24154 |
| 纺织业 | 421 | 6472 | 4840 | 97835 |
| 纺织服装、鞋、帽制造业 | 96 | 2760 | 1859 | 43222 |
| 皮革、毛皮、羽毛(绒)及其制品业 | 70 | 952 | 768 | 19160 |
| 木材加工及木、竹、藤、棕、草制品业 | 44 | 332 | 258 | 10558 |
| 家具制造业 | 51 | 482 | 360 | 12158 |
| 造纸及纸制品业 | 99 | 2047 | 1263 | 41453 |
| 印刷业和记录媒介的复制 | 109 | 1782 | 1219 | 24520 |
| 文教体育用品制造业 | 600 | 1088 | 906 | 18469 |
| 石油加工、炼焦及核燃料加工业 | 99 | 521 | 361 | 7967 |
| 化学原料及化学制品制造业 | 445 | 5458 | 4691 | 115126 |
| 医药制造业 | 1268 | 8342 | 6876 | 128584 |
| 化学纤维制造业 | 100 | 1610 | 1540 | 61927 |
| 橡胶制品业 | 61 | 1226 | 1127 | 40493 |
| 塑料制品业 | 339 | 5181 | 4063 | 63823 |
| 非金属矿物制品业 | 212 | 3938 | 2851 | 59379 |
| 黑色金属冶炼及压延加工业 | 181 | 2870 | 2272 | 190438 |
| 有色金属冶炼及压延加工业 | 199 | 3363 | 2467 | 101583 |
| 金属制品业 | 332 | 4194 | 3130 | 47293 |
| 通用设备制造业 | 850 | 6044 | 5266 | 117554 |
| 专用设备制造业 | 493 | 6531 | 5049 | 96941 |
| 交通运输设备制造业 | 892 | 11468 | 9416 | 254075 |
| 电气机械及器材制造业 | 2030 | 24986 | 20178 | 470924 |
| 通信设备、计算机及其他电子设备制造业 | 3360 | 50522 | 42061 | 870805 |
| 仪器仪表及文化、办公用机械制造业 | 582 | 4159 | 3145 | 59471 |
| 工艺品及其他制造业 | 112 | 1160 | 999 | 10829 |
| **电力、燃气及水的生产和供应业** | **52** | **193** | **146** | **1015** |
| 电力、热力的生产和供应业 | 10 | 72 | 57 | 476 |
| 燃气生产和供应业 | 38 | 50 | 45 | 334 |
| 水的生产和供应业 | 4 | 71 | 45 | 205 |
| | | | | |
| **高技术产业合计** | **5027** | **62274** | **51853** | **1045650** |
| 医药制造业 | 1268 | 8342 | 6876 | 128584 |
| 电子及通信设备制造业 | 2670 | 40091 | 33814 | 640125 |
| 电子计算机及办公设备制造业 | 704 | 10725 | 8477 | 237869 |
| 医疗设备及仪器仪表制造业 | 385 | 3116 | 2687 | 39072 |

# 5-1-10 分行业外商投资企业全部R&D项目情况

| 行　业 | 项目数<br>(项) | 参加项目人员<br>(人) | 项目人员全时当量<br>(人年) | 项目经费内部支出<br>(万元) |
|---|---|---|---|---|
| **合　计** | **21896** | **265423** | **224014** | **6110619** |
| | | | | |
| **采矿业** | **72** | **1446** | **1261** | **20060** |
| 有色金属矿采选业 | 38 | 830 | 758 | 14362 |
| 非金属矿采选业 | 34 | 616 | 503 | 5697 |
| **制造业** | **21789** | **263633** | **222481** | **6083718** |
| 农副食品加工业 | 286 | 2869 | 2076 | 77951 |
| 食品制造业 | 627 | 4257 | 2275 | 104014 |
| 饮料制造业 | 354 | 2591 | 1969 | 62265 |
| 纺织业 | 333 | 5313 | 3631 | 71911 |
| 纺织服装、鞋、帽制造业 | 33 | 503 | 482 | 6093 |
| 皮革、毛皮、羽毛(绒)及其制品业 | 51 | 711 | 665 | 16327 |
| 木材加工及木、竹、藤、棕、草制品业 | 24 | 155 | 132 | 5432 |
| 家具制造业 | 29 | 784 | 399 | 11791 |
| 造纸及纸制品业 | 272 | 3492 | 2014 | 128084 |
| 印刷业和记录媒介的复制 | 51 | 1127 | 951 | 12108 |
| 文教体育用品制造业 | 123 | 660 | 527 | 9839 |
| 石油加工、炼焦及核燃料加工业 | 29 | 188 | 51 | 2909 |
| 化学原料及化学制品制造业 | 809 | 7419 | 6354 | 230400 |
| 医药制造业 | 1292 | 10006 | 7165 | 201673 |
| 化学纤维制造业 | 97 | 1758 | 1423 | 45440 |
| 橡胶制品业 | 443 | 3765 | 2789 | 121744 |
| 塑料制品业 | 235 | 10191 | 9924 | 105976 |
| 非金属矿物制品业 | 306 | 4542 | 3171 | 89524 |
| 黑色金属冶炼及压延加工业 | 223 | 2710 | 2376 | 87137 |
| 有色金属冶炼及压延加工业 | 208 | 4199 | 3332 | 105226 |
| 金属制品业 | 440 | 5238 | 4215 | 107056 |
| 通用设备制造业 | 1649 | 17782 | 15365 | 452706 |
| 专用设备制造业 | 748 | 9110 | 7480 | 208283 |
| 交通运输设备制造业 | 2668 | 31394 | 26369 | 1233886 |
| 电气机械及器材制造业 | 2494 | 26279 | 21182 | 686413 |
| 通信设备、计算机及其他电子设备制造业 | 7394 | 99049 | 89767 | 1796723 |
| 仪器仪表及文化、办公用机械制造业 | 541 | 7142 | 6003 | 97175 |
| 工艺品及其他制造业 | 30 | 399 | 393 | 5630 |
| **电力、燃气及水的生产和供应业** | **35** | **344** | **272** | **6841** |
| 电力、热力的生产和供应业 | 24 | 268 | 205 | 6370 |
| 水的生产和供应业 | 11 | 76 | 67 | 472 |
| | | | | |
| **高技术产业合计** | **9338** | **117009** | **103587** | **2120968** |
| 医药制造业 | 1292 | 10006 | 7165 | 201673 |
| 航空航天器制造业 | 47 | 372 | 197 | 5071 |
| 电子及通信设备制造业 | 3188 | 49949 | 42308 | 1268033 |
| 电子计算机及办公设备制造业 | 4249 | 49552 | 47791 | 540926 |
| 医疗设备及仪器仪表制造业 | 562 | 7130 | 6126 | 105265 |

# 5-1-11　各地区企业全部R&D项目情况

| 地　区 | 项目数<br>(项) | 参加项目人员<br>(人) | 项目人员全时当量<br>(人年) | 项目经费内部支出<br>(万元) |
| --- | --- | --- | --- | --- |
| **全　国** | **145589** | **1548555** | **1210411** | **34462199** |
| 东部地区 | 98352 | 1048910 | 839666 | 25234318 |
| 中部地区 | 28957 | 329614 | 245808 | 6261724 |
| 西部地区 | 18280 | 170031 | 124937 | 2966158 |
| 北　京 | 4194 | 33696 | 25502 | 843169 |
| 天　津 | 5665 | 33177 | 24530 | 1089204 |
| 河　北 | 4346 | 42893 | 31910 | 926520 |
| 山　西 | 2194 | 34882 | 26431 | 531423 |
| 内蒙古 | 1030 | 14077 | 12324 | 391336 |
| 辽　宁 | 6063 | 54077 | 38367 | 1445113 |
| 吉　林 | 1621 | 16091 | 13570 | 325318 |
| 黑龙江 | 4113 | 34970 | 27425 | 539388 |
| 上　海 | 6397 | 57973 | 50038 | 2146408 |
| 江　苏 | 17826 | 213469 | 179593 | 4864313 |
| 浙　江 | 11046 | 129429 | 109615 | 2585884 |
| 安　徽 | 4446 | 42393 | 30012 | 824656 |
| 福　建 | 3309 | 47161 | 38783 | 952344 |
| 江　西 | 1917 | 20902 | 15242 | 488208 |
| 山　东 | 17192 | 155932 | 107916 | 4519390 |
| 河　南 | 6082 | 80271 | 60068 | 1343574 |
| 湖　北 | 4602 | 55542 | 41166 | 1193793 |
| 湖　南 | 3982 | 44563 | 31895 | 1015363 |
| 广　东 | 22117 | 280259 | 232720 | 5847235 |
| 广　西 | 1747 | 14412 | 10669 | 304176 |
| 海　南 | 197 | 844 | 692 | 14739 |
| 重　庆 | 3230 | 26526 | 18317 | 533003 |
| 四　川 | 4392 | 43426 | 30728 | 599369 |
| 贵　州 | 1018 | 9342 | 7393 | 169494 |
| 云　南 | 1082 | 9912 | 6659 | 127157 |
| 西　藏 | 9 | 16 | 15 | 892 |
| 陕　西 | 3419 | 30265 | 22714 | 472592 |
| 甘　肃 | 1090 | 10899 | 7437 | 154294 |
| 青　海 | 151 | 2097 | 1573 | 39637 |
| 宁　夏 | 433 | 3321 | 2126 | 60875 |
| 新　疆 | 679 | 5738 | 4983 | 113334 |

# 5-1-12 各地区大型企业全部R&D项目情况

| 地　区 | 项目数（项） | 参加项目人员（人） | 项目人员全时当量（人年） | 项目经费内部支出（万元） |
|---|---|---|---|---|
| **全　国** | **72468** | **890562** | **711488** | **22439119** |
| 东部地区 | 45294 | 566558 | 463031 | 15858448 |
| 中部地区 | 16594 | 213965 | 165167 | 4554338 |
| 西部地区 | 10580 | 110039 | 83290 | 2026333 |
| 北　京 | 871 | 12541 | 9363 | 306460 |
| 天　津 | 1645 | 15860 | 11660 | 752747 |
| 河　北 | 2934 | 30993 | 23518 | 771105 |
| 山　西 | 1792 | 29430 | 23046 | 482765 |
| 内蒙古 | 686 | 10363 | 9229 | 260052 |
| 辽　宁 | 4848 | 44343 | 30755 | 1293949 |
| 吉　林 | 1096 | 12557 | 11131 | 277975 |
| 黑龙江 | 3138 | 28859 | 22580 | 431602 |
| 上　海 | 2358 | 29480 | 27216 | 1407908 |
| 江　苏 | 6766 | 102002 | 85931 | 2614777 |
| 浙　江 | 1866 | 36271 | 30974 | 829589 |
| 安　徽 | 1609 | 20746 | 14947 | 509857 |
| 福　建 | 1240 | 21478 | 17899 | 490425 |
| 江　西 | 953 | 12980 | 9895 | 396853 |
| 山　东 | 10081 | 95113 | 65788 | 3258007 |
| 河　南 | 4098 | 55683 | 42965 | 1000642 |
| 湖　北 | 1898 | 30755 | 23663 | 833798 |
| 湖　南 | 2010 | 22955 | 16941 | 620847 |
| 广　东 | 12682 | 178332 | 159781 | 4131819 |
| 广　西 | 436 | 5979 | 5032 | 174243 |
| 海　南 | 3 | 145 | 145 | 1661 |
| 重　庆 | 1655 | 14375 | 10447 | 335266 |
| 四　川 | 3181 | 32274 | 24199 | 446883 |
| 贵　州 | 486 | 4720 | 3883 | 129057 |
| 云　南 | 579 | 4655 | 3133 | 48768 |
| 西　藏 | | | | |
| 陕　西 | 2043 | 22048 | 16310 | 368772 |
| 甘　肃 | 686 | 7878 | 4829 | 120638 |
| 青　海 | 101 | 1753 | 1327 | 29209 |
| 宁　夏 | 211 | 1583 | 959 | 26803 |
| 新　疆 | 516 | 4411 | 3942 | 86642 |

# 5-1-13 各地区中型企业全部R&D项目情况

| 地区 | 项目数 (项) | 参加项目人员 (人) | 项目人员全时当量 (人年) | 项目经费内部支出 (万元) |
|---|---|---|---|---|
| **全国** | **73121** | **657993** | **498922** | **12023081** |
| 东部地区 | 53058 | 482352 | 376635 | 9375870 |
| 中部地区 | 12363 | 115649 | 80641 | 1707386 |
| 西部地区 | 7700 | 59992 | 41647 | 939825 |
| 北京 | 3323 | 21155 | 16139 | 536709 |
| 天津 | 4020 | 17317 | 12870 | 336458 |
| 河北 | 1412 | 11900 | 8391 | 155416 |
| 山西 | 402 | 5452 | 3385 | 48658 |
| 内蒙古 | 344 | 3714 | 3096 | 131284 |
| 辽宁 | 1215 | 9734 | 7612 | 151164 |
| 吉林 | 525 | 3534 | 2439 | 47344 |
| 黑龙江 | 975 | 6111 | 4844 | 107786 |
| 上海 | 4039 | 28493 | 22821 | 738499 |
| 江苏 | 11060 | 111467 | 93662 | 2249536 |
| 浙江 | 9180 | 93158 | 78641 | 1756295 |
| 安徽 | 2837 | 21647 | 15066 | 314799 |
| 福建 | 2069 | 25683 | 20884 | 461919 |
| 江西 | 964 | 7922 | 5347 | 91355 |
| 山东 | 7111 | 60819 | 42128 | 1261383 |
| 河南 | 1984 | 24588 | 17102 | 342933 |
| 湖北 | 2704 | 24787 | 17503 | 359995 |
| 湖南 | 1972 | 21608 | 14954 | 394516 |
| 广东 | 9435 | 101927 | 72940 | 1715415 |
| 广西 | 1311 | 8433 | 5637 | 129933 |
| 海南 | 194 | 699 | 547 | 13077 |
| 重庆 | 1575 | 12151 | 7870 | 197737 |
| 四川 | 1211 | 11152 | 6529 | 152487 |
| 贵州 | 532 | 4622 | 3510 | 40436 |
| 云南 | 503 | 5257 | 3526 | 78389 |
| 西藏 | 9 | 16 | 15 | 892 |
| 陕西 | 1376 | 8217 | 6404 | 103820 |
| 甘肃 | 404 | 3021 | 2608 | 33656 |
| 青海 | 50 | 344 | 246 | 10428 |
| 宁夏 | 222 | 1738 | 1167 | 34072 |
| 新疆 | 163 | 1327 | 1041 | 26692 |

## 5-1-14 各地区国有及国有控股企业全部R&D项目情况

| 地　区 | 项目数（项） | 参加项目人员（人） | 项目人员全时当量（人年） | 项目经费内部支出（万元） |
|---|---|---|---|---|
| **全　国** | **63301** | **635576** | **488045** | **15019405** |
| 东部地区 | 31494 | 289928 | 224668 | 8624928 |
| 中部地区 | 18638 | 219526 | 166687 | 4240986 |
| 西部地区 | 13169 | 126122 | 96690 | 2153491 |
| 北　京 | 3097 | 21245 | 16056 | 506673 |
| 天　津 | 2612 | 16927 | 12326 | 654463 |
| 河　北 | 2386 | 27504 | 20567 | 654156 |
| 山　西 | 1945 | 30539 | 23375 | 485853 |
| 内蒙古 | 649 | 9868 | 8643 | 216499 |
| 辽　宁 | 4828 | 40295 | 26722 | 1189132 |
| 吉　林 | 1309 | 13274 | 11348 | 285333 |
| 黑龙江 | 3370 | 31228 | 24386 | 467441 |
| 上　海 | 3085 | 28393 | 25133 | 1368061 |
| 江　苏 | 3585 | 38581 | 31154 | 835010 |
| 浙　江 | 933 | 10974 | 9610 | 224354 |
| 安　徽 | 2724 | 25943 | 18987 | 544574 |
| 福　建 | 655 | 8295 | 7086 | 148047 |
| 江　西 | 1123 | 13347 | 10414 | 319298 |
| 山　东 | 6618 | 60069 | 43336 | 1765362 |
| 河　南 | 3420 | 42676 | 32214 | 696810 |
| 湖　北 | 2686 | 36966 | 27668 | 855940 |
| 湖　南 | 2061 | 25553 | 18296 | 585737 |
| 广　东 | 3598 | 37146 | 32217 | 1270157 |
| 广　西 | 999 | 8332 | 6547 | 205744 |
| 海　南 | 97 | 499 | 462 | 9513 |
| 重　庆 | 2260 | 17008 | 12730 | 330494 |
| 四　川 | 3150 | 29989 | 22937 | 455419 |
| 贵　州 | 797 | 8423 | 6756 | 156364 |
| 云　南 | 873 | 7795 | 5279 | 87851 |
| 西　藏 | 9 | 16 | 15 | 892 |
| 陕　西 | 2679 | 26367 | 20317 | 394530 |
| 甘　肃 | 754 | 9546 | 6449 | 143101 |
| 青　海 | 119 | 1866 | 1376 | 36553 |
| 宁　夏 | 245 | 1804 | 1139 | 27822 |
| 新　疆 | 635 | 5108 | 4503 | 98223 |

# 5-1-15 各地区内资企业全部R&D项目情况

| 地　区 | 项目数<br>(项) | 参加项目人员<br>(人) | 项目人员<br>全时当量<br>(人年) | 项目经费<br>内部支出<br>(万元) |
|---|---|---|---|---|
| **全　国** | **110044** | **1118627** | **853480** | **25239889** |
| 东部地区 | 67042 | 668080 | 519744 | 17150262 |
| 中部地区 | 26097 | 294892 | 219058 | 5459212 |
| 西部地区 | 16905 | 155655 | 114679 | 2630416 |
| 北　京 | 3476 | 25642 | 19883 | 578043 |
| 天　津 | 4458 | 23752 | 16969 | 832905 |
| 河　北 | 3435 | 37672 | 28304 | 787741 |
| 山　西 | 2115 | 33779 | 25629 | 522982 |
| 内蒙古 | 899 | 12930 | 11248 | 343485 |
| 辽　宁 | 5557 | 48942 | 33744 | 1324399 |
| 吉　林 | 1548 | 14997 | 12533 | 305281 |
| 黑龙江 | 3761 | 32524 | 25329 | 492184 |
| 上　海 | 2815 | 24761 | 19968 | 950192 |
| 江　苏 | 10553 | 121929 | 98911 | 2944719 |
| 浙　江 | 8023 | 91242 | 76385 | 1842249 |
| 安　徽 | 3849 | 38152 | 27234 | 723345 |
| 福　建 | 1552 | 18195 | 14023 | 317592 |
| 江　西 | 1564 | 17605 | 12607 | 334064 |
| 山　东 | 15419 | 134151 | 92576 | 3889040 |
| 河　南 | 5554 | 71027 | 52602 | 1167360 |
| 湖　北 | 3930 | 45508 | 33699 | 957061 |
| 湖　南 | 3776 | 41300 | 29424 | 956934 |
| 广　东 | 11564 | 140988 | 118318 | 3669646 |
| 广　西 | 1390 | 10467 | 7547 | 174467 |
| 海　南 | 190 | 806 | 665 | 13737 |
| 重　庆 | 2863 | 23088 | 15807 | 454418 |
| 四　川 | 4207 | 41578 | 29730 | 576457 |
| 贵　州 | 966 | 9085 | 7136 | 168934 |
| 云　南 | 1005 | 9105 | 6147 | 113965 |
| 西　藏 | 9 | 16 | 15 | 892 |
| 陕　西 | 3322 | 28793 | 22266 | 458911 |
| 甘　肃 | 1080 | 10674 | 7261 | 150707 |
| 青　海 | 107 | 1235 | 711 | 24543 |
| 宁　夏 | 378 | 2946 | 1828 | 50303 |
| 新　疆 | 679 | 5738 | 4983 | 113334 |

# 5-1-16　各地区港澳台商投资企业全部R&D项目情况

| 地　区 | 项目数（项） | 参加项目人员（人） | 项目人员全时当量（人年） | 项目经费内部支出（万元） |
|---|---|---|---|---|
| **全　国** | **13649** | **164505** | **132916** | **3111691** |
| 东部地区 | 12405 | 150555 | 121859 | 2867327 |
| 中部地区 | 928 | 11438 | 9035 | 181521 |
| 西部地区 | 316 | 2512 | 2023 | 62844 |
| 北　京 | 262 | 2402 | 1369 | 144462 |
| 天　津 | 343 | 2117 | 1712 | 45726 |
| 河　北 | 505 | 2975 | 1866 | 55602 |
| 山　西 | 55 | 487 | 455 | 4849 |
| 内蒙古 | 36 | 342 | 340 | 20792 |
| 辽　宁 | 154 | 1976 | 1873 | 51961 |
| 吉　林 | | | | |
| 黑龙江 | 15 | 186 | 143 | 1164 |
| 上　海 | 784 | 7257 | 5886 | 134345 |
| 江　苏 | 3157 | 28902 | 25074 | 562761 |
| 浙　江 | 1430 | 18596 | 16368 | 384246 |
| 安　徽 | 265 | 1420 | 922 | 18055 |
| 福　建 | 1151 | 16171 | 13329 | 344633 |
| 江　西 | 39 | 362 | 309 | 6799 |
| 山　东 | 403 | 5488 | 4270 | 114505 |
| 河　南 | 276 | 4784 | 4203 | 65851 |
| 湖　北 | 136 | 2257 | 1495 | 47178 |
| 湖　南 | 142 | 1942 | 1508 | 37625 |
| 广　东 | 4216 | 64671 | 50112 | 1029087 |
| 广　西 | 87 | 312 | 240 | 7118 |
| 海　南 | | | | |
| 重　庆 | 66 | 942 | 810 | 16549 |
| 四　川 | 81 | 500 | 326 | 6216 |
| 贵　州 | | | | |
| 云　南 | 26 | 232 | 154 | 8875 |
| 西　藏 | | | | |
| 陕　西 | 4 | 33 | 31 | 1820 |
| 甘　肃 | 4 | 71 | 45 | 205 |
| 青　海 | | | | |
| 宁　夏 | 12 | 80 | 77 | 1270 |
| 新　疆 | | | | |

# 5-1-17 各地区外商投资企业全部R&D项目情况

| 地　区 | 项目数（项） | 参加项目人员（人） | 项目人员全时当量（人年） | 项目经费内部支出（万元） |
|---|---|---|---|---|
| **全　国** | **21896** | **265423** | **224014** | **6110619** |
| 东部地区 | 18905 | 230275 | 198063 | 5216729 |
| 中部地区 | 1932 | 23284 | 17716 | 620991 |
| 西部地区 | 1059 | 11864 | 8235 | 272898 |
| 北　京 | 456 | 5652 | 4251 | 120664 |
| 天　津 | 864 | 7308 | 5849 | 210573 |
| 河　北 | 406 | 2246 | 1740 | 83178 |
| 山　西 | 24 | 616 | 347 | 3592 |
| 内蒙古 | 95 | 805 | 736 | 27059 |
| 辽　宁 | 352 | 3159 | 2751 | 68753 |
| 吉　林 | 73 | 1094 | 1037 | 20037 |
| 黑龙江 | 337 | 2260 | 1952 | 46040 |
| 上　海 | 2798 | 25955 | 24184 | 1061871 |
| 江　苏 | 4116 | 62638 | 55609 | 1356833 |
| 浙　江 | 1593 | 19591 | 16863 | 359389 |
| 安　徽 | 332 | 2821 | 1857 | 83256 |
| 福　建 | 606 | 12795 | 11431 | 290120 |
| 江　西 | 314 | 2935 | 2326 | 147345 |
| 山　东 | 1370 | 16293 | 11069 | 515845 |
| 河　南 | 252 | 4460 | 3263 | 110364 |
| 湖　北 | 536 | 7777 | 5971 | 189554 |
| 湖　南 | 64 | 1321 | 963 | 20805 |
| 广　东 | 6337 | 74600 | 64289 | 1148502 |
| 广　西 | 270 | 3633 | 2882 | 122591 |
| 海　南 | 7 | 38 | 27 | 1002 |
| 重　庆 | 301 | 2496 | 1699 | 62036 |
| 四　川 | 104 | 1348 | 672 | 16697 |
| 贵　州 | 52 | 257 | 257 | 560 |
| 云　南 | 51 | 575 | 358 | 4317 |
| 西　藏 | | | | |
| 陕　西 | 93 | 1439 | 417 | 11861 |
| 甘　肃 | 6 | 154 | 132 | 3381 |
| 青　海 | 44 | 862 | 862 | 15094 |
| 宁　夏 | 43 | 295 | 220 | 9302 |
| 新　疆 | | | | |

# 5-2-1　企业限额以上R&D项目情况

| 组　别 | 项目数（项） | 参加项目人员（人） | 项目经费内部支出（万元） |
|---|---|---|---|
| **总　计** | **85950** | **1259933** | **32933992** |
| **按项目来源分组** | | | |
| 国家科技项目 | 2937 | 76729 | 2230583 |
| 地方科技项目 | 5754 | 90616 | 2500212 |
| 企业委托科技项目 | 2822 | 27671 | 620248 |
| 自选科技项目 | 72250 | 1013610 | 26478590 |
| 来自国外的科技项目 | 840 | 28055 | 567841 |
| 其它科技项目 | 1347 | 23252 | 536518 |
| **按项目合作形式分组** | | | |
| 与境外机构合作 | 1401 | 38492 | 1201087 |
| 与国内高校合作 | 8171 | 127242 | 3261463 |
| 与国内独立研究机构合作 | 4517 | 73745 | 1951188 |
| 与境内注册外商独资企业合作 | 454 | 8071 | 300100 |
| 与境内注册其他企业合作 | 4233 | 50523 | 1356316 |
| 独立完成 | 63740 | 914024 | 23645955 |
| 其　他 | 3434 | 47836 | 1217883 |
| **按项目技术经济目标分组** | | | |
| 科学原理的探索、发现 | 896 | 10715 | 214097 |
| 技术原理的研究 | 3845 | 46948 | 1072081 |
| 开发全新产品 | 43273 | 604996 | 16263983 |
| 增加产品功能或提高性能 | 22383 | 348310 | 8601604 |
| 提高劳动生产率 | 4126 | 52410 | 1184952 |
| 减少能源消耗或提高能源使用效率 | 4972 | 72048 | 2086757 |
| 节约原材料 | 1507 | 19668 | 483449 |
| 减少环境污染 | 2148 | 28320 | 719075 |
| 其　他 | 2800 | 76518 | 2307994 |

# 5-2-2　大型企业限额以上R&D项目情况

| 组　　别 | 项目数（项） | 参加项目人员（人） | 项目经费内部支出（万元） |
|---|---|---|---|
| **总　　计** | **38378** | **702828** | **21333643** |
| **按项目来源分组** | | | |
| 国家科技项目 | 1407 | 50920 | 1574988 |
| 地方科技项目 | 2066 | 39100 | 1306276 |
| 企业委托科技项目 | 1057 | 10922 | 314138 |
| 自选科技项目 | 33177 | 572253 | 17587144 |
| 来自国外的科技项目 | 199 | 20466 | 337014 |
| 其它科技项目 | 472 | 9167 | 214083 |
| **按项目合作形式分组** | | | |
| 与境外机构合作 | 464 | 25794 | 783626 |
| 与国内高校合作 | 4088 | 71079 | 1997835 |
| 与国内独立研究机构合作 | 2187 | 44063 | 1304603 |
| 与境内注册外商独资企业合作 | 109 | 3459 | 196761 |
| 与境内注册其他企业合作 | 2111 | 28909 | 883612 |
| 独立完成 | 27792 | 505371 | 15394599 |
| 其　他 | 1627 | 24153 | 772607 |
| **按项目技术经济目标分组** | | | |
| 科学原理的探索、发现 | 576 | 6938 | 135766 |
| 技术原理的研究 | 2599 | 32091 | 781131 |
| 开发全新产品 | 17194 | 307849 | 10075383 |
| 增加产品功能或提高性能 | 9544 | 194327 | 5432412 |
| 提高劳动生产率 | 2557 | 34897 | 841850 |
| 减少能源消耗或提高能源使用效率 | 2364 | 36484 | 1241879 |
| 节约原材料 | 663 | 10349 | 262720 |
| 减少环境污染 | 1152 | 15132 | 466659 |
| 其　他 | 1729 | 64761 | 2095843 |

# 5-2-3 中型企业限额以上R&D项目情况

| 组　　别 | 项目数<br>(项) | 参加项目人员<br>(人) | 项目经费内部支出<br>(万元) |
|---|---|---|---|
| **总　　计** | **47572** | **557105** | **11600349** |
| **按项目来源分组** | | | |
| 国家科技项目 | 1530 | 25809 | 655595 |
| 地方科技项目 | 3688 | 51516 | 1193936 |
| 企业委托科技项目 | 1765 | 16749 | 306110 |
| 自选科技项目 | 39073 | 441357 | 8891446 |
| 来自国外的科技项目 | 641 | 7589 | 230827 |
| 其它科技项目 | 875 | 14085 | 322435 |
| **按项目合作形式分组** | | | |
| 与境外机构合作 | 937 | 12698 | 417460 |
| 与国内高校合作 | 4083 | 56163 | 1263628 |
| 与国内独立研究机构合作 | 2330 | 29682 | 646585 |
| 与境内注册外商独资企业合作 | 345 | 4612 | 103338 |
| 与境内注册其他企业合作 | 2122 | 21614 | 472704 |
| 独立完成 | 35948 | 408653 | 8251357 |
| 其　他 | 1807 | 23683 | 445277 |
| **按项目技术经济目标分组** | | | |
| 科学原理的探索、发现 | 320 | 3777 | 78331 |
| 技术原理的研究 | 1246 | 14857 | 290950 |
| 开发全新产品 | 26079 | 297147 | 6188600 |
| 增加产品功能或提高性能 | 12839 | 153983 | 3169192 |
| 提高劳动生产率 | 1569 | 17513 | 343102 |
| 减少能源消耗或提高能源使用效率 | 2608 | 35564 | 844878 |
| 节约原材料 | 844 | 9319 | 220730 |
| 减少环境污染 | 996 | 13188 | 252416 |
| 其　他 | 1071 | 11757 | 212151 |

# 5-2-4 国有及国有控股企业限额以上R&D项目情况

| 组 别 | 项目数<br>(项) | 参加项目人员<br>(人) | 项目经费内部支出<br>(万元) |
|---|---|---|---|
| **总 计** | **36840** | **500858** | **14104556** |
| **按项目来源分组** | | | |
| 国家科技项目 | 1891 | 55877 | 1634121 |
| 地方科技项目 | 2070 | 30740 | 1018550 |
| 企业委托科技项目 | 1452 | 13372 | 312391 |
| 自选科技项目 | 30812 | 388593 | 10790008 |
| 来自国外的科技项目 | 129 | 1880 | 103117 |
| 其它科技项目 | 486 | 10396 | 246369 |
| **按项目合作形式分组** | | | |
| 与境外机构合作 | 395 | 8028 | 505062 |
| 与国内高校合作 | 4073 | 65443 | 1644755 |
| 与国内独立研究机构合作 | 2338 | 44091 | 1146491 |
| 与境内注册外商独资企业合作 | 121 | 2444 | 87032 |
| 与境内注册其他企业合作 | 2439 | 30351 | 829688 |
| 独立完成 | 26223 | 335719 | 9559463 |
| 其 他 | 1251 | 14782 | 332066 |
| **按项目技术经济目标分组** | | | |
| 科学原理的探索、发现 | 493 | 6087 | 101329 |
| 技术原理的研究 | 2733 | 33348 | 764785 |
| 开发全新产品 | 16334 | 226913 | 6944017 |
| 增加产品功能或提高性能 | 8965 | 132400 | 3636541 |
| 提高劳动生产率 | 2649 | 32733 | 741832 |
| 减少能源消耗或提高能源使用效率 | 2122 | 26908 | 901819 |
| 节约原材料 | 577 | 7151 | 170623 |
| 减少环境污染 | 1117 | 12938 | 338809 |
| 其 他 | 1850 | 22380 | 504800 |

# 5-2-5　内资企业限额以上R&D项目情况

| 组　　别 | 项目数<br>(项) | 参加项目人员<br>(人) | 项目经费内部支出<br>(万元) |
|---|---|---|---|
| **总　　计** | **65945** | **905964** | **23982832** |
| **按项目来源分组** | | | |
| 国家科技项目 | 2617 | 67451 | 1940332 |
| 地方科技项目 | 4674 | 71613 | 1932905 |
| 企业委托科技项目 | 2188 | 20515 | 413749 |
| 自选科技项目 | 55104 | 726185 | 19216390 |
| 来自国外的科技项目 | 312 | 3120 | 78639 |
| 其它科技项目 | 1050 | 17080 | 400818 |
| **按项目合作形式分组** | | | |
| 与境外机构合作 | 592 | 9013 | 341008 |
| 与国内高校合作 | 6948 | 106592 | 2704922 |
| 与国内独立研究机构合作 | 3812 | 64505 | 1647402 |
| 与境内注册外商独资企业合作 | 257 | 3934 | 170326 |
| 与境内注册其他企业合作 | 3572 | 42728 | 1105343 |
| 独立完成 | 48177 | 647045 | 17155790 |
| 其　他 | 2587 | 32147 | 858042 |
| **按项目技术经济目标分组** | | | |
| 科学原理的探索、发现 | 737 | 8609 | 172177 |
| 技术原理的研究 | 3333 | 41360 | 940699 |
| 开发全新产品 | 32481 | 429306 | 11654009 |
| 增加产品功能或提高性能 | 16567 | 223147 | 5717278 |
| 提高劳动生产率 | 3532 | 43337 | 940535 |
| 减少能源消耗或提高能源使用效率 | 3990 | 53241 | 1518898 |
| 节约原材料 | 1096 | 13711 | 335843 |
| 减少环境污染 | 1789 | 22178 | 575823 |
| 其　他 | 2420 | 71075 | 2127570 |

## 5-2-6 港澳台商投资企业限额以上R&D项目情况

| 组　别 | 项目数<br>(项) | 参加项目人员<br>(人) | 项目经费内部支出<br>(万元) |
| --- | --- | --- | --- |
| **总　计** | **8293** | **140922** | **3020601** |
| **按项目来源分组** | | | |
| 国家科技项目 | 127 | 3134 | 96447 |
| 地方科技项目 | 473 | 8625 | 250250 |
| 企业委托科技项目 | 235 | 1967 | 45752 |
| 自选科技项目 | 7176 | 120825 | 2555466 |
| 来自国外的科技项目 | 158 | 4046 | 43701 |
| 其它科技项目 | 124 | 2325 | 28984 |
| **按项目合作形式分组** | | | |
| 与境外机构合作 | 197 | 2626 | 67975 |
| 与国内高校合作 | 591 | 9145 | 249204 |
| 与国内独立研究机构合作 | 315 | 3841 | 112285 |
| 与境内注册外商独资企业合作 | 72 | 873 | 20367 |
| 与境内注册其他企业合作 | 329 | 3204 | 69889 |
| 独立完成 | 6450 | 114852 | 2376929 |
| 其　他 | 339 | 6381 | 123953 |
| **按项目技术经济目标分组** | | | |
| 科学原理的探索、发现 | 28 | 309 | 3978 |
| 技术原理的研究 | 221 | 2232 | 44067 |
| 开发全新产品 | 4512 | 70492 | 1624080 |
| 增加产品功能或提高性能 | 2386 | 49458 | 967275 |
| 提高劳动生产率 | 225 | 3901 | 71024 |
| 减少能源消耗或提高能源使用效率 | 450 | 8013 | 167516 |
| 节约原材料 | 170 | 2403 | 60596 |
| 减少环境污染 | 138 | 2151 | 44555 |
| 其　他 | 163 | 1963 | 37510 |

# 5-2-7 外资企业限额以上R&D项目情况

| 组　　别 | 项目数（项） | 参加项目人员（人） | 项目经费内部支出（万元） |
|---|---|---|---|
| **总　　计** | **11712** | **213047** | **5930559** |
| **按项目来源分组** | | | |
| 国家科技项目 | 193 | 6144 | 193804 |
| 地方科技项目 | 607 | 10378 | 317058 |
| 企业委托科技项目 | 399 | 5189 | 160746 |
| 自选科技项目 | 9970 | 166600 | 4706734 |
| 来自国外的科技项目 | 370 | 20889 | 445500 |
| 其它科技项目 | 173 | 3847 | 106716 |
| **按项目合作形式分组** | | | |
| 与境外机构合作 | 612 | 26853 | 792104 |
| 与国内高校合作 | 632 | 11505 | 307337 |
| 与国内独立研究机构合作 | 390 | 5399 | 191502 |
| 与境内注册外商独资企业合作 | 125 | 3264 | 109407 |
| 与境内注册其他企业合作 | 332 | 4591 | 181085 |
| 独立完成 | 9113 | 152127 | 4113236 |
| 其　他 | 508 | 9308 | 235889 |
| **按项目技术经济目标分组** | | | |
| 科学原理的探索、发现 | 131 | 1797 | 37942 |
| 技术原理的研究 | 291 | 3356 | 87315 |
| 开发全新产品 | 6280 | 105198 | 2985894 |
| 增加产品功能或提高性能 | 3430 | 75705 | 1917051 |
| 提高劳动生产率 | 369 | 5172 | 173394 |
| 减少能源消耗或提高能源使用效率 | 532 | 10794 | 400343 |
| 节约原材料 | 241 | 3554 | 87010 |
| 减少环境污染 | 221 | 3991 | 98697 |
| 其　他 | 217 | 3480 | 142914 |

# 六、工业企业办研发机构情况

# （2010）

# 6-1 分登记注册类型企业办研发机构情况

| 登记注册类型 | 机构数（个） | 机构人员合计（人） | #博士毕业 | #硕士毕业 | 机构经费支出（万元） | 仪器和设备原价（万元） |
|---|---|---|---|---|---|---|
| **合　计** | **16717** | **1485379** | **19736** | **158359** | **32768798** | **23784979** |
| **国有及国有控股企业** | **4063** | **535097** | **6985** | **74949** | **12881551** | **9585800** |
| **内资企业** | **12242** | **1065334** | **15563** | **125570** | **23279870** | **17503877** |
| 国有企业 | 1108 | 130875 | 1448 | 14641 | 2500502 | 2016497 |
| 集体企业 | 107 | 7059 | 138 | 537 | 224492 | 105816 |
| 股份合作企业 | 98 | 5908 | 183 | 433 | 180571 | 85568 |
| 联营企业 | 17 | 3464 | 21 | 380 | 13240 | 30834 |
| 国有联营企业 | 7 | 2241 | 16 | 287 | 5175 | 19202 |
| 集体联营企业 | 3 | 137 | 1 | 9 | 358 | 335 |
| 国有与集体联营企业 | 6 | 1026 | 4 | 83 | 6651 | 11297 |
| 其他联营企业 | 1 | 60 |  | 1 | 1056 |  |
| 有限责任公司 | 4440 | 446366 | 5784 | 54748 | 10288309 | 8387322 |
| 国有独资公司 | 661 | 90813 | 906 | 8433 | 2122062 | 2240937 |
| 其他有限责任公司 | 3779 | 355553 | 4878 | 46315 | 8166247 | 6146384 |
| 股份有限公司 | 2381 | 280747 | 4967 | 43811 | 6720615 | 4535802 |
| 私营企业 | 4045 | 188100 | 2970 | 10842 | 3305236 | 2314675 |
| 私营独资企业 | 216 | 9070 | 140 | 624 | 202750 | 82611 |
| 私营合伙企业 | 35 | 995 | 30 | 59 | 21124 | 13475 |
| 私营有限责任公司 | 3364 | 149962 | 2309 | 8104 | 2568526 | 1860281 |
| 私营股份有限公司 | 430 | 28073 | 491 | 2055 | 512836 | 358309 |
| 其他企业 | 46 | 2815 | 52 | 178 | 46906 | 27363 |
| **港、澳、台商投资企业** | **1991** | **169328** | **1605** | **10762** | **3162875** | **1921937** |
| 合资经营企业 | 928 | 72211 | 678 | 4223 | 1286169 | 975523 |
| 合作经营企业 | 34 | 2523 | 18 | 85 | 34853 | 40562 |
| 港、澳、台商独资经营企业 | 922 | 82355 | 802 | 5000 | 1594401 | 781856 |
| 港、澳、台商投资股份有限公司 | 107 | 12239 | 107 | 1454 | 247452 | 123995 |
| **外商投资企业** | **2484** | **250717** | **2568** | **22027** | **6326052** | **4359165** |
| 中外合资经营企业 | 1318 | 111463 | 1301 | 12565 | 3549398 | 2595607 |
| 中外合作经营企业 | 46 | 2430 | 27 | 129 | 46175 | 23705 |
| 外资企业 | 952 | 119621 | 974 | 7336 | 2230577 | 1484099 |
| 外商投资股份有限公司 | 168 | 17203 | 266 | 1997 | 499903 | 255755 |

# 6-2 分登记注册类型大型企业办研发机构情况

| 登记注册类型 | 机构数（个） | 机构人员合计（人） | #博士毕业 | #硕士毕业 | 机构经费支出（万元） | 仪器和设备原价（万元） |
|---|---|---|---|---|---|---|
| **合　计** | **3929** | **823101** | **10290** | **107575** | **21246905** | **14484735** |
| **国有及国有控股企业** | **1876** | **395853** | **5350** | **60971** | **10417368** | **7296326** |
| **内资企业** | **2983** | **599713** | **8647** | **89686** | **15672508** | **11367721** |
| 国有企业 | 450 | 89846 | 1085 | 10520 | 1909761 | 1443492 |
| 集体企业 | 27 | 4344 | 100 | 406 | 188568 | 78336 |
| 股份合作企业 | 14 | 1410 | 99 | 114 | 62983 | 43325 |
| 联营企业 | 5 | 3012 | 16 | 348 | 8708 | 17721 |
| 国有联营企业 | 4 | 2162 | 15 | 274 | 4166 | 17450 |
| 国有与集体联营企业 | 1 | 850 | 1 | 74 | 4543 | 271 |
| 有限责任公司 | 1385 | 290252 | 3657 | 42708 | 7655506 | 6322370 |
| 国有独资公司 | 411 | 75734 | 746 | 7219 | 1889067 | 2000979 |
| 其他有限责任公司 | 974 | 214518 | 2911 | 35489 | 5766439 | 4321391 |
| 股份有限公司 | 762 | 174080 | 3111 | 33034 | 4896253 | 2956373 |
| 私营企业 | 336 | 36235 | 572 | 2533 | 941644 | 500728 |
| 私营独资企业 | 12 | 1678 | 22 | 115 | 91238 | 7885 |
| 私营有限责任公司 | 238 | 24934 | 349 | 1529 | 595809 | 357518 |
| 私营股份有限公司 | 86 | 9623 | 201 | 889 | 254598 | 135325 |
| 其他企业 | 4 | 534 | 7 | 23 | 9084 | 5378 |
| **港、澳、台商投资企业** | **364** | **79202** | **525** | **5202** | **1635159** | **762347** |
| 合资经营企业 | 123 | 31739 | 187 | 1814 | 554859 | 341364 |
| 合作经营企业 | 6 | 1413 | 8 | 31 | 21473 | 21797 |
| 港、澳、台商独资经营企业 | 204 | 38779 | 279 | 2493 | 918708 | 344784 |
| 港、澳、台商投资股份有限公司 | 31 | 7271 | 51 | 864 | 140118 | 54402 |
| **外商投资企业** | **582** | **144186** | **1118** | **12687** | **3939238** | **2354667** |
| 中外合资经营企业 | 260 | 55010 | 571 | 7752 | 2189314 | 1420066 |
| 中外合作经营企业 | 6 | 403 | 3 | 25 | 20445 | 2084 |
| 外资企业 | 238 | 76817 | 367 | 3434 | 1329964 | 736154 |
| 外商投资股份有限公司 | 78 | 11956 | 177 | 1476 | 399515 | 196363 |

# 6-3 分登记注册类型中型企业办研发机构情况

| 登记注册类型 | 机构数（个） | 机构人员合计（人） | | | 机构经费支出（万元） | 仪器和设备原价（万元） |
|---|---|---|---|---|---|---|
| | | | #博士毕业 | #硕士毕业 | | |
| **合　　计** | **12788** | **662278** | **9446** | **50784** | **11521893** | **9300245** |
| **国有及国有控股企业** | **2187** | **139244** | **1635** | **13978** | **2464183** | **2289473** |
| **内资企业** | **9259** | **465621** | **6916** | **35884** | **7607362** | **6136156** |
| 国有企业 | 658 | 41029 | 363 | 4121 | 590740 | 573005 |
| 集体企业 | 80 | 2715 | 38 | 131 | 35923 | 27480 |
| 股份合作企业 | 84 | 4498 | 84 | 319 | 117588 | 42244 |
| 联营企业 | 12 | 452 | 5 | 32 | 4532 | 13112 |
| 国有联营企业 | 3 | 79 | 1 | 13 | 1009 | 1752 |
| 集体联营企业 | 3 | 137 | 1 | 9 | 358 | 335 |
| 国有与集体联营企业 | 5 | 176 | 3 | 9 | 2109 | 11026 |
| 其他联营企业 | 1 | 60 | | 1 | 1056 | |
| 有限责任公司 | 3055 | 156114 | 2127 | 12040 | 2632803 | 2064952 |
| 国有独资公司 | 250 | 15079 | 160 | 1214 | 232995 | 239959 |
| 其他有限责任公司 | 2805 | 141035 | 1967 | 10826 | 2399809 | 1824994 |
| 股份有限公司 | 1619 | 106667 | 1856 | 10777 | 1824362 | 1579430 |
| 私营企业 | 3709 | 151865 | 2398 | 8309 | 2363592 | 1813948 |
| 私营独资企业 | 204 | 7392 | 118 | 509 | 111512 | 74726 |
| 私营合伙企业 | 35 | 995 | 30 | 59 | 21124 | 13475 |
| 私营有限责任公司 | 3126 | 125028 | 1960 | 6575 | 1972718 | 1502762 |
| 私营股份有限公司 | 344 | 18450 | 290 | 1166 | 258239 | 222984 |
| 其他企业 | 42 | 2281 | 45 | 155 | 37822 | 21985 |
| **港、澳、台商投资企业** | **1627** | **90126** | **1080** | **5560** | **1527716** | **1159590** |
| 合资经营企业 | 805 | 40472 | 491 | 2409 | 731309 | 634159 |
| 合作经营企业 | 28 | 1110 | 10 | 54 | 13380 | 18766 |
| 港、澳、台商独资经营企业 | 718 | 43576 | 523 | 2507 | 675693 | 437072 |
| 港、澳、台商投资股份有限公司 | 76 | 4968 | 56 | 590 | 107334 | 69593 |
| **外商投资企业** | **1902** | **106531** | **1450** | **9340** | **2386815** | **2004499** |
| 中外合资经营企业 | 1058 | 56453 | 730 | 4813 | 1360084 | 1175542 |
| 中外合作经营企业 | 40 | 2027 | 24 | 104 | 25730 | 21621 |
| 外资企业 | 714 | 42804 | 607 | 3902 | 900613 | 747945 |
| 外商投资股份有限公司 | 90 | 5247 | 89 | 521 | 100388 | 59392 |

# 6-4 分行业企业办研发机构情况

| 行 业 | 机构数（个） | 机构人员合计（人） | #博士毕业 | #硕士毕业 | 机构经费支出（万元） | 仪器和设备原价（万元） |
|---|---|---|---|---|---|---|
| **合 计** | **16717** | **1485379** | **19736** | **158359** | **32768798** | **23784979** |
| **采矿业** | **455** | **62174** | **1204** | **7444** | **1189329** | **1025425** |
| 煤炭开采和洗选业 | 224 | 21616 | 316 | 1596 | 466095 | 402081 |
| 石油和天然气开采业 | 120 | 34991 | 806 | 5505 | 622305 | 393093 |
| 黑色金属矿采选业 | 26 | 1373 | 31 | 120 | 15276 | 140576 |
| 有色金属矿采选业 | 47 | 2642 | 20 | 121 | 53315 | 69150 |
| 非金属矿采选业 | 38 | 1552 | 31 | 102 | 32337 | 20526 |
| **制造业** | **16083** | **1407109** | **18271** | **148869** | **31432418** | **22503929** |
| 农副食品加工业 | 392 | 18196 | 513 | 1797 | 426137 | 269793 |
| 食品制造业 | 296 | 15191 | 415 | 1702 | 368259 | 198227 |
| 饮料制造业 | 272 | 17647 | 295 | 1042 | 504087 | 429421 |
| 烟草制品业 | 32 | 1976 | 88 | 420 | 144411 | 109600 |
| 纺织业 | 791 | 43000 | 566 | 1762 | 747481 | 637399 |
| 纺织服装、鞋、帽制造业 | 233 | 15678 | 109 | 468 | 207520 | 120932 |
| 皮革、毛皮、羽毛(绒)及其制品业 | 151 | 8123 | 72 | 252 | 116743 | 77139 |
| 木材加工及木、竹、藤、棕、草制品业 | 90 | 3002 | 71 | 249 | 95118 | 43795 |
| 家具制造业 | 97 | 4431 | 34 | 111 | 66851 | 48233 |
| 造纸及纸制品业 | 203 | 13657 | 195 | 616 | 365645 | 243494 |
| 印刷业和记录媒介的复制 | 88 | 5502 | 59 | 315 | 83486 | 153092 |
| 文教体育用品制造业 | 120 | 6816 | 48 | 176 | 77364 | 59552 |
| 石油加工、炼焦及核燃料加工业 | 119 | 10288 | 163 | 1017 | 314319 | 250862 |
| 化学原料及化学制品制造业 | 1297 | 81338 | 1494 | 7077 | 1994075 | 1327988 |
| 医药制造业 | 929 | 59036 | 1964 | 8266 | 1104925 | 902805 |
| 化学纤维制造业 | 146 | 10885 | 133 | 616 | 445004 | 314599 |
| 橡胶制品业 | 181 | 16819 | 140 | 683 | 387288 | 596375 |
| 塑料制品业 | 310 | 26082 | 186 | 990 | 344496 | 335755 |
| 非金属矿物制品业 | 622 | 33431 | 588 | 2226 | 547630 | 542476 |
| 黑色金属冶炼及压延加工业 | 394 | 54951 | 909 | 5559 | 1825031 | 1135085 |
| 有色金属冶炼及压延加工业 | 422 | 36127 | 527 | 2406 | 1073804 | 687136 |
| 金属制品业 | 525 | 30982 | 327 | 1589 | 470938 | 298566 |
| 通用设备制造业 | 1526 | 105406 | 1128 | 7090 | 1920776 | 1650554 |
| 专用设备制造业 | 1130 | 97814 | 1438 | 10937 | 1913656 | 1257949 |
| 交通运输设备制造业 | 1516 | 187223 | 1542 | 15538 | 4653756 | 3610738 |
| 电气机械及器材制造业 | 1944 | 165772 | 1733 | 11618 | 3884085 | 2488488 |
| 通信设备、计算机及其他电子设备制造业 | 1628 | 292802 | 2984 | 59144 | 6770300 | 4206375 |
| 仪器仪表及文化、办公用机械制造业 | 476 | 34895 | 471 | 4708 | 470602 | 317706 |
| 工艺品及其他制造业 | 146 | 9960 | 73 | 488 | 107357 | 188886 |
| 废弃资源和废旧材料回收加工业 | 7 | 79 | 6 | 7 | 1277 | 908 |
| **电力、燃气及水的生产和供应业** | **179** | **16096** | **261** | **2046** | **147050** | **255625** |
| 电力、热力的生产和供应业 | 146 | 14662 | 234 | 1838 | 128250 | 241631 |
| 燃气生产和供应业 | 9 | 708 | 2 | 64 | 8446 | 2146 |
| 水的生产和供应业 | 24 | 726 | 25 | 144 | 10354 | 11848 |
| **高技术产业合计** | **3184** | **413640** | **6080** | **76287** | **8784256** | **5906711** |
| 医药制造业 | 929 | 59036 | 1964 | 8266 | 1104925 | 902805 |
| 航空航天器制造业 | 122 | 23062 | 96 | 1929 | 382422 | 471885 |
| 电子及通信设备制造业 | 1439 | 234563 | 2670 | 54370 | 5800914 | 3890414 |
| 电子计算机及办公设备制造业 | 213 | 59788 | 319 | 4944 | 1005461 | 326277 |
| 医疗设备及仪器仪表制造业 | 481 | 37191 | 1031 | 6778 | 490534 | 315329 |

# 6-5　分行业大型企业办研发机构情况

| 行　　业 | 机构数(个) | 机构人员合计(人) | #博士毕业 | #硕士毕业 | 机构经费支出(万元) | 仪器和设备原价(万元) |
|---|---|---|---|---|---|---|
| **合　　计** | **3929** | **823101** | **10290** | **107575** | **21246905** | **14484735** |
| **采矿业** | **333** | **57965** | **1128** | **7231** | **1104741** | **808513** |
| 煤炭开采和洗选业 | 174 | 19707 | 293 | 1526 | 415150 | 387454 |
| 石油和天然气开采业 | 115 | 34879 | 804 | 5497 | 613168 | 392203 |
| 黑色金属矿采选业 | 9 | 743 | 10 | 69 | 8699 | 2361 |
| 有色金属矿采选业 | 19 | 1746 | 8 | 79 | 46879 | 16665 |
| 非金属矿采选业 | 16 | 890 | 13 | 60 | 20845 | 9829 |
| **制造业** | **3527** | **754003** | **8940** | **98652** | **20048103** | **13475877** |
| 农副食品加工业 | 96 | 9226 | 176 | 805 | 239776 | 143044 |
| 食品制造业 | 49 | 6010 | 120 | 477 | 148312 | 64147 |
| 饮料制造业 | 78 | 9681 | 128 | 549 | 343958 | 285411 |
| 烟草制品业 | 13 | 1402 | 73 | 341 | 126931 | 82113 |
| 纺织业 | 169 | 19375 | 285 | 856 | 401181 | 278117 |
| 纺织服装、鞋、帽制造业 | 44 | 7890 | 33 | 166 | 100809 | 48006 |
| 皮革、毛皮、羽毛(绒)及其制品业 | 24 | 4043 | 24 | 79 | 70922 | 31047 |
| 木材加工及木、竹、藤、棕、草制品业 | 6 | 829 | 5 | 46 | 60733 | 18837 |
| 家具制造业 | 10 | 1109 | 18 | 23 | 30340 | 25816 |
| 造纸及纸制品业 | 39 | 6301 | 91 | 318 | 238860 | 95572 |
| 印刷业和记录媒介的复制 | 21 | 1870 | 21 | 87 | 25545 | 35065 |
| 文教体育用品制造业 | 14 | 1826 | 21 | 52 | 30129 | 23193 |
| 石油加工、炼焦及核燃料加工业 | 71 | 7508 | 115 | 770 | 229129 | 181877 |
| 化学原料及化学制品制造业 | 296 | 34012 | 567 | 2854 | 882608 | 607481 |
| 医药制造业 | 167 | 20092 | 834 | 3810 | 484009 | 317444 |
| 化学纤维制造业 | 45 | 6083 | 53 | 355 | 313248 | 143668 |
| 橡胶制品业 | 50 | 10955 | 100 | 430 | 304611 | 499703 |
| 塑料制品业 | 29 | 12844 | 31 | 267 | 123880 | 53813 |
| 非金属矿物制品业 | 74 | 9917 | 177 | 549 | 212226 | 244822 |
| 黑色金属冶炼及压延加工业 | 232 | 48982 | 825 | 5194 | 1643031 | 1028662 |
| 有色金属冶炼及压延加工业 | 136 | 21421 | 240 | 1368 | 659982 | 355775 |
| 金属制品业 | 78 | 10139 | 98 | 556 | 184082 | 95419 |
| 通用设备制造业 | 214 | 36264 | 420 | 3295 | 910109 | 730788 |
| 专用设备制造业 | 209 | 45084 | 724 | 6613 | 1003647 | 635609 |
| 交通运输设备制造业 | 448 | 126723 | 1011 | 12270 | 3598132 | 2695844 |
| 电气机械及器材制造业 | 391 | 78735 | 664 | 5510 | 2267402 | 1508449 |
| 通信设备、计算机及其他电子设备制造业 | 443 | 204973 | 1963 | 50160 | 5258287 | 3023497 |
| 仪器仪表及文化、办公用机械制造业 | 59 | 6944 | 99 | 739 | 118750 | 91383 |
| 工艺品及其他制造业 | 22 | 3765 | 24 | 113 | 37476 | 131275 |
| **电力、燃气及水的生产和供应业** | **69** | **11133** | **222** | **1692** | **94061** | **200345** |
| 电力、热力的生产和供应业 | 60 | 10840 | 210 | 1600 | 92071 | 194287 |
| 燃气生产和供应业 | 2 | 52 | 2 | 21 | 714 | 58 |
| 水的生产和供应业 | 7 | 241 | 10 | 71 | 1276 | 6000 |
| **高技术产业合计** | **743** | **252712** | **3363** | **57495** | **6201693** | **3813838** |
| 医药制造业 | 167 | 20092 | 834 | 3810 | 484009 | 317444 |
| 航空航天器制造业 | 61 | 18187 | 75 | 1503 | 322829 | 393073 |
| 电子及通信设备制造业 | 370 | 156243 | 1753 | 46391 | 4425672 | 2762214 |
| 电子计算机及办公设备制造业 | 75 | 49035 | 210 | 3769 | 835967 | 261605 |
| 医疗设备及仪器仪表制造业 | 70 | 9155 | 491 | 2022 | 133216 | 79501 |

# 6-6 分行业中型企业办研发机构情况

| 行　　业 | 机构数(个) | 机构人员合计(人) | #博士毕业 | #硕士毕业 | 机构经费支出(万元) | 仪器和设备原价(万元) |
|---|---|---|---|---|---|---|
| **合　计** | **12788** | **662278** | **9446** | **50784** | **11521893** | **9300245** |
| **采矿业** | **122** | **4209** | **76** | **213** | **84588** | **216913** |
| 煤炭开采和洗选业 | 50 | 1909 | 23 | 70 | 50945 | 14627 |
| 石油和天然气开采业 | 5 | 112 | 2 | 8 | 9137 | 890 |
| 黑色金属矿采选业 | 17 | 630 | 21 | 51 | 6578 | 138214 |
| 有色金属矿采选业 | 28 | 896 | 12 | 42 | 6436 | 52485 |
| 非金属矿采选业 | 22 | 662 | 18 | 42 | 11492 | 10697 |
| **制造业** | **12556** | **653106** | **9331** | **50217** | **11384315** | **9028052** |
| 农副食品加工业 | 296 | 8970 | 337 | 992 | 186361 | 126750 |
| 食品制造业 | 247 | 9181 | 295 | 1225 | 219948 | 134080 |
| 饮料制造业 | 194 | 7966 | 167 | 493 | 160129 | 144010 |
| 烟草制品业 | 19 | 574 | 15 | 79 | 17480 | 27487 |
| 纺织业 | 622 | 23625 | 281 | 906 | 346299 | 359281 |
| 纺织服装、鞋、帽制造业 | 189 | 7788 | 76 | 302 | 106711 | 72926 |
| 皮革、毛皮、羽毛(绒)及其制品业 | 127 | 4080 | 48 | 173 | 45821 | 46092 |
| 木材加工及木、竹、藤、棕、草制品业 | 84 | 2173 | 66 | 203 | 34385 | 24958 |
| 家具制造业 | 87 | 3322 | 16 | 88 | 36511 | 22416 |
| 造纸及纸制品业 | 164 | 7356 | 104 | 298 | 126786 | 147922 |
| 印刷业和记录媒介的复制 | 67 | 3632 | 38 | 228 | 57941 | 118026 |
| 文教体育用品制造业 | 106 | 4990 | 27 | 124 | 47234 | 36359 |
| 石油加工、炼焦及核燃料加工业 | 48 | 2780 | 48 | 247 | 85190 | 68985 |
| 化学原料及化学制品制造业 | 1001 | 47326 | 927 | 4223 | 1111467 | 720507 |
| 医药制造业 | 762 | 38944 | 1130 | 4456 | 620917 | 585361 |
| 化学纤维制造业 | 101 | 4802 | 80 | 261 | 131755 | 170932 |
| 橡胶制品业 | 131 | 5864 | 40 | 253 | 82676 | 96673 |
| 塑料制品业 | 281 | 13238 | 155 | 723 | 220616 | 281942 |
| 非金属矿物制品业 | 548 | 23514 | 411 | 1677 | 335404 | 297655 |
| 黑色金属冶炼及压延加工业 | 162 | 5969 | 84 | 365 | 182000 | 106423 |
| 有色金属冶炼及压延加工业 | 286 | 14706 | 287 | 1038 | 413822 | 331361 |
| 金属制品业 | 447 | 20843 | 229 | 1033 | 286856 | 203147 |
| 通用设备制造业 | 1312 | 69142 | 708 | 3795 | 1010666 | 919766 |
| 专用设备制造业 | 921 | 52730 | 714 | 4324 | 910009 | 622340 |
| 交通运输设备制造业 | 1068 | 60500 | 531 | 3268 | 1055624 | 914894 |
| 电气机械及器材制造业 | 1553 | 87037 | 1069 | 6108 | 1616683 | 980039 |
| 通信设备、计算机及其他电子设备制造业 | 1185 | 87829 | 1021 | 8984 | 1512013 | 1182878 |
| 仪器仪表及文化、办公用机械制造业 | 417 | 27951 | 372 | 3969 | 351853 | 226323 |
| 工艺品及其他制造业 | 124 | 6195 | 49 | 375 | 69881 | 57612 |
| 废弃资源和废旧材料回收加工业 | 7 | 79 | 6 | 7 | 1277 | 908 |
| **电力、燃气及水的生产和供应业** | **110** | **4963** | **39** | **354** | **52989** | **55280** |
| 电力、热力的生产和供应业 | 86 | 3822 | 24 | 238 | 36180 | 47344 |
| 燃气生产和供应业 | 7 | 656 |  | 43 | 7733 | 2088 |
| 水的生产和供应业 | 17 | 485 | 15 | 73 | 9077 | 5848 |
| **高技术产业合计** | **2441** | **160928** | **2717** | **18792** | **2582563** | **2092873** |
| 医药制造业 | 762 | 38944 | 1130 | 4456 | 620917 | 585361 |
| 航空航天器制造业 | 61 | 4875 | 21 | 426 | 59593 | 78811 |
| 电子及通信设备制造业 | 1069 | 78320 | 917 | 7979 | 1375242 | 1128201 |
| 电子计算机及办公设备制造业 | 138 | 10753 | 109 | 1175 | 169494 | 64672 |
| 医疗设备及仪器仪表制造业 | 411 | 28036 | 540 | 4756 | 357318 | 235829 |

# 6-7　分行业国有及国有控股企业办研发机构情况

| 行　　业 | 机构数（个） | 机构人员合计（人） | #博士毕业 | #硕士毕业 | 机构经费支出（万元） | 仪器和设备原价（万元） |
|---|---|---|---|---|---|---|
| **合　　计** | **4063** | **535097** | **6985** | **74949** | **12881551** | **9585800** |
| **采矿业** | **379** | **58439** | **1117** | **7224** | **1086544** | **839618** |
| 煤炭开采和洗选业 | 197 | 20286 | 278 | 1496 | 416305 | 386701 |
| 石油和天然气开采业 | 116 | 34889 | 806 | 5500 | 619968 | 392303 |
| 黑色金属矿采选业 | 13 | 800 | 12 | 74 | 9173 | 5019 |
| 有色金属矿采选业 | 34 | 1795 | 13 | 96 | 28849 | 49815 |
| 非金属矿采选业 | 19 | 669 | 8 | 58 | 12250 | 5780 |
| **制造业** | **3527** | **461810** | **5613** | **65739** | **11670896** | **8497229** |
| 农副食品加工业 | 39 | 2229 | 76 | 199 | 32590 | 39118 |
| 食品制造业 | 42 | 1920 | 67 | 331 | 64788 | 27757 |
| 饮料制造业 | 81 | 7115 | 109 | 415 | 300376 | 272863 |
| 烟草制品业 | 26 | 1850 | 86 | 411 | 140790 | 101403 |
| 纺织业 | 83 | 5821 | 29 | 213 | 72424 | 126779 |
| 纺织服装、鞋、帽制造业 | 22 | 2318 | 11 | 57 | 11855 | 10990 |
| 皮革、毛皮、羽毛(绒)及其制品业 | 3 | 113 | 3 | 3 | 1097 | 810 |
| 木材加工及木、竹、藤、棕、草制品业 | 7 | 330 | 6 | 31 | 4272 | 3528 |
| 家具制造业 | 3 | 874 | 1 | 17 | 20844 | 11410 |
| 造纸及纸制品业 | 49 | 3936 | 53 | 240 | 121465 | 55863 |
| 印刷业和记录媒介的复制 | 14 | 1577 | 12 | 128 | 33569 | 47197 |
| 文教体育用品制造业 | 5 | 552 |  | 5 | 6461 | 12395 |
| 石油加工、炼焦及核燃料加工业 | 76 | 7289 | 119 | 833 | 195234 | 197181 |
| 化学原料及化学制品制造业 | 368 | 31458 | 528 | 2656 | 801132 | 591727 |
| 医药制造业 | 200 | 12774 | 332 | 1589 | 253590 | 209319 |
| 化学纤维制造业 | 35 | 3108 | 51 | 340 | 173207 | 78226 |
| 橡胶制品业 | 45 | 5255 | 35 | 178 | 124409 | 104772 |
| 塑料制品业 | 21 | 1999 | 10 | 130 | 19262 | 10043 |
| 非金属矿物制品业 | 109 | 7842 | 88 | 625 | 134496 | 185476 |
| 黑色金属冶炼及压延加工业 | 146 | 35872 | 665 | 4508 | 986542 | 791257 |
| 有色金属冶炼及压延加工业 | 131 | 17279 | 202 | 1374 | 410217 | 310056 |
| 金属制品业 | 78 | 4642 | 70 | 408 | 82384 | 59537 |
| 通用设备制造业 | 374 | 34863 | 313 | 3307 | 731998 | 743900 |
| 专用设备制造业 | 353 | 47019 | 370 | 4746 | 1035028 | 601065 |
| 交通运输设备制造业 | 580 | 113855 | 910 | 12064 | 3235187 | 2415463 |
| 电气机械及器材制造业 | 216 | 27803 | 244 | 3013 | 785724 | 563075 |
| 通信设备、计算机及其他电子设备制造业 | 276 | 69067 | 1035 | 25404 | 1751895 | 766856 |
| 仪器仪表及文化、办公用机械制造业 | 127 | 10825 | 177 | 2320 | 110648 | 140556 |
| 工艺品及其他制造业 | 18 | 2225 | 11 | 194 | 29413 | 18609 |
| **电力、燃气及水的生产和供应业** | **157** | **14848** | **255** | **1986** | **124111** | **248953** |
| 电力、热力的生产和供应业 | 129 | 13597 | 230 | 1813 | 106680 | 235224 |
| 燃气生产和供应业 | 6 | 599 |  | 37 | 7380 | 2029 |
| 水的生产和供应业 | 22 | 652 | 25 | 136 | 10051 | 11699 |
| **高技术产业合计** | **722** | **115667** | **1682** | **31312** | **2499301** | **1588956** |
| 医药制造业 | 200 | 12774 | 332 | 1589 | 253590 | 209319 |
| 航空航天器制造业 | 116 | 22472 | 95 | 1893 | 372970 | 469010 |
| 电子及通信设备制造业 | 254 | 63648 | 987 | 24288 | 1610960 | 726041 |
| 电子计算机及办公设备制造业 | 23 | 5432 | 48 | 1116 | 141175 | 40820 |
| 医疗设备及仪器仪表制造业 | 129 | 11341 | 220 | 2426 | 120605 | 143767 |

# 6-8　分行业内资企业办研发机构情况

| 行　业 | 机构数(个) | 机构人员合　计(人) | #博士毕业 | #硕士毕业 | 机构经费支　出(万元) | 仪器和设备原价(万元) |
|---|---|---|---|---|---|---|
| **合　计** | **12242** | **1065334** | **15563** | **125570** | **23279870** | **17503877** |
| **采矿业** | **432** | **60397** | **1165** | **7352** | **1134813** | **887844** |
| 煤炭开采和洗选业 | 218 | 21181 | 290 | 1560 | 441307 | 393817 |
| 石油和天然气开采业 | 120 | 34991 | 806 | 5505 | 622305 | 393093 |
| 黑色金属矿采选业 | 26 | 1373 | 31 | 120 | 15276 | 24438 |
| 有色金属矿采选业 | 38 | 1752 | 16 | 70 | 33026 | 60364 |
| 非金属矿采选业 | 30 | 1100 | 22 | 97 | 22899 | 16133 |
| **制造业** | **11643** | **989906** | **14147** | **116268** | **22008081** | **16368619** |
| 农副食品加工业 | 281 | 10615 | 386 | 1082 | 258833 | 185118 |
| 食品制造业 | 209 | 9148 | 289 | 1195 | 204364 | 108608 |
| 饮料制造业 | 219 | 14289 | 225 | 865 | 428039 | 370298 |
| 烟草制品业 | 32 | 1976 | 88 | 420 | 144411 | 109600 |
| 纺织业 | 607 | 29475 | 471 | 1337 | 534977 | 487730 |
| 纺织服装、鞋、帽制造业 | 156 | 8911 | 75 | 285 | 117018 | 72886 |
| 皮革、毛皮、羽毛(绒)及其制品业 | 91 | 5586 | 33 | 140 | 77991 | 59067 |
| 木材加工及木、竹、藤、棕、草制品业 | 69 | 2594 | 56 | 203 | 86079 | 38028 |
| 家具制造业 | 59 | 2633 | 25 | 53 | 29995 | 31776 |
| 造纸及纸制品业 | 136 | 7789 | 159 | 462 | 223553 | 128171 |
| 印刷业和记录媒介的复制 | 63 | 3985 | 55 | 265 | 59442 | 125606 |
| 文教体育用品制造业 | 69 | 3523 | 30 | 83 | 40233 | 38117 |
| 石油加工、炼焦及核燃料加工业 | 103 | 9410 | 135 | 929 | 293813 | 227863 |
| 化学原料及化学制品制造业 | 1053 | 68513 | 1267 | 5764 | 1600089 | 1072281 |
| 医药制造业 | 711 | 42951 | 1393 | 5472 | 751434 | 655325 |
| 化学纤维制造业 | 106 | 8299 | 98 | 524 | 335598 | 178327 |
| 橡胶制品业 | 131 | 10275 | 100 | 492 | 169016 | 339325 |
| 塑料制品业 | 174 | 9611 | 126 | 545 | 155237 | 132011 |
| 非金属矿物制品业 | 491 | 26490 | 465 | 1787 | 422739 | 493915 |
| 黑色金属冶炼及压延加工业 | 336 | 50866 | 838 | 5253 | 1641025 | 1061409 |
| 有色金属冶炼及压延加工业 | 335 | 29953 | 422 | 2123 | 859120 | 548510 |
| 金属制品业 | 371 | 21535 | 257 | 1203 | 328197 | 195949 |
| 通用设备制造业 | 1223 | 82740 | 915 | 5500 | 1353851 | 1324380 |
| 专用设备制造业 | 900 | 79553 | 1201 | 8867 | 1560693 | 988634 |
| 交通运输设备制造业 | 1149 | 142998 | 1228 | 11133 | 3119025 | 2373619 |
| 电气机械及器材制造业 | 1353 | 115988 | 1294 | 8550 | 2871948 | 1733563 |
| 通信设备、计算机及其他电子设备制造业 | 781 | 158697 | 2103 | 47849 | 3955713 | 2922861 |
| 仪器仪表及文化、办公用机械制造业 | 331 | 24064 | 354 | 3488 | 299088 | 198928 |
| 工艺品及其他制造业 | 97 | 7360 | 53 | 392 | 85286 | 165804 |
| 废弃资源和废旧材料回收加工业 | 7 | 79 | 6 | 7 | 1277 | 908 |
| **电力、燃气及水的生产和供应业** | **167** | **15031** | **251** | **1950** | **136976** | **247415** |
| 电力、热力的生产和供应业 | 142 | 14240 | 234 | 1822 | 119595 | 240255 |
| 燃气生产和供应业 | 5 | 186 |  | 13 | 7706 | 58 |
| 水的生产和供应业 | 20 | 605 | 17 | 115 | 9676 | 7101 |
| **高技术产业合计** | **1970** | **251977** | **4391** | **60122** | **5421344** | **4256757** |
| 医药制造业 | 711 | 42951 | 1393 | 5472 | 751434 | 655325 |
| 航空航天器制造业 | 120 | 22955 | 95 | 1909 | 380594 | 471173 |
| 电子及通信设备制造业 | 689 | 147293 | 1895 | 45107 | 3668325 | 2810909 |
| 电子计算机及办公设备制造业 | 106 | 12215 | 213 | 2849 | 300935 | 116485 |
| 医疗设备及仪器仪表制造业 | 344 | 26563 | 795 | 4785 | 320056 | 202866 |

## 6-9 分行业港澳台商投资企业办研发机构情况

| 行业 | 机构数（个） | 机构人员合计（人） | #博士毕业 | #硕士毕业 | 机构经费支出（万元） | 仪器和设备原价（万元） |
|---|---|---|---|---|---|---|
| **合　计** | **1991** | **169328** | **1605** | **10762** | **3162875** | **1921937** |
| **采矿业** | **5** | **370** | **17** | **21** | **20804** | **8265** |
| 煤炭开采和洗选业 | 3 | 310 | 17 | 21 | 20800 | 8265 |
| 非金属矿采选业 | 2 | 60 | | | 4 | |
| **制造业** | **1982** | **168721** | **1584** | **10723** | **3138680** | **1790815** |
| 农副食品加工业 | 53 | 4277 | 46 | 252 | 79338 | 41768 |
| 食品制造业 | 33 | 1289 | 50 | 156 | 51763 | 40099 |
| 饮料制造业 | 12 | 653 | 5 | 16 | 8534 | 7911 |
| 纺织业 | 110 | 8079 | 52 | 235 | 115306 | 88468 |
| 纺织服装、鞋、帽制造业 | 50 | 5689 | 29 | 148 | 78605 | 41403 |
| 皮革、毛皮、羽毛(绒)及其制品业 | 34 | 1520 | 34 | 73 | 22893 | 8761 |
| 木材加工及木、竹、藤、棕、草制品业 | 8 | 216 | 6 | 20 | 3175 | 3623 |
| 家具制造业 | 19 | 854 | 7 | 46 | 25290 | 13468 |
| 造纸及纸制品业 | 35 | 2489 | 10 | 72 | 19933 | 18769 |
| 印刷业和记录媒介的复制 | 17 | 863 | 2 | 19 | 15363 | 11609 |
| 文教体育用品制造业 | 32 | 1837 | 12 | 39 | 20087 | 6421 |
| 石油加工、炼焦及核燃料加工业 | 9 | 511 | 17 | 50 | 7121 | 17423 |
| 化学原料及化学制品制造业 | 99 | 5524 | 54 | 343 | 165758 | 61402 |
| 医药制造业 | 93 | 7831 | 231 | 1128 | 155712 | 93889 |
| 化学纤维制造业 | 24 | 1269 | 14 | 37 | 56953 | 68339 |
| 橡胶制品业 | 13 | 877 | 11 | 33 | 22585 | 18684 |
| 塑料制品业 | 75 | 4561 | 27 | 187 | 68499 | 39229 |
| 非金属矿物制品业 | 69 | 3044 | 55 | 227 | 71143 | 32692 |
| 黑色金属冶炼及压延加工业 | 23 | 1655 | 28 | 202 | 104119 | 42516 |
| 有色金属冶炼及压延加工业 | 33 | 2406 | 43 | 76 | 136615 | 49482 |
| 金属制品业 | 67 | 4427 | 23 | 185 | 42711 | 42035 |
| 通用设备制造业 | 113 | 7750 | 86 | 445 | 131338 | 104879 |
| 专用设备制造业 | 83 | 7484 | 88 | 899 | 102493 | 142067 |
| 交通运输设备制造业 | 97 | 12549 | 60 | 545 | 195147 | 180035 |
| 电气机械及器材制造业 | 284 | 26722 | 209 | 1362 | 346450 | 161554 |
| 通信设备、计算机及其他电子设备制造业 | 404 | 47771 | 333 | 3503 | 1018050 | 407048 |
| 仪器仪表及文化、办公用机械制造业 | 61 | 4495 | 35 | 341 | 57794 | 28288 |
| 工艺品及其他制造业 | 32 | 2079 | 17 | 84 | 15907 | 18957 |
| **电力、燃气及水的生产和供应业** | **4** | **237** | **4** | **18** | **3391** | **6719** |
| 电力、热力的生产和供应业 | 1 | 129 | | | 2932 | |
| 燃气生产和供应业 | 2 | 58 | | 4 | 333 | 2029 |
| 水的生产和供应业 | 1 | 50 | 4 | 14 | 126 | 4690 |
| **高技术产业合计** | **545** | **59293** | **635** | **5225** | **1225299** | **531548** |
| 医药制造业 | 93 | 7831 | 231 | 1128 | 155712 | 93889 |
| 电子及通信设备制造业 | 370 | 40378 | 299 | 2717 | 738753 | 335557 |
| 电子计算机及办公设备制造业 | 38 | 7729 | 34 | 817 | 289896 | 75901 |
| 医疗设备及仪器仪表制造业 | 44 | 3355 | 71 | 563 | 40938 | 26201 |

# 6-10 分行业外商投资企业办研发机构情况

| 行业 | 机构数(个) | 机构人员合计(人) | #博士毕业 | #硕士毕业 | 机构经费支出(万元) | 仪器和设备原价(万元) |
|---|---|---|---|---|---|---|
| **合计** | **2484** | **250717** | **2568** | **22027** | **6326052** | **4359165** |
| **采矿业** | **18** | **1407** | **22** | **71** | **33712** | **13179** |
| 煤炭开采和洗选业 | 3 | 125 | 9 | 15 | 3988 | |
| 有色金属矿采选业 | 9 | 890 | 4 | 51 | 20289 | 8786 |
| 非金属矿采选业 | 6 | 392 | 9 | 5 | 9435 | 4393 |
| **制造业** | **2458** | **248482** | **2540** | **21878** | **6285657** | **4344496** |
| 农副食品加工业 | 58 | 3304 | 81 | 463 | 87967 | 42907 |
| 食品制造业 | 54 | 4754 | 76 | 351 | 112133 | 49521 |
| 饮料制造业 | 41 | 2705 | 65 | 161 | 67514 | 51211 |
| 纺织业 | 74 | 5446 | 43 | 190 | 97198 | 61201 |
| 纺织服装、鞋、帽制造业 | 27 | 1078 | 5 | 35 | 11897 | 6644 |
| 皮革、毛皮、羽毛(绒)及其制品业 | 26 | 1017 | 5 | 39 | 15859 | 9312 |
| 木材加工及木、竹、藤、棕、草制品业 | 13 | 192 | 9 | 26 | 5864 | 2144 |
| 家具制造业 | 19 | 944 | 2 | 12 | 11565 | 2989 |
| 造纸及纸制品业 | 32 | 3379 | 26 | 82 | 122160 | 96554 |
| 印刷业和记录媒介的复制 | 8 | 654 | 2 | 31 | 8681 | 15877 |
| 文教体育用品制造业 | 19 | 1456 | 6 | 54 | 17044 | 15015 |
| 石油加工、炼焦及核燃料加工业 | 7 | 367 | 11 | 38 | 13385 | 5576 |
| 化学原料及化学制品制造业 | 145 | 7301 | 173 | 970 | 228228 | 194304 |
| 医药制造业 | 125 | 8254 | 340 | 1666 | 197780 | 153591 |
| 化学纤维制造业 | 16 | 1317 | 21 | 55 | 52453 | 67933 |
| 橡胶制品业 | 37 | 5667 | 29 | 158 | 195686 | 238366 |
| 塑料制品业 | 61 | 11910 | 33 | 258 | 120760 | 164515 |
| 非金属矿物制品业 | 62 | 3897 | 68 | 212 | 53748 | 15870 |
| 黑色金属冶炼及压延加工业 | 35 | 2430 | 43 | 104 | 79887 | 31160 |
| 有色金属冶炼及压延加工业 | 54 | 3768 | 62 | 207 | 78070 | 89144 |
| 金属制品业 | 87 | 5020 | 47 | 201 | 100030 | 60583 |
| 通用设备制造业 | 190 | 14916 | 127 | 1145 | 435587 | 221296 |
| 专用设备制造业 | 147 | 10777 | 149 | 1171 | 250471 | 127249 |
| 交通运输设备制造业 | 270 | 31676 | 254 | 3860 | 1339584 | 1057084 |
| 电气机械及器材制造业 | 307 | 23062 | 230 | 1706 | 665687 | 593371 |
| 通信设备、计算机及其他电子设备制造业 | 443 | 86334 | 548 | 7792 | 1796537 | 876466 |
| 仪器仪表及文化、办公用机械制造业 | 84 | 6336 | 82 | 879 | 113721 | 90490 |
| 工艺品及其他制造业 | 17 | 521 | 3 | 12 | 6163 | 4126 |
| **电力、燃气及水的生产和供应业** | **8** | **828** | **6** | **78** | **6683** | **1491** |
| 电力、热力的生产和供应业 | 3 | 293 | | 16 | 5724 | 1376 |
| 燃气生产和供应业 | 2 | 464 | 2 | 47 | 408 | 58 |
| 水的生产和供应业 | 3 | 71 | 4 | 15 | 551 | 57 |
| **高技术产业合计** | **669** | **102370** | **1054** | **10940** | **2137613** | **1118405** |
| 医药制造业 | 125 | 8254 | 340 | 1666 | 197780 | 153591 |
| 航空航天器制造业 | 2 | 107 | 1 | 20 | 1828 | 711 |
| 电子及通信设备制造业 | 380 | 46892 | 476 | 6546 | 1393836 | 743949 |
| 电子计算机及办公设备制造业 | 69 | 39844 | 72 | 1278 | 414630 | 133892 |
| 医疗设备及仪器仪表制造业 | 93 | 7273 | 165 | 1430 | 129540 | 86262 |

# 6-11 各地区企业办研发机构情况

| 地 区 | 机构数 (个) | 机构人员合计 (人) | #博士毕业 | #硕士毕业 | 机构经费支出 (万元) | 仪器和设备原价 (万元) |
|---|---|---|---|---|---|---|
| **全 国** | **16717** | **1485379** | **19736** | **158359** | **32768798** | **23784979** |
| 东部地区 | 11646 | 1027244 | 13583 | 116130 | 23735068 | 16130033 |
| 中部地区 | 3084 | 268513 | 4005 | 27748 | 5089842 | 4333051 |
| 西部地区 | 1987 | 189622 | 2148 | 14481 | 3943888 | 3321895 |
| 北 京 | 305 | 30691 | 860 | 6289 | 810456 | 333001 |
| 天 津 | 320 | 25813 | 387 | 2479 | 685837 | 749167 |
| 河 北 | 365 | 39860 | 466 | 3889 | 737156 | 642645 |
| 山 西 | 178 | 18729 | 223 | 1719 | 288693 | 458096 |
| 内蒙古 | 144 | 13661 | 253 | 1204 | 365730 | 221777 |
| 辽 宁 | 358 | 39362 | 402 | 4505 | 921669 | 481485 |
| 吉 林 | 95 | 16028 | 253 | 1728 | 317691 | 357881 |
| 黑龙江 | 155 | 22496 | 276 | 2562 | 326658 | 288077 |
| 上 海 | 638 | 68273 | 1331 | 11056 | 2206866 | 1923422 |
| 江 苏 | 2702 | 165658 | 2422 | 13195 | 4170463 | 2307032 |
| 浙 江 | 2733 | 155730 | 1427 | 8986 | 3094159 | 2231317 |
| 安 徽 | 692 | 46769 | 676 | 3900 | 1089906 | 663686 |
| 福 建 | 551 | 42374 | 487 | 2806 | 938048 | 672751 |
| 江 西 | 184 | 15843 | 166 | 1177 | 303303 | 249775 |
| 山 东 | 1548 | 152607 | 2638 | 13943 | 4305288 | 2890428 |
| 河 南 | 852 | 65262 | 970 | 5209 | 1102810 | 737900 |
| 湖 北 | 457 | 50091 | 836 | 6529 | 1031590 | 913190 |
| 湖 南 | 471 | 33295 | 605 | 4924 | 629192 | 664446 |
| 广 东 | 2092 | 305027 | 3150 | 48854 | 5831840 | 3888147 |
| 广 西 | 211 | 12892 | 131 | 840 | 260919 | 153115 |
| 海 南 | 34 | 1849 | 13 | 128 | 33286 | 10638 |
| 重 庆 | 280 | 23761 | 237 | 1822 | 610006 | 442676 |
| 四 川 | 460 | 61410 | 580 | 4269 | 1151651 | 1327825 |
| 贵 州 | 109 | 11407 | 124 | 602 | 188751 | 237278 |
| 云 南 | 154 | 10950 | 136 | 626 | 218745 | 171187 |
| 西 藏 | 2 | 20 | 3 | 2 | 340 | 313 |
| 陕 西 | 299 | 28931 | 289 | 2783 | 665562 | 414450 |
| 甘 肃 | 127 | 10653 | 123 | 960 | 97474 | 112727 |
| 青 海 | 35 | 2526 | 18 | 122 | 83854 | 35230 |
| 宁 夏 | 82 | 5516 | 106 | 328 | 107760 | 96426 |
| 新 疆 | 84 | 7895 | 148 | 923 | 193098 | 108892 |

# 6-12 各地区大型企业办研发机构情况

| 地区 | 机构数(个) | 机构人员合计(人) | #博士毕业 | #硕士毕业 | 机构经费支出(万元) | 仪器和设备原价(万元) |
|---|---|---|---|---|---|---|
| **全国** | **3929** | **823101** | **10290** | **107575** | **21246905** | **14484735** |
| 东部地区 | 2339 | 536782 | 6906 | 78820 | 14748143 | 9325465 |
| 中部地区 | 931 | 163946 | 2067 | 18654 | 3725127 | 3068788 |
| 西部地区 | 659 | 122373 | 1317 | 10101 | 2773635 | 2090482 |
| 北京 | 49 | 9854 | 347 | 1471 | 378716 | 91943 |
| 天津 | 71 | 12286 | 222 | 1413 | 384171 | 455030 |
| 河北 | 123 | 25821 | 346 | 3047 | 536704 | 492904 |
| 山西 | 74 | 14259 | 170 | 1423 | 233292 | 372425 |
| 内蒙古 | 69 | 10016 | 178 | 985 | 252015 | 163139 |
| 辽宁 | 153 | 28721 | 286 | 3571 | 774071 | 358612 |
| 吉林 | 31 | 12338 | 162 | 1522 | 261182 | 275358 |
| 黑龙江 | 74 | 17062 | 222 | 2162 | 266673 | 228195 |
| 上海 | 109 | 34757 | 749 | 7540 | 1379640 | 1051387 |
| 江苏 | 568 | 68637 | 788 | 5762 | 2335794 | 1033878 |
| 浙江 | 254 | 41244 | 378 | 3452 | 969543 | 722627 |
| 安徽 | 185 | 23192 | 249 | 1878 | 740250 | 373975 |
| 福建 | 93 | 19582 | 142 | 1117 | 508408 | 345774 |
| 江西 | 57 | 9721 | 63 | 701 | 256521 | 201597 |
| 山东 | 508 | 92161 | 1655 | 9168 | 3034119 | 2034464 |
| 河南 | 306 | 41062 | 533 | 3122 | 813561 | 526407 |
| 湖北 | 101 | 27465 | 368 | 4191 | 737488 | 704391 |
| 湖南 | 103 | 18847 | 300 | 3655 | 416159 | 386442 |
| 广东 | 410 | 203051 | 1993 | 42264 | 4430800 | 2738846 |
| 广西 | 35 | 5737 | 69 | 385 | 124494 | 80204 |
| 海南 | 1 | 668 | | 15 | 16177 | |
| 重庆 | 79 | 13737 | 120 | 1078 | 438641 | 302429 |
| 四川 | 162 | 45099 | 411 | 3277 | 935378 | 810386 |
| 贵州 | 37 | 5595 | 87 | 382 | 140794 | 120461 |
| 云南 | 24 | 4736 | 35 | 243 | 97980 | 48293 |
| 西藏 | | | | | | |
| 陕西 | 136 | 20295 | 174 | 1946 | 436125 | 346242 |
| 甘肃 | 52 | 6827 | 75 | 735 | 58381 | 54666 |
| 青海 | 22 | 2265 | 15 | 112 | 81146 | 32989 |
| 宁夏 | 18 | 2337 | 47 | 189 | 46638 | 43200 |
| 新疆 | 25 | 5729 | 106 | 769 | 162043 | 88473 |

# 6-13 各地区中型企业办研发机构情况

| 地　　区 | 机构数(个) | 机构人员合计(人) | #博士毕业 | #硕士毕业 | 机构经费支出(万元) | 仪器和设备原价(万元) |
|---|---|---|---|---|---|---|
| **全　　国** | **12788** | **662278** | **9446** | **50784** | **11521893** | **9300245** |
| 东部地区 | 9307 | 490462 | 6677 | 37310 | 8986925 | 6804568 |
| 中部地区 | 2153 | 104567 | 1938 | 9094 | 1364715 | 1264263 |
| 西部地区 | 1328 | 67249 | 831 | 4380 | 1170253 | 1231414 |
| 北　京 | 256 | 20837 | 513 | 4818 | 431740 | 241058 |
| 天　津 | 249 | 13527 | 165 | 1066 | 301666 | 294137 |
| 河　北 | 242 | 14039 | 120 | 842 | 200452 | 149741 |
| 山　西 | 104 | 4470 | 53 | 296 | 55401 | 85671 |
| 内蒙古 | 75 | 3645 | 75 | 219 | 113715 | 58638 |
| 辽　宁 | 205 | 10641 | 116 | 934 | 147598 | 122873 |
| 吉　林 | 64 | 3690 | 91 | 206 | 56509 | 82523 |
| 黑龙江 | 81 | 5434 | 54 | 400 | 59985 | 59883 |
| 上　海 | 529 | 33516 | 582 | 3516 | 827225 | 872036 |
| 江　苏 | 2134 | 97021 | 1634 | 7433 | 1834669 | 1273153 |
| 浙　江 | 2479 | 114486 | 1049 | 5534 | 2124616 | 1508691 |
| 安　徽 | 507 | 23577 | 427 | 2022 | 349656 | 289711 |
| 福　建 | 458 | 22792 | 345 | 1689 | 429640 | 326977 |
| 江　西 | 127 | 6122 | 103 | 476 | 46781 | 48178 |
| 山　东 | 1040 | 60446 | 983 | 4775 | 1271169 | 855964 |
| 河　南 | 546 | 24200 | 437 | 2087 | 289249 | 211494 |
| 湖　北 | 356 | 22626 | 468 | 2338 | 294101 | 208800 |
| 湖　南 | 368 | 14448 | 305 | 1269 | 213033 | 278004 |
| 广　东 | 1682 | 101976 | 1157 | 6590 | 1401040 | 1149301 |
| 广　西 | 176 | 7155 | 62 | 455 | 136425 | 72911 |
| 海　南 | 33 | 1181 | 13 | 113 | 17109 | 10638 |
| 重　庆 | 201 | 10024 | 117 | 744 | 171365 | 140247 |
| 四　川 | 298 | 16311 | 169 | 992 | 216273 | 517439 |
| 贵　州 | 72 | 5812 | 37 | 220 | 47957 | 116817 |
| 云　南 | 130 | 6214 | 101 | 383 | 120764 | 122893 |
| 西　藏 | 2 | 20 | 3 | 2 | 340 | 313 |
| 陕　西 | 163 | 8636 | 115 | 837 | 229438 | 68208 |
| 甘　肃 | 75 | 3826 | 48 | 225 | 39092 | 58061 |
| 青　海 | 13 | 261 | 3 | 10 | 2708 | 2241 |
| 宁　夏 | 64 | 3179 | 59 | 139 | 61122 | 53226 |
| 新　疆 | 59 | 2166 | 42 | 154 | 31055 | 20420 |

# 6-14　各地区国有及国有控股企业办研发机构情况

| 地　区 | 机构数（个） | 机构人员合计（人） | #博士毕业 | #硕士毕业 | 机构经费支出（万元） | 仪器和设备原价（万元） |
|---|---|---|---|---|---|---|
| **全　国** | **4063** | **535097** | **6985** | **74949** | **12881551** | **9585800** |
| 东部地区 | 1843 | 244699 | 3847 | 45748 | 6769792 | 4359486 |
| 中部地区 | 1147 | 153049 | 1879 | 17825 | 3135113 | 2886185 |
| 西部地区 | 1073 | 137349 | 1259 | 11376 | 2976647 | 2340129 |
| 北　京 | 153 | 15876 | 466 | 2894 | 424575 | 219668 |
| 天　津 | 127 | 14335 | 172 | 1559 | 315443 | 344648 |
| 河　北 | 144 | 19612 | 211 | 2409 | 432651 | 452240 |
| 山　西 | 102 | 15977 | 167 | 1424 | 252677 | 418703 |
| 内蒙古 | 84 | 10013 | 75 | 893 | 214609 | 142641 |
| 辽　宁 | 163 | 24373 | 253 | 3096 | 658274 | 269834 |
| 吉　林 | 43 | 11801 | 174 | 1459 | 263099 | 202657 |
| 黑龙江 | 99 | 18550 | 232 | 2232 | 249789 | 241633 |
| 上　海 | 174 | 30454 | 687 | 6688 | 1284369 | 968556 |
| 江　苏 | 330 | 27599 | 326 | 3816 | 581551 | 495815 |
| 浙　江 | 113 | 9747 | 127 | 1049 | 293438 | 175522 |
| 安　徽 | 216 | 23395 | 234 | 2212 | 637183 | 396269 |
| 福　建 | 66 | 6373 | 74 | 553 | 124950 | 99785 |
| 江　西 | 85 | 10124 | 54 | 748 | 145955 | 151405 |
| 山　东 | 339 | 55699 | 867 | 6191 | 1500831 | 938966 |
| 河　南 | 248 | 26823 | 358 | 2687 | 543935 | 330376 |
| 湖　北 | 177 | 29476 | 417 | 4499 | 731707 | 750554 |
| 湖　南 | 177 | 16903 | 243 | 2564 | 310768 | 394588 |
| 广　东 | 221 | 39599 | 660 | 17419 | 1131273 | 392207 |
| 广　西 | 76 | 6868 | 87 | 620 | 166832 | 80912 |
| 海　南 | 13 | 1032 | 4 | 74 | 22438 | 2247 |
| 重　庆 | 150 | 15850 | 125 | 1288 | 418409 | 273269 |
| 四　川 | 162 | 41999 | 328 | 3100 | 846675 | 910857 |
| 贵　州 | 88 | 10269 | 91 | 539 | 173436 | 217833 |
| 云　南 | 75 | 6436 | 55 | 401 | 141074 | 55637 |
| 西　藏 | 2 | 20 | 3 | 2 | 340 | 313 |
| 陕　西 | 241 | 25099 | 212 | 2494 | 630524 | 393924 |
| 甘　肃 | 93 | 9119 | 87 | 879 | 86695 | 79098 |
| 青　海 | 27 | 2377 | 16 | 118 | 83260 | 34188 |
| 宁　夏 | 23 | 2682 | 43 | 191 | 40676 | 49775 |
| 新　疆 | 52 | 6617 | 137 | 851 | 174117 | 101683 |

# 6-15 各地区内资企业办研发机构情况

| 地区 | 机构数(个) | 机构人员合计(人) | #博士毕业 | #硕士毕业 | 机构经费支出(万元) | 仪器和设备原价(万元) |
|---|---|---|---|---|---|---|
| **全国** | **12242** | **1065334** | **15563** | **125570** | **23279870** | **17503877** |
| 东部地区 | 7750 | 654896 | 10117 | 87251 | 15513259 | 10989956 |
| 中部地区 | 2686 | 234920 | 3531 | 25019 | 4195353 | 3595943 |
| 西部地区 | 1806 | 175518 | 1915 | 13300 | 3571258 | 2917978 |
| 北京 | 214 | 22544 | 647 | 4624 | 503343 | 230603 |
| 天津 | 225 | 19158 | 305 | 1818 | 453623 | 429561 |
| 河北 | 305 | 33834 | 347 | 3142 | 613984 | 570082 |
| 山西 | 169 | 18146 | 220 | 1671 | 278122 | 450968 |
| 内蒙古 | 124 | 11969 | 195 | 1028 | 309578 | 195050 |
| 辽宁 | 297 | 34350 | 347 | 3708 | 801538 | 448846 |
| 吉林 | 87 | 14638 | 245 | 1599 | 299339 | 332160 |
| 黑龙江 | 134 | 21333 | 261 | 2453 | 298147 | 276563 |
| 上海 | 284 | 26121 | 579 | 2847 | 727471 | 594708 |
| 江苏 | 1769 | 96266 | 1764 | 8742 | 2291420 | 1439016 |
| 浙江 | 1931 | 106229 | 1118 | 6099 | 2107905 | 1545196 |
| 安徽 | 594 | 40334 | 567 | 3420 | 933656 | 585825 |
| 福建 | 254 | 16368 | 250 | 1378 | 280061 | 265670 |
| 江西 | 159 | 13940 | 112 | 970 | 147897 | 174931 |
| 山东 | 1316 | 131364 | 2305 | 11694 | 3661810 | 2542119 |
| 河南 | 739 | 55379 | 853 | 4514 | 938206 | 633467 |
| 湖北 | 382 | 40937 | 734 | 5791 | 719101 | 530587 |
| 湖南 | 422 | 30213 | 539 | 4601 | 580887 | 611443 |
| 广东 | 1129 | 167116 | 2444 | 43081 | 4041889 | 2915947 |
| 广西 | 185 | 9168 | 89 | 545 | 157653 | 104454 |
| 海南 | 26 | 1546 | 11 | 118 | 30216 | 8208 |
| 重庆 | 235 | 20796 | 205 | 1532 | 494486 | 369531 |
| 四川 | 424 | 59039 | 542 | 4092 | 1117094 | 1183314 |
| 贵州 | 108 | 11233 | 123 | 599 | 188350 | 236126 |
| 云南 | 138 | 10268 | 120 | 565 | 207736 | 100939 |
| 西藏 | 2 | 20 | 3 | 2 | 340 | 313 |
| 陕西 | 286 | 28229 | 266 | 2719 | 657962 | 406702 |
| 甘肃 | 125 | 10552 | 119 | 946 | 93829 | 107715 |
| 青海 | 24 | 1616 | 13 | 69 | 63040 | 26444 |
| 宁夏 | 71 | 4733 | 92 | 280 | 88093 | 78497 |
| 新疆 | 84 | 7895 | 148 | 923 | 193098 | 108892 |

# 6-16 各地区港澳台商投资企业办研发机构情况

| 地　区 | 机构数<br>(个) | 机构人员合计<br>(人) | #博士毕业 | #硕士毕业 | 机构经费支出<br>(万元) | 仪器和设备原价<br>(万元) |
|---|---|---|---|---|---|---|
| **全　国** | **1991** | **169328** | **1605** | **10762** | **3162875** | **1921937** |
| 东部地区 | 1772 | 153774 | 1365 | 9516 | 2911867 | 1634816 |
| 中部地区 | 168 | 12861 | 193 | 1000 | 198596 | 129560 |
| 西部地区 | 51 | 2693 | 47 | 246 | 52411 | 157561 |
| 北　京 | 27 | 2418 | 33 | 348 | 102743 | 19481 |
| 天　津 | 33 | 1788 | 14 | 114 | 60341 | 44179 |
| 河　北 | 22 | 3067 | 76 | 535 | 55413 | 28577 |
| 山　西 | 3 | 440 |  | 13 | 7978 | 6604 |
| 内蒙古 | 7 | 740 | 21 | 37 | 22252 | 8493 |
| 辽　宁 | 25 | 2477 | 30 | 520 | 86509 | 17120 |
| 吉　林 |  |  |  |  |  |  |
| 黑龙江 | 5 | 287 | 2 | 12 | 2256 | 1817 |
| 上　海 | 84 | 8621 | 166 | 835 | 160781 | 119194 |
| 江　苏 | 360 | 23445 | 232 | 1190 | 610751 | 248422 |
| 浙　江 | 392 | 22386 | 117 | 1358 | 456403 | 337502 |
| 安　徽 | 39 | 2591 | 45 | 174 | 43213 | 16595 |
| 福　建 | 160 | 14176 | 134 | 598 | 358849 | 194522 |
| 江　西 | 9 | 383 | 33 | 63 | 6614 | 3573 |
| 山　东 | 62 | 5537 | 67 | 335 | 100095 | 74232 |
| 河　南 | 59 | 5377 | 56 | 416 | 76553 | 45890 |
| 湖　北 | 24 | 1751 | 15 | 103 | 26317 | 17898 |
| 湖　南 | 29 | 2032 | 42 | 219 | 35665 | 37181 |
| 广　东 | 607 | 69859 | 496 | 3683 | 919983 | 551588 |
| 广　西 | 9 | 209 | 3 | 15 | 2204 | 2767 |
| 海　南 |  |  |  |  |  |  |
| 重　庆 | 14 | 691 | 1 | 31 | 9441 | 5919 |
| 四　川 | 9 | 630 | 9 | 104 | 11206 | 122358 |
| 贵　州 |  |  |  |  |  |  |
| 云　南 | 7 | 153 | 1 | 15 | 4881 | 10581 |
| 西　藏 |  |  |  |  |  |  |
| 陕　西 | 3 | 136 | 5 | 25 | 1034 | 1793 |
| 甘　肃 | 1 | 50 | 4 | 14 | 126 | 4690 |
| 青　海 |  |  |  |  |  |  |
| 宁　夏 | 1 | 84 | 3 | 5 | 1268 | 960 |
| 新　疆 |  |  |  |  |  |  |

# 6-17 各地区外商投资企业办研发机构情况

| 地区 | 机构数(个) | 机构人员合计(人) | #博士毕业 | #硕士毕业 | 机构经费支出(万元) | 仪器和设备原价(万元) |
|---|---|---|---|---|---|---|
| **全国** | **2484** | **250717** | **2568** | **22027** | **6326052** | **4359165** |
| 东部地区 | 2124 | 218574 | 2101 | 19363 | 5309941 | 3505260 |
| 中部地区 | 230 | 20732 | 281 | 1729 | 695893 | 607548 |
| 西部地区 | 130 | 11411 | 186 | 935 | 320219 | 246357 |
| 北京 | 64 | 5729 | 180 | 1317 | 204370 | 82917 |
| 天津 | 62 | 4867 | 68 | 547 | 171873 | 275428 |
| 河北 | 38 | 2959 | 43 | 212 | 67759 | 43986 |
| 山西 | 6 | 143 | 3 | 35 | 2593 | 524 |
| 内蒙古 | 13 | 952 | 37 | 139 | 33900 | 18234 |
| 辽宁 | 36 | 2535 | 25 | 277 | 33623 | 15518 |
| 吉林 | 8 | 1390 | 8 | 129 | 18352 | 25721 |
| 黑龙江 | 16 | 876 | 13 | 97 | 26256 | 9697 |
| 上海 | 270 | 33531 | 586 | 7374 | 1318613 | 1209521 |
| 江苏 | 573 | 45947 | 426 | 3263 | 1268292 | 619594 |
| 浙江 | 410 | 27115 | 192 | 1529 | 529850 | 348619 |
| 安徽 | 59 | 3844 | 64 | 306 | 113038 | 61265 |
| 福建 | 137 | 11830 | 103 | 830 | 299139 | 212559 |
| 江西 | 16 | 1520 | 21 | 144 | 148792 | 71270 |
| 山东 | 170 | 15706 | 266 | 1914 | 543384 | 274076 |
| 河南 | 54 | 4506 | 61 | 279 | 88051 | 58543 |
| 湖北 | 51 | 7403 | 87 | 635 | 286172 | 364705 |
| 湖南 | 20 | 1050 | 24 | 104 | 12639 | 15822 |
| 广东 | 356 | 68052 | 210 | 2090 | 869968 | 420613 |
| 广西 | 17 | 3515 | 39 | 280 | 101061 | 45894 |
| 海南 | 8 | 303 | 2 | 10 | 3071 | 2430 |
| 重庆 | 31 | 2274 | 31 | 259 | 106080 | 67226 |
| 四川 | 27 | 1741 | 29 | 73 | 23351 | 22153 |
| 贵州 | 1 | 174 | 1 | 3 | 401 | 1152 |
| 云南 | 9 | 529 | 15 | 46 | 6128 | 59667 |
| 西藏 | | | | | | |
| 陕西 | 10 | 566 | 18 | 39 | 6566 | 5955 |
| 甘肃 | 1 | 51 | | | 3519 | 322 |
| 青海 | 11 | 910 | 5 | 53 | 20814 | 8786 |
| 宁夏 | 10 | 699 | 11 | 43 | 18400 | 16969 |
| 新疆 | | | | | | |

# 七、工业企业新产品开发、生产及销售情况（2010）

## 7-1 分登记注册类型企业新产品开发、生产及销售情况

单位：万元

| 登记注册类型 | 新产品开发项目数(项) | 新产品开发经费支出 | 新产品产值 | 新产品销售收入 | #出口 |
|---|---|---|---|---|---|
| **合　计** | **159637** | **44206917** | **736062822** | **728638982** | **147736449** |
| **国有及国有控股企业** | **64091** | **18949775** | **290667158** | **294557521** | **24212626** |
| **内资企业** | **115674** | **31116015** | **461384218** | **455532480** | **61383755** |
| 国有企业 | 16363 | 3620425 | 61870783 | 64777747 | 4075578 |
| 集体企业 | 1315 | 344970 | 10290205 | 10408721 | 1429100 |
| 股份合作企业 | 680 | 188319 | 2819353 | 2662226 | 410269 |
| 联营企业 | 152 | 74189 | 1400839 | 1377741 | 22393 |
| 国有联营企业 | 82 | 61595 | 1191570 | 1173937 | 5116 |
| 集体联营企业 | 21 | 1554 | 59547 | 54210 | 3710 |
| 国有与集体联营企业 | 39 | 9432 | 135322 | 132594 | 6267 |
| 其他联营企业 | 10 | 1609 | 14400 | 17000 | 7300 |
| 有限责任公司 | 45983 | 12921265 | 182413084 | 177917276 | 26769840 |
| 国有独资公司 | 11780 | 3861293 | 45344678 | 44210575 | 5493456 |
| 其他有限责任公司 | 34203 | 9059972 | 137068407 | 133706701 | 21276384 |
| 股份有限公司 | 29201 | 8770748 | 116622573 | 116434394 | 15782502 |
| 私营企业 | 21705 | 5133794 | 85120866 | 81118152 | 12791023 |
| 私营独资企业 | 885 | 292702 | 4297815 | 3994573 | 311666 |
| 私营合伙企业 | 164 | 27715 | 179943 | 149526 | 35379 |
| 私营有限责任公司 | 16742 | 4025697 | 59997136 | 56177863 | 9931012 |
| 私营股份有限公司 | 3914 | 787681 | 20645972 | 20796189 | 2512966 |
| 其他企业 | 275 | 62306 | 846515 | 836225 | 103051 |
| **港、澳、台商投资企业** | **16538** | **4597699** | **68250990** | **65346032** | **17954280** |
| 合资经营企业 | 7602 | 1831254 | 32086287 | 30263652 | 6579082 |
| 合作经营企业 | 228 | 66327 | 795693 | 889497 | 594042 |
| 港、澳、台商独资经营企业 | 7733 | 2226592 | 29330245 | 28089395 | 9150708 |
| 港、澳、台商投资股份有限公司 | 975 | 473526 | 6038764 | 6103488 | 1630449 |
| **外商投资企业** | **27425** | **8493204** | **206427615** | **207760470** | **68398414** |
| 中外合资经营企业 | 12091 | 4376969 | 128338048 | 131963250 | 25244410 |
| 中外合作经营企业 | 263 | 81627 | 1068002 | 1236063 | 425439 |
| 外资企业 | 13177 | 3359747 | 67065470 | 65241639 | 41000614 |
| 外商投资股份有限公司 | 1894 | 674861 | 9956096 | 9319518 | 1727951 |

## 7-2 分登记注册类型大型企业新产品开发、生产及销售情况

单位：万元

| 登记注册类型 | 新产品开发项目数(项) | 新产品开发经费支出 | 新产品产值 | 新产品销售收入 | #出口 |
|---|---|---|---|---|---|
| **合　计** | **71152** | **27046187** | **503774515** | **505889123** | **107437636** |
| **国有及国有控股企业** | **39330** | **15177584** | **249571706** | **254253716** | **20474857** |
| **内资企业** | **53080** | **19745663** | **317276579** | **317888047** | **43191368** |
| 国有企业 | 8785 | 2642939 | 53079382 | 56018643 | 3390524 |
| 集体企业 | 904 | 290299 | 9626936 | 9806583 | 1418538 |
| 股份合作企业 | 125 | 90606 | 1338322 | 1250832 | 230913 |
| 联营企业 | 66 | 60400 | 1175087 | 1161848 | 6514 |
| 国有联营企业 | 60 | 55934 | 1121955 | 1108983 | 5116 |
| 国有与集体联营企业 | 6 | 4465 | 53131 | 52865 | 1398 |
| 有限责任公司 | 24159 | 8982625 | 134165775 | 130913519 | 21246268 |
| 国有独资公司 | 9538 | 3512014 | 42087286 | 40979297 | 5324506 |
| 其他有限责任公司 | 14621 | 5470612 | 92078489 | 89934222 | 15921762 |
| 股份有限公司 | 14752 | 6274076 | 85184852 | 86232218 | 12188735 |
| 私营企业 | 4261 | 1389252 | 32350938 | 32146138 | 4670170 |
| 私营独资企业 | 108 | 95578 | 2092713 | 1969623 | 15574 |
| 私营有限责任公司 | 2097 | 929461 | 17177193 | 16716564 | 2834194 |
| 私营股份有限公司 | 2056 | 364213 | 13081032 | 13459951 | 1820402 |
| 其他企业 | 28 | 15466 | 355288 | 358266 | 39708 |
| **港、澳、台商投资企业** | **5615** | **2270126** | **34832200** | **33759987** | **11034233** |
| 合资经营企业 | 2378 | 762355 | 12770272 | 12497303 | 3568250 |
| 合作经营企业 | 58 | 30636 | 526753 | 621676 | 523669 |
| 港、澳、台商独资经营企业 | 2772 | 1238862 | 18633934 | 17751267 | 5624431 |
| 港、澳、台商投资股份有限公司 | 407 | 238274 | 2901241 | 2889741 | 1317884 |
| **外商投资企业** | **12457** | **5030397** | **151665735** | **154241090** | **53212035** |
| 中外合资经营企业 | 3475 | 2480245 | 91190963 | 95576855 | 14932185 |
| 中外合作经营企业 | 52 | 36247 | 75917 | 73412 | 54697 |
| 外资企业 | 7783 | 1979397 | 51958622 | 50628860 | 36998346 |
| 外商投资股份有限公司 | 1147 | 534509 | 8440234 | 7961963 | 1226807 |

# 7-3 分登记注册类型中型企业新产品开发、生产及销售情况

单位：万元

| 登记注册类型 | 新产品开发项目数（项） | 新产品开发经费支出 | 新产品产值 | 新产品销售收入 | #出口 |
|---|---|---|---|---|---|
| **合　计** | **88485** | **17160730** | **232288308** | **222749858** | **40298812** |
| **国有及国有控股企业** | **24761** | **3772191** | **41095452** | **40303805** | **3737769** |
| **内资企业** | **62594** | **11370351** | **144107638** | **137644433** | **18192387** |
| 国有企业 | 7578 | 977486 | 8791401 | 8759104 | 685054 |
| 集体企业 | 411 | 54670 | 663270 | 602138 | 10562 |
| 股份合作企业 | 555 | 97712 | 1481032 | 1411393 | 179356 |
| 联营企业 | 86 | 13790 | 225752 | 215893 | 15879 |
| 国有联营企业 | 22 | 5661 | 69615 | 64954 | |
| 集体联营企业 | 21 | 1554 | 59547 | 54210 | 3710 |
| 国有与集体联营企业 | 33 | 4967 | 82190 | 79729 | 4869 |
| 其他联营企业 | 10 | 1609 | 14400 | 17000 | 7300 |
| 有限责任公司 | 21824 | 3938639 | 48247309 | 47003757 | 5523572 |
| 国有独资公司 | 2242 | 349279 | 3257392 | 3231279 | 168950 |
| 其他有限责任公司 | 19582 | 3589360 | 44989918 | 43772479 | 5354622 |
| 股份有限公司 | 14449 | 2496672 | 31437720 | 30202176 | 3593767 |
| 私营企业 | 17444 | 3744542 | 52769928 | 48972014 | 8120853 |
| 私营独资企业 | 777 | 197124 | 2205102 | 2024951 | 296092 |
| 私营合伙企业 | 164 | 27715 | 179943 | 149526 | 35379 |
| 私营有限责任公司 | 14645 | 3096235 | 42819943 | 39461299 | 7096818 |
| 私营股份有限公司 | 1858 | 423469 | 7564940 | 7336238 | 692564 |
| 其他企业 | 247 | 46840 | 491226 | 477958 | 63343 |
| **港、澳、台商投资企业** | **10923** | **2327572** | **33418790** | **31586046** | **6920047** |
| 合资经营企业 | 5224 | 1068899 | 19316015 | 17766349 | 3010832 |
| 合作经营企业 | 170 | 35690 | 268941 | 267821 | 70372 |
| 港、澳、台商独资经营企业 | 4961 | 987730 | 10696311 | 10338128 | 3526277 |
| 港、澳、台商投资股份有限公司 | 568 | 235253 | 3137523 | 3213747 | 312565 |
| **外商投资企业** | **14968** | **3462807** | **54761880** | **53519380** | **15186379** |
| 中外合资经营企业 | 8616 | 1896724 | 37147085 | 36386395 | 10312225 |
| 中外合作经营企业 | 211 | 45380 | 992085 | 1162651 | 370741 |
| 外资企业 | 5394 | 1380350 | 15106848 | 14612780 | 4002268 |
| 外商投资股份有限公司 | 747 | 140352 | 1515862 | 1357555 | 501145 |

# 7-4 分行业企业新产品开发、生产及销售情况

单位：万元

| 行　　业 | 新产品开发项目数(项) | 新产品开发经费支出 | 新产品产值 | 新产品销售收入 | #出口 |
|---|---|---|---|---|---|
| **合　计** | **159637** | **44206917** | **736062822** | **728638982** | **147736449** |
| **采矿业** | **2949** | **742764** | **5440782** | **4650799** | **54826** |
| 煤炭开采和洗选业 | 1853 | 526464 | 4487545 | 3787927 | 49383 |
| 石油和天然气开采业 | 823 | 148195 | 298153 | 249845 | 2730 |
| 黑色金属矿采选业 | 58 | 21713 | 128353 | 101795 | |
| 有色金属矿采选业 | 76 | 29531 | 319332 | 305573 | 400 |
| 非金属矿采选业 | 139 | 16862 | 207399 | 205658 | 2314 |
| **制造业** | **155077** | **43246348** | **729709704** | **723101200** | **147637410** |
| 农副食品加工业 | 1792 | 522260 | 7578983 | 7623757 | 584931 |
| 食品制造业 | 1810 | 403400 | 6072677 | 5906578 | 744306 |
| 饮料制造业 | 1502 | 430503 | 5931425 | 5825543 | 101438 |
| 烟草制品业 | 662 | 127833 | 7746158 | 8014047 | 30395 |
| 纺织业 | 4861 | 1136539 | 23625119 | 23521640 | 4658430 |
| 纺织服装、鞋、帽制造业 | 920 | 293185 | 5457619 | 4833870 | 890824 |
| 皮革、毛皮、羽毛(绒)及其制品业 | 633 | 145474 | 2994880 | 2982504 | 868058 |
| 木材加工及木、竹、藤、棕、草制品业 | 344 | 91535 | 1759032 | 1682615 | 285173 |
| 家具制造业 | 710 | 86116 | 1285394 | 1257159 | 625832 |
| 造纸及纸制品业 | 1186 | 438337 | 7152185 | 7015265 | 525573 |
| 印刷业和记录媒介的复制 | 490 | 118552 | 1388119 | 1564069 | 66163 |
| 文教体育用品制造业 | 1234 | 107643 | 1243586 | 1149673 | 592249 |
| 石油加工、炼焦及核燃料加工业 | 1000 | 410684 | 7758311 | 7822588 | 131747 |
| 化学原料及化学制品制造业 | 6952 | 2460545 | 36706783 | 33844837 | 3542323 |
| 医药制造业 | 9410 | 1314022 | 17722063 | 16755263 | 1826718 |
| 化学纤维制造业 | 1038 | 604986 | 7245040 | 6815209 | 670411 |
| 橡胶制品业 | 2520 | 621974 | 8153163 | 8060036 | 2226048 |
| 塑料制品业 | 1726 | 459598 | 5169437 | 5076201 | 1377341 |
| 非金属矿物制品业 | 3026 | 802851 | 11013998 | 10273591 | 1602764 |
| 黑色金属冶炼及压延加工业 | 6363 | 4258500 | 56028121 | 56971040 | 4360298 |
| 有色金属冶炼及压延加工业 | 2564 | 1227783 | 22461993 | 21947146 | 2579168 |
| 金属制品业 | 3123 | 716200 | 9478370 | 9192982 | 1586968 |
| 通用设备制造业 | 16451 | 3120820 | 40732532 | 39991392 | 4773915 |
| 专用设备制造业 | 12679 | 2979702 | 33276252 | 32301119 | 2966348 |
| 交通运输设备制造业 | 21277 | 7163237 | 167349904 | 171165190 | 16852439 |
| 电气机械及器材制造业 | 19529 | 5442392 | 89322981 | 86302465 | 18861569 |
| 通信设备、计算机及其他电子设备制造业 | 25850 | 6817011 | 133569302 | 133689434 | 70102910 |
| 仪器仪表及文化、办公用机械制造业 | 4463 | 780934 | 9427243 | 9534769 | 3447732 |
| 工艺品及其他制造业 | 957 | 157408 | 2007565 | 1931649 | 755341 |
| 废弃资源和废旧材料回收加工业 | 5 | 6326 | 51472 | 49570 | |
| **电力、燃气及水的生产和供应业** | **1611** | **217806** | **912337** | **886983** | **44212** |
| 电力、热力的生产和供应业 | 1467 | 196203 | 863829 | 842338 | 40675 |
| 燃气生产和供应业 | 67 | 12407 | 28067 | 26821 | 3537 |
| 水的生产和供应业 | 77 | 9195 | 20441 | 17824 | |
| **高技术产业合计** | **42820** | **10069385** | **165026115** | **163647630** | **74345122** |
| 医药制造业 | 9410 | 1314022 | 17722063 | 16755263 | 1826718 |
| 航空航天器制造业 | 2864 | 1033408 | 5138592 | 4721627 | 238608 |
| 电子及通信设备制造业 | 18486 | 5392710 | 88737027 | 90714882 | 41843924 |
| 电子计算机及办公设备制造业 | 7563 | 1479659 | 46036994 | 44214684 | 29053716 |
| 医疗设备及仪器仪表制造业 | 4497 | 849586 | 7391438 | 7241173 | 1382157 |

# 7-5 分行业大型企业新产品开发、生产及销售情况

单位：万元

| 行　　业 | 新产品开发项目数（项） | 新产品开发经费支出 | 新产品产值 | 新产品销售收入 | #出口 |
|---|---|---|---|---|---|
| **合　　计** | **71152** | **27046187** | **503774515** | **505889123** | **107437636** |
| **采矿业** | **2719** | **691871** | **5075281** | **4319917** | **49286** |
| 煤炭开采和洗选业 | 1780 | 498646 | 4382914 | 3688689 | 44393 |
| 石油和天然气开采业 | 782 | 145458 | 297542 | 249234 | 2730 |
| 黑色金属矿采选业 | 40 | 15037 | 12075 | 9752 | |
| 有色金属矿采选业 | 39 | 21283 | 264304 | 254008 | |
| 非金属矿采选业 | 78 | 11447 | 118446 | 118234 | 2164 |
| **制造业** | **67359** | **26198560** | **498375486** | **501237204** | **107360880** |
| 农副食品加工业 | 746 | 270833 | 3622877 | 3706953 | 408102 |
| 食品制造业 | 405 | 128549 | 3118297 | 3214334 | 198824 |
| 饮料制造业 | 575 | 266969 | 3582204 | 3669701 | 48443 |
| 烟草制品业 | 517 | 108257 | 7366790 | 7638281 | 29945 |
| 纺织业 | 2209 | 544663 | 15408217 | 15737335 | 2824432 |
| 纺织服装、鞋、帽制造业 | 321 | 137801 | 3505652 | 2960238 | 388180 |
| 皮革、毛皮、羽毛(绒)及其制品业 | 268 | 87488 | 1784910 | 1784191 | 470828 |
| 木材加工及木、竹、藤、棕、草制品业 | 106 | 31467 | 657209 | 654389 | 66880 |
| 家具制造业 | 234 | 29168 | 412692 | 389461 | 245989 |
| 造纸及纸制品业 | 376 | 250487 | 4600522 | 4468112 | 368310 |
| 印刷业和记录媒介的复制 | 108 | 24560 | 85963 | 303129 | |
| 文教体育用品制造业 | 646 | 39538 | 363944 | 310734 | 161646 |
| 石油加工、炼焦及核燃料加工业 | 738 | 274926 | 5499334 | 5445683 | 114008 |
| 化学原料及化学制品制造业 | 2079 | 1015672 | 16547400 | 16144804 | 1759457 |
| 医药制造业 | 2857 | 583319 | 7953758 | 7581056 | 976014 |
| 化学纤维制造业 | 522 | 340277 | 3589088 | 3572122 | 430008 |
| 橡胶制品业 | 1236 | 460945 | 6476291 | 6697002 | 1997272 |
| 塑料制品业 | 259 | 141832 | 1754174 | 1755848 | 751613 |
| 非金属矿物制品业 | 743 | 332209 | 4312380 | 3831101 | 821762 |
| 黑色金属冶炼及压延加工业 | 5620 | 3975382 | 51512650 | 52670476 | 4049911 |
| 有色金属冶炼及压延加工业 | 1258 | 718191 | 13540926 | 13183608 | 2021969 |
| 金属制品业 | 659 | 239665 | 3471007 | 3316483 | 524148 |
| 通用设备制造业 | 6219 | 1420463 | 22477053 | 22098186 | 2489425 |
| 专用设备制造业 | 4493 | 1658102 | 20252568 | 20096807 | 1541981 |
| 交通运输设备制造业 | 11518 | 5426034 | 138954917 | 143586925 | 12322829 |
| 电气机械及器材制造业 | 7436 | 2942817 | 49997388 | 48625429 | 12098322 |
| 通信设备、计算机及其他电子设备制造业 | 14264 | 4540415 | 103781146 | 103939709 | 58710300 |
| 仪器仪表及文化、办公用机械制造业 | 694 | 176204 | 3175647 | 3286567 | 1362671 |
| 工艺品及其他制造业 | 253 | 32329 | 570481 | 568541 | 177612 |
| **电力、燃气及水的生产和供应业** | **1074** | **155756** | **323748** | **332003** | **27470** |
| 电力、热力的生产和供应业 | 1038 | 145233 | 304708 | 314325 | 27470 |
| 燃气生产和供应业 | 10 | 8218 | 18960 | 17600 | |
| 水的生产和供应业 | 26 | 2306 | 80 | 78 | |
| **高技术产业合计** | **19694** | **6204849** | **118999747** | **118440619** | **60727745** |
| 医药制造业 | 2857 | 583319 | 7953758 | 7581056 | 976014 |
| 航空航天器制造业 | 1836 | 877714 | 4578903 | 4209033 | 182740 |
| 电子及通信设备制造业 | 8093 | 3334987 | 63034097 | 64888846 | 32310724 |
| 电子计算机及办公设备制造业 | 6192 | 1210820 | 41331916 | 39689557 | 26982041 |
| 医疗设备及仪器仪表制造业 | 716 | 198009 | 2101073 | 2072127 | 276228 |

# 7-6 分行业中型企业新产品开发、生产及销售情况

单位：万元

| 行业 | 新产品开发项目数（项） | 新产品开发经费支出 | 新产品产值 | 新产品销售收入 | #出口 |
|---|---|---|---|---|---|
| **合　计** | **88485** | **17160730** | **232288308** | **222749858** | **40298812** |
| **采矿业** | **230** | **50893** | **365501** | **330882** | **5540** |
| 煤炭开采和洗选业 | 73 | 27817 | 104631 | 99238 | 4990 |
| 石油和天然气开采业 | 41 | 2738 | 612 | 612 | |
| 黑色金属矿采选业 | 18 | 6676 | 116278 | 92043 | |
| 有色金属矿采选业 | 37 | 8248 | 55027 | 51565 | 400 |
| 非金属矿采选业 | 61 | 5415 | 88953 | 87425 | 150 |
| **制造业** | **87718** | **17047788** | **231334219** | **221863996** | **40276530** |
| 农副食品加工业 | 1046 | 251427 | 3956105 | 3916804 | 176829 |
| 食品制造业 | 1405 | 274851 | 2954380 | 2692244 | 545482 |
| 饮料制造业 | 927 | 163534 | 2349221 | 2155842 | 52995 |
| 烟草制品业 | 145 | 19577 | 379369 | 375766 | 450 |
| 纺织业 | 2652 | 591876 | 8216902 | 7784305 | 1833997 |
| 纺织服装、鞋、帽制造业 | 599 | 155384 | 1951967 | 1873632 | 502644 |
| 皮革、毛皮、羽毛(绒)及其制品业 | 365 | 57986 | 1209970 | 1198313 | 397230 |
| 木材加工及木、竹、藤、棕、草制品业 | 238 | 60068 | 1101823 | 1028226 | 218293 |
| 家具制造业 | 476 | 56948 | 872702 | 867698 | 379844 |
| 造纸及纸制品业 | 810 | 187850 | 2551662 | 2547153 | 157263 |
| 印刷业和记录媒介的复制 | 382 | 93993 | 1302156 | 1260940 | 66163 |
| 文教体育用品制造业 | 588 | 68104 | 879642 | 838939 | 430602 |
| 石油加工、炼焦及核燃料加工业 | 262 | 135758 | 2258978 | 2376905 | 17739 |
| 化学原料及化学制品制造业 | 4873 | 1444873 | 20159383 | 17700033 | 1782867 |
| 医药制造业 | 6553 | 730704 | 9768305 | 9174208 | 850704 |
| 化学纤维制造业 | 516 | 264710 | 3655951 | 3243086 | 240404 |
| 橡胶制品业 | 1284 | 161030 | 1676872 | 1363034 | 228776 |
| 塑料制品业 | 1467 | 317766 | 3415263 | 3320353 | 625728 |
| 非金属矿物制品业 | 2283 | 470641 | 6701618 | 6442491 | 781002 |
| 黑色金属冶炼及压延加工业 | 743 | 283118 | 4515471 | 4300564 | 310386 |
| 有色金属冶炼及压延加工业 | 1306 | 509592 | 8921068 | 8763538 | 557199 |
| 金属制品业 | 2464 | 476534 | 6007363 | 5876499 | 1062821 |
| 通用设备制造业 | 10232 | 1700357 | 18255479 | 17893206 | 2284490 |
| 专用设备制造业 | 8186 | 1321600 | 13023684 | 12204312 | 1424366 |
| 交通运输设备制造业 | 9759 | 1737203 | 28394986 | 27578265 | 4529610 |
| 电气机械及器材制造业 | 12093 | 2499575 | 39325593 | 37677037 | 6763248 |
| 通信设备、计算机及其他电子设备制造业 | 11586 | 2276596 | 29788156 | 29749725 | 11392610 |
| 仪器仪表及文化、办公用机械制造业 | 3769 | 604731 | 6251596 | 6248201 | 2085061 |
| 工艺品及其他制造业 | 704 | 125079 | 1437084 | 1363108 | 577729 |
| 废弃资源和废旧材料回收加工业 | 5 | 6326 | 51472 | 49570 | |
| **电力、燃气及水的生产和供应业** | **537** | **62049** | **588588** | **554980** | **16742** |
| 电力、热力的生产和供应业 | 429 | 50971 | 559121 | 528014 | 13205 |
| 燃气生产和供应业 | 57 | 4189 | 9107 | 9221 | 3537 |
| 水的生产和供应业 | 51 | 6889 | 20361 | 17746 | |
| **高技术产业合计** | **23126** | **3864536** | **46026367** | **45207011** | **13617377** |
| 医药制造业 | 6553 | 730704 | 9768305 | 9174208 | 850704 |
| 航空航天器制造业 | 1028 | 155693 | 559689 | 512594 | 55868 |
| 电子及通信设备制造业 | 10393 | 2057723 | 25702930 | 25826036 | 9533200 |
| 电子计算机及办公设备制造业 | 1371 | 268839 | 4705078 | 4525128 | 2071675 |
| 医疗设备及仪器仪表制造业 | 3781 | 651577 | 5290366 | 5169046 | 1105929 |

## 7-7 分行业国有及国有控股企业新产品开发、生产及销售情况

单位：万元

| 行　业 | 新产品开发项目数(项) | 新产品开发经费支出 | 新产品产值 | 新产品销售收入 | #出口 |
|---|---|---|---|---|---|
| **合　计** | **64091** | **18949775** | **290667158** | **294557521** | **24212626** |
| **采矿业** | **2763** | **683174** | **5004394** | **4246303** | **48306** |
| 煤炭开采和洗选业 | 1797 | 500212 | 4391407 | 3705044 | 44393 |
| 石油和天然气开采业 | 799 | 146804 | 297542 | 249234 | 2730 |
| 黑色金属矿采选业 | 29 | 7995 | 32878 | 18997 | |
| 有色金属矿采选业 | 42 | 16854 | 141165 | 132116 | |
| 非金属矿采选业 | 96 | 11310 | 141401 | 140913 | 1184 |
| **制造业** | **59811** | **18072228** | **284955026** | **289618646** | **24125147** |
| 农副食品加工业 | 178 | 65717 | 613494 | 610497 | 2623 |
| 食品制造业 | 283 | 37638 | 1289086 | 1347029 | 107015 |
| 饮料制造业 | 451 | 170903 | 2523135 | 2614405 | 77098 |
| 烟草制品业 | 632 | 120685 | 7684617 | 7966098 | 30395 |
| 纺织业 | 1138 | 129037 | 1402254 | 1458915 | 248677 |
| 纺织服装、鞋、帽制造业 | 152 | 16696 | 316195 | 254643 | 84225 |
| 皮革、毛皮、羽毛(绒)及其制品业 | 18 | 880 | 15585 | 14713 | |
| 木材加工及木、竹、藤、棕、草制品业 | 24 | 4072 | 76082 | 78777 | 3709 |
| 家具制造业 | 262 | 19381 | 60761 | 64822 | 1360 |
| 造纸及纸制品业 | 276 | 158281 | 1470146 | 1463301 | 148824 |
| 印刷业和记录媒介的复制 | 207 | 27383 | 426284 | 657756 | 16935 |
| 文教体育用品制造业 | 29 | 5156 | 55863 | 60718 | 8171 |
| 石油加工、炼焦及核燃料加工业 | 770 | 232964 | 4508628 | 4570094 | 38348 |
| 化学原料及化学制品制造业 | 2560 | 1043037 | 13707140 | 13179122 | 1139418 |
| 医药制造业 | 2636 | 311031 | 3733260 | 3611522 | 509725 |
| 化学纤维制造业 | 310 | 159027 | 1678724 | 1685610 | 191537 |
| 橡胶制品业 | 1157 | 216916 | 2128670 | 2085650 | 367684 |
| 塑料制品业 | 190 | 44100 | 290518 | 287916 | 45702 |
| 非金属矿物制品业 | 803 | 137341 | 2088070 | 1759333 | 209994 |
| 黑色金属冶炼及压延加工业 | 4717 | 3088202 | 38800422 | 39465339 | 3044938 |
| 有色金属冶炼及压延加工业 | 1244 | 478300 | 7982361 | 7627510 | 976170 |
| 金属制品业 | 760 | 130056 | 1047588 | 1070269 | 84308 |
| 通用设备制造业 | 7602 | 1307843 | 17671016 | 17210269 | 1090736 |
| 专用设备制造业 | 6279 | 1667019 | 17992164 | 17820649 | 1272741 |
| 交通运输设备制造业 | 13311 | 5027204 | 121743136 | 125988463 | 9120227 |
| 电气机械及器材制造业 | 4608 | 1084476 | 13608795 | 13075624 | 1462317 |
| 通信设备、计算机及其他电子设备制造业 | 7088 | 2090824 | 19739278 | 21411006 | 3533115 |
| 仪器仪表及文化、办公用机械制造业 | 1758 | 246589 | 1999105 | 1944102 | 285867 |
| 工艺品及其他制造业 | 368 | 51474 | 302651 | 234495 | 23287 |
| **电力、燃气及水的生产和供应业** | **1517** | **194373** | **707739** | **692573** | **39173** |
| 电力、热力的生产和供应业 | 1408 | 183251 | 699312 | 683834 | 35636 |
| 燃气生产和供应业 | 49 | 2136 | 7848 | 8162 | 3537 |
| 水的生产和供应业 | 60 | 8986 | 579 | 577 | |
| **高技术产业合计** | **14289** | **3674866** | **30715641** | **31769634** | **4560443** |
| 医药制造业 | 2636 | 311031 | 3733260 | 3611522 | 509725 |
| 航空航天器制造业 | 2763 | 1007823 | 5106977 | 4692000 | 223773 |
| 电子及通信设备制造业 | 6581 | 1940192 | 17433920 | 19115563 | 3216693 |
| 电子计算机及办公设备制造业 | 511 | 151147 | 2321298 | 2310484 | 331357 |
| 医疗设备及仪器仪表制造业 | 1798 | 264674 | 2120186 | 2040066 | 278896 |

# 7-8 分行业内资企业新产品开发、生产及销售情况

单位：万元

| 行　　业 | 新产品开发项目数(项) | 新产品开发经费支出 | 新产品产值 | 新产品销售收入 | #出口 |
|---|---|---|---|---|---|
| **合　　计** | **115674** | **31116015** | **461384218** | **455532480** | **61383755** |
| **采矿业** | **2910** | **730539** | **5336008** | **4550991** | **48556** |
| 煤炭开采和洗选业 | 1847 | 523271 | 4416612 | 3721955 | 44393 |
| 石油和天然气开采业 | 823 | 148195 | 298153 | 249845 | 2730 |
| 黑色金属矿采选业 | 58 | 21713 | 128353 | 101795 | |
| 有色金属矿采选业 | 71 | 23332 | 319332 | 305573 | 400 |
| 非金属矿采选业 | 111 | 14028 | 173559 | 171822 | 1034 |
| **制造业** | **111273** | **30178747** | **455311882** | **450240015** | **61294524** |
| 农副食品加工业 | 1192 | 370994 | 4098336 | 4171022 | 336307 |
| 食品制造业 | 1018 | 218502 | 3039252 | 3319067 | 503774 |
| 饮料制造业 | 1110 | 326241 | 4896969 | 4715979 | 93737 |
| 烟草制品业 | 658 | 127588 | 7746158 | 8014047 | 30395 |
| 纺织业 | 3867 | 882412 | 20222003 | 20218047 | 3517962 |
| 纺织服装、鞋、帽制造业 | 679 | 186787 | 4080059 | 3641137 | 538863 |
| 皮革、毛皮、羽毛(绒)及其制品业 | 418 | 91096 | 1612952 | 1657399 | 532011 |
| 木材加工及木、竹、藤、棕、草制品业 | 277 | 71816 | 1393223 | 1364993 | 145245 |
| 家具制造业 | 525 | 45825 | 818426 | 807184 | 398919 |
| 造纸及纸制品业 | 733 | 190728 | 3445269 | 3509875 | 192533 |
| 印刷业和记录媒介的复制 | 338 | 62558 | 927716 | 1106466 | 28634 |
| 文教体育用品制造业 | 367 | 54639 | 652738 | 589164 | 243866 |
| 石油加工、炼焦及核燃料加工业 | 879 | 377752 | 6934559 | 7050269 | 117457 |
| 化学原料及化学制品制造业 | 5604 | 1984007 | 28509556 | 26658519 | 2563610 |
| 医药制造业 | 6791 | 880270 | 12850163 | 12152367 | 1388211 |
| 化学纤维制造业 | 830 | 448183 | 4332270 | 4168667 | 572004 |
| 橡胶制品业 | 1861 | 413358 | 5369689 | 5140578 | 1515114 |
| 塑料制品业 | 916 | 236930 | 2794356 | 2699333 | 372424 |
| 非金属矿物制品业 | 2406 | 533599 | 8157803 | 7440216 | 1072014 |
| 黑色金属冶炼及压延加工业 | 5875 | 3909864 | 53199609 | 54154380 | 3780972 |
| 有色金属冶炼及压延加工业 | 2124 | 933789 | 19096365 | 18590327 | 2386242 |
| 金属制品业 | 2265 | 509727 | 6785455 | 6615390 | 1000754 |
| 通用设备制造业 | 13203 | 2316064 | 28474121 | 27906507 | 2532709 |
| 专用设备制造业 | 10850 | 2476770 | 26986968 | 26355666 | 2026621 |
| 交通运输设备制造业 | 16575 | 5163670 | 94998680 | 93750381 | 12388846 |
| 电气机械及器材制造业 | 13427 | 3855353 | 62519611 | 60735834 | 10589952 |
| 通信设备、计算机及其他电子设备制造业 | 12708 | 2845873 | 34827137 | 37388711 | 11262239 |
| 仪器仪表及文化、办公用机械制造业 | 3023 | 525678 | 4880093 | 4722807 | 569330 |
| 工艺品及其他制造业 | 749 | 132353 | 1610876 | 1546115 | 593780 |
| 废弃资源和废旧材料回收加工业 | 5 | 6326 | 51472 | 49570 | |
| **电力、燃气及水的生产和供应业** | **1491** | **206729** | **736327** | **741474** | **40675** |
| 电力、热力的生产和供应业 | 1404 | 188768 | 697007 | 706128 | 40675 |
| 燃气生产和供应业 | 19 | 10576 | 18960 | 17600 | |
| 水的生产和供应业 | 68 | 7385 | 20361 | 17746 | |
| **高技术产业合计** | **25582** | **5365011** | **58157818** | **59419070** | **13491374** |
| 医药制造业 | 6791 | 880270 | 12850163 | 12152367 | 1388211 |
| 航空航天器制造业 | 2803 | 1016455 | 5129205 | 4712321 | 238286 |
| 电子及通信设备制造业 | 11542 | 2486185 | 29758316 | 32553104 | 10742412 |
| 电子计算机及办公设备制造业 | 1284 | 381667 | 5333218 | 5069468 | 551045 |
| 医疗设备及仪器仪表制造业 | 3162 | 600435 | 5086918 | 4931811 | 571420 |

## 7-9 分行业港澳台商投资企业新产品开发、生产及销售情况

单位：万元

| 行　业 | 新产品开发项目数（项） | 新产品开发经费支出 | 新产品产值 | 新产品销售收入 | #出口 |
|---|---|---|---|---|---|
| **合　计** | **16538** | **4597699** | **68250990** | **65346032** | **17954280** |
| **采矿业** | **14** | **4265** | **55600** | **55600** | **5140** |
| 煤炭开采和洗选业 | 6 | 3192 | 55450 | 55450 | 4990 |
| 非金属矿采选业 | 8 | 1073 | 150 | 150 | 150 |
| **制造业** | **16467** | **4589533** | **68186203** | **65281133** | **17945603** |
| 农副食品加工业 | 296 | 66522 | 1403434 | 1342379 | 26006 |
| 食品制造业 | 125 | 51353 | 687758 | 610708 | 20464 |
| 饮料制造业 | 102 | 41500 | 342580 | 302215 | 4878 |
| 烟草制品业 | 4 | 246 | | | |
| 纺织业 | 540 | 151141 | 1608367 | 1619680 | 511083 |
| 纺织服装、鞋、帽制造业 | 172 | 86145 | 984023 | 846177 | 207413 |
| 皮革、毛皮、羽毛(绒)及其制品业 | 110 | 27530 | 824740 | 819548 | 115717 |
| 木材加工及木、竹、藤、棕、草制品业 | 40 | 11056 | 197253 | 186510 | 85353 |
| 家具制造业 | 135 | 24037 | 249671 | 243967 | 44725 |
| 造纸及纸制品业 | 101 | 54996 | 1258382 | 1177952 | 56462 |
| 印刷业和记录媒介的复制 | 104 | 38342 | 287531 | 292960 | 33035 |
| 文教体育用品制造业 | 670 | 30856 | 176605 | 163668 | 120217 |
| 石油加工、炼焦及核燃料加工业 | 99 | 11602 | 747341 | 697110 | 587 |
| 化学原料及化学制品制造业 | 479 | 161318 | 3611003 | 2633731 | 178926 |
| 医药制造业 | 1336 | 172666 | 1831485 | 1717173 | 233531 |
| 化学纤维制造业 | 112 | 86632 | 1262772 | 1216081 | 31515 |
| 橡胶制品业 | 62 | 38314 | 416872 | 412985 | 28333 |
| 塑料制品业 | 516 | 94628 | 1036856 | 1046614 | 480023 |
| 非金属矿物制品业 | 270 | 173568 | 1538602 | 1476298 | 177367 |
| 黑色金属冶炼及压延加工业 | 219 | 204218 | 1602546 | 1592109 | 320931 |
| 有色金属冶炼及压延加工业 | 234 | 185304 | 1573706 | 1522150 | 66797 |
| 金属制品业 | 383 | 65310 | 774821 | 716806 | 201931 |
| 通用设备制造业 | 1059 | 199707 | 2063269 | 2073092 | 462868 |
| 专用设备制造业 | 819 | 161055 | 2122939 | 2113158 | 296149 |
| 交通运输设备制造业 | 1117 | 356691 | 6700573 | 6958103 | 1794572 |
| 电气机械及器材制造业 | 2472 | 592173 | 9912585 | 9396200 | 2541460 |
| 通信设备、计算机及其他电子设备制造业 | 4079 | 1394210 | 23572407 | 22664723 | 9013572 |
| 仪器仪表及文化、办公用机械制造业 | 680 | 94826 | 1172452 | 1220115 | 791738 |
| 工艺品及其他制造业 | 132 | 13589 | 225630 | 218920 | 99951 |
| **电力、燃气及水的生产和供应业** | **57** | **3901** | **9187** | **9299** | **3537** |
| 电力、热力的生产和供应业 | 17 | 647 | | | |
| 燃气生产和供应业 | 39 | 1606 | 9107 | 9221 | 3537 |
| 水的生产和供应业 | 1 | 1648 | 80 | 78 | |
| **高技术产业合计** | **5983** | **1652721** | **26067055** | **24992899** | **9428640** |
| 医药制造业 | 1336 | 172666 | 1831485 | 1717173 | 233531 |
| 航空航天器制造业 | 3 | 6977 | | | |
| 电子及通信设备制造业 | 3368 | 1050970 | 15220959 | 14374701 | 6201571 |
| 电子计算机及办公设备制造业 | 739 | 356773 | 8353993 | 8292545 | 2813267 |
| 医疗设备及仪器仪表制造业 | 537 | 65336 | 660618 | 608480 | 180272 |

## 7-10 分行业外商投资企业新产品开发、生产及销售情况

单位：万元

| 行业 | 新产品开发项目数（项） | 新产品开发经费支出 | 新产品产值 | 新产品销售收入 | #出口 |
|---|---|---|---|---|---|
| **合计** | **27425** | **8493204** | **206427615** | **207760470** | **68398414** |
| **采矿业** | **25** | **7960** | **49173** | **44208** | **1130** |
| 煤炭开采和洗选业 | | | 15483 | 10522 | |
| 有色金属矿采选业 | 5 | 6199 | | | |
| 非金属矿采选业 | 20 | 1761 | 33690 | 33686 | 1130 |
| **制造业** | **27337** | **8478068** | **206211620** | **207580052** | **68397284** |
| 农副食品加工业 | 304 | 84743 | 2077213 | 2110356 | 222618 |
| 食品制造业 | 667 | 133545 | 2345668 | 1976803 | 220068 |
| 饮料制造业 | 290 | 62763 | 691876 | 807349 | 2823 |
| 纺织业 | 454 | 102986 | 1794749 | 1683913 | 629385 |
| 纺织服装、鞋、帽制造业 | 69 | 20253 | 393537 | 346556 | 144549 |
| 皮革、毛皮、羽毛(绒)及其制品业 | 105 | 26848 | 557188 | 505557 | 220329 |
| 木材加工及木、竹、藤、棕、草制品业 | 27 | 8663 | 168556 | 131111 | 54575 |
| 家具制造业 | 50 | 16254 | 217298 | 206008 | 182188 |
| 造纸及纸制品业 | 352 | 192613 | 2448534 | 2327437 | 276578 |
| 印刷业和记录媒介的复制 | 48 | 17652 | 172872 | 164643 | 4494 |
| 文教体育用品制造业 | 197 | 22148 | 414242 | 396841 | 228166 |
| 石油加工、炼焦及核燃料加工业 | 22 | 21330 | 76411 | 75209 | 13703 |
| 化学原料及化学制品制造业 | 869 | 315220 | 4586224 | 4552587 | 799787 |
| 医药制造业 | 1283 | 261087 | 3040416 | 2885723 | 204976 |
| 化学纤维制造业 | 96 | 70172 | 1649998 | 1430460 | 66893 |
| 橡胶制品业 | 597 | 170302 | 2366603 | 2506473 | 682601 |
| 塑料制品业 | 294 | 128041 | 1338225 | 1330254 | 524894 |
| 非金属矿物制品业 | 350 | 95684 | 1317593 | 1357077 | 353383 |
| 黑色金属冶炼及压延加工业 | 269 | 144419 | 1225965 | 1224552 | 258395 |
| 有色金属冶炼及压延加工业 | 206 | 108690 | 1791922 | 1834669 | 126129 |
| 金属制品业 | 475 | 141163 | 1918094 | 1860785 | 384284 |
| 通用设备制造业 | 2189 | 605049 | 10195143 | 10011794 | 1778338 |
| 专用设备制造业 | 1010 | 341878 | 4166344 | 3832295 | 643578 |
| 交通运输设备制造业 | 3585 | 1642877 | 65650651 | 70456707 | 2669021 |
| 电气机械及器材制造业 | 3630 | 994866 | 16890785 | 16170431 | 5730158 |
| 通信设备、计算机及其他电子设备制造业 | 9063 | 2576928 | 75169758 | 73636000 | 49827099 |
| 仪器仪表及文化、办公用机械制造业 | 760 | 160431 | 3374697 | 3591847 | 2086663 |
| 工艺品及其他制造业 | 76 | 11466 | 171059 | 166614 | 61611 |
| **电力、燃气及水的生产和供应业** | **63** | **7176** | **166822** | **136210** | |
| 电力、热力的生产和供应业 | 46 | 6788 | 166822 | 136210 | |
| 燃气生产和供应业 | 9 | 226 | | | |
| 水的生产和供应业 | 8 | 162 | | | |
| **高技术产业合计** | **11255** | **3051653** | **80801241** | **79235660** | **51425108** |
| 医药制造业 | 1283 | 261087 | 3040416 | 2885723 | 204976 |
| 航空航天器制造业 | 58 | 9976 | 9387 | 9306 | 322 |
| 电子及通信设备制造业 | 3576 | 1855555 | 43757753 | 43787077 | 24899941 |
| 电子计算机及办公设备制造业 | 5540 | 741220 | 32349783 | 30852672 | 25689404 |
| 医疗设备及仪器仪表制造业 | 798 | 183815 | 1643903 | 1700883 | 630465 |

# 7-11 各地区企业新产品开发、生产及销售情况

单位：万元

| 地区 | 新产品开发项目数(项) | 新产品开发经费支出 | 新产品产值 | 新产品销售收入 | #出口 |
|---|---|---|---|---|---|
| **全 国** | **159637** | **44206917** | **736062822** | **728638982** | **147736449** |
| 东部地区 | 109704 | 31472640 | 534228657 | 532706950 | 135329001 |
| 中部地区 | 29868 | 8204672 | 121218077 | 120713828 | 7585954 |
| 西部地区 | 20065 | 4529605 | 80616088 | 75218203 | 4821494 |
| 北 京 | 4848 | 1269210 | 25389060 | 24955308 | 6742263 |
| 天 津 | 6181 | 1223778 | 32244555 | 31704983 | 8405067 |
| 河 北 | 4048 | 983796 | 12864549 | 13062233 | 1428054 |
| 山 西 | 1927 | 690972 | 6759309 | 5970902 | 421378 |
| 内蒙古 | 936 | 354075 | 6068070 | 5261434 | 397155 |
| 辽 宁 | 5997 | 1966776 | 21229829 | 21610398 | 2674060 |
| 吉 林 | 895 | 219809 | 15260102 | 16541690 | 628756 |
| 黑龙江 | 3280 | 702387 | 5952697 | 5519335 | 284742 |
| 上 海 | 8573 | 3024543 | 55043843 | 61808136 | 10231116 |
| 江 苏 | 20817 | 7199647 | 96085211 | 93872085 | 21965465 |
| 浙 江 | 13842 | 3496408 | 65844633 | 62826183 | 17759661 |
| 安 徽 | 5919 | 1667678 | 19837705 | 19971178 | 1406091 |
| 福 建 | 3708 | 1271893 | 21587590 | 19853442 | 6471831 |
| 江 西 | 2084 | 574999 | 7834975 | 7620428 | 1002028 |
| 山 东 | 17019 | 5069088 | 87972651 | 89056730 | 13077008 |
| 河 南 | 5762 | 1449624 | 17092736 | 18287436 | 1179452 |
| 湖 北 | 5856 | 1760964 | 24227652 | 23301606 | 1504542 |
| 湖 南 | 4145 | 1138240 | 24252900 | 23501254 | 1158965 |
| 广 东 | 24443 | 5916777 | 114983738 | 113016974 | 46562045 |
| 广 西 | 2150 | 387162 | 9860600 | 9515760 | 405002 |
| 海 南 | 228 | 50726 | 983000 | 940477 | 12432 |
| 重 庆 | 3264 | 840244 | 26420397 | 24780319 | 1208114 |
| 四 川 | 5718 | 1044185 | 15629200 | 14357774 | 1345647 |
| 贵 州 | 1344 | 264300 | 3300410 | 3106451 | 217857 |
| 云 南 | 806 | 258867 | 2408279 | 2328834 | 179415 |
| 西 藏 | | | | | |
| 陕 西 | 3809 | 836192 | 9419636 | 8682771 | 579827 |
| 甘 肃 | 1014 | 197910 | 3641918 | 3442373 | 250955 |
| 青 海 | 83 | 47493 | 165564 | 170695 | 559 |
| 宁 夏 | 567 | 103510 | 1020787 | 1012001 | 226609 |
| 新 疆 | 374 | 195668 | 2681227 | 2559793 | 10355 |

# 7-12 各地区大型企业新产品开发、生产及销售情况

单位：万元

| 地　区 | 新产品开发项目数（项） | 新产品开发经费支出 | 新产品产值 | 新产品销售收入 | #出口 |
|---|---|---|---|---|---|
| **全　国** | **71152** | **27046187** | **503774515** | **505889123** | **107437636** |
| 东部地区 | 45013 | 18232924 | 354860506 | 359202639 | 97844423 |
| 中部地区 | 15567 | 5806078 | 91943162 | 92607700 | 5869536 |
| 西部地区 | 10572 | 3007186 | 56970847 | 54078785 | 3723678 |
| 北　京 | 927 | 450624 | 15185554 | 14768384 | 5420303 |
| 天　津 | 1557 | 773534 | 22249683 | 21688339 | 5650049 |
| 河　北 | 2357 | 740805 | 10298389 | 10636409 | 1202743 |
| 山　西 | 1365 | 583919 | 5979047 | 5230938 | 400526 |
| 内蒙古 | 692 | 275798 | 5190790 | 4422151 | 348539 |
| 辽　宁 | 4556 | 1731258 | 18890325 | 19434908 | 2577962 |
| 吉　林 | 337 | 161276 | 14450688 | 15790106 | 599551 |
| 黑龙江 | 2320 | 531325 | 4469024 | 4338094 | 272779 |
| 上　海 | 2998 | 1832337 | 37211964 | 43652043 | 6481959 |
| 江　苏 | 7563 | 3813824 | 58008167 | 56747746 | 14619004 |
| 浙　江 | 2261 | 1117924 | 22249503 | 22388917 | 6541566 |
| 安　徽 | 2352 | 1062741 | 13176966 | 12970456 | 897266 |
| 福　建 | 1201 | 633259 | 12683218 | 11633938 | 3662204 |
| 江　西 | 1067 | 460790 | 6630371 | 6531721 | 877680 |
| 山　东 | 9349 | 3486596 | 67773440 | 69078091 | 9734548 |
| 河　南 | 3466 | 1040528 | 12099276 | 13346710 | 921379 |
| 湖　北 | 2589 | 1224435 | 17459752 | 17040734 | 1046538 |
| 湖　南 | 2071 | 741066 | 17678038 | 17358941 | 853818 |
| 广　东 | 12237 | 3636586 | 89493054 | 88398222 | 41952816 |
| 广　西 | 905 | 215219 | 7609456 | 7466033 | 227699 |
| 海　南 | 7 | 16177 | 817208 | 775643 | 1268 |
| 重　庆 | 1475 | 591463 | 17921647 | 17415843 | 842315 |
| 四　川 | 3628 | 703686 | 10533252 | 9745265 | 1140494 |
| 贵　州 | 569 | 185410 | 2445297 | 2359830 | 200579 |
| 云　南 | 287 | 125804 | 1259137 | 1283278 | 132187 |
| 西　藏 | | | | | |
| 陕　西 | 2063 | 622298 | 8010389 | 7352086 | 491687 |
| 甘　肃 | 455 | 138198 | 2950636 | 2847846 | 224726 |
| 青　海 | 44 | 30491 | 128295 | 133084 | |
| 宁　夏 | 262 | 39673 | 372806 | 514690 | 110254 |
| 新　疆 | 192 | 79145 | 549141 | 538681 | 5199 |

## 7-13 各地区中型企业新产品开发、生产及销售情况

单位：万元

| 地区 | 新产品开发项目数(项) | 新产品开发经费支出 | 新产品产值 | 新产品销售收入 | #出口 |
|---|---|---|---|---|---|
| **全国** | **88485** | **17160730** | **232288308** | **222749858** | **40298812** |
| 东部地区 | 64691 | 13239717 | 179368152 | 173504312 | 37484578 |
| 中部地区 | 14301 | 2398594 | 29274915 | 28106128 | 1716418 |
| 西部地区 | 9493 | 1522419 | 23645241 | 21139419 | 1097816 |
| 北京 | 3921 | 818586 | 10203506 | 10186925 | 1321960 |
| 天津 | 4624 | 450244 | 9994872 | 10016645 | 2755018 |
| 河北 | 1691 | 242991 | 2566160 | 2425824 | 225312 |
| 山西 | 562 | 107054 | 780262 | 739963 | 20852 |
| 内蒙古 | 244 | 78277 | 877280 | 839283 | 48616 |
| 辽宁 | 1441 | 235519 | 2339504 | 2175490 | 96097 |
| 吉林 | 558 | 58533 | 809414 | 751584 | 29205 |
| 黑龙江 | 960 | 171062 | 1483674 | 1181241 | 11964 |
| 上海 | 5575 | 1192206 | 17831878 | 18156093 | 3749156 |
| 江苏 | 13254 | 3385823 | 38077044 | 37124339 | 7346461 |
| 浙江 | 11581 | 2378484 | 43595129 | 40437266 | 11218095 |
| 安徽 | 3567 | 604938 | 6660739 | 7000722 | 508825 |
| 福建 | 2507 | 638634 | 8904372 | 8219504 | 2809627 |
| 江西 | 1017 | 114209 | 1204604 | 1088707 | 124348 |
| 山东 | 7670 | 1582492 | 20199211 | 19978639 | 3342460 |
| 河南 | 2296 | 409096 | 4993460 | 4940726 | 258074 |
| 湖北 | 3267 | 536529 | 6767900 | 6260872 | 458004 |
| 湖南 | 2074 | 397174 | 6574862 | 6142314 | 305147 |
| 广东 | 12206 | 2280192 | 25490684 | 24618752 | 4609230 |
| 广西 | 1245 | 171943 | 2251144 | 2049728 | 177304 |
| 海南 | 221 | 34548 | 165792 | 164834 | 11164 |
| 重庆 | 1789 | 248781 | 8498751 | 7364476 | 365799 |
| 四川 | 2090 | 340499 | 5095947 | 4612509 | 205152 |
| 贵州 | 775 | 78890 | 855113 | 746621 | 17279 |
| 云南 | 519 | 133063 | 1149143 | 1045556 | 47228 |
| 西藏 | | | | | |
| 陕西 | 1746 | 213893 | 1409247 | 1330685 | 88139 |
| 甘肃 | 559 | 59712 | 691282 | 594527 | 26229 |
| 青海 | 39 | 17002 | 37269 | 37612 | 559 |
| 宁夏 | 305 | 63836 | 647981 | 497311 | 116355 |
| 新疆 | 182 | 116523 | 2132086 | 2021112 | 5156 |

# 7-14 各地区国有及国有控股企业新产品开发、生产及销售情况

单位：万元

| 地区 | 新产品开发项目数(项) | 新产品开发经费支出 | 新产品产值 | 新产品销售收入 | |
|---|---|---|---|---|---|
| | | | | | #出口 |
| **全国** | **64091** | **18949775** | **290667158** | **294557521** | **24212626** |
| 东部地区 | 32006 | 10150594 | 158581127 | 166051832 | 17360873 |
| 中部地区 | 17383 | 5464380 | 80581534 | 80059412 | 4392441 |
| 西部地区 | 14702 | 3334801 | 51504497 | 48446276 | 2459311 |
| 北京 | 3368 | 680441 | 6852014 | 6471205 | 568756 |
| 天津 | 2673 | 571655 | 16052928 | 15631413 | 618177 |
| 河北 | 2031 | 640429 | 7696304 | 7687994 | 917014 |
| 山西 | 1665 | 629529 | 5776076 | 5046008 | 406436 |
| 内蒙古 | 667 | 243848 | 4568122 | 3671150 | 180396 |
| 辽宁 | 4421 | 1513973 | 16419957 | 16840538 | 2481801 |
| 吉林 | 451 | 154373 | 14348076 | 15672556 | 597549 |
| 黑龙江 | 2479 | 583361 | 4528476 | 4162325 | 264225 |
| 上海 | 4270 | 1923071 | 38585639 | 44165297 | 4791352 |
| 江苏 | 3552 | 991633 | 15055600 | 14629141 | 917935 |
| 浙江 | 1033 | 284468 | 4306693 | 4627051 | 766994 |
| 安徽 | 3124 | 1035709 | 11578314 | 11387359 | 603749 |
| 福建 | 605 | 136568 | 3309265 | 3307121 | 392169 |
| 江西 | 1288 | 369784 | 4937978 | 4772948 | 590573 |
| 山东 | 5847 | 1829588 | 27138606 | 29168894 | 2802525 |
| 河南 | 2825 | 731749 | 7537218 | 7773919 | 596404 |
| 湖北 | 3389 | 1272415 | 16239023 | 15882155 | 496096 |
| 湖南 | 2162 | 687461 | 15636373 | 15362143 | 837410 |
| 广东 | 4101 | 1552084 | 22340004 | 22743019 | 3102881 |
| 广西 | 1421 | 255790 | 8509002 | 8314445 | 240471 |
| 海南 | 105 | 26685 | 824118 | 780159 | 1268 |
| 重庆 | 2179 | 584560 | 13445124 | 13155572 | 287261 |
| 四川 | 4298 | 752589 | 8833273 | 8066149 | 613709 |
| 贵州 | 1111 | 250288 | 2969483 | 2881989 | 217143 |
| 云南 | 602 | 169023 | 1594639 | 1579337 | 144580 |
| 西藏 | | | | | |
| 陕西 | 2987 | 731979 | 7102737 | 6501563 | 529738 |
| 甘肃 | 746 | 178858 | 3357539 | 3189938 | 222392 |
| 青海 | 53 | 37855 | 137068 | 142541 | 381 |
| 宁夏 | 332 | 37107 | 423049 | 398677 | 18175 |
| 新疆 | 306 | 92906 | 564460 | 544915 | 5066 |

# 7-15 各地区内资企业新产品开发、生产及销售情况

单位：万元

| 地区 | 新产品开发项目数(项) | 新产品开发经费支出 | 新产品产值 | 新产品销售收入 | #出口 |
|---|---|---|---|---|---|
| **全国** | **115674** | **31116015** | **461384218** | **455532480** | **61383755** |
| 东部地区 | 70830 | 20041859 | 297548904 | 295958635 | 51328727 |
| 中部地区 | 26262 | 7048088 | 99974599 | 100114733 | 5807240 |
| 西部地区 | 18582 | 4026068 | 63860714 | 59459112 | 4247788 |
| 北京 | 3889 | 769853 | 9237252 | 8808568 | 505923 |
| 天津 | 4722 | 752542 | 11599929 | 11122873 | 816571 |
| 河北 | 3120 | 793758 | 11235001 | 11229236 | 1147853 |
| 山西 | 1857 | 679782 | 6224059 | 5434438 | 410244 |
| 内蒙古 | 836 | 327666 | 5415151 | 4666790 | 337634 |
| 辽宁 | 5363 | 1785974 | 19047276 | 19553016 | 2554336 |
| 吉林 | 790 | 198202 | 14803997 | 16091274 | 584787 |
| 黑龙江 | 2859 | 660969 | 4944213 | 4551743 | 277153 |
| 上海 | 3715 | 1370898 | 17911051 | 17908941 | 4735991 |
| 江苏 | 12100 | 4205029 | 56735715 | 55173722 | 6437877 |
| 浙江 | 9659 | 2472988 | 44706551 | 42617668 | 11293116 |
| 安徽 | 4878 | 1425455 | 16685539 | 16926143 | 1143071 |
| 福建 | 1663 | 365192 | 5727457 | 5499901 | 990342 |
| 江西 | 1667 | 377798 | 5058898 | 4920543 | 648894 |
| 山东 | 15022 | 4314936 | 77062663 | 78380615 | 9825328 |
| 河南 | 5227 | 1280447 | 14174870 | 15429814 | 1029435 |
| 湖北 | 4993 | 1342532 | 15504822 | 14846981 | 642108 |
| 湖南 | 3991 | 1082903 | 22578202 | 21913796 | 1071548 |
| 广东 | 11369 | 3163534 | 43364052 | 44784519 | 13009939 |
| 广西 | 1742 | 235826 | 4141114 | 4299704 | 281393 |
| 海南 | 208 | 47156 | 921957 | 879577 | 11452 |
| 重庆 | 2891 | 644507 | 18308631 | 16748734 | 1014615 |
| 四川 | 5554 | 1017831 | 14896029 | 13705207 | 1205988 |
| 贵州 | 1272 | 261697 | 3222409 | 3042021 | 217215 |
| 云南 | 696 | 223024 | 2240553 | 2154833 | 178703 |
| 西藏 | | | | | |
| 陕西 | 3682 | 803383 | 8544190 | 7927351 | 545739 |
| 甘肃 | 1011 | 195675 | 3439291 | 3281266 | 250955 |
| 青海 | 65 | 34488 | 143513 | 148644 | 559 |
| 宁夏 | 459 | 86303 | 828606 | 924770 | 204631 |
| 新疆 | 374 | 195668 | 2681227 | 2559793 | 10355 |

# 7-16 各地区港澳台商投资企业新产品开发、生产及销售情况

单位：万元

| 地　区 | 新产品开发项目数（项） | 新产品开发经费支出 | 新产品产值 | 新产品销售收入 | #出口 |
|---|---|---|---|---|---|
| **全　国** | **16538** | **4597699** | **68250990** | **65346032** | **17954280** |
| 东部地区 | 15159 | 4250564 | 60772289 | 58197867 | 17017928 |
| 中部地区 | 1051 | 264593 | 5489938 | 5268484 | 711713 |
| 西部地区 | 328 | 82542 | 1988763 | 1879681 | 224640 |
| 北　京 | 343 | 224814 | 5613973 | 5498687 | 552321 |
| 天　津 | 378 | 47284 | 1206231 | 1214155 | 462686 |
| 河　北 | 526 | 72058 | 563189 | 790771 | 163533 |
| 山　西 | 59 | 8051 | 92795 | 98450 | 4651 |
| 内蒙古 | 17 | 5797 | 132673 | 150316 | 4990 |
| 辽　宁 | 285 | 102917 | 594272 | 553142 | 9864 |
| 吉　林 | | | 29868 | 28151 | 26248 |
| 黑龙江 | 20 | 3831 | 37318 | 36893 | |
| 上　海 | 883 | 199478 | 3076320 | 2966901 | 1186462 |
| 江　苏 | 3835 | 969717 | 12178013 | 11994465 | 3579363 |
| 浙　江 | 1887 | 479023 | 10089075 | 9031669 | 2522371 |
| 安　徽 | 374 | 52490 | 852658 | 832659 | 31757 |
| 福　建 | 1372 | 534639 | 7749544 | 7644223 | 2254418 |
| 江　西 | 46 | 9763 | 562570 | 560393 | 6610 |
| 山　东 | 452 | 155350 | 1976787 | 1806362 | 374171 |
| 河　南 | 285 | 74121 | 1043946 | 1030040 | 59390 |
| 湖　北 | 170 | 77742 | 1727442 | 1591671 | 559401 |
| 湖　南 | 97 | 38595 | 1143341 | 1090228 | 23656 |
| 广　东 | 5198 | 1465285 | 17724885 | 16697492 | 5912740 |
| 广　西 | 68 | 9224 | 78549 | 62046 | 4216 |
| 海　南 | | | | | |
| 重　庆 | 92 | 26720 | 987562 | 976084 | 63255 |
| 四　川 | 83 | 17068 | 446354 | 375349 | 118172 |
| 贵　州 | | | | | |
| 云　南 | 40 | 14986 | 81887 | 81602 | 194 |
| 西　藏 | | | | | |
| 陕　西 | 14 | 6779 | 259106 | 232169 | 33814 |
| 甘　肃 | | | 80 | 78 | |
| 青　海 | | | | | |
| 宁　夏 | 14 | 1969 | 2552 | 2038 | |
| 新　疆 | | | | | |

# 7-17 各地区外商投资企业新产品开发、生产及销售情况

单位：万元

| 地区 | 新产品开发项目数(项) | 新产品开发经费支出 | 新产品产值 | 新产品销售收入 | #出口 |
|---|---|---|---|---|---|
| **全国** | **27425** | **8493204** | **206427615** | **207760470** | **68398414** |
| 东部地区 | 23715 | 7180217 | 175907464 | 178550448 | 66982347 |
| 中部地区 | 2555 | 891992 | 15753540 | 15330611 | 1067001 |
| 西部地区 | 1155 | 420995 | 14766611 | 13879411 | 349066 |
| 北京 | 616 | 274543 | 10537835 | 10648054 | 5684019 |
| 天津 | 1081 | 423952 | 19438395 | 19367955 | 7125810 |
| 河北 | 402 | 117981 | 1066359 | 1042226 | 116669 |
| 山西 | 11 | 3140 | 442455 | 438015 | 6483 |
| 内蒙古 | 83 | 20613 | 520246 | 444328 | 54530 |
| 辽宁 | 349 | 77885 | 1588280 | 1504240 | 109860 |
| 吉林 | 105 | 21607 | 426238 | 422265 | 17721 |
| 黑龙江 | 401 | 37587 | 971166 | 930698 | 7589 |
| 上海 | 3975 | 1454167 | 34056471 | 40932294 | 4308663 |
| 江苏 | 4882 | 2024901 | 27171483 | 26703899 | 11948225 |
| 浙江 | 2296 | 544396 | 11049007 | 11176846 | 3944174 |
| 安徽 | 667 | 189733 | 2299508 | 2212376 | 231263 |
| 福建 | 673 | 372062 | 8110590 | 6709318 | 3227072 |
| 江西 | 371 | 187438 | 2213507 | 2139492 | 346523 |
| 山东 | 1545 | 598802 | 8933200 | 8869753 | 2877509 |
| 河南 | 250 | 95056 | 1873920 | 1827582 | 90627 |
| 湖北 | 693 | 340690 | 6995389 | 6862953 | 303033 |
| 湖南 | 57 | 16742 | 531357 | 497230 | 63762 |
| 广东 | 7876 | 1287958 | 53894801 | 51534963 | 27639367 |
| 广西 | 340 | 142112 | 5640937 | 5154010 | 119394 |
| 海南 | 20 | 3569 | 61043 | 60900 | 980 |
| 重庆 | 281 | 169017 | 7124205 | 7055501 | 130244 |
| 四川 | 81 | 9286 | 286817 | 277218 | 21487 |
| 贵州 | 72 | 2604 | 78001 | 64430 | 642 |
| 云南 | 70 | 20857 | 85839 | 92399 | 517 |
| 西藏 | | | | | |
| 陕西 | 113 | 26030 | 616340 | 523251 | 273 |
| 甘肃 | 3 | 2235 | 202547 | 161029 | |
| 青海 | 18 | 13005 | 22051 | 22051 | |
| 宁夏 | 94 | 15238 | 189629 | 85193 | 21978 |
| 新疆 | | | | | |

# 八、工业企业自主知识产权及相关情况

# （2010）

# 8-1　分登记注册类型企业自主知识产权及相关情况

| 登记注册类型 | 专利申请数（件） | #发明专利 | 有效发明专利数（件） | 拥有注册商标数（件） | 形成国家或行业标准数（项） |
|---|---|---|---|---|---|
| **合　计** | **198890** | **72523** | **113074** | **155840** | **14532** |
| **国有及国有控股企业** | **61444** | **25356** | **31594** | **49926** | **4833** |
| **内资企业** | **140484** | **49909** | **81734** | **117242** | **12362** |
| 国有企业 | 14731 | 5280 | 7067 | 9708 | 1704 |
| 集体企业 | 1646 | 738 | 667 | 571 | 816 |
| 股份合作企业 | 686 | 231 | 239 | 340 | 81 |
| 联营企业 | 72 | 21 | 53 | 309 | 25 |
| 国有联营企业 | 19 | 6 | 22 | 164 | 9 |
| 集体联营企业 | 12 | 2 | 17 | 130 | 5 |
| 国有与集体联营企业 | 33 | 6 | 13 | 14 | 11 |
| 其他联营企业 | 8 | 7 | 1 | 1 | |
| 有限责任公司 | 45096 | 17000 | 34620 | 39778 | 4071 |
| 国有独资公司 | 8081 | 2644 | 3476 | 9625 | 757 |
| 其他有限责任公司 | 37015 | 14356 | 31144 | 30153 | 3314 |
| 股份有限公司 | 40010 | 17915 | 26339 | 37892 | 2780 |
| 私营企业 | 37955 | 8659 | 12605 | 28245 | 2812 |
| 私营独资企业 | 1863 | 726 | 503 | 1065 | 75 |
| 私营合伙企业 | 164 | 59 | 43 | 141 | 11 |
| 私营有限责任公司 | 30925 | 6620 | 10189 | 22735 | 2429 |
| 私营股份有限公司 | 5003 | 1254 | 1870 | 4304 | 297 |
| 其他企业 | 288 | 65 | 144 | 399 | 73 |
| **港、澳、台商投资企业** | **24213** | **7245** | **12897** | **17568** | **974** |
| 合资经营企业 | 11925 | 3521 | 5157 | 8549 | 611 |
| 合作经营企业 | 336 | 83 | 377 | 696 | 2 |
| 港、澳、台商独资经营企业 | 10782 | 3220 | 6555 | 7029 | 282 |
| 港、澳、台商投资股份有限公司 | 1170 | 421 | 808 | 1294 | 79 |
| **外商投资企业** | **34193** | **15369** | **18443** | **21030** | **1196** |
| 中外合资经营企业 | 14559 | 4787 | 7128 | 10800 | 755 |
| 中外合作经营企业 | 306 | 59 | 95 | 156 | 20 |
| 外资企业 | 17810 | 10001 | 10006 | 6019 | 324 |
| 外商投资股份有限公司 | 1518 | 522 | 1214 | 4055 | 97 |

# 8-2　分登记注册类型大型企业自主知识产权及相关情况

| 登记注册类型 | 专利申请数（件） | #发明专利 | 有效发明专利数（件） | 拥有注册商标数（件） | 形成国家或行业标准数（项） |
|---|---|---|---|---|---|
| **合　　计** | **99157** | **43058** | **63545** | **78791** | **6837** |
| **国有及国有控股企业** | **46020** | **19530** | **22860** | **37426** | **2971** |
| **内资企业** | **71682** | **29532** | **46008** | **59980** | **6256** |
| 国有企业 | 10596 | 3756 | 4825 | 7771 | 837 |
| 集体企业 | 1222 | 641 | 538 | 373 | 780 |
| 股份合作企业 | 79 | 25 | 43 | 196 | 27 |
| 联营企业 | 18 | 1 | 15 | 173 | 9 |
| 国有联营企业 | 11 | 1 | 14 | 164 | 9 |
| 国有与集体联营企业 | 7 | | 1 | 9 | |
| 有限责任公司 | 25690 | 11160 | 25419 | 22345 | 2159 |
| 国有独资公司 | 6825 | 2191 | 2774 | 8355 | 566 |
| 其他有限责任公司 | 18865 | 8969 | 22645 | 13990 | 1593 |
| 股份有限公司 | 25902 | 12190 | 13517 | 21631 | 1216 |
| 私营企业 | 8093 | 1749 | 1636 | 7367 | 1228 |
| 私营独资企业 | 307 | 35 | 22 | 195 | 3 |
| 私营有限责任公司 | 5672 | 1259 | 1165 | 4975 | 1161 |
| 私营股份有限公司 | 2114 | 455 | 449 | 2197 | 64 |
| 其他企业 | 82 | 10 | 15 | 124 | |
| **港、澳、台商投资企业** | **10822** | **3729** | **6316** | **8752** | **227** |
| 合资经营企业 | 4710 | 1652 | 2307 | 3544 | 129 |
| 合作经营企业 | 55 | 46 | 320 | 16 | 1 |
| 港、澳、台商独资经营企业 | 5587 | 1787 | 3340 | 4170 | 84 |
| 港、澳、台商投资股份有限公司 | 470 | 244 | 349 | 1022 | 13 |
| **外商投资企业** | **16653** | **9797** | **11221** | **10059** | **354** |
| 中外合资经营企业 | 5418 | 2288 | 3311 | 4390 | 189 |
| 中外合作经营企业 | 3 | 1 | 2 | 6 | |
| 外资企业 | 10372 | 7186 | 6976 | 2012 | 105 |
| 外商投资股份有限公司 | 860 | 322 | 932 | 3651 | 60 |

# 8-3 分登记注册类型中型企业自主知识产权及相关情况

| 登记注册类型 | 专利申请数（件） | #发明专利 | 有效发明专利数（件） | 拥有注册商标数（件） | 形成国家或行业标准数（项） |
|---|---|---|---|---|---|
| **合　计** | **99733** | **29465** | **49529** | **77049** | **7695** |
| **国有及国有控股企业** | **15424** | **5826** | **8734** | **12500** | **1862** |
| **内资企业** | **68802** | **20377** | **35726** | **57262** | **6106** |
| 国有企业 | 4135 | 1524 | 2242 | 1937 | 867 |
| 集体企业 | 424 | 97 | 129 | 198 | 36 |
| 股份合作企业 | 607 | 206 | 196 | 144 | 54 |
| 联营企业 | 54 | 20 | 38 | 136 | 16 |
| 国有联营企业 | 8 | 5 | 8 | | |
| 集体联营企业 | 12 | 2 | 17 | 130 | 5 |
| 国有与集体联营企业 | 26 | 6 | 12 | 5 | 11 |
| 其他联营企业 | 8 | 7 | 1 | 1 | |
| 有限责任公司 | 19406 | 5840 | 9201 | 17433 | 1912 |
| 国有独资公司 | 1256 | 453 | 702 | 1270 | 191 |
| 其他有限责任公司 | 18150 | 5387 | 8499 | 16163 | 1721 |
| 股份有限公司 | 14108 | 5725 | 12822 | 16261 | 1564 |
| 私营企业 | 29862 | 6910 | 10969 | 20878 | 1584 |
| 私营独资企业 | 1556 | 691 | 481 | 870 | 72 |
| 私营合伙企业 | 164 | 59 | 43 | 141 | 11 |
| 私营有限责任公司 | 25253 | 5361 | 9024 | 17760 | 1268 |
| 私营股份有限公司 | 2889 | 799 | 1421 | 2107 | 233 |
| 其他企业 | 206 | 55 | 129 | 275 | 73 |
| **港、澳、台商投资企业** | **13391** | **3516** | **6581** | **8816** | **747** |
| 合资经营企业 | 7215 | 1869 | 2850 | 5005 | 482 |
| 合作经营企业 | 281 | 37 | 57 | 680 | 1 |
| 港、澳、台商独资经营企业 | 5195 | 1433 | 3215 | 2859 | 198 |
| 港、澳、台商投资股份有限公司 | 700 | 177 | 459 | 272 | 66 |
| **外商投资企业** | **17540** | **5572** | **7222** | **10971** | **842** |
| 中外合资经营企业 | 9141 | 2499 | 3817 | 6410 | 566 |
| 中外合作经营企业 | 303 | 58 | 93 | 150 | 20 |
| 外资企业 | 7438 | 2815 | 3030 | 4007 | 219 |
| 外商投资股份有限公司 | 658 | 200 | 282 | 404 | 37 |

# 8-4 分行业企业自主知识产权及相关情况

| 行业 | 专利申请数（件） | #发明专利 | 有效发明专利数（件） | 拥有注册商标数（件） | 形成国家或行业标准数（项） |
|---|---|---|---|---|---|
| **合计** | **198890** | **72523** | **113074** | **155840** | **14532** |
| **采矿业** | **3252** | **842** | **2603** | **779** | **553** |
| 煤炭开采和洗选业 | 1314 | 333 | 642 | 504 | 68 |
| 石油和天然气开采业 | 1654 | 387 | 1807 | 54 | 435 |
| 黑色金属矿采选业 | 90 | 17 | 50 | 91 | |
| 有色金属矿采选业 | 135 | 68 | 44 | 27 | 16 |
| 非金属矿采选业 | 59 | 37 | 60 | 103 | 34 |
| **制造业** | **192674** | **70698** | **109732** | **154775** | **13821** |
| 农副食品加工业 | 1908 | 558 | 621 | 2352 | 190 |
| 食品制造业 | 1875 | 834 | 948 | 10062 | 147 |
| 饮料制造业 | 1961 | 272 | 563 | 10872 | 177 |
| 烟草制品业 | 766 | 245 | 251 | 7383 | 40 |
| 纺织业 | 6388 | 809 | 1660 | 3795 | 321 |
| 纺织服装、鞋、帽制造业 | 1907 | 197 | 228 | 2554 | 67 |
| 皮革、毛皮、羽毛(绒)及其制品业 | 1003 | 114 | 238 | 2894 | 41 |
| 木材加工及木、竹、藤、棕、草制品业 | 594 | 172 | 269 | 664 | 77 |
| 家具制造业 | 1581 | 215 | 325 | 1066 | 26 |
| 造纸及纸制品业 | 1247 | 294 | 393 | 1060 | 84 |
| 印刷业和记录媒介的复制 | 521 | 183 | 367 | 529 | 87 |
| 文教体育用品制造业 | 1995 | 248 | 857 | 1465 | 110 |
| 石油加工、炼焦及核燃料加工业 | 558 | 345 | 976 | 1055 | 91 |
| 化学原料及化学制品制造业 | 5743 | 2902 | 4678 | 11129 | 913 |
| 医药制造业 | 5767 | 3705 | 5672 | 24971 | 2115 |
| 化学纤维制造业 | 1609 | 365 | 409 | 466 | 88 |
| 橡胶制品业 | 1443 | 404 | 533 | 1239 | 150 |
| 塑料制品业 | 2868 | 785 | 1208 | 1575 | 98 |
| 非金属矿物制品业 | 5192 | 1800 | 6254 | 3604 | 317 |
| 黑色金属冶炼及压延加工业 | 5813 | 2102 | 2836 | 1720 | 243 |
| 有色金属冶炼及压延加工业 | 3335 | 1194 | 2265 | 2299 | 520 |
| 金属制品业 | 5355 | 1170 | 2420 | 2974 | 339 |
| 通用设备制造业 | 13922 | 3330 | 5668 | 6166 | 1306 |
| 专用设备制造业 | 13467 | 4027 | 6303 | 5101 | 873 |
| 交通运输设备制造业 | 23700 | 5391 | 6983 | 16317 | 1165 |
| 电气机械及器材制造业 | 28978 | 8339 | 12492 | 16618 | 2983 |
| 通信设备、计算机及其他电子设备制造业 | 46209 | 28913 | 41130 | 11616 | 676 |
| 仪器仪表及文化、办公用机械制造业 | 5131 | 1485 | 2749 | 2067 | 462 |
| 工艺品及其他制造业 | 1825 | 290 | 425 | 1155 | 114 |
| 废弃资源和废旧材料回收加工业 | 13 | 10 | 11 | 7 | 1 |
| **电力、燃气及水的生产和供应业** | **2964** | **983** | **739** | **286** | **158** |
| 电力、热力的生产和供应业 | 2891 | 956 | 687 | 267 | 154 |
| 燃气生产和供应业 | 22 | 8 | 20 | 19 | 2 |
| 水的生产和供应业 | 51 | 19 | 32 | | 2 |
| **高技术产业合计** | **59683** | **35371** | **50166** | **39145** | **3497** |
| 医药制造业 | 5767 | 3705 | 5672 | 24971 | 2115 |
| 航空航天器制造业 | 2172 | 863 | 700 | 562 | 227 |
| 电子及通信设备制造业 | 35575 | 21753 | 33677 | 8793 | 603 |
| 电子计算机及办公设备制造业 | 10810 | 7221 | 7552 | 2858 | 91 |
| 医疗设备及仪器仪表制造业 | 5359 | 1829 | 2565 | 1961 | 461 |

# 8-5 分行业大型企业自主知识产权及相关情况

| 行业 | 专利申请数(件) | #发明专利 | 有效发明专利数(件) | 拥有注册商标数(件) | 形成国家或行业标准数(项) |
|---|---|---|---|---|---|
| **合计** | **99157** | **43058** | **63545** | **78791** | **6837** |
| **采矿业** | **3061** | **765** | **2474** | **734** | **524** |
| 煤炭开采和洗选业 | 1297 | 326 | 625 | 498 | 54 |
| 石油和天然气开采业 | 1622 | 381 | 1777 | 53 | 429 |
| 黑色金属矿采选业 | 25 | 4 | 8 | 90 | |
| 有色金属矿采选业 | 74 | 30 | 24 | 5 | 9 |
| 非金属矿采选业 | 43 | 24 | 40 | 88 | 32 |
| **制造业** | **93751** | **41529** | **60639** | **77939** | **6264** |
| 农副食品加工业 | 640 | 163 | 208 | 1328 | 86 |
| 食品制造业 | 577 | 237 | 349 | 4026 | 46 |
| 饮料制造业 | 815 | 70 | 158 | 4855 | 98 |
| 烟草制品业 | 617 | 202 | 164 | 6276 | 34 |
| 纺织业 | 1428 | 299 | 343 | 1560 | 148 |
| 纺织服装、鞋、帽制造业 | 382 | 48 | 108 | 1262 | 11 |
| 皮革、毛皮、羽毛(绒)及其制品业 | 443 | 45 | 20 | 2015 | 17 |
| 木材加工及木、竹、藤、棕、草制品业 | 64 | 19 | 85 | 128 | 4 |
| 家具制造业 | 261 | 9 | 2 | 130 | 4 |
| 造纸及纸制品业 | 321 | 122 | 131 | 400 | 48 |
| 印刷业和记录媒介的复制 | 71 | 22 | 66 | 27 | 52 |
| 文教体育用品制造业 | 1055 | 79 | 330 | 312 | 65 |
| 石油加工、炼焦及核燃料加工业 | 389 | 260 | 838 | 806 | 29 |
| 化学原料及化学制品制造业 | 1821 | 1037 | 1922 | 2363 | 261 |
| 医药制造业 | 2347 | 1621 | 2349 | 10403 | 602 |
| 化学纤维制造业 | 1265 | 220 | 236 | 345 | 38 |
| 橡胶制品业 | 600 | 79 | 130 | 743 | 54 |
| 塑料制品业 | 559 | 155 | 107 | 332 | 11 |
| 非金属矿物制品业 | 1000 | 177 | 217 | 1079 | 58 |
| 黑色金属冶炼及压延加工业 | 5381 | 1965 | 2573 | 1424 | 208 |
| 有色金属冶炼及压延加工业 | 1593 | 506 | 1111 | 1646 | 382 |
| 金属制品业 | 763 | 196 | 447 | 1010 | 44 |
| 通用设备制造业 | 3927 | 836 | 1458 | 1465 | 335 |
| 专用设备制造业 | 5464 | 1687 | 2696 | 2947 | 251 |
| 交通运输设备制造业 | 15264 | 3691 | 3790 | 13353 | 859 |
| 电气机械及器材制造业 | 13401 | 4482 | 6376 | 9327 | 2121 |
| 通信设备、计算机及其他电子设备制造业 | 31876 | 22835 | 33478 | 7742 | 242 |
| 仪器仪表及文化、办公用机械制造业 | 1172 | 397 | 871 | 428 | 81 |
| 工艺品及其他制造业 | 255 | 70 | 76 | 207 | 75 |
| **电力、燃气及水的生产和供应业** | **2345** | **764** | **432** | **118** | **49** |
| 电力、热力的生产和供应业 | 2311 | 751 | 425 | 100 | 47 |
| 燃气生产和供应业 | 8 | 5 | | 18 | 1 |
| 水的生产和供应业 | 26 | 8 | 7 | | 1 |
| **高技术产业合计** | **37088** | **25559** | **36922** | **18942** | **1123** |
| 医药制造业 | 2347 | 1621 | 2349 | 10403 | 602 |
| 航空航天器制造业 | 1692 | 668 | 467 | 505 | 187 |
| 电子及通信设备制造业 | 23027 | 16240 | 26910 | 5297 | 213 |
| 电子计算机及办公设备制造业 | 8864 | 6595 | 6568 | 2446 | 29 |
| 医疗设备及仪器仪表制造业 | 1158 | 435 | 628 | 291 | 92 |

## 8-6 分行业中型企业自主知识产权及相关情况

| 行　　业 | 专利申请数(件) | #发明专利 | 有效发明专利数(件) | 拥有注册商标数(件) | 形成国家或行业标准数(项) |
|---|---|---|---|---|---|
| **合　　计** | **99733** | **29465** | **49529** | **77049** | **7695** |
| **采矿业** | **191** | **77** | **129** | **45** | **29** |
| 煤炭开采和洗选业 | 17 | 7 | 17 | 6 | 14 |
| 石油和天然气开采业 | 32 | 6 | 30 | 1 | 6 |
| 黑色金属矿采选业 | 65 | 13 | 42 | 1 | |
| 有色金属矿采选业 | 61 | 38 | 20 | 22 | 7 |
| 非金属矿采选业 | 16 | 13 | 20 | 15 | 2 |
| **制造业** | **98923** | **29169** | **49093** | **76836** | **7557** |
| 农副食品加工业 | 1268 | 395 | 413 | 1024 | 104 |
| 食品制造业 | 1298 | 597 | 599 | 6036 | 101 |
| 饮料制造业 | 1146 | 202 | 405 | 6017 | 79 |
| 烟草制品业 | 149 | 43 | 87 | 1107 | 6 |
| 纺织业 | 4960 | 510 | 1317 | 2235 | 173 |
| 纺织服装、鞋、帽制造业 | 1525 | 149 | 120 | 1292 | 56 |
| 皮革、毛皮、羽毛(绒)及其制品业 | 560 | 69 | 218 | 879 | 24 |
| 木材加工及木、竹、藤、棕、草制品业 | 530 | 153 | 184 | 536 | 73 |
| 家具制造业 | 1320 | 206 | 323 | 936 | 22 |
| 造纸及纸制品业 | 926 | 172 | 262 | 660 | 36 |
| 印刷业和记录媒介的复制 | 450 | 161 | 301 | 502 | 35 |
| 文教体育用品制造业 | 940 | 169 | 527 | 1153 | 45 |
| 石油加工、炼焦及核燃料加工业 | 169 | 85 | 138 | 249 | 62 |
| 化学原料及化学制品制造业 | 3922 | 1865 | 2756 | 8766 | 652 |
| 医药制造业 | 3420 | 2084 | 3323 | 14568 | 1513 |
| 化学纤维制造业 | 344 | 145 | 173 | 121 | 50 |
| 橡胶制品业 | 843 | 325 | 403 | 496 | 96 |
| 塑料制品业 | 2309 | 630 | 1101 | 1243 | 87 |
| 非金属矿物制品业 | 4192 | 1623 | 6037 | 2525 | 259 |
| 黑色金属冶炼及压延加工业 | 432 | 137 | 263 | 296 | 35 |
| 有色金属冶炼及压延加工业 | 1742 | 688 | 1154 | 653 | 138 |
| 金属制品业 | 4592 | 974 | 1973 | 1964 | 295 |
| 通用设备制造业 | 9995 | 2494 | 4210 | 4701 | 971 |
| 专用设备制造业 | 8003 | 2340 | 3607 | 2154 | 622 |
| 交通运输设备制造业 | 8436 | 1700 | 3193 | 2964 | 306 |
| 电气机械及器材制造业 | 15577 | 3857 | 6116 | 7291 | 862 |
| 通信设备、计算机及其他电子设备制造业 | 14333 | 6078 | 7652 | 3874 | 434 |
| 仪器仪表及文化、办公用机械制造业 | 3959 | 1088 | 1878 | 1639 | 381 |
| 工艺品及其他制造业 | 1570 | 220 | 349 | 948 | 39 |
| 废弃资源和废旧材料回收加工业 | 13 | 10 | 11 | 7 | 1 |
| **电力、燃气及水的生产和供应业** | **619** | **219** | **307** | **168** | **109** |
| 电力、热力的生产和供应业 | 580 | 205 | 262 | 167 | 107 |
| 燃气生产和供应业 | 14 | 3 | 20 | 1 | 1 |
| 水的生产和供应业 | 25 | 11 | 25 | | 1 |
| **高技术产业合计** | **22595** | **9812** | **13244** | **20203** | **2374** |
| 医药制造业 | 3420 | 2084 | 3323 | 14568 | 1513 |
| 航空航天器制造业 | 480 | 195 | 233 | 57 | 40 |
| 电子及通信设备制造业 | 12548 | 5513 | 6767 | 3496 | 390 |
| 电子计算机及办公设备制造业 | 1946 | 626 | 984 | 412 | 62 |
| 医疗设备及仪器仪表制造业 | 4201 | 1394 | 1937 | 1670 | 369 |

## 8-7 分行业国有及国有控股企业自主知识产权及相关情况

| 行　业 | 专利申请数（件） | #发明专利 | 有效发明专利数（件） | 拥有注册商标数（件） | 形成国家或行业标准数（项） |
|---|---|---|---|---|---|
| **合　计** | **61444** | **25356** | **31594** | **49926** | **4833** |
| **采矿业** | **3092** | **768** | **2503** | **736** | **497** |
| 煤炭开采和洗选业 | 1295 | 324 | 617 | 499 | 54 |
| 石油和天然气开采业 | 1644 | 383 | 1801 | 53 | 434 |
| 黑色金属矿采选业 | 33 | 4 | 20 | 90 | |
| 有色金属矿采选业 | 84 | 37 | 21 | 18 | 8 |
| 非金属矿采选业 | 36 | 20 | 44 | 76 | 1 |
| **制造业** | **55478** | **23629** | **28397** | **49066** | **4179** |
| 农副食品加工业 | 192 | 50 | 72 | 557 | 12 |
| 食品制造业 | 300 | 199 | 279 | 3353 | 24 |
| 饮料制造业 | 909 | 80 | 160 | 4227 | 96 |
| 烟草制品业 | 738 | 240 | 235 | 7337 | 40 |
| 纺织业 | 448 | 105 | 102 | 281 | 41 |
| 纺织服装、鞋、帽制造业 | 129 | 34 | 21 | 69 | 7 |
| 皮革、毛皮、羽毛(绒)及其制品业 | 40 | 17 | 26 | 4 | 4 |
| 木材加工及木、竹、藤、棕、草制品业 | 4 | 2 | 4 | 74 | |
| 家具制造业 | 70 | 7 | 1 | 2 | 2 |
| 造纸及纸制品业 | 145 | 61 | 47 | 237 | 27 |
| 印刷业和记录媒介的复制 | 75 | 31 | 103 | 13 | 31 |
| 文教体育用品制造业 | 20 | 4 | 2 | 104 | 5 |
| 石油加工、炼焦及核燃料加工业 | 431 | 303 | 867 | 328 | 53 |
| 化学原料及化学制品制造业 | 1976 | 1099 | 2094 | 3371 | 347 |
| 医药制造业 | 1383 | 785 | 1291 | 6271 | 277 |
| 化学纤维制造业 | 155 | 100 | 170 | 224 | 27 |
| 橡胶制品业 | 461 | 88 | 152 | 545 | 75 |
| 塑料制品业 | 219 | 66 | 79 | 47 | 13 |
| 非金属矿物制品业 | 603 | 203 | 325 | 539 | 59 |
| 黑色金属冶炼及压延加工业 | 4807 | 1721 | 2362 | 1144 | 154 |
| 有色金属冶炼及压延加工业 | 1547 | 811 | 1498 | 781 | 295 |
| 金属制品业 | 401 | 195 | 387 | 150 | 106 |
| 通用设备制造业 | 3398 | 937 | 1503 | 942 | 473 |
| 专用设备制造业 | 4044 | 1296 | 2034 | 2209 | 450 |
| 交通运输设备制造业 | 13809 | 3698 | 3794 | 9241 | 787 |
| 电气机械及器材制造业 | 3913 | 1010 | 1812 | 3509 | 358 |
| 通信设备、计算机及其他电子设备制造业 | 13786 | 9841 | 8246 | 3153 | 248 |
| 仪器仪表及文化、办公用机械制造业 | 1271 | 512 | 618 | 331 | 163 |
| 工艺品及其他制造业 | 204 | 134 | 113 | 23 | 5 |
| **电力、燃气及水的生产和供应业** | **2874** | **959** | **694** | **124** | **157** |
| 电力、热力的生产和供应业 | 2821 | 940 | 662 | 123 | 154 |
| 燃气生产和供应业 | 14 | 3 | 12 | 1 | 1 |
| 水的生产和供应业 | 39 | 16 | 20 | | 2 |
| **高技术产业合计** | **18596** | **12012** | **10969** | **10356** | **922** |
| 医药制造业 | 1383 | 785 | 1291 | 6271 | 277 |
| 航空航天器制造业 | 2137 | 861 | 686 | 557 | 227 |
| 电子及通信设备制造业 | 12842 | 9294 | 8073 | 2538 | 237 |
| 电子计算机及办公设备制造业 | 949 | 547 | 176 | 616 | 11 |
| 医疗设备及仪器仪表制造业 | 1285 | 525 | 743 | 374 | 170 |

# 8-8　分行业内资企业自主知识产权及相关情况

| 行　业 | 专利申请数（件） | #发明专利 | 有效发明专利数（件） | 拥有注册商标数（件） | 形成国家或行业标准数（项） |
|---|---|---|---|---|---|
| **合　计** | **140484** | **49909** | **81734** | **117242** | **12362** |
| **采矿业** | **3219** | **822** | **2571** | **759** | **511** |
| 煤炭开采和洗选业 | 1313 | 332 | 638 | 501 | 58 |
| 石油和天然气开采业 | 1651 | 386 | 1796 | 54 | 435 |
| 黑色金属矿采选业 | 90 | 17 | 50 | 91 | |
| 有色金属矿采选业 | 122 | 62 | 38 | 26 | 16 |
| 非金属矿采选业 | 43 | 25 | 49 | 87 | 2 |
| **制造业** | **134363** | **48117** | **78432** | **116361** | **11695** |
| 农副食品加工业 | 1494 | 445 | 472 | 1595 | 154 |
| 食品制造业 | 1259 | 604 | 653 | 6250 | 88 |
| 饮料制造业 | 1732 | 200 | 481 | 8754 | 156 |
| 烟草制品业 | 763 | 245 | 251 | 7383 | 40 |
| 纺织业 | 4711 | 571 | 1451 | 3148 | 253 |
| 纺织服装、鞋、帽制造业 | 1063 | 108 | 130 | 2042 | 63 |
| 皮革、毛皮、羽毛(绒)及其制品业 | 694 | 87 | 151 | 1295 | 34 |
| 木材加工及木、竹、藤、棕、草制品业 | 378 | 91 | 223 | 571 | 32 |
| 家具制造业 | 939 | 155 | 124 | 675 | 9 |
| 造纸及纸制品业 | 850 | 185 | 249 | 674 | 65 |
| 印刷业和记录媒介的复制 | 326 | 131 | 270 | 485 | 70 |
| 文教体育用品制造业 | 826 | 143 | 540 | 976 | 39 |
| 石油加工、炼焦及核燃料加工业 | 529 | 320 | 745 | 798 | 64 |
| 化学原料及化学制品制造业 | 4752 | 2466 | 4093 | 9196 | 835 |
| 医药制造业 | 4324 | 2838 | 4074 | 17251 | 1739 |
| 化学纤维制造业 | 1401 | 303 | 284 | 367 | 66 |
| 橡胶制品业 | 974 | 296 | 363 | 804 | 138 |
| 塑料制品业 | 1492 | 338 | 659 | 696 | 65 |
| 非金属矿物制品业 | 3987 | 1576 | 5942 | 1838 | 267 |
| 黑色金属冶炼及压延加工业 | 5533 | 1995 | 2628 | 1590 | 225 |
| 有色金属冶炼及压延加工业 | 2926 | 1056 | 1921 | 2132 | 488 |
| 金属制品业 | 3774 | 831 | 1575 | 2141 | 288 |
| 通用设备制造业 | 10796 | 2526 | 4378 | 5007 | 1095 |
| 专用设备制造业 | 10699 | 3164 | 4856 | 4640 | 808 |
| 交通运输设备制造业 | 19734 | 4616 | 5590 | 13703 | 1008 |
| 电气机械及器材制造业 | 19065 | 5201 | 6728 | 12522 | 2744 |
| 通信设备、计算机及其他电子设备制造业 | 24827 | 16409 | 27531 | 7762 | 444 |
| 仪器仪表及文化、办公用机械制造业 | 3377 | 992 | 1744 | 1317 | 308 |
| 工艺品及其他制造业 | 1125 | 215 | 315 | 742 | 109 |
| 废弃资源和废旧材料回收加工业 | 13 | 10 | 11 | 7 | 1 |
| **电力、燃气及水的生产和供应业** | **2902** | **970** | **731** | **122** | **156** |
| 电力、热力的生产和供应业 | 2853 | 949 | 685 | 121 | 154 |
| 燃气生产和供应业 | 16 | 7 | 17 | 1 | 1 |
| 水的生产和供应业 | 33 | 14 | 29 | | 1 |
| **高技术产业合计** | **35149** | **21363** | **34267** | **26902** | **2736** |
| 医药制造业 | 4324 | 2838 | 4074 | 17251 | 1739 |
| 航空航天器制造业 | 2155 | 861 | 692 | 562 | 227 |
| 电子及通信设备制造业 | 22506 | 15254 | 25980 | 6459 | 415 |
| 电子计算机及办公设备制造业 | 2451 | 1208 | 1630 | 1334 | 40 |
| 医疗设备及仪器仪表制造业 | 3713 | 1202 | 1891 | 1296 | 315 |

# 8-9 分行业港澳台商投资企业自主知识产权及相关情况

| 行业 | 专利申请数(件) | #发明专利 | 有效发明专利数(件) | 拥有注册商标数(件) | 形成国家或行业标准数(项) |
|---|---|---|---|---|---|
| **合　计** | **24213** | **7245** | **12897** | **17568** | **974** |
| **采矿业** | **6** | **4** | **17** | **7** | **10** |
| 煤炭开采和洗选业 | 1 | 1 | 4 | 3 | 10 |
| 石油和天然气开采业 | 3 | 1 | 11 | | |
| 非金属矿采选业 | 2 | 2 | 2 | 4 | |
| **制造业** | **24188** | **7236** | **12875** | **17558** | **963** |
| 农副食品加工业 | 199 | 24 | 73 | 526 | 14 |
| 食品制造业 | 152 | 53 | 64 | 1071 | 6 |
| 饮料制造业 | 66 | 33 | 34 | 639 | 3 |
| 烟草制品业 | 3 | | | | |
| 纺织业 | 1110 | 110 | 115 | 380 | 23 |
| 纺织服装、鞋、帽制造业 | 86 | 31 | 79 | 344 | 2 |
| 皮革、毛皮、羽毛(绒)及其制品业 | 208 | 12 | 70 | 975 | 3 |
| 木材加工及木、竹、藤、棕、草制品业 | 112 | 28 | 27 | 64 | 15 |
| 家具制造业 | 351 | 44 | 31 | 115 | 16 |
| 造纸及纸制品业 | 128 | 45 | 73 | 56 | 7 |
| 印刷业和记录媒介的复制 | 136 | 31 | 84 | 25 | 12 |
| 文教体育用品制造业 | 785 | 83 | 238 | 212 | 34 |
| 石油加工、炼焦及核燃料加工业 | 29 | 25 | 231 | 254 | 27 |
| 化学原料及化学制品制造业 | 389 | 172 | 222 | 1001 | 32 |
| 医药制造业 | 602 | 332 | 612 | 2421 | 161 |
| 化学纤维制造业 | 89 | 34 | 87 | 38 | 15 |
| 橡胶制品业 | 179 | 27 | 31 | 27 | 4 |
| 塑料制品业 | 791 | 265 | 354 | 506 | 22 |
| 非金属矿物制品业 | 529 | 114 | 161 | 1349 | 17 |
| 黑色金属冶炼及压延加工业 | 175 | 63 | 150 | 59 | 6 |
| 有色金属冶炼及压延加工业 | 207 | 56 | 197 | 88 | 12 |
| 金属制品业 | 807 | 168 | 527 | 268 | 28 |
| 通用设备制造业 | 1066 | 203 | 396 | 562 | 79 |
| 专用设备制造业 | 1377 | 418 | 764 | 144 | 27 |
| 交通运输设备制造业 | 1170 | 181 | 337 | 541 | 64 |
| 电气机械及器材制造业 | 5369 | 1797 | 2444 | 2357 | 111 |
| 通信设备、计算机及其他电子设备制造业 | 7039 | 2623 | 4707 | 2902 | 117 |
| 仪器仪表及文化、办公用机械制造业 | 739 | 210 | 680 | 362 | 103 |
| 工艺品及其他制造业 | 295 | 54 | 87 | 272 | 3 |
| **电力、燃气及水的生产和供应业** | **19** | **5** | **5** | **3** | **1** |
| 燃气生产和供应业 | 3 | 1 | 3 | | |
| 水的生产和供应业 | 16 | 4 | 2 | | 1 |
| **高技术产业合计** | **8285** | **3211** | **5640** | **5566** | **375** |
| 医药制造业 | 602 | 332 | 612 | 2421 | 161 |
| 电子及通信设备制造业 | 4759 | 1827 | 2851 | 1570 | 108 |
| 电子计算机及办公设备制造业 | 2285 | 797 | 1876 | 1335 | 9 |
| 医疗设备及仪器仪表制造业 | 639 | 255 | 301 | 240 | 97 |

# 8-10 分行业外商投资企业自主知识产权及相关情况

| 行业 | 专利申请数(件) | #发明专利 | 有效发明专利数(件) | 拥有注册商标数(件) | 形成国家或行业标准数(项) |
|---|---|---|---|---|---|
| **合计** | **34193** | **15369** | **18443** | **21030** | **1196** |
| **采矿业** | **27** | **16** | **15** | **13** | **32** |
| 有色金属矿采选业 | 13 | 6 | 6 | 1 | |
| 非金属矿采选业 | 14 | 10 | 9 | 12 | 32 |
| **制造业** | **34123** | **15345** | **18425** | **20856** | **1163** |
| 农副食品加工业 | 215 | 89 | 76 | 231 | 22 |
| 食品制造业 | 464 | 177 | 231 | 2741 | 53 |
| 饮料制造业 | 163 | 39 | 48 | 1479 | 18 |
| 纺织业 | 567 | 128 | 94 | 267 | 45 |
| 纺织服装、鞋、帽制造业 | 758 | 58 | 19 | 168 | 2 |
| 皮革、毛皮、羽毛(绒)及其制品业 | 101 | 15 | 17 | 624 | 4 |
| 木材加工及木、竹、藤、棕、草制品业 | 104 | 53 | 19 | 29 | 30 |
| 家具制造业 | 291 | 16 | 170 | 276 | 1 |
| 造纸及纸制品业 | 269 | 64 | 71 | 330 | 12 |
| 印刷业和记录媒介的复制 | 59 | 21 | 13 | 19 | 5 |
| 文教体育用品制造业 | 384 | 22 | 79 | 277 | 37 |
| 石油加工、炼焦及核燃料加工业 | | | | 3 | |
| 化学原料及化学制品制造业 | 602 | 264 | 363 | 932 | 46 |
| 医药制造业 | 841 | 535 | 986 | 5299 | 215 |
| 化学纤维制造业 | 119 | 28 | 38 | 61 | 7 |
| 橡胶制品业 | 290 | 81 | 139 | 408 | 8 |
| 塑料制品业 | 585 | 182 | 195 | 373 | 11 |
| 非金属矿物制品业 | 676 | 110 | 151 | 417 | 33 |
| 黑色金属冶炼及压延加工业 | 105 | 44 | 58 | 71 | 12 |
| 有色金属冶炼及压延加工业 | 202 | 82 | 147 | 79 | 20 |
| 金属制品业 | 774 | 171 | 318 | 565 | 23 |
| 通用设备制造业 | 2060 | 601 | 894 | 597 | 132 |
| 专用设备制造业 | 1391 | 445 | 683 | 317 | 38 |
| 交通运输设备制造业 | 2796 | 594 | 1056 | 2073 | 93 |
| 电气机械及器材制造业 | 4544 | 1341 | 3320 | 1739 | 128 |
| 通信设备、计算机及其他电子设备制造业 | 14343 | 9881 | 8892 | 952 | 115 |
| 仪器仪表及文化、办公用机械制造业 | 1015 | 283 | 325 | 388 | 51 |
| 工艺品及其他制造业 | 405 | 21 | 23 | 141 | 2 |
| **电力、燃气及水的生产和供应业** | **43** | **8** | **3** | **161** | **1** |
| 电力、热力的生产和供应业 | 38 | 7 | 2 | 143 | |
| 燃气生产和供应业 | 3 | | | 18 | 1 |
| 水的生产和供应业 | 2 | 1 | 1 | | |
| **高技术产业合计** | **16249** | **10797** | **10259** | **6677** | **386** |
| 医药制造业 | 841 | 535 | 986 | 5299 | 215 |
| 航空航天器制造业 | 17 | 2 | 8 | | |
| 电子及通信设备制造业 | 8310 | 4672 | 4846 | 764 | 80 |
| 电子计算机及办公设备制造业 | 6074 | 5216 | 4046 | 189 | 42 |
| 医疗设备及仪器仪表制造业 | 1007 | 372 | 373 | 425 | 49 |

# 8-11 各地区企业自主知识产权及相关情况

| 地 区 | 专利申请数(件) | #发明专利 | 有效发明专利数(件) | 拥有注册商标数(件) | 形成国家或行业标准数(项) |
|---|---|---|---|---|---|
| **全 国** | **198890** | **72523** | **113074** | **155840** | **14532** |
| 东部地区 | 149423 | 56503 | 85318 | 105631 | 10292 |
| 中部地区 | 31692 | 10088 | 18819 | 25251 | 2279 |
| 西部地区 | 17775 | 5932 | 8937 | 24958 | 1961 |
| 北 京 | 5846 | 3161 | 3919 | 7478 | 275 |
| 天 津 | 5951 | 2543 | 3053 | 3010 | 205 |
| 河 北 | 2827 | 820 | 1218 | 3274 | 286 |
| 山 西 | 1776 | 644 | 1126 | 1230 | 351 |
| 内蒙古 | 720 | 314 | 405 | 3303 | 144 |
| 辽 宁 | 4311 | 1496 | 2111 | 2210 | 362 |
| 吉 林 | 1092 | 395 | 519 | 1509 | 99 |
| 黑龙江 | 1603 | 476 | 1387 | 3362 | 120 |
| 上 海 | 10378 | 4568 | 7080 | 5715 | 409 |
| 江 苏 | 31132 | 8194 | 11271 | 14177 | 1878 |
| 浙 江 | 22859 | 4241 | 6924 | 21591 | 1792 |
| 安 徽 | 7676 | 1967 | 2536 | 2837 | 386 |
| 福 建 | 5776 | 1761 | 1850 | 8408 | 380 |
| 江 西 | 1221 | 445 | 462 | 3143 | 101 |
| 山 东 | 16391 | 4988 | 6297 | 12571 | 3765 |
| 河 南 | 5904 | 1713 | 2186 | 4364 | 355 |
| 湖 北 | 5768 | 1941 | 2864 | 4167 | 575 |
| 湖 南 | 6652 | 2507 | 7739 | 4639 | 292 |
| 广 东 | 43776 | 24675 | 41392 | 26606 | 929 |
| 广 西 | 1158 | 296 | 684 | 1852 | 188 |
| 海 南 | 176 | 56 | 203 | 591 | 11 |
| 重 庆 | 4947 | 1193 | 1858 | 5449 | 284 |
| 四 川 | 4576 | 1777 | 2236 | 5041 | 359 |
| 贵 州 | 1302 | 648 | 757 | 1400 | 211 |
| 云 南 | 757 | 297 | 719 | 4202 | 135 |
| 西 藏 | 1 | 1 | | 1 | |
| 陕 西 | 2506 | 841 | 1386 | 1925 | 440 |
| 甘 肃 | 852 | 245 | 348 | 421 | 82 |
| 青 海 | 103 | 27 | 58 | 62 | 11 |
| 宁 夏 | 306 | 147 | 150 | 966 | 88 |
| 新 疆 | 547 | 146 | 336 | 336 | 19 |

# 8-12 各地区大型企业自主知识产权及相关情况

| 地　区 | 专利申请数(件) | #发明专利 | 有效发明专利数(件) | 拥有注册商标数(件) | 形成国家或行业标准数(项) |
|---|---|---|---|---|---|
| **全　国** | **99157** | **43058** | **63545** | **78791** | **6837** |
| 东部地区 | 70875 | 34016 | 51368 | 45999 | 4771 |
| 中部地区 | 17245 | 5423 | 7665 | 16887 | 1079 |
| 西部地区 | 11037 | 3619 | 4512 | 15905 | 987 |
| 北　京 | 2153 | 951 | 2044 | 3284 | 41 |
| 天　津 | 2341 | 1243 | 1871 | 817 | 30 |
| 河　北 | 1837 | 512 | 646 | 1744 | 151 |
| 山　西 | 1423 | 472 | 933 | 1002 | 252 |
| 内蒙古 | 572 | 263 | 307 | 3195 | 79 |
| 辽　宁 | 3212 | 1047 | 1528 | 1368 | 182 |
| 吉　林 | 883 | 331 | 336 | 1154 | 60 |
| 黑龙江 | 1185 | 347 | 1066 | 2023 | 60 |
| 上　海 | 4806 | 2171 | 3308 | 1695 | 128 |
| 江　苏 | 10977 | 2755 | 5010 | 6642 | 525 |
| 浙　江 | 4969 | 1454 | 2035 | 5347 | 479 |
| 安　徽 | 3533 | 1153 | 967 | 1816 | 104 |
| 福　建 | 2581 | 913 | 696 | 3821 | 159 |
| 江　西 | 814 | 259 | 239 | 2290 | 31 |
| 山　东 | 9100 | 2964 | 3561 | 8200 | 2804 |
| 河　南 | 3489 | 988 | 1244 | 3138 | 130 |
| 湖　北 | 2861 | 936 | 1298 | 2197 | 263 |
| 湖　南 | 3057 | 937 | 1582 | 3267 | 179 |
| 广　东 | 28869 | 20003 | 30552 | 13081 | 272 |
| 广　西 | 621 | 144 | 149 | 310 | 28 |
| 海　南 | 30 | 3 | 117 | | |
| 重　庆 | 3341 | 835 | 981 | 4210 | 182 |
| 四　川 | 3087 | 1200 | 1409 | 2590 | 193 |
| 贵　州 | 524 | 240 | 229 | 950 | 177 |
| 云　南 | 286 | 122 | 231 | 2812 | 30 |
| 西　藏 | | | | | |
| 陕　西 | 1591 | 506 | 759 | 1356 | 175 |
| 甘　肃 | 365 | 132 | 177 | 132 | 51 |
| 青　海 | 85 | 24 | 45 | 4 | 9 |
| 宁　夏 | 169 | 72 | 70 | 74 | 52 |
| 新　疆 | 396 | 81 | 155 | 272 | 11 |

## 8-13 各地区中型企业自主知识产权及相关情况

| 地　区 | 专利申请数(件) | #发明专利 | 有效发明专利数(件) | 拥有注册商标数(件) | 形成国家或行业标准数(项) |
|---|---|---|---|---|---|
| **全　国** | **99733** | **29465** | **49529** | **77049** | **7695** |
| 东部地区 | 78548 | 22487 | 33950 | 59632 | 5521 |
| 中部地区 | 14447 | 4665 | 11154 | 8364 | 1200 |
| 西部地区 | 6738 | 2313 | 4425 | 9053 | 974 |
| 北　京 | 3693 | 2210 | 1875 | 4194 | 234 |
| 天　津 | 3610 | 1300 | 1182 | 2193 | 175 |
| 河　北 | 990 | 308 | 572 | 1530 | 135 |
| 山　西 | 353 | 172 | 193 | 228 | 99 |
| 内蒙古 | 148 | 51 | 98 | 108 | 65 |
| 辽　宁 | 1099 | 449 | 583 | 842 | 180 |
| 吉　林 | 209 | 64 | 183 | 355 | 39 |
| 黑龙江 | 418 | 129 | 321 | 1339 | 60 |
| 上　海 | 5572 | 2397 | 3772 | 4020 | 281 |
| 江　苏 | 20155 | 5439 | 6261 | 7535 | 1353 |
| 浙　江 | 17890 | 2787 | 4889 | 16244 | 1313 |
| 安　徽 | 4143 | 814 | 1569 | 1021 | 282 |
| 福　建 | 3195 | 848 | 1154 | 4587 | 221 |
| 江　西 | 407 | 186 | 223 | 853 | 70 |
| 山　东 | 7291 | 2024 | 2736 | 4371 | 961 |
| 河　南 | 2415 | 725 | 942 | 1226 | 225 |
| 湖　北 | 2907 | 1005 | 1566 | 1970 | 312 |
| 湖　南 | 3595 | 1570 | 6157 | 1372 | 113 |
| 广　东 | 14907 | 4672 | 10840 | 13525 | 657 |
| 广　西 | 537 | 152 | 535 | 1542 | 160 |
| 海　南 | 146 | 53 | 86 | 591 | 11 |
| 重　庆 | 1606 | 358 | 877 | 1239 | 102 |
| 四　川 | 1489 | 577 | 827 | 2451 | 166 |
| 贵　州 | 778 | 408 | 528 | 450 | 34 |
| 云　南 | 471 | 175 | 488 | 1390 | 105 |
| 西　藏 | 1 | 1 |  | 1 |  |
| 陕　西 | 915 | 335 | 627 | 569 | 265 |
| 甘　肃 | 487 | 113 | 171 | 289 | 31 |
| 青　海 | 18 | 3 | 13 | 58 | 2 |
| 宁　夏 | 137 | 75 | 80 | 892 | 36 |
| 新　疆 | 151 | 65 | 181 | 64 | 8 |

# 8-14 各地区国有及国有控股企业自主知识产权及相关情况

| 地　区 | 专利申请数(件) | #发明专利 | 有效发明专利数(件) | 拥有注册商标数(件) | 形成国家或行业标准数(项) |
|---|---|---|---|---|---|
| **全　国** | **61444** | **25356** | **31594** | **49926** | **4833** |
| 东部地区 | 33536 | 15729 | 18262 | 22800 | 2368 |
| 中部地区 | 16380 | 5475 | 7689 | 14421 | 1281 |
| 西部地区 | 11528 | 4152 | 5643 | 12705 | 1184 |
| 北　京 | 3051 | 1336 | 1718 | 3213 | 197 |
| 天　津 | 2216 | 724 | 580 | 760 | 81 |
| 河　北 | 1417 | 334 | 407 | 682 | 151 |
| 山　西 | 1509 | 519 | 984 | 811 | 138 |
| 内蒙古 | 514 | 220 | 283 | 2017 | 68 |
| 辽　宁 | 2792 | 980 | 1271 | 1236 | 176 |
| 吉　林 | 884 | 340 | 379 | 742 | 63 |
| 黑龙江 | 1235 | 371 | 1150 | 2106 | 104 |
| 上　海 | 4099 | 1739 | 2880 | 3794 | 207 |
| 江　苏 | 3143 | 1051 | 1623 | 2045 | 467 |
| 浙　江 | 827 | 371 | 442 | 1344 | 92 |
| 安　徽 | 3485 | 1124 | 1047 | 2065 | 151 |
| 福　建 | 434 | 162 | 217 | 1711 | 63 |
| 江　西 | 782 | 242 | 198 | 1566 | 51 |
| 山　东 | 5705 | 1727 | 2159 | 3740 | 772 |
| 河　南 | 2900 | 957 | 1104 | 1852 | 205 |
| 湖　北 | 3531 | 1274 | 1688 | 2338 | 337 |
| 湖　南 | 2054 | 648 | 1139 | 2941 | 232 |
| 广　东 | 9829 | 7297 | 6852 | 4138 | 154 |
| 广　西 | 823 | 200 | 369 | 678 | 73 |
| 海　南 | 23 | 8 | 113 | 137 | 8 |
| 重　庆 | 2042 | 701 | 743 | 1540 | 215 |
| 四　川 | 2964 | 1183 | 1365 | 2614 | 186 |
| 贵　州 | 1111 | 527 | 435 | 726 | 187 |
| 云　南 | 456 | 182 | 454 | 3455 | 52 |
| 西　藏 | 1 | 1 |  | 1 |  |
| 陕　西 | 2269 | 744 | 1256 | 1235 | 252 |
| 甘　肃 | 637 | 185 | 309 | 261 | 67 |
| 青　海 | 85 | 24 | 55 | 4 | 10 |
| 宁　夏 | 178 | 86 | 83 | 69 | 68 |
| 新　疆 | 448 | 99 | 291 | 105 | 6 |

# 8-15 各地区内资企业自主知识产权及相关情况

| 地区 | 专利申请数(件) | #发明专利 | 有效发明专利数(件) | 拥有注册商标数(件) | 形成国家或行业标准数(项) |
|---|---|---|---|---|---|
| **全国** | **140484** | **49909** | **81734** | **117242** | **12362** |
| 东部地区 | 96512 | 35439 | 56109 | 74059 | 8470 |
| 中部地区 | 27785 | 9018 | 17323 | 20851 | 2154 |
| 西部地区 | 16187 | 5452 | 8302 | 22332 | 1738 |
| 北京 | 3773 | 1702 | 2289 | 4853 | 232 |
| 天津 | 4341 | 1904 | 1436 | 2813 | 181 |
| 河北 | 2380 | 647 | 933 | 2004 | 222 |
| 山西 | 1700 | 608 | 1091 | 1219 | 350 |
| 内蒙古 | 584 | 255 | 356 | 2377 | 102 |
| 辽宁 | 3481 | 1240 | 1621 | 1756 | 342 |
| 吉林 | 1057 | 386 | 504 | 1497 | 96 |
| 黑龙江 | 1485 | 443 | 1245 | 1159 | 119 |
| 上海 | 5750 | 1929 | 3319 | 4156 | 283 |
| 江苏 | 18828 | 4841 | 6365 | 10087 | 1358 |
| 浙江 | 15132 | 2947 | 5325 | 16584 | 1416 |
| 安徽 | 6363 | 1678 | 2150 | 2701 | 360 |
| 福建 | 2335 | 488 | 666 | 3494 | 291 |
| 江西 | 978 | 311 | 411 | 2393 | 93 |
| 山东 | 14405 | 4298 | 5305 | 9976 | 3585 |
| 河南 | 5280 | 1572 | 1967 | 3367 | 320 |
| 湖北 | 5027 | 1682 | 2612 | 4074 | 530 |
| 湖南 | 5895 | 2338 | 7343 | 4441 | 286 |
| 广东 | 25962 | 15396 | 28662 | 18051 | 549 |
| 广西 | 573 | 179 | 615 | 1595 | 149 |
| 海南 | 125 | 47 | 188 | 285 | 11 |
| 重庆 | 4584 | 1087 | 1695 | 5196 | 266 |
| 四川 | 4354 | 1695 | 2106 | 4842 | 311 |
| 贵州 | 1296 | 642 | 729 | 1290 | 211 |
| 云南 | 654 | 272 | 632 | 3785 | 86 |
| 西藏 | 1 | 1 |  | 1 |  |
| 陕西 | 2419 | 796 | 1333 | 1712 | 433 |
| 甘肃 | 827 | 241 | 325 | 421 | 81 |
| 青海 | 89 | 20 | 51 | 61 | 11 |
| 宁夏 | 259 | 118 | 124 | 716 | 69 |
| 新疆 | 547 | 146 | 336 | 336 | 19 |

# 8-16 各地区港澳台商投资企业自主知识产权及相关情况

| 地　区 | 专利申请数(件) | #发明专利 | 有效发明专利数(件) | 拥有注册商标数(件) | 形成国家或行业标准数(项) |
|---|---|---|---|---|---|
| **全　国** | **24213** | **7245** | **12897** | **17568** | **974** |
| 东部地区 | 22371 | 6769 | 12057 | 15909 | 839 |
| 中部地区 | 1451 | 356 | 647 | 1373 | 68 |
| 西部地区 | 391 | 120 | 193 | 286 | 67 |
| 北　京 | 587 | 350 | 1169 | 1869 | 35 |
| 天　津 | 376 | 86 | 89 | 41 | 11 |
| 河　北 | 297 | 117 | 191 | 783 | 34 |
| 山　西 | 54 | 22 | 34 | 1 | 1 |
| 内蒙古 | 1 | 1 | 4 | 18 | 10 |
| 辽　宁 | 595 | 201 | 436 | 101 | 14 |
| 吉　林 | | | | | |
| 黑龙江 | 26 | 14 | 15 | 440 | |
| 上　海 | 1008 | 661 | 929 | 257 | 20 |
| 江　苏 | 5100 | 1249 | 1544 | 1225 | 260 |
| 浙　江 | 4116 | 645 | 791 | 2255 | 178 |
| 安　徽 | 364 | 33 | 80 | 92 | 17 |
| 福　建 | 1860 | 548 | 596 | 3636 | 37 |
| 江　西 | 42 | 17 | 9 | 12 | 5 |
| 山　东 | 458 | 108 | 149 | 218 | 32 |
| 河　南 | 257 | 55 | 90 | 745 | 24 |
| 湖　北 | 222 | 82 | 68 | 7 | 18 |
| 湖　南 | 486 | 133 | 351 | 76 | 3 |
| 广　东 | 7974 | 2804 | 6163 | 5524 | 218 |
| 广　西 | 6 | 2 | 11 | 6 | 23 |
| 海　南 | | | | | |
| 重　庆 | 182 | 43 | 76 | 125 | 4 |
| 四　川 | 115 | 48 | 68 | 70 | 3 |
| 贵　州 | | | | | |
| 云　南 | 29 | 7 | 24 | 61 | 22 |
| 西　藏 | | | | | |
| 陕　西 | 31 | 11 | 8 | 5 | 4 |
| 甘　肃 | 16 | 4 | 2 | | 1 |
| 青　海 | | | | | |
| 宁　夏 | 11 | 4 | | 1 | |
| 新　疆 | | | | | |

# 8-17 各地区外商投资企业自主知识产权及相关情况

| 地　区 | 专利申请数(件) | #发明专利 | 有效发明专利数(件) | 拥有注册商标数(件) | 形成国家或行业标准数(项) |
|---|---|---|---|---|---|
| **全　国** | **34193** | **15369** | **18443** | **21030** | **1196** |
| 东部地区 | 30540 | 14295 | 17152 | 15663 | 983 |
| 中部地区 | 2456 | 714 | 849 | 3027 | 57 |
| 西部地区 | 1197 | 360 | 442 | 2340 | 156 |
| 北　京 | 1486 | 1109 | 461 | 756 | 8 |
| 天　津 | 1234 | 553 | 1528 | 156 | 13 |
| 河　北 | 150 | 56 | 94 | 487 | 30 |
| 山　西 | 22 | 14 | 1 | 10 | |
| 内蒙古 | 135 | 58 | 45 | 908 | 32 |
| 辽　宁 | 235 | 55 | 54 | 353 | 6 |
| 吉　林 | 35 | 9 | 15 | 12 | 3 |
| 黑龙江 | 92 | 19 | 127 | 1763 | 1 |
| 上　海 | 3620 | 1978 | 2832 | 1302 | 106 |
| 江　苏 | 7204 | 2104 | 3362 | 2865 | 260 |
| 浙　江 | 3611 | 649 | 808 | 2752 | 198 |
| 安　徽 | 949 | 256 | 306 | 44 | 9 |
| 福　建 | 1581 | 725 | 588 | 1278 | 52 |
| 江　西 | 201 | 117 | 42 | 738 | 3 |
| 山　东 | 1528 | 582 | 843 | 2377 | 148 |
| 河　南 | 367 | 86 | 129 | 252 | 11 |
| 湖　北 | 519 | 177 | 184 | 86 | 27 |
| 湖　南 | 271 | 36 | 45 | 122 | 3 |
| 广　东 | 9840 | 6475 | 6567 | 3031 | 162 |
| 广　西 | 579 | 115 | 58 | 251 | 16 |
| 海　南 | 51 | 9 | 15 | 306 | |
| 重　庆 | 181 | 63 | 87 | 128 | 14 |
| 四　川 | 107 | 34 | 62 | 129 | 45 |
| 贵　州 | 6 | 6 | 28 | 110 | |
| 云　南 | 74 | 18 | 63 | 356 | 27 |
| 西　藏 | | | | | |
| 陕　西 | 56 | 34 | 45 | 208 | 3 |
| 甘　肃 | 9 | | 21 | | |
| 青　海 | 14 | 7 | 7 | 1 | |
| 宁　夏 | 36 | 25 | 26 | 249 | 19 |
| 新　疆 | | | | | |

# 九、工业企业政府相关政策落实情况

# （2010）

# 9-1 分登记注册类型企业政府相关政策落实情况

单位：万元

| 登记注册类型 | 使用来自政府部门的科技活动资金 | 研究开发费用加计扣除减免税 | 高新技术企业减免税 |
|---|---|---|---|
| **合　计** | **2617446** | **1781927** | **3463108** |
| **国有及国有控股企业** | **1786904** | **921769** | **1350225** |
| **内资企业** | **2315821** | **1359701** | **2289873** |
| 国有企业 | 419178 | 153684 | 134499 |
| 集体企业 | 11213 | 2935 | 12774 |
| 股份合作企业 | 7837 | 5044 | 8969 |
| 联营企业 | 1416 | 800 | 1179 |
| 国有联营企业 | 692 | 349 | 96 |
| 集体联营企业 | 73 | 63 | |
| 国有与集体联营企业 | 651 | 382 | 1083 |
| 其他联营企业 | | 7 | |
| 有限责任公司 | 1151811 | 657185 | 731925 |
| 国有独资公司 | 348342 | 234921 | 241688 |
| 其他有限责任公司 | 803468 | 422265 | 490237 |
| 股份有限公司 | 529061 | 346091 | 986861 |
| 私营企业 | 193323 | 193401 | 406655 |
| 私营独资企业 | 7856 | 4116 | 13810 |
| 私营合伙企业 | 798 | 1199 | 2772 |
| 私营有限责任公司 | 151601 | 156680 | 315700 |
| 私营股份有限公司 | 33069 | 31405 | 74373 |
| 其他企业 | 1982 | 561 | 7012 |
| **港、澳、台商投资企业** | **116932** | **145464** | **416039** |
| 合资经营企业 | 49688 | 72083 | 177525 |
| 合作经营企业 | 2238 | 246 | 4805 |
| 港、澳、台商独资经营企业 | 51723 | 59228 | 174452 |
| 港、澳、台商投资股份有限公司 | 13283 | 13908 | 59257 |
| **外商投资企业** | **184694** | **276761** | **757196** |
| 中外合资经营企业 | 104976 | 149493 | 407137 |
| 中外合作经营企业 | 495 | 1229 | 14089 |
| 外资企业 | 47958 | 96181 | 250532 |
| 外商投资股份有限公司 | 31265 | 29859 | 85438 |

# 9-2 分登记注册类型大型企业政府相关政策落实情况

单位：万元

| 登记注册类型 | 使用来自政府部门的科技活动资金 | 研究开发费用加计扣除减免税 | 高新技术企业减免税 |
|---|---|---|---|
| **合　计** | **1703663** | **1131951** | **1862424** |
| **国有及国有控股企业** | **1358488** | **756495** | **1014654** |
| **内资企业** | **1557374** | **908701** | **1283608** |
| 国有企业 | 278775 | 114846 | 81727 |
| 集体企业 | 7614 | 1093 | 10305 |
| 股份合作企业 | 1698 | 2600 | 899 |
| 联营企业 | 598 | 490 | 1072 |
| 国有联营企业 | 598 | 249 | |
| 国有与集体联营企业 | | 241 | 1072 |
| 有限责任公司 | 860702 | 512899 | 413626 |
| 国有独资公司 | 304088 | 213756 | 189672 |
| 其他有限责任公司 | 556613 | 299143 | 223954 |
| 股份有限公司 | 356259 | 235486 | 660595 |
| 私营企业 | 51659 | 41288 | 114105 |
| 私营独资企业 | 1821 | 298 | 5588 |
| 私营有限责任公司 | 33417 | 22785 | 79817 |
| 私营股份有限公司 | 16421 | 18205 | 28700 |
| 其他企业 | 70 | | 1280 |
| **港、澳、台商投资企业** | **34271** | **49404** | **191260** |
| 合资经营企业 | 15296 | 10625 | 90435 |
| 合作经营企业 | 554 | 78 | 2296 |
| 港、澳、台商独资经营企业 | 13677 | 32141 | 95898 |
| 港、澳、台商投资股份有限公司 | 4743 | 6560 | 2630 |
| **外商投资企业** | **112017** | **173845** | **387557** |
| 中外合资经营企业 | 65664 | 85370 | 171779 |
| 中外合作经营企业 | 210 | 479 | 12545 |
| 外资企业 | 21830 | 62185 | 127754 |
| 外商投资股份有限公司 | 24313 | 25812 | 75480 |

# 9-3 分登记注册类型中型企业政府相关政策落实情况

单位：万元

| 登记注册类型 | 使用来自政府部门的科技活动资金 | 研究开发费用加计扣除减免税 | 高新技术企业减免税 |
|---|---|---|---|
| **合　计** | **913783** | **649976** | **1600684** |
| **国有及国有控股企业** | **428416** | **165274** | **335572** |
| **内资企业** | **758447** | **451000** | **1006265** |
| 国有企业 | 140403 | 38838 | 52773 |
| 集体企业 | 3599 | 1842 | 2469 |
| 股份合作企业 | 6139 | 2443 | 8070 |
| 联营企业 | 818 | 311 | 107 |
| 国有联营企业 | 94 | 100 | 96 |
| 集体联营企业 | 73 | 63 | |
| 国有与集体联营企业 | 651 | 141 | 11 |
| 其他联营企业 | | 7 | |
| 有限责任公司 | 291109 | 144287 | 318299 |
| 国有独资公司 | 44254 | 21165 | 52016 |
| 其他有限责任公司 | 246855 | 123121 | 266283 |
| 股份有限公司 | 172803 | 110606 | 326266 |
| 私营企业 | 141665 | 152113 | 292550 |
| 私营独资企业 | 6035 | 3818 | 8222 |
| 私营合伙企业 | 798 | 1199 | 2772 |
| 私营有限责任公司 | 118183 | 133895 | 235883 |
| 私营股份有限公司 | 16649 | 13200 | 45674 |
| 其他企业 | 1912 | 561 | 5732 |
| **港、澳、台商投资企业** | **82661** | **96060** | **224780** |
| 合资经营企业 | 34392 | 61458 | 87090 |
| 合作经营企业 | 1684 | 168 | 2510 |
| 港、澳、台商独资经营企业 | 38046 | 27087 | 78554 |
| 港、澳、台商投资股份有限公司 | 8539 | 7348 | 56627 |
| **外商投资企业** | **72676** | **102916** | **369638** |
| 中外合资经营企业 | 39312 | 64123 | 235358 |
| 中外合作经营企业 | 285 | 750 | 1544 |
| 外资企业 | 26128 | 33996 | 122778 |
| 外商投资股份有限公司 | 6952 | 4047 | 9958 |

# 9-4 分行业企业政府相关政策落实情况

单位：万元

| 行　　业 | 使用来自政府部门的科技活动资金 | 研究开发费用加计扣除减免税 | 高新技术企业减免税 |
|---|---|---|---|
| **合　计** | **2617446** | **1781927** | **3463108** |
| **采矿业** | **155680** | **87477** | **4435** |
| 煤炭开采和洗选业 | 37804 | 51522 | |
| 石油和天然气开采业 | 110401 | 33414 | |
| 黑色金属矿采选业 | 369 | | |
| 有色金属矿采选业 | 4218 | 729 | 3574 |
| 非金属矿采选业 | 2889 | 1813 | 861 |
| **制造业** | **2443787** | **1677425** | **3454814** |
| 农副食品加工业 | 24586 | 5483 | 19915 |
| 食品制造业 | 25073 | 15932 | 56020 |
| 饮料制造业 | 18053 | 3985 | 15081 |
| 烟草制品业 | 576 | 3561 | 1891 |
| 纺织业 | 29781 | 20629 | 25992 |
| 纺织服装、鞋、帽制造业 | 3760 | 3087 | 8557 |
| 皮革、毛皮、羽毛(绒)及其制品业 | 2220 | 2619 | 8552 |
| 木材加工及木、竹、藤、棕、草制品业 | 4469 | 9989 | 3955 |
| 家具制造业 | 1290 | 4797 | 10368 |
| 造纸及纸制品业 | 11552 | 6070 | 39171 |
| 印刷业和记录媒介的复制 | 4029 | 5955 | 26050 |
| 文教体育用品制造业 | 6428 | 2142 | 12636 |
| 石油加工、炼焦及核燃料加工业 | 12237 | 24567 | 4002 |
| 化学原料及化学制品制造业 | 137623 | 68254 | 204674 |
| 医药制造业 | 119532 | 100805 | 319604 |
| 化学纤维制造业 | 7897 | 7126 | 32849 |
| 橡胶制品业 | 12098 | 24785 | 52614 |
| 塑料制品业 | 11778 | 20495 | 46800 |
| 非金属矿物制品业 | 38423 | 28178 | 63276 |
| 黑色金属冶炼及压延加工业 | 97754 | 152463 | 108327 |
| 有色金属冶炼及压延加工业 | 67535 | 40864 | 53067 |
| 金属制品业 | 40166 | 20727 | 82047 |
| 通用设备制造业 | 146290 | 178099 | 309245 |
| 专用设备制造业 | 207042 | 208034 | 235508 |
| 交通运输设备制造业 | 786476 | 308878 | 693466 |
| 电气机械及器材制造业 | 138313 | 160084 | 523374 |
| 通信设备、计算机及其他电子设备制造业 | 406194 | 201023 | 412615 |
| 仪器仪表及文化、办公用机械制造业 | 55504 | 38624 | 77167 |
| 工艺品及其他制造业 | 26850 | 10170 | 7993 |
| 废弃资源和废旧材料回收加工业 | 261 | | |
| **电力、燃气及水的生产和供应业** | **17979** | **17024** | **3859** |
| 电力、热力的生产和供应业 | 9419 | 16865 | 1718 |
| 燃气生产和供应业 | 2856 | | 595 |
| 水的生产和供应业 | 5704 | 159 | 1545 |
| **高技术产业合计** | **1095961** | **364211** | **839921** |
| 医药制造业 | 119532 | 100805 | 319604 |
| 航空航天器制造业 | 509658 | 19335 | 22352 |
| 电子及通信设备制造业 | 389382 | 159264 | 349459 |
| 电子计算机及办公设备制造业 | 17466 | 42816 | 73802 |
| 医疗设备及仪器仪表制造业 | 59924 | 41991 | 74704 |

# 9-5 分行业大型企业政府相关政策落实情况

单位：万元

| 行　　业 | 使用来自政府部门的科技活动资金 | 研究开发费用加计扣除减免税 | 高新技术企业减免税 |
|---|---|---|---|
| **合　　计** | **1703663** | **1131951** | **1862424** |
| **采矿业** | **150021** | **85337** | **1671** |
| 煤炭开采和洗选业 | 36040 | 51347 | |
| 石油和天然气开采业 | 109858 | 33211 | |
| 黑色金属矿采选业 | 12 | | |
| 有色金属矿采选业 | 2126 | 9 | 1671 |
| 非金属矿采选业 | 1986 | 770 | |
| **制造业** | **1543626** | **1034974** | **1860753** |
| 农副食品加工业 | 9128 | 782 | 9942 |
| 食品制造业 | 11364 | 7989 | 10997 |
| 饮料制造业 | 11304 | 2841 | 11032 |
| 烟草制品业 | 491 | 2191 | |
| 纺织业 | 13377 | 8349 | 12683 |
| 纺织服装、鞋、帽制造业 | 1639 | 1261 | 461 |
| 皮革、毛皮、羽毛(绒)及其制品业 | 956 | 1567 | 7224 |
| 木材加工及木、竹、藤、棕、草制品业 | 812 | 9049 | |
| 家具制造业 | 559 | 2057 | 7997 |
| 造纸及纸制品业 | 7758 | 1767 | 32839 |
| 印刷业和记录媒介的复制 | 3110 | 947 | 594 |
| 文教体育用品制造业 | 3853 | 371 | 900 |
| 石油加工、炼焦及核燃料加工业 | 8588 | 11773 | 1973 |
| 化学原料及化学制品制造业 | 61197 | 30803 | 45377 |
| 医药制造业 | 46566 | 39694 | 142744 |
| 化学纤维制造业 | 4558 | 3077 | 9560 |
| 橡胶制品业 | 6848 | 21458 | 43233 |
| 塑料制品业 | 1125 | 4012 | 18361 |
| 非金属矿物制品业 | 9727 | 7359 | 24457 |
| 黑色金属冶炼及压延加工业 | 91199 | 150473 | 96540 |
| 有色金属冶炼及压延加工业 | 40547 | 13377 | 20316 |
| 金属制品业 | 14454 | 4207 | 29572 |
| 通用设备制造业 | 74086 | 114000 | 161403 |
| 专用设备制造业 | 126353 | 146376 | 112858 |
| 交通运输设备制造业 | 675044 | 243507 | 532524 |
| 电气机械及器材制造业 | 61210 | 59341 | 255192 |
| 通信设备、计算机及其他电子设备制造业 | 244756 | 130829 | 249657 |
| 仪器仪表及文化、办公用机械制造业 | 10306 | 11304 | 20095 |
| 工艺品及其他制造业 | 2709 | 4213 | 2223 |
| **电力、燃气及水的生产和供应业** | **10016** | **11640** | |
| 电力、热力的生产和供应业 | 4805 | 11640 | |
| 燃气生产和供应业 | 2567 | | |
| 水的生产和供应业 | 2645 | | |
| **高技术产业合计** | **758010** | **191545** | **427330** |
| 医药制造业 | 46566 | 39694 | 142744 |
| 航空航天器制造业 | 455939 | 11337 | 15314 |
| 电子及通信设备制造业 | 237701 | 93598 | 199660 |
| 电子计算机及办公设备制造业 | 7075 | 37231 | 51167 |
| 医疗设备及仪器仪表制造业 | 10728 | 9684 | 18445 |

# 9-6　分行业中型企业政府相关政策落实情况

单位：万元

| 行　业 | 使用来自政府部门的科技活动资金 | 研究开发费用加计扣除减免税 | 高新技术企业减免税 |
|---|---|---|---|
| **合　计** | **913783** | **649976** | **1600684** |
| **采矿业** | **5659** | **2140** | **2764** |
| 煤炭开采和洗选业 | 1764 | 174 | |
| 石油和天然气开采业 | 543 | 202 | |
| 黑色金属矿采选业 | 357 | | |
| 有色金属矿采选业 | 2092 | 720 | 1903 |
| 非金属矿采选业 | 904 | 1043 | 861 |
| **制造业** | **900162** | **642452** | **1594061** |
| 农副食品加工业 | 15458 | 4701 | 9973 |
| 食品制造业 | 13709 | 7943 | 45023 |
| 饮料制造业 | 6749 | 1145 | 4049 |
| 烟草制品业 | 85 | 1371 | 1891 |
| 纺织业 | 16403 | 12281 | 13309 |
| 纺织服装、鞋、帽制造业 | 2122 | 1826 | 8096 |
| 皮革、毛皮、羽毛(绒)及其制品业 | 1264 | 1052 | 1328 |
| 木材加工及木、竹、藤、棕、草制品业 | 3657 | 940 | 3955 |
| 家具制造业 | 731 | 2740 | 2371 |
| 造纸及纸制品业 | 3793 | 4303 | 6331 |
| 印刷业和记录媒介的复制 | 919 | 5009 | 25456 |
| 文教体育用品制造业 | 2575 | 1771 | 11736 |
| 石油加工、炼焦及核燃料加工业 | 3649 | 12794 | 2028 |
| 化学原料及化学制品制造业 | 76426 | 37451 | 159298 |
| 医药制造业 | 72966 | 61111 | 176860 |
| 化学纤维制造业 | 3339 | 4049 | 23289 |
| 橡胶制品业 | 5250 | 3328 | 9381 |
| 塑料制品业 | 10653 | 16483 | 28439 |
| 非金属矿物制品业 | 28697 | 20819 | 38819 |
| 黑色金属冶炼及压延加工业 | 6554 | 1990 | 11787 |
| 有色金属冶炼及压延加工业 | 26987 | 27487 | 32751 |
| 金属制品业 | 25713 | 16520 | 52475 |
| 通用设备制造业 | 72203 | 64098 | 147841 |
| 专用设备制造业 | 80689 | 61657 | 122650 |
| 交通运输设备制造业 | 111431 | 65371 | 160942 |
| 电气机械及器材制造业 | 77103 | 100743 | 268182 |
| 通信设备、计算机及其他电子设备制造业 | 161438 | 70194 | 162958 |
| 仪器仪表及文化、办公用机械制造业 | 45197 | 27320 | 57072 |
| 工艺品及其他制造业 | 24141 | 5958 | 5769 |
| 废弃资源和废旧材料回收加工业 | 261 | | |
| **电力、燃气及水的生产和供应业** | **7963** | **5384** | **3859** |
| 电力、热力的生产和供应业 | 4614 | 5225 | 1718 |
| 燃气生产和供应业 | 290 | | 595 |
| 水的生产和供应业 | 3059 | 159 | 1545 |
| **高技术产业合计** | **337951** | **172666** | **412591** |
| 医药制造业 | 72966 | 61111 | 176860 |
| 航空航天器制造业 | 53718 | 7998 | 7038 |
| 电子及通信设备制造业 | 151682 | 65665 | 149799 |
| 电子计算机及办公设备制造业 | 10390 | 5585 | 22635 |
| 医疗设备及仪器仪表制造业 | 49195 | 32307 | 56259 |

# 9-7 分行业国有及国有控股企业政府相关政策落实情况

单位：万元

| 行　　业 | 使用来自政府部门的科技活动资金 | 研究开发费用加计扣除减免税 | 高新技术企业减免税 |
|---|---|---|---|
| **合　计** | **1786904** | **921769** | **1350225** |
| **采矿业** | **150167** | **77353** | **2529** |
| 煤炭开采和洗选业 | 35495 | 42446 | |
| 石油和天然气开采业 | 110146 | 33332 | |
| 黑色金属矿采选业 | 80 | | |
| 有色金属矿采选业 | 3491 | 542 | 1671 |
| 非金属矿采选业 | 956 | 1034 | 858 |
| **制造业** | **1621952** | **827816** | **1346567** |
| 农副食品加工业 | 4272 | 282 | 964 |
| 食品制造业 | 9269 | 454 | 516 |
| 饮料制造业 | 8443 | 1025 | 4893 |
| 烟草制品业 | 546 | 2202 | 830 |
| 纺织业 | 4223 | 4674 | 897 |
| 纺织服装、鞋、帽制造业 | 618 | 671 | 303 |
| 皮革、毛皮、羽毛(绒)及其制品业 | | 85 | |
| 木材加工及木、竹、藤、棕、草制品业 | 322 | | |
| 家具制造业 | | 1534 | 8210 |
| 造纸及纸制品业 | 4054 | 1976 | 15786 |
| 印刷业和记录媒介的复制 | 145 | 594 | 11674 |
| 文教体育用品制造业 | 33 | 225 | 1342 |
| 石油加工、炼焦及核燃料加工业 | 7909 | 22451 | 2436 |
| 化学原料及化学制品制造业 | 87928 | 30291 | 77053 |
| 医药制造业 | 33370 | 15079 | 93790 |
| 化学纤维制造业 | 3451 | 1845 | 17532 |
| 橡胶制品业 | 3408 | 10027 | 15157 |
| 塑料制品业 | 361 | 905 | 3590 |
| 非金属矿物制品业 | 17703 | 5420 | 12608 |
| 黑色金属冶炼及压延加工业 | 78475 | 142461 | 55796 |
| 有色金属冶炼及压延加工业 | 42029 | 19486 | 15212 |
| 金属制品业 | 21301 | 5074 | 11477 |
| 通用设备制造业 | 86912 | 94186 | 129445 |
| 专用设备制造业 | 164825 | 139202 | 109201 |
| 交通运输设备制造业 | 733036 | 236639 | 505135 |
| 电气机械及器材制造业 | 45568 | 40418 | 122604 |
| 通信设备、计算机及其他电子设备制造业 | 201721 | 33289 | 105474 |
| 仪器仪表及文化、办公用机械制造业 | 38530 | 12639 | 21176 |
| 工艺品及其他制造业 | 23504 | 4685 | 3468 |
| **电力、燃气及水的生产和供应业** | **14785** | **16601** | **1130** |
| 电力、热力的生产和供应业 | 9027 | 16489 | 130 |
| 燃气生产和供应业 | 290 | | |
| 水的生产和供应业 | 5469 | 112 | 1000 |
| **高技术产业合计** | **784822** | **79827** | **241487** |
| 医药制造业 | 33370 | 15079 | 93790 |
| 航空航天器制造业 | 509647 | 18497 | 20318 |
| 电子及通信设备制造业 | 194372 | 27717 | 98182 |
| 电子计算机及办公设备制造业 | 7349 | 5572 | 7292 |
| 医疗设备及仪器仪表制造业 | 40084 | 12962 | 21905 |

# 9-8　分行业内资企业政府相关政策落实情况

单位：万元

| 行　　业 | 使用来自政府部门的科技活动资金 | 研究开发费用加计扣除减免税 | 高新技术企业减免税 |
|---|---|---|---|
| **合　　计** | **2315821** | **1359701** | **2289873** |
| **采矿业** | **151512** | **86877** | **4435** |
| 煤炭开采和洗选业 | 36704 | 51522 | |
| 石油和天然气开采业 | 110401 | 33414 | |
| 黑色金属矿采选业 | 369 | | |
| 有色金属矿采选业 | 2622 | 729 | 3574 |
| 非金属矿采选业 | 1417 | 1213 | 861 |
| **制造业** | **2147127** | **1256184** | **2281579** |
| 农副食品加工业 | 20282 | 4778 | 8658 |
| 食品制造业 | 18885 | 11003 | 6354 |
| 饮料制造业 | 16511 | 3448 | 5694 |
| 烟草制品业 | 576 | 3561 | 1891 |
| 纺织业 | 24814 | 14837 | 14822 |
| 纺织服装、鞋、帽制造业 | 3253 | 1894 | 7160 |
| 皮革、毛皮、羽毛(绒)及其制品业 | 1941 | 1498 | 7410 |
| 木材加工及木、竹、藤、棕、草制品业 | 2415 | 9913 | 3925 |
| 家具制造业 | 836 | 1487 | 2343 |
| 造纸及纸制品业 | 10522 | 3643 | 11381 |
| 印刷业和记录媒介的复制 | 3825 | 3410 | 17265 |
| 文教体育用品制造业 | 2913 | 1750 | 10336 |
| 石油加工、炼焦及核燃料加工业 | 11827 | 24167 | 4002 |
| 化学原料及化学制品制造业 | 128605 | 59042 | 162219 |
| 医药制造业 | 84949 | 64876 | 203279 |
| 化学纤维制造业 | 6491 | 5565 | 11081 |
| 橡胶制品业 | 9487 | 17550 | 18941 |
| 塑料制品业 | 8498 | 12968 | 23409 |
| 非金属矿物制品业 | 32892 | 22967 | 49870 |
| 黑色金属冶炼及压延加工业 | 92651 | 150578 | 90617 |
| 有色金属冶炼及压延加工业 | 56768 | 25383 | 38316 |
| 金属制品业 | 36529 | 15342 | 51655 |
| 通用设备制造业 | 127293 | 152191 | 193658 |
| 专用设备制造业 | 198343 | 164944 | 179815 |
| 交通运输设备制造业 | 754609 | 215656 | 520683 |
| 电气机械及器材制造业 | 118926 | 111545 | 364152 |
| 通信设备、计算机及其他电子设备制造业 | 296086 | 116638 | 211946 |
| 仪器仪表及文化、办公用机械制造业 | 49914 | 25556 | 53374 |
| 工艺品及其他制造业 | 26228 | 9995 | 7322 |
| 废弃资源和废旧材料回收加工业 | 261 | | |
| **电力、燃气及水的生产和供应业** | **17182** | **16640** | **3859** |
| 电力、热力的生产和供应业 | 9034 | 16481 | 1718 |
| 燃气生产和供应业 | 2585 | | 595 |
| 水的生产和供应业 | 5564 | 159 | 1545 |
| **高技术产业合计** | **944656** | **227910** | **493302** |
| 医药制造业 | 84949 | 64876 | 203279 |
| 航空航天器制造业 | 509647 | 19051 | 21240 |
| 电子及通信设备制造业 | 281025 | 100081 | 179549 |
| 电子计算机及办公设备制造业 | 15635 | 17352 | 40099 |
| 医疗设备及仪器仪表制造业 | 53401 | 26550 | 49135 |

# 9-9 分行业港澳台商投资企业政府相关政策落实情况

单位：万元

| 行　　业 | 使用来自政府部门的科技活动资金 | 研究开发费用加计扣除减免税 | 高新技术企业减免税 |
|---|---|---|---|
| **合　计** | **116932** | **145464** | **416039** |
| **采矿业** | **198** | | |
| 煤炭开采和洗选业 | 100 | | |
| 非金属矿采选业 | 98 | | |
| **制造业** | **116639** | **145366** | **416039** |
| 农副食品加工业 | 1038 | 108 | 734 |
| 食品制造业 | 1452 | 477 | 17097 |
| 饮料制造业 | 154 | 373 | 6258 |
| 纺织业 | 2156 | 2984 | 2634 |
| 纺织服装、鞋、帽制造业 | 477 | 824 | 1210 |
| 皮革、毛皮、羽毛(绒)及其制品业 | 117 | 914 | 0 |
| 木材加工及木、竹、藤、棕、草制品业 | 1456 | 52 | |
| 家具制造业 | 10 | 3066 | 7997 |
| 造纸及纸制品业 | 259 | 11 | 1302 |
| 印刷业和记录媒介的复制 | 113 | 1839 | 4420 |
| 文教体育用品制造业 | 3270 | 61 | 1989 |
| 石油加工、炼焦及核燃料加工业 | 190 | 400 | |
| 化学原料及化学制品制造业 | 3892 | 2565 | 16892 |
| 医药制造业 | 13551 | 22857 | 42392 |
| 化学纤维制造业 | 521 | 1208 | |
| 橡胶制品业 | 734 | 1193 | 10641 |
| 塑料制品业 | 2221 | 2755 | 17094 |
| 非金属矿物制品业 | 3956 | 3509 | 6154 |
| 黑色金属冶炼及压延加工业 | 1997 | 1752 | 15359 |
| 有色金属冶炼及压延加工业 | 3528 | 10241 | 7698 |
| 金属制品业 | 745 | 1432 | 5409 |
| 通用设备制造业 | 2908 | 9745 | 24034 |
| 专用设备制造业 | 3817 | 5206 | 21786 |
| 交通运输设备制造业 | 8861 | 6618 | 27541 |
| 电气机械及器材制造业 | 8295 | 24770 | 96792 |
| 通信设备、计算机及其他电子设备制造业 | 48957 | 36255 | 74151 |
| 仪器仪表及文化、办公用机械制造业 | 1496 | 3976 | 5787 |
| 工艺品及其他制造业 | 471 | 175 | 670 |
| **电力、燃气及水的生产和供应业** | **95** | **98** | |
| 电力、热力的生产和供应业 | | 98 | |
| 水的生产和供应业 | 95 | | |
| **高技术产业合计** | **63946** | **65649** | **122062** |
| 医药制造业 | 13551 | 22857 | 42392 |
| 航空航天器制造业 | | 284 | 888 |
| 电子及通信设备制造业 | 48094 | 29290 | 61503 |
| 电子计算机及办公设备制造业 | 923 | 7146 | 13501 |
| 医疗设备及仪器仪表制造业 | 1378 | 6072 | 3778 |

# 9-10 分行业外商投资企业政府相关政策落实情况

单位：万元

| 行 业 | 使用来自政府部门的科技活动资金 | 研究开发费用加计扣除减免税 | 高新技术企业减免税 |
|---|---|---|---|
| **合 计** | **184694** | **276761** | **757196** |
| **采矿业** | **3970** | **600** | |
| 煤炭开采和洗选业 | 1000 | | |
| 有色金属矿采选业 | 1596 | | |
| 非金属矿采选业 | 1374 | 600 | |
| **制造业** | **180022** | **275875** | **757196** |
| 农副食品加工业 | 3266 | 598 | 10523 |
| 食品制造业 | 4736 | 4452 | 32570 |
| 饮料制造业 | 1388 | 165 | 3128 |
| 纺织业 | 2811 | 2808 | 8536 |
| 纺织服装、鞋、帽制造业 | 30 | 369 | 187 |
| 皮革、毛皮、羽毛(绒)及其制品业 | 162 | 206 | 1142 |
| 木材加工及木、竹、藤、棕、草制品业 | 598 | 24 | 30 |
| 家具制造业 | 444 | 244 | 28 |
| 造纸及纸制品业 | 771 | 2416 | 26487 |
| 印刷业和记录媒介的复制 | 91 | 707 | 4365 |
| 文教体育用品制造业 | 245 | 332 | 310 |
| 石油加工、炼焦及核燃料加工业 | 220 | | |
| 化学原料及化学制品制造业 | 5127 | 6647 | 25564 |
| 医药制造业 | 21032 | 13073 | 73933 |
| 化学纤维制造业 | 885 | 354 | 21768 |
| 橡胶制品业 | 1878 | 6042 | 23032 |
| 塑料制品业 | 1059 | 4772 | 6297 |
| 非金属矿物制品业 | 1576 | 1702 | 7252 |
| 黑色金属冶炼及压延加工业 | 3106 | 133 | 2351 |
| 有色金属冶炼及压延加工业 | 7240 | 5239 | 7053 |
| 金属制品业 | 2893 | 3953 | 24984 |
| 通用设备制造业 | 16089 | 16163 | 91553 |
| 专用设备制造业 | 4882 | 37884 | 33907 |
| 交通运输设备制造业 | 23006 | 86604 | 145242 |
| 电气机械及器材制造业 | 11092 | 23770 | 62430 |
| 通信设备、计算机及其他电子设备制造业 | 61151 | 48130 | 126518 |
| 仪器仪表及文化、办公用机械制造业 | 4094 | 9092 | 18006 |
| 工艺品及其他制造业 | 151 | | |
| **电力、燃气及水的生产和供应业** | **702** | **286** | |
| 电力、热力的生产和供应业 | 385 | 286 | |
| 燃气生产和供应业 | 272 | | |
| 水的生产和供应业 | 45 | | |
| **高技术产业合计** | **87359** | **70653** | **224556** |
| 医药制造业 | 21032 | 13073 | 73933 |
| 航空航天器制造业 | 11 | | 224 |
| 电子及通信设备制造业 | 60263 | 29893 | 108407 |
| 电子计算机及办公设备制造业 | 908 | 18318 | 20201 |
| 医疗设备及仪器仪表制造业 | 5145 | 9369 | 21791 |

# 9-11 各地区企业政府相关政策落实情况

单位：万元

| 地　区 | 使用来自政府部门的科技活动资金 | 研究开发费用加计扣除减免税 | 高新技术企业减免税 |
|---|---|---|---|
| **全　国** | **2617446** | **1781927** | **3463108** |
| 东部地区 | 1353816 | 1111159 | 2662008 |
| 中部地区 | 561810 | 464029 | 691965 |
| 西部地区 | 701820 | 206739 | 109135 |
| 北　京 | 104011 | 30414 | 181519 |
| 天　津 | 51487 | 47945 | 78127 |
| 河　北 | 46676 | 60608 | 102625 |
| 山　西 | 44459 | 102778 | 18949 |
| 内蒙古 | 28065 | 25626 | 8217 |
| 辽　宁 | 185192 | 53824 | 39151 |
| 吉　林 | 33205 | 7913 | 14887 |
| 黑龙江 | 104514 | 23868 | 46293 |
| 上　海 | 213314 | 177373 | 289072 |
| 江　苏 | 161690 | 180064 | 553867 |
| 浙　江 | 93037 | 205304 | 393799 |
| 安　徽 | 139383 | 95884 | 301725 |
| 福　建 | 40905 | 36887 | 127999 |
| 江　西 | 39102 | 41817 | 34334 |
| 山　东 | 213140 | 141482 | 302256 |
| 河　南 | 74921 | 72613 | 98183 |
| 湖　北 | 70129 | 81342 | 84394 |
| 湖　南 | 56097 | 37814 | 93201 |
| 广　东 | 241583 | 175280 | 564526 |
| 广　西 | 30820 | 11682 | 21270 |
| 海　南 | 2782 | 1980 | 29067 |
| 重　庆 | 67374 | 38109 | 9240 |
| 四　川 | 197739 | 50871 | 19921 |
| 贵　州 | 51250 | 3906 | 2992 |
| 云　南 | 25230 | 13909 | 9115 |
| 西　藏 | 2 | | |
| 陕　西 | 221616 | 41864 | 31820 |
| 甘　肃 | 26775 | 4296 | 1363 |
| 青　海 | 13516 | 8991 | 78 |
| 宁　夏 | 16586 | 3172 | 3662 |
| 新　疆 | 22847 | 4313 | 1458 |

# 9-12 各地区大型企业政府相关政策落实情况

单位：万元

| 地 区 | 使用来自政府部门的科技活动资金 | 研究开发费用加计扣除减免税 | 高新技术企业减免税 |
|---|---|---|---|
| **全 国** | **1703663** | **1131951** | **1862424** |
| 东部地区 | 812382 | 627897 | 1327567 |
| 中部地区 | 394052 | 344579 | 493505 |
| 西部地区 | 497229 | 159476 | 41353 |
| 北 京 | 18402 | 11380 | 54861 |
| 天 津 | 34970 | 38280 | 18949 |
| 河 北 | 33433 | 52167 | 59163 |
| 山 西 | 31070 | 98302 | 15456 |
| 内蒙古 | 24445 | 19368 | 1039 |
| 辽 宁 | 166962 | 49111 | 23740 |
| 吉 林 | 31601 | 6462 | 1548 |
| 黑龙江 | 93446 | 20535 | 30484 |
| 上 海 | 130045 | 118115 | 124382 |
| 江 苏 | 83146 | 91197 | 292682 |
| 浙 江 | 34309 | 57969 | 167383 |
| 安 徽 | 80642 | 82254 | 249536 |
| 福 建 | 15058 | 16195 | 61111 |
| 江 西 | 32970 | 23454 | 26205 |
| 山 东 | 155104 | 97108 | 235314 |
| 河 南 | 50995 | 52346 | 66828 |
| 湖 北 | 35091 | 43112 | 41132 |
| 湖 南 | 38238 | 18113 | 62316 |
| 广 东 | 140954 | 94711 | 289982 |
| 广 西 | 14630 | 4452 | 10943 |
| 海 南 |  | 1665 |  |
| 重 庆 | 44595 | 32289 | 2414 |
| 四 川 | 143431 | 43288 | 6554 |
| 贵 州 | 35389 | 2561 | 1476 |
| 云 南 | 14519 | 10268 | 2607 |
| 西 藏 |  |  |  |
| 陕 西 | 180303 | 30300 | 14369 |
| 甘 肃 | 12110 | 3104 | 377 |
| 青 海 | 7622 | 8991 | 78 |
| 宁 夏 | 8452 | 1275 | 515 |
| 新 疆 | 11734 | 3580 | 980 |

# 9-13 各地区中型企业政府相关政策落实情况

单位：万元

| 地　区 | 使用来自政府部门的科技活动资金 | 研究开发费用加计扣除减免税 | 高新技术企业减免税 |
|---|---|---|---|
| **全　国** | **913783** | **649976** | **1600684** |
| 东部地区 | 541434 | 483262 | 1334441 |
| 中部地区 | 167758 | 119450 | 198461 |
| 西部地区 | 204591 | 47264 | 67782 |
| 北　京 | 85609 | 19034 | 126658 |
| 天　津 | 16517 | 9665 | 59178 |
| 河　北 | 13243 | 8442 | 43461 |
| 山　西 | 13389 | 4476 | 3492 |
| 内蒙古 | 3620 | 6259 | 7178 |
| 辽　宁 | 18229 | 4713 | 15410 |
| 吉　林 | 1604 | 1450 | 13339 |
| 黑龙江 | 11068 | 3332 | 15809 |
| 上　海 | 83270 | 59257 | 164690 |
| 江　苏 | 78544 | 88867 | 261185 |
| 浙　江 | 58728 | 147335 | 226416 |
| 安　徽 | 58742 | 13630 | 52189 |
| 福　建 | 25847 | 20692 | 66888 |
| 江　西 | 6132 | 18364 | 8129 |
| 山　东 | 58036 | 44374 | 66943 |
| 河　南 | 23926 | 20267 | 31355 |
| 湖　北 | 35038 | 38230 | 43262 |
| 湖　南 | 17860 | 19701 | 30886 |
| 广　东 | 100630 | 80569 | 274545 |
| 广　西 | 16190 | 7230 | 10326 |
| 海　南 | 2782 | 315 | 29067 |
| 重　庆 | 22779 | 5820 | 6826 |
| 四　川 | 54309 | 7583 | 13367 |
| 贵　州 | 15860 | 1346 | 1517 |
| 云　南 | 10712 | 3641 | 6508 |
| 西　藏 | 2 |  |  |
| 陕　西 | 41313 | 11564 | 17450 |
| 甘　肃 | 14665 | 1192 | 987 |
| 青　海 | 5894 |  |  |
| 宁　夏 | 8134 | 1897 | 3146 |
| 新　疆 | 11113 | 734 | 478 |

# 9-14 各地区国有及国有控股企业政府相关政策落实情况

单位：万元

| 地 区 | 使用来自政府部门的科技活动资金 | 研究开发费用加计扣除减免税 | 高新技术企业减免税 |
|---|---|---|---|
| **全 国** | **1786904** | **921769** | **1350225** |
| 东部地区 | 725996 | 422145 | 809447 |
| 中部地区 | 428380 | 344199 | 481634 |
| 西部地区 | 632529 | 155425 | 59145 |
| 北 京 | 90306 | 16189 | 72692 |
| 天 津 | 40986 | 39705 | 16770 |
| 河 北 | 38383 | 35765 | 30976 |
| 山 西 | 37543 | 99430 | 17469 |
| 内蒙古 | 23520 | 3452 | 2277 |
| 辽 宁 | 165959 | 27553 | 21239 |
| 吉 林 | 30370 | 6537 | 4081 |
| 黑龙江 | 98063 | 20484 | 34385 |
| 上 海 | 153223 | 124341 | 173886 |
| 江 苏 | 40659 | 43457 | 102644 |
| 浙 江 | 14978 | 21343 | 58324 |
| 安 徽 | 102799 | 59818 | 224026 |
| 福 建 | 8463 | 4348 | 15471 |
| 江 西 | 29767 | 22846 | 26903 |
| 山 东 | 105361 | 89481 | 147550 |
| 河 南 | 43009 | 48283 | 53475 |
| 湖 北 | 44276 | 58307 | 54471 |
| 湖 南 | 42553 | 28494 | 66824 |
| 广 东 | 66597 | 18298 | 142166 |
| 广 西 | 18370 | 10345 | 8304 |
| 海 南 | 1082 | 1665 | 27729 |
| 重 庆 | 64054 | 27309 | 6936 |
| 四 川 | 180616 | 41128 | 6838 |
| 贵 州 | 49760 | 3502 | 2464 |
| 云 南 | 16733 | 11386 | 4619 |
| 西 藏 | 2 | | |
| 陕 西 | 217661 | 39641 | 26233 |
| 甘 肃 | 18301 | 3810 | 402 |
| 青 海 | 13250 | 8991 | 78 |
| 宁 夏 | 9563 | 1750 | 515 |
| 新 疆 | 20701 | 4112 | 478 |

# 9-15 各地区内资企业政府相关政策落实情况

单位：万元

| 地　区 | 使用来自政府部门的科技活动资金 | 研究开发费用加计扣除减免税 | 高新技术企业减免税 |
|---|---|---|---|
| **全　国** | **2315821** | **1359701** | **2289873** |
| 东部地区 | 1111674 | 775653 | 1601343 |
| 中部地区 | 530843 | 392985 | 596680 |
| 西部地区 | 673304 | 191064 | 91850 |
| 北　京 | 98338 | 22185 | 91929 |
| 天　津 | 50481 | 45560 | 51494 |
| 河　北 | 44144 | 47928 | 74712 |
| 山　西 | 43134 | 102690 | 18949 |
| 内蒙古 | 25920 | 24107 | 8214 |
| 辽　宁 | 181671 | 52970 | 33229 |
| 吉　林 | 32655 | 4302 | 9827 |
| 黑龙江 | 103087 | 19591 | 30939 |
| 上　海 | 135502 | 87180 | 116351 |
| 江　苏 | 126413 | 130129 | 309774 |
| 浙　江 | 75504 | 144012 | 290249 |
| 安　徽 | 133417 | 71383 | 286134 |
| 福　建 | 22501 | 13370 | 44462 |
| 江　西 | 34682 | 25348 | 13535 |
| 山　东 | 188302 | 131203 | 254837 |
| 河　南 | 65301 | 67376 | 84603 |
| 湖　北 | 63402 | 65686 | 63640 |
| 湖　南 | 55167 | 36610 | 89055 |
| 广　东 | 186080 | 99320 | 305287 |
| 广　西 | 21557 | 7337 | 12522 |
| 海　南 | 2739 | 1796 | 29020 |
| 重　庆 | 64945 | 32657 | 7856 |
| 四　川 | 193751 | 50049 | 19620 |
| 贵　州 | 51003 | 3906 | 2992 |
| 云　南 | 22328 | 12627 | 5416 |
| 西　藏 | 2 | | |
| 陕　西 | 217308 | 40633 | 29175 |
| 甘　肃 | 26680 | 4296 | 1363 |
| 青　海 | 11910 | 8991 | 78 |
| 宁　夏 | 15053 | 2148 | 3156 |
| 新　疆 | 22847 | 4313 | 1458 |

# 9-16 各地区港澳台商投资企业政府相关政策落实情况

单位：万元

| 地　　区 | 使用来自政府部门的科技活动资金 | 研究开发费用加计扣除减免税 | 高新技术企业减免税 |
|---|---|---|---|
| **全　　国** | **116932** | **145464** | **416039** |
| 东部地区 | 100728 | 136627 | 395166 |
| 中部地区 | 12020 | 6286 | 18536 |
| 西部地区 | 4183 | 2551 | 2338 |
| 北　京 | 649 | 2726 | 54834 |
| 天　津 | 369 | 785 | 11256 |
| 河　北 | 517 | 10317 | 8326 |
| 山　西 | 235 | 59 | |
| 内蒙古 | 617 | | |
| 辽　宁 | 2009 | 355 | 3396 |
| 吉　林 | | | |
| 黑龙江 | 95 | 93 | 1011 |
| 上　海 | 29230 | 10466 | 21768 |
| 江　苏 | 13367 | 28749 | 78412 |
| 浙　江 | 6166 | 27814 | 34035 |
| 安　徽 | 4803 | 1260 | 7272 |
| 福　建 | 5446 | 10564 | 46303 |
| 江　西 | 783 | | |
| 山　东 | 3740 | 662 | 3715 |
| 河　南 | 3568 | 1793 | 4435 |
| 湖　北 | 1838 | 2710 | 4126 |
| 湖　南 | 699 | 372 | 1692 |
| 广　东 | 39235 | 44190 | 133122 |
| 广　西 | 739 | 4 | 200 |
| 海　南 | | | |
| 重　庆 | 250 | 165 | 740 |
| 四　川 | 1753 | 131 | 301 |
| 贵　州 | | | |
| 云　南 | 76 | 1040 | 563 |
| 西　藏 | | | |
| 陕　西 | 113 | 952 | 324 |
| 甘　肃 | 95 | | |
| 青　海 | | | |
| 宁　夏 | 540 | 259 | 210 |
| 新　疆 | | | |

# 9-17 各地区外商投资企业政府相关政策落实情况

单位：万元

| 地　　区 | 使用来自政府部门的科技活动资金 | 研究开发费用加计扣除减免税 | 高新技术企业减免税 |
|---|---|---|---|
| **全　　国** | **184694** | **276761** | **757196** |
| 东部地区 | 141414 | 198879 | 665499 |
| 中部地区 | 18947 | 64758 | 76750 |
| 西部地区 | 24333 | 13125 | 14947 |
| 北　京 | 5024 | 5503 | 34757 |
| 天　津 | 637 | 1601 | 15377 |
| 河　北 | 2015 | 2363 | 19587 |
| 山　西 | 1090 | 30 | |
| 内蒙古 | 1528 | 1519 | 2 |
| 辽　宁 | 1512 | 499 | 2525 |
| 吉　林 | 550 | 3611 | 5060 |
| 黑龙江 | 1332 | 4184 | 14344 |
| 上　海 | 48582 | 79726 | 150954 |
| 江　苏 | 21911 | 21186 | 165681 |
| 浙　江 | 11367 | 33478 | 69515 |
| 安　徽 | 1164 | 23241 | 8319 |
| 福　建 | 12957 | 12953 | 37235 |
| 江　西 | 3638 | 16469 | 20799 |
| 山　东 | 21098 | 9617 | 43705 |
| 河　南 | 6053 | 3443 | 9145 |
| 湖　北 | 4889 | 12947 | 16629 |
| 湖　南 | 231 | 832 | 2454 |
| 广　东 | 16268 | 31771 | 126117 |
| 广　西 | 8524 | 4341 | 8548 |
| 海　南 | 43 | 184 | 47 |
| 重　庆 | 2179 | 5287 | 644 |
| 四　川 | 2235 | 691 | |
| 贵　州 | 247 | | |
| 云　南 | 2826 | 242 | 3136 |
| 西　藏 | | | |
| 陕　西 | 4195 | 279 | 2321 |
| 甘　肃 | | | |
| 青　海 | 1606 | | |
| 宁　夏 | 993 | 765 | 296 |
| 新　疆 | | | |

# 十、工业企业技术获取和技术改造情况

# （2010）

# 10-1 分登记注册类型企业技术获取和技术改造情况

单位：万元

| 登记注册类型 | 引进技术经费支出 | 消化吸收经费支出 | 购买国内技术经费支出 | 技术改造经费支出 |
|---|---|---|---|---|
| **合　计** | **3861321** | **1652015** | **2214127** | **36384926** |
| **国有及国有控股企业** | **1758470** | **1114835** | **1548438** | **23266784** |
| **内资企业** | **1759472** | **1233296** | **1972225** | **31901825** |
| 国有企业 | 99492 | 64452 | 419700 | 5976865 |
| 集体企业 | 5628 | 2282 | 3213 | 87453 |
| 股份合作企业 | 2116 | 3131 | 3744 | 137896 |
| 联营企业 | 2719 | 3964 | 7418 | 63221 |
| 国有联营企业 | 2719 | 3964 | 7404 | 54226 |
| 集体联营企业 | | | | 5060 |
| 国有与集体联营企业 | | | 14 | 3935 |
| 有限责任公司 | 858569 | 777673 | 843700 | 13980548 |
| 国有独资公司 | 291081 | 305950 | 173046 | 5571248 |
| 其他有限责任公司 | 567488 | 471723 | 670654 | 8409300 |
| 股份有限公司 | 603262 | 245326 | 443623 | 8034988 |
| 私营企业 | 183408 | 132586 | 248376 | 3554451 |
| 私营独资企业 | 11204 | 3943 | 3739 | 164492 |
| 私营合伙企业 | 206 | 326 | 509 | 25562 |
| 私营有限责任公司 | 157783 | 116259 | 233478 | 2881788 |
| 私营股份有限公司 | 14215 | 12058 | 10650 | 482609 |
| 其他企业 | 4280 | 3883 | 2451 | 66403 |
| **港、澳、台商投资企业** | **363457** | **70526** | **110168** | **1596507** |
| 合资经营企业 | 64282 | 28305 | 38151 | 723777 |
| 合作经营企业 | 10 | | 526 | 29165 |
| 港、澳、台商独资经营企业 | 276983 | 39482 | 66405 | 762094 |
| 港、澳、台商投资股份有限公司 | 22182 | 2739 | 5088 | 81471 |
| **外商投资企业** | **1738392** | **348193** | **131734** | **2886593** |
| 中外合资经营企业 | 1284928 | 296828 | 79816 | 2011387 |
| 中外合作经营企业 | 9002 | 230 | 1278 | 12301 |
| 外资企业 | 385691 | 36826 | 37998 | 582551 |
| 外商投资股份有限公司 | 58771 | 14308 | 12642 | 280355 |

# 10-2 分登记注册类型大型企业技术获取和技术改造情况

单位：万元

| 登记注册类型 | 引进技术经费支出 | 消化吸收经费支出 | 购买国内技术经费支出 | 技术改造经费支出 |
|---|---|---|---|---|
| **合　计** | **2762355** | **1265784** | **1749171** | **26122908** |
| **国有及国有控股企业** | **1567457** | **1027738** | **1422728** | **20134821** |
| **内资企业** | **1341473** | **992330** | **1641318** | **23858704** |
| 国有企业 | 71517 | 47877 | 383893 | 5115333 |
| 集体企业 | 5305 | 1176 | 1752 | 40862 |
| 股份合作企业 | 621 | 186 | 146 | 34550 |
| 联营企业 | 2429 | 3964 | 7164 | 52604 |
| 国有联营企业 | 2429 | 3964 | 7164 | 48705 |
| 国有与集体联营企业 | | | | 3900 |
| 有限责任公司 | 706980 | 692738 | 722374 | 11151842 |
| 国有独资公司 | 283902 | 299666 | 155943 | 5180652 |
| 其他有限责任公司 | 423078 | 393073 | 566431 | 5971189 |
| 股份有限公司 | 469568 | 188997 | 363288 | 6275997 |
| 私营企业 | 81185 | 54778 | 161321 | 1183233 |
| 私营独资企业 | 2275 | 597 | 340 | 31553 |
| 私营合伙企业 | | 314 | | 2893 |
| 私营有限责任公司 | 72539 | 46931 | 157338 | 905251 |
| 私营股份有限公司 | 6370 | 6937 | 3644 | 243537 |
| 其他企业 | 3870 | 2615 | 1379 | 4284 |
| **港、澳、台商投资企业** | **250107** | **33736** | **52812** | **668765** |
| 合资经营企业 | 33718 | 11540 | 13345 | 243687 |
| 合作经营企业 | | | 135 | 3133 |
| 港、澳、台商独资经营企业 | 204662 | 21038 | 37590 | 384341 |
| 港、澳、台商投资股份有限公司 | 11727 | 1158 | 1743 | 37604 |
| **外商投资企业** | **1170775** | **239718** | **55041** | **1595440** |
| 中外合资经营企业 | 958977 | 219656 | 40069 | 1137886 |
| 中外合作经营企业 | 5247 | | | 20 |
| 外资企业 | 165239 | 6591 | 7826 | 265024 |
| 外商投资股份有限公司 | 41312 | 13471 | 7146 | 192510 |

# 10-3 分登记注册类型中型企业技术获取和技术改造情况

单位：万元

| 登记注册类型 | 引进技术经费支出 | 消化吸收经费支出 | 购买国内技术经费支出 | 技术改造经费支出 |
|---|---|---|---|---|
| **合　计** | **1098966** | **386231** | **464956** | **10262017** |
| **国有及国有控股企业** | **191013** | **87098** | **125711** | **3131963** |
| **内资企业** | **417999** | **240966** | **330907** | **8043121** |
| 国有企业 | 27975 | 16575 | 35807 | 861532 |
| 集体企业 | 323 | 1107 | 1460 | 46591 |
| 股份合作企业 | 1495 | 2945 | 3598 | 103346 |
| 联营企业 | 290 | | 254 | 10617 |
| 国有联营企业 | 290 | | 240 | 5522 |
| 集体联营企业 | | | | 5060 |
| 国有与集体联营企业 | | | 14 | 35 |
| 有限责任公司 | 151589 | 84934 | 121326 | 2828707 |
| 国有独资公司 | 7179 | 6284 | 17103 | 390595 |
| 其他有限责任公司 | 144410 | 78650 | 104223 | 2438111 |
| 股份有限公司 | 133694 | 56329 | 80335 | 1758991 |
| 私营企业 | 102223 | 77809 | 87055 | 2371217 |
| 私营独资企业 | 8929 | 3347 | 3399 | 132939 |
| 私营合伙企业 | 206 | 12 | 509 | 22669 |
| 私营有限责任公司 | 85244 | 69329 | 76141 | 1976537 |
| 私营股份有限公司 | 7845 | 5121 | 7006 | 239072 |
| 其他企业 | 410 | 1268 | 1072 | 62120 |
| **港、澳、台商投资企业** | **113349** | **36790** | **57356** | **927743** |
| 合资经营企业 | 30564 | 16765 | 24806 | 480090 |
| 合作经营企业 | 10 | | 390 | 26032 |
| 港、澳、台商独资经营企业 | 72321 | 18445 | 28815 | 377754 |
| 港、澳、台商投资股份有限公司 | 10455 | 1580 | 3345 | 43867 |
| **外商投资企业** | **567617** | **108475** | **76692** | **1291154** |
| 中外合资经营企业 | 325951 | 77172 | 39746 | 873501 |
| 中外合作经营企业 | 3755 | 230 | 1278 | 12281 |
| 外资企业 | 220452 | 30234 | 30172 | 317527 |
| 外商投资股份有限公司 | 17459 | 838 | 5496 | 87845 |

## 10-4 分行业企业技术获取和技术改造情况

单位：万元

| 行业 | 引进技术经费支出 | 消化吸收经费支出 | 购买国内技术经费支出 | 技术改造经费支出 |
|---|---|---|---|---|
| **合计** | **3861321** | **1652015** | **2214127** | **36384926** |
| **采矿业** | **86651** | **99178** | **291013** | **2031190** |
| 煤炭开采和洗选业 | 84719 | 96692 | 286294 | 1838114 |
| 石油和天然气开采业 | 1690 | 659 | 1018 | 44990 |
| 黑色金属矿采选业 |  | 310 | 133 | 39113 |
| 有色金属矿采选业 | 213 | 1030 | 1113 | 77438 |
| 非金属矿采选业 | 29 | 487 | 2455 | 31535 |
| **制造业** | **3772500** | **1532166** | **1909182** | **32809790** |
| 农副食品加工业 | 19671 | 15807 | 12620 | 388780 |
| 食品制造业 | 38116 | 13536 | 6156 | 280204 |
| 饮料制造业 | 28995 | 20619 | 26804 | 652990 |
| 烟草制品业 | 8606 | 1917 | 10270 | 502164 |
| 纺织业 | 51885 | 43664 | 40085 | 549938 |
| 纺织服装、鞋、帽制造业 | 4010 | 3783 | 2279 | 93457 |
| 皮革、毛皮、羽毛(绒)及其制品业 | 6624 | 4413 | 3027 | 61894 |
| 木材加工及木、竹、藤、棕、草制品业 | 3028 | 1800 | 3392 | 97314 |
| 家具制造业 | 1639 | 1052 | 459 | 19647 |
| 造纸及纸制品业 | 43511 | 16699 | 19706 | 572160 |
| 印刷业和记录媒介的复制 | 1759 | 3298 | 6942 | 91641 |
| 文教体育用品制造业 | 3107 | 820 | 3541 | 21098 |
| 石油加工、炼焦及核燃料加工业 | 28576 | 29034 | 40411 | 1782166 |
| 化学原料及化学制品制造业 | 314347 | 107994 | 111060 | 2716499 |
| 医药制造业 | 48413 | 49874 | 71200 | 600803 |
| 化学纤维制造业 | 55775 | 19463 | 11593 | 347371 |
| 橡胶制品业 | 10939 | 6422 | 5876 | 259469 |
| 塑料制品业 | 3005 | 4563 | 8044 | 98461 |
| 非金属矿物制品业 | 22259 | 20015 | 21042 | 791363 |
| 黑色金属冶炼及压延加工业 | 418592 | 296019 | 862744 | 8714488 |
| 有色金属冶炼及压延加工业 | 231332 | 165092 | 86484 | 1731610 |
| 金属制品业 | 28798 | 20545 | 20349 | 396628 |
| 通用设备制造业 | 232343 | 122905 | 80422 | 1615583 |
| 专用设备制造业 | 74294 | 43514 | 37642 | 1765421 |
| 交通运输设备制造业 | 1219313 | 369230 | 220818 | 4495402 |
| 电气机械及器材制造业 | 309614 | 86622 | 67254 | 2456470 |
| 通信设备、计算机及其他电子设备制造业 | 494603 | 47649 | 108803 | 1403323 |
| 仪器仪表及文化、办公用机械制造业 | 66958 | 13433 | 17465 | 244896 |
| 工艺品及其他制造业 | 2068 | 1864 | 1253 | 54999 |
| 废弃资源和废旧材料回收加工业 | 320 | 522 | 1442 | 3553 |
| **电力、燃气及水的生产和供应业** | **2171** | **20672** | **13931** | **1543945** |
| 电力、热力的生产和供应业 | 1195 | 20434 | 11672 | 1406340 |
| 燃气生产和供应业 | 653 | 137 | 408 | 67602 |
| 水的生产和供应业 | 323 | 100 | 1851 | 70004 |
| **高技术产业合计** | **687810** | **138268** | **212944** | **2687343** |
| 医药制造业 | 48413 | 49874 | 71200 | 600803 |
| 航空航天器制造业 | 64941 | 27220 | 16530 | 387274 |
| 电子及通信设备制造业 | 474667 | 39048 | 83360 | 1208715 |
| 电子计算机及办公设备制造业 | 36594 | 9264 | 25477 | 201172 |
| 医疗设备及仪器仪表制造业 | 63195 | 12862 | 16377 | 289378 |

# 10-5 分行业大型企业技术获取和技术改造情况

单位：万元

| 行业 | 引进技术经费支出 | 消化吸收经费支出 | 购买国内技术经费支出 | 技术改造经费支出 |
|---|---|---|---|---|
| **合计** | **2762355** | **1265784** | **1749171** | **26122908** |
| **采矿业** | **86288** | **97433** | **282509** | **1787387** |
| 煤炭开采和洗选业 | 84569 | 96187 | 278264 | 1672438 |
| 石油和天然气开采业 | 1690 | 626 | 1018 | 44989 |
| 黑色金属矿采选业 | | | | 14605 |
| 有色金属矿采选业 | | 620 | 803 | 27808 |
| 非金属矿采选业 | 29 | | 2424 | 27547 |
| **制造业** | **2675504** | **1150325** | **1463103** | **23629972** |
| 农副食品加工业 | 7887 | 4917 | 2833 | 116874 |
| 食品制造业 | 30814 | 7489 | 2060 | 142057 |
| 饮料制造业 | 27107 | 19005 | 15750 | 467227 |
| 烟草制品业 | 6381 | 400 | 4627 | 417399 |
| 纺织业 | 19211 | 7670 | 8281 | 228742 |
| 纺织服装、鞋、帽制造业 | 1723 | 863 | 582 | 38941 |
| 皮革、毛皮、羽毛(绒)及其制品业 | 4980 | 2750 | 579 | 20816 |
| 木材加工及木、竹、藤、棕、草制品业 | 2000 | 200 | | 55484 |
| 家具制造业 | 800 | 880 | 230 | 5409 |
| 造纸及纸制品业 | 36721 | 13746 | 3518 | 325893 |
| 印刷业和记录媒介的复制 | 639 | 2718 | 458 | 31331 |
| 文教体育用品制造业 | 1837 | 71 | 2410 | 9926 |
| 石油加工、炼焦及核燃料加工业 | 19898 | 18507 | 34103 | 1648766 |
| 化学原料及化学制品制造业 | 238591 | 70606 | 77500 | 1558776 |
| 医药制造业 | 10462 | 29343 | 31027 | 219796 |
| 化学纤维制造业 | 19302 | 9618 | 5988 | 208642 |
| 橡胶制品业 | 9868 | 5575 | 4101 | 186157 |
| 塑料制品业 | 290 | | 861 | 16533 |
| 非金属矿物制品业 | 12341 | 11439 | 5226 | 173782 |
| 黑色金属冶炼及压延加工业 | 402548 | 287475 | 857054 | 8411377 |
| 有色金属冶炼及压延加工业 | 186345 | 157759 | 56232 | 1332832 |
| 金属制品业 | 1208 | 13925 | 888 | 182657 |
| 通用设备制造业 | 102674 | 74971 | 29887 | 712069 |
| 专用设备制造业 | 12315 | 8225 | 16884 | 1247633 |
| 交通运输设备制造业 | 983146 | 325718 | 182749 | 3566099 |
| 电气机械及器材制造业 | 201609 | 43573 | 40173 | 1411949 |
| 通信设备、计算机及其他电子设备制造业 | 298250 | 24907 | 75548 | 757809 |
| 仪器仪表及文化、办公用机械制造业 | 35902 | 7421 | 3411 | 117338 |
| 工艺品及其他制造业 | 656 | 554 | 144 | 17660 |
| **电力、燃气及水的生产和供应业** | **564** | **18026** | **3559** | **705549** |
| 电力、热力的生产和供应业 | 341 | 18017 | 3551 | 626893 |
| 燃气生产和供应业 | | 10 | 8 | 26136 |
| 水的生产和供应业 | 223 | | | 52520 |
| **高技术产业合计** | **392589** | **84186** | **125390** | **1446243** |
| 医药制造业 | 10462 | 29343 | 31027 | 219796 |
| 航空航天器制造业 | 62085 | 22503 | 16505 | 345335 |
| 电子及通信设备制造业 | 281707 | 17005 | 50957 | 605052 |
| 电子计算机及办公设备制造业 | 30757 | 7902 | 24591 | 155887 |
| 医疗设备及仪器仪表制造业 | 7578 | 7434 | 2310 | 120172 |

# 10-6 分行业中型企业技术获取和技术改造情况

单位：万元

| 行　　业 | 引进技术经费支出 | 消化吸收经费支出 | 购买国内技术经费支出 | 技术改造经费支出 |
|---|---|---|---|---|
| **合　　计** | **1098966** | **386231** | **464956** | **10262017** |
| **采矿业** | **363** | **1745** | **8504** | **243803** |
| 煤炭开采和洗选业 | 150 | 505 | 8030 | 165677 |
| 石油和天然气开采业 | | 33 | | 1 |
| 黑色金属矿采选业 | | 310 | 133 | 24507 |
| 有色金属矿采选业 | 213 | 410 | 311 | 49630 |
| 非金属矿采选业 | | 487 | 31 | 3988 |
| **制造业** | **1096996** | **381841** | **446079** | **9179818** |
| 农副食品加工业 | 11784 | 10890 | 9787 | 271906 |
| 食品制造业 | 7302 | 6047 | 4096 | 138147 |
| 饮料制造业 | 1889 | 1614 | 11054 | 185763 |
| 烟草制品业 | 2225 | 1517 | 5643 | 84765 |
| 纺织业 | 32674 | 35994 | 31804 | 321195 |
| 纺织服装、鞋、帽制造业 | 2287 | 2920 | 1697 | 54515 |
| 皮革、毛皮、羽毛(绒)及其制品业 | 1644 | 1663 | 2448 | 41079 |
| 木材加工及木、竹、藤、棕、草制品业 | 1028 | 1600 | 3392 | 41831 |
| 家具制造业 | 839 | 172 | 229 | 14238 |
| 造纸及纸制品业 | 6791 | 2954 | 16188 | 246268 |
| 印刷业和记录媒介的复制 | 1120 | 579 | 6485 | 60310 |
| 文教体育用品制造业 | 1270 | 749 | 1131 | 11172 |
| 石油加工、炼焦及核燃料加工业 | 8678 | 10527 | 6308 | 133400 |
| 化学原料及化学制品制造业 | 75756 | 37387 | 33560 | 1157723 |
| 医药制造业 | 37952 | 20531 | 40173 | 381007 |
| 化学纤维制造业 | 36472 | 9845 | 5605 | 138729 |
| 橡胶制品业 | 1071 | 847 | 1775 | 73312 |
| 塑料制品业 | 2715 | 4563 | 7183 | 81928 |
| 非金属矿物制品业 | 9918 | 8575 | 15817 | 617581 |
| 黑色金属冶炼及压延加工业 | 16044 | 8544 | 5690 | 303111 |
| 有色金属冶炼及压延加工业 | 44986 | 7333 | 30252 | 398778 |
| 金属制品业 | 27590 | 6620 | 19460 | 213971 |
| 通用设备制造业 | 129669 | 47934 | 50535 | 903514 |
| 专用设备制造业 | 61980 | 35289 | 20759 | 517789 |
| 交通运输设备制造业 | 236167 | 43512 | 38069 | 929303 |
| 电气机械及器材制造业 | 108005 | 43049 | 27081 | 1044522 |
| 通信设备、计算机及其他电子设备制造业 | 196354 | 22743 | 33254 | 645514 |
| 仪器仪表及文化、办公用机械制造业 | 31056 | 6012 | 14054 | 127558 |
| 工艺品及其他制造业 | 1412 | 1310 | 1109 | 37340 |
| 废弃资源和废旧材料回收加工业 | 320 | 522 | 1442 | 3553 |
| **电力、燃气及水的生产和供应业** | **1608** | **2645** | **10372** | **838396** |
| 电力、热力的生产和供应业 | 855 | 2418 | 8121 | 779447 |
| 燃气生产和供应业 | 653 | 128 | 400 | 41465 |
| 水的生产和供应业 | 100 | 100 | 1851 | 17484 |
| **高技术产业合计** | **295221** | **54082** | **87554** | **1241100** |
| 医药制造业 | 37952 | 20531 | 40173 | 381007 |
| 航空航天器制造业 | 2856 | 4717 | 25 | 41940 |
| 电子及通信设备制造业 | 192960 | 22044 | 32403 | 603663 |
| 电子计算机及办公设备制造业 | 5836 | 1361 | 886 | 45285 |
| 医疗设备及仪器仪表制造业 | 55617 | 5428 | 14067 | 169206 |

## 10-7 分行业国有及国有控股企业技术获取和技术改造情况

单位：万元

| 行　　业 | 引进技术经费支出 | 消化吸收经费支出 | 购买国内技术经费支出 | 技术改造经费支出 |
|---|---|---|---|---|
| **合　　计** | **1758470** | **1114835** | **1548438** | **23266784** |
| **采矿业** | **86651** | **97507** | **289395** | **1781382** |
| 煤炭开采和洗选业 | 84719 | 95951 | 284839 | 1637909 |
| 石油和天然气开采业 | 1690 | 626 | 1018 | 44989 |
| 黑色金属矿采选业 | | 310 | 130 | 20655 |
| 有色金属矿采选业 | 213 | 620 | 953 | 61011 |
| 非金属矿采选业 | 29 | | 2455 | 16818 |
| **制造业** | **1669747** | **996963** | **1245138** | **20039230** |
| 农副食品加工业 | 2655 | 474 | 612 | 45696 |
| 食品制造业 | 13210 | 7920 | 1849 | 128060 |
| 饮料制造业 | 10978 | 13844 | 13459 | 452656 |
| 烟草制品业 | 8606 | 1917 | 10270 | 494834 |
| 纺织业 | 5049 | 1424 | 1216 | 61015 |
| 纺织服装、鞋、帽制造业 | 150 | 345 | 117 | 1422 |
| 皮革、毛皮、羽毛(绒)及其制品业 | | | | 283 |
| 木材加工及木、竹、藤、棕、草制品业 | 518 | 1268 | 141 | 11360 |
| 家具制造业 | 8 | 140 | 40 | 515 |
| 造纸及纸制品业 | 2751 | 3755 | 4691 | 256119 |
| 印刷业和记录媒介的复制 | 241 | 480 | 5729 | 49160 |
| 文教体育用品制造业 | 250 | 409 | 3 | 511 |
| 石油加工、炼焦及核燃料加工业 | 18073 | 14384 | 34316 | 1657953 |
| 化学原料及化学制品制造业 | 97904 | 75938 | 81189 | 1457776 |
| 医药制造业 | 9385 | 12285 | 10114 | 121545 |
| 化学纤维制造业 | 6888 | 3689 | | 85130 |
| 橡胶制品业 | 1350 | 1954 | 1694 | 155283 |
| 塑料制品业 | | 50 | 260 | 8367 |
| 非金属矿物制品业 | 2145 | 2838 | 2315 | 273006 |
| 黑色金属冶炼及压延加工业 | 352698 | 250712 | 745949 | 7143310 |
| 有色金属冶炼及压延加工业 | 167612 | 156930 | 63411 | 1354188 |
| 金属制品业 | 8600 | 180 | 8211 | 100466 |
| 通用设备制造业 | 125227 | 71152 | 27502 | 757765 |
| 专用设备制造业 | 12816 | 15352 | 18090 | 1185395 |
| 交通运输设备制造业 | 755285 | 324914 | 186918 | 3316196 |
| 电气机械及器材制造业 | 27567 | 13457 | 10323 | 346946 |
| 通信设备、计算机及其他电子设备制造业 | 28692 | 12613 | 9514 | 483014 |
| 仪器仪表及文化、办公用机械制造业 | 11086 | 8509 | 7062 | 80900 |
| 工艺品及其他制造业 | 3 | 31 | 144 | 10361 |
| **电力、燃气及水的生产和供应业** | **2073** | **20365** | **13906** | **1446171** |
| 电力、热力的生产和供应业 | 1195 | 20128 | 11646 | 1332340 |
| 燃气生产和供应业 | 555 | 137 | 408 | 44293 |
| 水的生产和供应业 | 323 | 100 | 1851 | 69537 |
| **高技术产业合计** | **109735** | **59689** | **42381** | **1077632** |
| 医药制造业 | 9385 | 12285 | 10114 | 121545 |
| 航空航天器制造业 | 60573 | 26269 | 15691 | 385005 |
| 电子及通信设备制造业 | 24845 | 8035 | 8728 | 458601 |
| 电子计算机及办公设备制造业 | 3847 | 4579 | 786 | 24772 |
| 医疗设备及仪器仪表制造业 | 11086 | 8522 | 7062 | 87709 |

# 10-8 分行业内资企业技术获取和技术改造情况

单位：万元

| 行　业 | 引进技术经费支出 | 消化吸收经费支出 | 购买国内技术经费支出 | 技术改造经费支出 |
|---|---|---|---|---|
| **合　计** | **1759472** | **1233296** | **1972225** | **31901825** |
| **采矿业** | **86651** | **98968** | **291013** | **2019947** |
| 煤炭开采和洗选业 | 84719 | 96483 | 286294 | 1833664 |
| 石油和天然气开采业 | 1690 | 659 | 1018 | 44990 |
| 黑色金属矿采选业 | | 310 | 133 | 39113 |
| 有色金属矿采选业 | 213 | 1030 | 1113 | 77438 |
| 非金属矿采选业 | 29 | 487 | 2455 | 24742 |
| **制造业** | **1671346** | **1113784** | **1667280** | **28510225** |
| 农副食品加工业 | 6664 | 7982 | 6396 | 243449 |
| 食品制造业 | 17282 | 12826 | 4907 | 213417 |
| 饮料制造业 | 14392 | 14338 | 15667 | 553901 |
| 烟草制品业 | 8606 | 1917 | 10270 | 502164 |
| 纺织业 | 34730 | 32052 | 33402 | 482705 |
| 纺织服装、鞋、帽制造业 | 3011 | 2050 | 1952 | 45332 |
| 皮革、毛皮、羽毛(绒)及其制品业 | 4184 | 2314 | 1426 | 20882 |
| 木材加工及木、竹、藤、棕、草制品业 | 2888 | 1749 | 632 | 89769 |
| 家具制造业 | 1388 | 1052 | 441 | 14856 |
| 造纸及纸制品业 | 40302 | 14996 | 7167 | 409354 |
| 印刷业和记录媒介的复制 | 871 | 2342 | 6452 | 82990 |
| 文教体育用品制造业 | 2451 | 685 | 649 | 12837 |
| 石油加工、炼焦及核燃料加工业 | 27896 | 24068 | 39961 | 1766631 |
| 化学原料及化学制品制造业 | 135581 | 98177 | 105564 | 2491466 |
| 医药制造业 | 16013 | 30925 | 43618 | 451146 |
| 化学纤维制造业 | 35248 | 19121 | 4499 | 298114 |
| 橡胶制品业 | 2150 | 2818 | 3979 | 118905 |
| 塑料制品业 | 2138 | 2268 | 5610 | 63784 |
| 非金属矿物制品业 | 13895 | 15312 | 19465 | 679496 |
| 黑色金属冶炼及压延加工业 | 389514 | 291164 | 855219 | 8474638 |
| 有色金属冶炼及压延加工业 | 207461 | 162879 | 77887 | 1660935 |
| 金属制品业 | 14928 | 16457 | 12605 | 278180 |
| 通用设备制造业 | 129732 | 62062 | 68949 | 1451198 |
| 专用设备制造业 | 24552 | 23117 | 32935 | 1589397 |
| 交通运输设备制造业 | 321372 | 182742 | 187773 | 3468701 |
| 电气机械及器材制造业 | 132587 | 48837 | 42852 | 2045014 |
| 通信设备、计算机及其他电子设备制造业 | 67548 | 26421 | 62055 | 768866 |
| 仪器仪表及文化、办公用机械制造业 | 11817 | 10993 | 12652 | 181578 |
| 工艺品及其他制造业 | 1829 | 1602 | 856 | 46968 |
| 废弃资源和废旧材料回收加工业 | 320 | 522 | 1442 | 3553 |
| **电力、燃气及水的生产和供应业** | **1476** | **20544** | **13931** | **1371654** |
| 电力、热力的生产和供应业 | 1195 | 20434 | 11672 | 1264331 |
| 燃气生产和供应业 | | 10 | 408 | 39663 |
| 水的生产和供应业 | 281 | 100 | 1851 | 67659 |
| **高技术产业合计** | **155978** | **94809** | **134285** | **1826384** |
| 医药制造业 | 16013 | 30925 | 43618 | 451146 |
| 航空航天器制造业 | 60573 | 26269 | 15691 | 385746 |
| 电子及通信设备制造业 | 57919 | 21842 | 61266 | 735038 |
| 电子计算机及办公设备制造业 | 9629 | 4579 | 789 | 35975 |
| 医疗设备及仪器仪表制造业 | 11844 | 11194 | 12922 | 218479 |

# 10-9 分行业港澳台商投资企业技术获取和技术改造情况

单位：万元

| 行　　业 | 引进技术经费支出 | 消化吸收经费支出 | 购买国内技术经费支出 | 技术改造经费支出 |
|---|---|---|---|---|
| **合　计** | **363457** | **70526** | **110168** | **1596507** |
| **采矿业** | | **209** | | **4451** |
| 煤炭开采和洗选业 | | 209 | | 4431 |
| 非金属矿采选业 | | | | 20 |
| **制造业** | **362762** | **70189** | **110168** | **1521647** |
| 农副食品加工业 | 2511 | 4920 | 3661 | 61540 |
| 食品制造业 | 4623 | 292 | 1204 | 27688 |
| 饮料制造业 | 13163 | 2924 | 590 | 13043 |
| 纺织业 | 14435 | 11172 | 6278 | 48218 |
| 纺织服装、鞋、帽制造业 | 750 | 1645 | 201 | 43223 |
| 皮革、毛皮、羽毛(绒)及其制品业 | 1715 | 2036 | 1597 | 23925 |
| 木材加工及木、竹、藤、棕、草制品业 | 18 | 7 | 2691 | 3780 |
| 家具制造业 | 195 | | | 4370 |
| 造纸及纸制品业 | 613 | 294 | 4359 | 55027 |
| 印刷业和记录媒介的复制 | 549 | 956 | 490 | 6713 |
| 文教体育用品制造业 | 656 | 135 | 2167 | 4079 |
| 石油加工、炼焦及核燃料加工业 | 680 | 421 | 450 | 11702 |
| 化学原料及化学制品制造业 | 151718 | 3483 | 1606 | 84970 |
| 医药制造业 | 5674 | 5413 | 15036 | 54442 |
| 化学纤维制造业 | 10565 | 165 | 4274 | 15098 |
| 橡胶制品业 | 2096 | 35 | | 12876 |
| 塑料制品业 | 445 | 1158 | 1641 | 24519 |
| 非金属矿物制品业 | 3825 | 417 | 30 | 69615 |
| 黑色金属冶炼及压延加工业 | 19960 | 796 | 1878 | 169900 |
| 有色金属冶炼及压延加工业 | 21918 | 156 | 7370 | 38970 |
| 金属制品业 | 1674 | 262 | 14 | 13823 |
| 通用设备制造业 | 7128 | 4059 | 2287 | 52428 |
| 专用设备制造业 | 4562 | 1668 | 3070 | 83812 |
| 交通运输设备制造业 | 17165 | 6444 | 5212 | 56562 |
| 电气机械及器材制造业 | 16472 | 13588 | 2917 | 269769 |
| 通信设备、计算机及其他电子设备制造业 | 57155 | 7153 | 38989 | 247294 |
| 仪器仪表及文化、办公用机械制造业 | 2349 | 392 | 1954 | 17516 |
| 工艺品及其他制造业 | 148 | 199 | 205 | 6746 |
| **电力、燃气及水的生产和供应业** | **695** | **128** | | **70410** |
| 电力、热力的生产和供应业 | | | | 63278 |
| 燃气生产和供应业 | 653 | 128 | | 5667 |
| 水的生产和供应业 | 42 | | | 1465 |
| **高技术产业合计** | **66251** | **13420** | **56585** | **334633** |
| 医药制造业 | 5674 | 5413 | 15036 | 54442 |
| 航空航天器制造业 | 1512 | 581 | 839 | |
| 电子及通信设备制造业 | 49618 | 5567 | 19696 | 210034 |
| 电子计算机及办公设备制造业 | 7537 | 1586 | 19293 | 37260 |
| 医疗设备及仪器仪表制造业 | 1910 | 273 | 1722 | 32898 |

# 10-10 分行业外商投资企业技术获取和技术改造情况

单位：万元

| 行 业 | 引进技术经费支出 | 消化吸收经费支出 | 购买国内技术经费支出 | 技术改造经费支出 |
|---|---|---|---|---|
| **合 计** | **1738392** | **348193** | **131734** | **2886593** |
| | | | | |
| **采矿业** | | | | **6793** |
| 煤炭开采和洗选业 | | | | 20 |
| 非金属矿采选业 | | | | 6773 |
| **制造业** | **1738392** | **348193** | **131734** | **2777919** |
| 农副食品加工业 | 10496 | 2905 | 2563 | 83791 |
| 食品制造业 | 16211 | 418 | 45 | 39100 |
| 饮料制造业 | 1440 | 3357 | 10547 | 86046 |
| 纺织业 | 2721 | 441 | 405 | 19015 |
| 纺织服装、鞋、帽制造业 | 250 | 89 | 126 | 4902 |
| 皮革、毛皮、羽毛(绒)及其制品业 | 724 | 63 | 3 | 17088 |
| 木材加工及木、竹、藤、棕、草制品业 | 123 | 44 | 70 | 3766 |
| 家具制造业 | 56 | | 18 | 421 |
| 造纸及纸制品业 | 2596 | 1410 | 8180 | 107779 |
| 印刷业和记录媒介的复制 | 339 | | | 1938 |
| 文教体育用品制造业 | | | 726 | 4182 |
| 石油加工、炼焦及核燃料加工业 | | 4545 | | 3833 |
| 化学原料及化学制品制造业 | 27049 | 6334 | 3891 | 140063 |
| 医药制造业 | 26725 | 13536 | 12546 | 95215 |
| 化学纤维制造业 | 9962 | 178 | 2820 | 34160 |
| 橡胶制品业 | 6694 | 3569 | 1897 | 127688 |
| 塑料制品业 | 422 | 1138 | 794 | 10158 |
| 非金属矿物制品业 | 4539 | 4285 | 1548 | 42253 |
| 黑色金属冶炼及压延加工业 | 9119 | 4058 | 5647 | 69950 |
| 有色金属冶炼及压延加工业 | 1953 | 2057 | 1227 | 31704 |
| 金属制品业 | 12196 | 3826 | 7729 | 104625 |
| 通用设备制造业 | 95483 | 56785 | 9186 | 111956 |
| 专用设备制造业 | 45180 | 18729 | 1637 | 92212 |
| 交通运输设备制造业 | 880775 | 180044 | 27834 | 970139 |
| 电气机械及器材制造业 | 160555 | 24197 | 21485 | 141686 |
| 通信设备、计算机及其他电子设备制造业 | 369900 | 14075 | 7759 | 387164 |
| 仪器仪表及文化、办公用机械制造业 | 52793 | 2048 | 2859 | 45801 |
| 工艺品及其他制造业 | 91 | 63 | 192 | 1286 |
| **电力、燃气及水的生产和供应业** | | | | **101882** |
| 电力、热力的生产和供应业 | | | | 78730 |
| 燃气生产和供应业 | | | | 22271 |
| 水的生产和供应业 | | | | 880 |
| | | | | |
| **高技术产业合计** | **465580** | **30039** | **22074** | **526326** |
| 医药制造业 | 26725 | 13536 | 12546 | 95215 |
| 航空航天器制造业 | 2856 | 370 | | 1529 |
| 电子及通信设备制造业 | 367130 | 11639 | 2399 | 263643 |
| 电子计算机及办公设备制造业 | 19427 | 3099 | 5396 | 127937 |
| 医疗设备及仪器仪表制造业 | 49441 | 1396 | 1734 | 38002 |

# 10-11 各地区企业技术获取和技术改造情况

单位：万元

| 地 区 | 引进技术经费支出 | 消化吸收经费支出 | 购买国内技术经费支出 | 技术改造经费支出 |
|---|---|---|---|---|
| **全 国** | **3861321** | **1652015** | **2214127** | **36384926** |
| 东部地区 | 2853034 | 1101129 | 1078265 | 19585117 |
| 中部地区 | 571741 | 297379 | 237018 | 8924413 |
| 西部地区 | 436547 | 253507 | 898844 | 7875396 |
| 北 京 | 198649 | 7274 | 25350 | 1024916 |
| 天 津 | 233073 | 70228 | 56634 | 859686 |
| 河 北 | 132992 | 189601 | 30971 | 1701417 |
| 山 西 | 71000 | 85866 | 35472 | 1183143 |
| 内蒙古 | 30773 | 22204 | 352461 | 1207194 |
| 辽 宁 | 63851 | 45904 | 158360 | 2087007 |
| 吉 林 | 11647 | 5691 | 14789 | 244771 |
| 黑龙江 | 59939 | 38560 | 9351 | 737803 |
| 上 海 | 610943 | 286757 | 226509 | 1232054 |
| 江 苏 | 360461 | 131012 | 147820 | 4839487 |
| 浙 江 | 213300 | 105928 | 106951 | 2266417 |
| 安 徽 | 44742 | 33363 | 38699 | 832279 |
| 福 建 | 233197 | 24025 | 86687 | 736203 |
| 江 西 | 73512 | 7081 | 41375 | 455698 |
| 山 东 | 249955 | 160965 | 123207 | 3012620 |
| 河 南 | 60907 | 30946 | 36635 | 1363941 |
| 湖 北 | 190418 | 29705 | 21561 | 1326521 |
| 湖 南 | 59577 | 66167 | 39138 | 2780257 |
| 广 东 | 556612 | 77690 | 108304 | 1809480 |
| 广 西 | 3875 | 5729 | 7432 | 990863 |
| 海 南 |  | 1745 | 7474 | 15832 |
| 重 庆 | 141710 | 20970 | 38040 | 551117 |
| 四 川 | 75453 | 40294 | 115429 | 2462135 |
| 贵 州 | 13472 | 2780 | 19666 | 543698 |
| 云 南 | 54820 | 9230 | 46160 | 451592 |
| 西 藏 |  |  |  |  |
| 陕 西 | 34735 | 10800 | 256302 | 827212 |
| 甘 肃 | 59894 | 121793 | 42032 | 371699 |
| 青 海 | 7364 | 8440 | 311 | 40750 |
| 宁 夏 | 13876 | 8384 | 17728 | 270668 |
| 新 疆 | 576 | 2883 | 3283 | 158468 |

# 10-12　各地区大型企业技术获取和技术改造情况

单位：万元

| 地　区 | 引进技术经费支出 | 消化吸收经费支出 | 购买国内技术经费支出 | 技术改造经费支出 |
|---|---|---|---|---|
| **全　国** | **2762355** | **1265784** | **1749171** | **26122908** |
| 东部地区 | 1905019 | 849133 | 748660 | 13472281 |
| 中部地区 | 509328 | 211891 | 182104 | 6647540 |
| 西部地区 | 348008 | 204760 | 818407 | 6003087 |
| 北　京 | 25378 | 992 | 16761 | 822442 |
| 天　津 | 195578 | 66273 | 52054 | 646722 |
| 河　北 | 121450 | 186294 | 27418 | 1563791 |
| 山　西 | 70854 | 85008 | 32248 | 1075652 |
| 内蒙古 | 28782 | 15121 | 344352 | 1026841 |
| 辽　宁 | 55617 | 43886 | 151968 | 2042691 |
| 吉　林 | 10938 | 4560 | 13197 | 221790 |
| 黑龙江 | 55083 | 33307 | 8804 | 657120 |
| 上　海 | 468679 | 253060 | 197709 | 919358 |
| 江　苏 | 156990 | 70009 | 86929 | 2742830 |
| 浙　江 | 84936 | 54259 | 44350 | 953809 |
| 安　徽 | 31850 | 13686 | 27455 | 505787 |
| 福　建 | 139455 | 11540 | 31286 | 413140 |
| 江　西 | 62883 | 5321 | 34992 | 406493 |
| 山　东 | 200399 | 118795 | 93100 | 2204215 |
| 河　南 | 48830 | 17437 | 30853 | 1085399 |
| 湖　北 | 178437 | 13822 | 15909 | 1015421 |
| 湖　南 | 50453 | 38751 | 18645 | 1679878 |
| 广　东 | 456538 | 44026 | 47087 | 1161685 |
| 广　西 | 180 | 1869 | 1535 | 548860 |
| 海　南 |  |  |  | 1598 |
| 重　庆 | 128626 | 9754 | 27751 | 407610 |
| 四　川 | 57790 | 26359 | 110214 | 2027617 |
| 贵　州 | 1735 | 1006 | 10569 | 397737 |
| 云　南 | 36921 | 7260 | 40049 | 300312 |
| 西　藏 |  |  |  |  |
| 陕　西 | 20531 | 6588 | 228214 | 630795 |
| 甘　肃 | 56714 | 119742 | 40759 | 335084 |
| 青　海 | 7249 | 8275 | 300 | 34478 |
| 宁　夏 | 9481 | 6223 | 12209 | 167073 |
| 新　疆 |  | 2562 | 2456 | 126682 |

# 10-13 各地区中型企业技术获取和技术改造情况

单位：万元

| 地　区 | 引进技术经费支出 | 消化吸收经费支出 | 购买国内技术经费支出 | 技术改造经费支出 |
|---|---|---|---|---|
| **全　国** | **1098966** | **386231** | **464956** | **10262017** |
| 东部地区 | 948014 | 251996 | 329606 | 6112836 |
| 中部地区 | 62413 | 85488 | 54914 | 2276873 |
| 西部地区 | 88539 | 48747 | 80437 | 1872308 |
| 北　京 | 173272 | 6283 | 8589 | 202474 |
| 天　津 | 37496 | 3955 | 4581 | 212964 |
| 河　北 | 11541 | 3307 | 3553 | 137627 |
| 山　西 | 146 | 858 | 3223 | 107490 |
| 内蒙古 | 1992 | 7083 | 8109 | 180353 |
| 辽　宁 | 8234 | 2018 | 6392 | 44316 |
| 吉　林 | 709 | 1131 | 1592 | 22981 |
| 黑龙江 | 4856 | 5253 | 547 | 80683 |
| 上　海 | 142264 | 33697 | 28800 | 312696 |
| 江　苏 | 203471 | 61004 | 60891 | 2096657 |
| 浙　江 | 128364 | 51670 | 62601 | 1312608 |
| 安　徽 | 12891 | 19677 | 11244 | 326492 |
| 福　建 | 93743 | 12484 | 55401 | 323063 |
| 江　西 | 10630 | 1759 | 6383 | 49205 |
| 山　东 | 49557 | 42170 | 30107 | 808405 |
| 河　南 | 12076 | 13510 | 5781 | 278542 |
| 湖　北 | 11981 | 15883 | 5652 | 311100 |
| 湖　南 | 9124 | 27416 | 20492 | 1100379 |
| 广　东 | 100074 | 33664 | 61217 | 647795 |
| 广　西 | 3695 | 3859 | 5898 | 442003 |
| 海　南 |  | 1745 | 7474 | 14234 |
| 重　庆 | 13084 | 11216 | 10290 | 143508 |
| 四　川 | 17663 | 13935 | 5215 | 434519 |
| 贵　州 | 11737 | 1774 | 9097 | 145961 |
| 云　南 | 17899 | 1970 | 6111 | 151280 |
| 西　藏 |  |  |  |  |
| 陕　西 | 14204 | 4212 | 28088 | 196417 |
| 甘　肃 | 3180 | 2051 | 1273 | 36615 |
| 青　海 | 115 | 165 | 11 | 6272 |
| 宁　夏 | 4395 | 2161 | 5519 | 103595 |
| 新　疆 | 576 | 321 | 827 | 31786 |

# 10-14 各地区国有及国有控股企业技术获取和技术改造情况

单位：万元

| 地　区 | 引进技术经费支出 | 消化吸收经费支出 | 购买国内技术经费支出 | 技术改造经费支出 |
|---|---|---|---|---|
| **全　国** | **1758470** | **1114835** | **1548438** | **23266784** |
| 东部地区 | 1020723 | 683159 | 606762 | 10735694 |
| 中部地区 | 343807 | 212859 | 178731 | 6524647 |
| 西部地区 | 393940 | 218818 | 762945 | 6006443 |
| 北　京 | 21190 | 1974 | 18992 | 987402 |
| 天　津 | 43966 | 43362 | 34184 | 689521 |
| 河　北 | 100771 | 185671 | 28021 | 1509564 |
| 山　西 | 71000 | 85442 | 33090 | 1128605 |
| 内蒙古 | 28115 | 18530 | 344735 | 1011373 |
| 辽　宁 | 47068 | 44014 | 156402 | 1958348 |
| 吉　林 | 11339 | 4580 | 13227 | 232133 |
| 黑龙江 | 59934 | 38458 | 8761 | 671036 |
| 上　海 | 495442 | 267375 | 212947 | 1109952 |
| 江　苏 | 42694 | 22357 | 35394 | 1173740 |
| 浙　江 | 22127 | 28234 | 20455 | 431867 |
| 安　徽 | 31273 | 12090 | 31694 | 527649 |
| 福　建 | 27300 | 10883 | 6586 | 388875 |
| 江　西 | 69155 | 5330 | 35215 | 337437 |
| 山　东 | 85118 | 54919 | 59596 | 1641155 |
| 河　南 | 36501 | 16579 | 26157 | 828664 |
| 湖　北 | 10098 | 9954 | 8422 | 965726 |
| 湖　南 | 54507 | 40425 | 22165 | 1833395 |
| 广　东 | 135048 | 24369 | 32379 | 841835 |
| 广　西 | 2615 | 2982 | 4715 | 619113 |
| 海　南 | | | 1806 | 3435 |
| 重　庆 | 134825 | 14314 | 29104 | 436433 |
| 四　川 | 57114 | 25220 | 21717 | 1789078 |
| 贵　州 | 13472 | 2700 | 19318 | 509754 |
| 云　南 | 53634 | 5178 | 43266 | 292299 |
| 西　藏 | | | | |
| 陕　西 | 26955 | 10440 | 241340 | 685233 |
| 甘　肃 | 57158 | 121427 | 39862 | 345038 |
| 青　海 | 7249 | 8275 | 300 | 34778 |
| 宁　夏 | 12803 | 7190 | 15876 | 217760 |
| 新　疆 | | 2562 | 2712 | 65584 |

# 10-15 各地区内资企业技术获取和技术改造情况

单位：万元

| 地　　区 | 引进技术经费支出 | 消化吸收经费支出 | 购买国内技术经费支出 | 技术改造经费支出 |
|---|---|---|---|---|
| **全　　国** | **1759472** | **1233296** | **1972225** | **31901825** |
| 东部地区 | 1086556 | 726478 | 865076 | 16379608 |
| 中部地区 | 355549 | 267265 | 218071 | 8201821 |
| 西部地区 | 317368 | 239554 | 889077 | 7320396 |
| 北　京 | 17712 | 2628 | 19269 | 977803 |
| 天　津 | 61240 | 66569 | 54720 | 743234 |
| 河　北 | 102042 | 185287 | 28866 | 1604796 |
| 山　西 | 71000 | 85866 | 35472 | 1179661 |
| 内蒙古 | 29973 | 19650 | 352018 | 1191986 |
| 辽　宁 | 49761 | 45384 | 158230 | 2067061 |
| 吉　林 | 11647 | 4691 | 14789 | 242811 |
| 黑龙江 | 54053 | 33689 | 8444 | 664266 |
| 上　海 | 233258 | 80500 | 203886 | 869774 |
| 江　苏 | 115028 | 78228 | 129422 | 3640386 |
| 浙　江 | 140609 | 80662 | 77665 | 1780285 |
| 安　徽 | 38546 | 24643 | 38090 | 774468 |
| 福　建 | 23914 | 11453 | 21172 | 482526 |
| 江　西 | 51063 | 6710 | 35325 | 440461 |
| 山　东 | 235885 | 136214 | 109733 | 2766455 |
| 河　南 | 54596 | 30750 | 34795 | 1312599 |
| 湖　北 | 15941 | 16204 | 12499 | 1160551 |
| 湖　南 | 58703 | 64712 | 38658 | 2427006 |
| 广　东 | 107107 | 39552 | 59770 | 1431575 |
| 广　西 | 3483 | 4314 | 7392 | 765065 |
| 海　南 | | | 2345 | 15713 |
| 重　庆 | 29125 | 11623 | 29785 | 315967 |
| 四　川 | 75453 | 39994 | 115414 | 2423023 |
| 贵　州 | 13472 | 2780 | 19666 | 538089 |
| 云　南 | 54271 | 9192 | 45905 | 441955 |
| 西　藏 | | | | |
| 陕　西 | 34735 | 10800 | 256275 | 819102 |
| 甘　肃 | 57439 | 121793 | 41401 | 370979 |
| 青　海 | 7364 | 8440 | 311 | 32598 |
| 宁　夏 | 11478 | 8084 | 17628 | 263164 |
| 新　疆 | 576 | 2883 | 3283 | 158468 |

# 10-16 各地区港澳台商投资企业技术获取和技术改造情况

单位：万元

| 地　区 | 引进技术经费支出 | 消化吸收经费支出 | 购买国内技术经费支出 | 技术改造经费支出 |
|---|---|---|---|---|
| **全　国** | **363457** | **70526** | **110168** | **1596507** |
| 东部地区 | 351608 | 58521 | 105149 | 1317910 |
| 中部地区 | 7804 | 9599 | 1585 | 178145 |
| 西部地区 | 4045 | 2406 | 3434 | 100452 |
| 北　京 | 4458 | | 3967 | 4970 |
| 天　津 | 11151 | | 200 | 64808 |
| 河　北 | 22075 | 2373 | 1497 | 78210 |
| 山　西 | | | | 1594 |
| 内蒙古 | | 209 | | 9871 |
| 辽　宁 | | 162 | 71 | 19018 |
| 吉　林 | | | | |
| 黑龙江 | | | | 4654 |
| 上　海 | 11969 | 1959 | 3520 | 28329 |
| 江　苏 | 44859 | 21320 | 6146 | 445709 |
| 浙　江 | 14542 | 6477 | 8787 | 234439 |
| 安　徽 | 5310 | 8303 | 56 | 43913 |
| 福　建 | 81506 | 8421 | 46193 | 153248 |
| 江　西 | | 86 | 66 | 2716 |
| 山　东 | 1955 | 6343 | 2760 | 41685 |
| 河　南 | 240 | 67 | 201 | 28672 |
| 湖　北 | 1431 | | 981 | 38589 |
| 湖　南 | 823 | 1143 | 282 | 58008 |
| 广　东 | 159092 | 11467 | 32008 | 247495 |
| 广　西 | 240 | | | 43676 |
| 海　南 | | | | |
| 重　庆 | 3256 | 2196 | 3371 | 18627 |
| 四　川 | | | | 11145 |
| 贵　州 | | | | |
| 云　南 | 549 | | 50 | 8492 |
| 西　藏 | | | | |
| 陕　西 | | | 13 | 6721 |
| 甘　肃 | | | | 720 |
| 青　海 | | | | |
| 宁　夏 | | | | 1200 |
| 新　疆 | | | | |

# 10-17 各地区外商投资企业技术获取和技术改造情况

单位：万元

| 地区 | 引进技术经费支出 | 消化吸收经费支出 | 购买国内技术经费支出 | 技术改造经费支出 |
|---|---|---|---|---|
| **全　国** | **1738392** | **348193** | **131734** | **2886593** |
| 东部地区 | 1414870 | 316130 | 108040 | 1887599 |
| 中部地区 | 208388 | 20515 | 17361 | 544447 |
| 西部地区 | 115135 | 11548 | 6333 | 454548 |
| 北　京 | 176479 | 4646 | 2114 | 42143 |
| 天　津 | 160682 | 3659 | 1714 | 51644 |
| 河　北 | 8875 | 1941 | 608 | 18411 |
| 山　西 | | | | 1888 |
| 内蒙古 | 800 | 2345 | 443 | 5337 |
| 辽　宁 | 14090 | 358 | 60 | 928 |
| 吉　林 | | 1000 | | 1960 |
| 黑龙江 | 5886 | 4871 | 907 | 68884 |
| 上　海 | 365716 | 204298 | 19103 | 333951 |
| 江　苏 | 200573 | 31464 | 12251 | 753391 |
| 浙　江 | 58149 | 18789 | 20499 | 251693 |
| 安　徽 | 886 | 417 | 553 | 13899 |
| 福　建 | 127778 | 4150 | 19322 | 100429 |
| 江　西 | 22449 | 285 | 5984 | 12522 |
| 山　东 | 12115 | 18409 | 10714 | 204480 |
| 河　南 | 6071 | 129 | 1639 | 22670 |
| 湖　北 | 173046 | 13501 | 8081 | 127381 |
| 湖　南 | 50 | 312 | 197 | 295243 |
| 广　东 | 290413 | 26671 | 16526 | 130410 |
| 广　西 | 152 | 1414 | 41 | 182122 |
| 海　南 | | 1745 | 5129 | 118 |
| 重　庆 | 109329 | 7151 | 4885 | 216524 |
| 四　川 | | 300 | 15 | 27967 |
| 贵　州 | | | | 5609 |
| 云　南 | | 38 | 205 | 1145 |
| 西　藏 | | | | |
| 陕　西 | | | 14 | 1389 |
| 甘　肃 | 2455 | | 631 | |
| 青　海 | | | | 8152 |
| 宁　夏 | 2398 | 300 | 100 | 6303 |
| 新　疆 | | | | |

# 附录　主要指标解释

# 主要指标解释

**工业总产值** 指工业企业在一定时期内生产的工业最终产品或提供工业性劳务活动的总价值量，由本期生产成品价值、对外加工费收入、在制品半成品期末期初差额价值三部分组成。工业总产值反映一定时间内工业生产的总规模和总水平。

**主营业务收入** 指企业在销售商品、提供劳务等日常活动中所产生的收入总额。

**利润总额** 指企业生产经营活动的最终成果，是企业在一定时期内实现的盈亏相抵后的利润总额(亏损以“-”号表示)，它等于营业利润加上补贴收入加上投资收益加上营业外净收入再加上以前年度损益调整。

**资产总计** 指企业拥有或控制的能以货币计量的经济资源，包括各种财产、债权和其他权利。

**研究与试验发展（R&D）** 指在科学技术领域，为增加知识总量、以及运用这些知识去创造新的应用而进行的系统的、创造性的活动，包括基础研究、应用研究、试验发展三类活动。

**R&D 人员** 指报告期企业内部从事 R&D 活动的人员。包括直接参加 R&D 项目活动的人员，R&D 项目管理人员，以及为 R&D 活动提供资料文献、材料供应、设备维护等直接服务的人员。

**研究人员** 指 R&D 人员中具备中级以上职称或博士学历（学位）的人员。

**全时人员** 指在报告期企业R&D人员中实际从事R&D活动的时间占制度工作时间90%及以上的人员。

**R&D 人员全时当量** 指报告期企业 R&D 全时人员（全年从事 R&D 活动累积工作时间占全部工作时间的 90%及以上人员）工作量与非全时人员按实际工作时间折算的工作量之和。例如: 有 2 个 R&D 全时人员(工作时间分别为 0.9 年和 1 年)和 3 个 R&D 非全时人员(工作时间分别为 0.2 年、0.3 年和 0.7 年)，则 R&D 人员全时当量＝1+1+0.2+0.3+0.7=3.2(人年)。

**R&D 经费内部支出** 指企业在报告年度用于内部开展 R&D 活动的实际支出。包括用于 R&D 项目（课题）活动的直接支出，以及间接用于 R&D 活动的管理费、服务费、与 R&D 有关的基本建设支出以及外协加工费等。不包括生产性活动支出、归还贷款支出以及与外单位合作或委托外单位进行 R&D 活动而转拨给对方的经费支出。

**日常性支出** 指企业在报告年度为开展 R&D 活动而发生的人员劳务费，及其各项管理费用和购买非资产性的材料、物资费用等他日常支出。

**资产性支出** 指企业在报告年度为开展 R&D 活动而进行建造、购置、安装、改建、扩建固定资产，以及进行设备技术改造和大修理等实际支出的费用。

**政府资金** 指企业 R&D 经费内部支出中来自各级政府部门的各类资金。

**企业资金** 指企业 R&D 经费内部支出中来自本企业的自有资金和接受其他企业委托而获得的经费。

**R&D 经费外部支出** 指报告期企业委托外单位或与外单位合作进行 R&D 活动而拨给对方的经费。

**R&D 项目** 指报告期企业在当年立项并开展研究工作、以前年份立项仍继续进行研究的研究开发项目或课题，包括当年完成和年内研究工作已告失败的研发项目或课题。

**企业办研发机构数** 指企业自办或与外单位合办，在管理上同生产系统相对独立（或者单独核算）的专门研究开发机构。

**研发机构人员** 指报告期末企业办研发活动机构中从业人员合计。

**机构经费支出** 指报告期企业办研发机构用于内部开展研发活动实际支出的总费用，包括机构人员劳务费（含工资）支出、机构业务费支出、管理费支出、固定资产购建支出以及其他维持机构正常工作的日常费用等的支出总和。

**新产品** 指采用新技术原理、新设计构思研制、生产的全新产品，或在结构、材质、工艺等某一方面比原有产品有明显改进，从而显著提高了产品性能或扩大了使用功能的产品。

**专利申请数** 指企业在报告期内向国内外知识产权行政部门提出专利申请并被受理的件数。

**发明专利申请数** 指企业在报告期内向国内外知识产权行政部门提出发明专利申请并被受理的件数。

**有效发明专利数** 指报告期末企业作为专利权人在报告期拥有的、经国内外知识产权行政部门授权且在有效期内的发明专利件数。

**有效发明专利数中境外授权** 指报告期末企业作为专利权人拥有的、经国外及港澳台知识产权行政部门授予且有效期内的发明专利件数。

**拥有注册商标** 指企业在报告期末拥有的注册商标件数。包括在境内和境外注册的商标件数，一件商标在境内外同时注册时只统计一件。

**拥有注册商标中境外注册** 指企业在报告期末拥有的在国外或港澳台注册的商标件数。

**形成国家或行业标准** 指报告期企业在自主研发或自主知识产权基础上形成的经有关部门批准的国家或行业标准项数。

**研究开发费用加计扣除减免税** 指企业在报告期按有关政策和税法规定税前加计扣除的研究开发活动费用所得税。

**高新技术企业减免税** 指新技术企业在报告期高按照国家有关政策依法享受的企业所得税减免额。

**引进技术经费支出** 指企业在报告期用于购买境外技术的费用支出，包括产品设计、工艺流程、图纸、配方、专利等技术资料的费用支出，以及购买关键设备、仪器、样机和样件等的费用支出。

**消化吸收经费支出** 引进技术的消化吸收指对引进技术的掌握、应用、复制而开展的工作，以及在此基础上的创新。引进技术的消化吸收经费支出包括：人员培训费、测绘费、参加消化吸收人员的工资、工装、工艺开发费、必备的配套设备费、翻版费等。

**购买国内技术经费支出** 指企业在报告期购买境内其他单位科技成果的经费支出。包括购买产品设计、工艺流程、图纸、配方、专利、技术诀窍及关键设备的费用支出。

**技术改造经费支出** 指企业在报告期进行技术改造而发生的费用支出。技术改造指企业在坚持科技进步的前提下，将科技成果应用于生产的各个领域（产品、设备、工艺等），用先进工艺、设备代替落后工艺、设备，实现以内涵为主的扩大再生产，从而提高产品质量、促进产品更新换代、节约能源、降低消耗，全面提高综合经济效益。

# 中国统计出版社最新图书简目

（仅供参考，以最后出书为准）

## 统计资料

中国统计年鉴-2011
2011中国发展报告
中国劳动统计年鉴-2011
中国建筑业统计年鉴-2011
中国商品交易市场统计年鉴-2011
中国民政统计年鉴-2011
中国科技统计年鉴-2011
中国高技术产业统计年鉴-2011
全国农产品成本收益资料汇编-2011
大中型批发零售和住宿餐饮企业统计年鉴-2011
中国县（市）社会经济统计年鉴-2011
第二次全国R&D资源清查资料汇编一综合卷

中国统计摘要-2011
中国第三产业统计年鉴-2011
中国社会统计年鉴-2011
中国人口和就业统计年鉴-2011
中国房地产统计年鉴-2011
中国贸易外经统计年鉴-2011
中国农村统计年鉴-2011
中国教育经费统计年鉴-2010
中国科学技术协会统计年鉴-2011
中国农村住户调查年鉴-2011（中、英文）
第二次全国R&D资源清查资料汇编一工业企业卷

国际统计年鉴-2011
中国区域经济统计年鉴-2011
中国城市统计年鉴-2009
中国工业经济统计年鉴-2011
中国能源统计年鉴-2011
2011中国地区经济监测报告
中国农产品价格调查年鉴-2011
中国农村贫困监测报告-2011
工业企业科技活动资料-2011
中国城市(镇)生活与价格年鉴-2011
中国农村全面建设小康监测报告-2011
中国零售和餐饮连锁企业统计年鉴-2011
2010年中国第六次人口普查公报

### 2011年省级综合统计年鉴系列

北京 天津 河北 山西 内蒙古
辽宁 吉林 黑龙江 上海 江苏
浙江 安徽 福建 江西 山东
河南 湖北 湖南 广东 广西
海南 重庆 四川 贵州 云南
西藏 陕西 甘肃 青海 宁夏
新疆 新疆生产建设兵团

### 2011年市(县)级综合统计年鉴系列

天津滨海新区
石家庄 唐山 邯郸 太原 大同
长治 阳泉 晋城 朔州 晋中
运城 忻州 临汾 呼和浩特
包头 沈阳 大连 长春 吉林市
四平 哈尔滨 黑龙江垦区
上海浦东新区
苏州 无锡 常州 徐州 南通
盐城 镇江 江阴 丹阳
杭州 宁波 绍兴 台州 温州
金华 嘉兴 衢州
福州 福州经济技术开发区
厦门经济特区 南昌 上饶
济南 青岛 潍坊 郑州
洛阳 三门峡 南阳 武汉 宜昌
十堰 荆州 咸宁 长沙 广州
东莞 惠州 深圳 桂林 南宁
柳州 来宾 河池 海口 成都 绵阳
贵阳 昆明 庆阳 西安
兰州 银川 乌鲁木齐

## “十一五”规划教材

非参数统计　医学统计学
多元统计分析　经济计量学教程
统计数据处理概论
企业经营管理统计
统计学:从数据到结论
概率论与数理统计　统计学
应用时间序列分析
质量管理统计方法　社会统计学
市场调查与预测
国民经济核算教程(国民经济统计学)
现代金融投资统计分析
统计指数理论及应用
多元统计分析实验
统计学原理（非统计专业使用）
概率论与数理统计(经济、管理类专业使用）

## 重点图书

挑大学选专业2011—高考志愿填报指南　挑大学选专业2011—考研择校指南